Philipp Vandenberg

Das versunkene Hellas

Die Wiederentdeckung des antiken Griechenland

BASTEI-LÜBBE-TASCHENBUCH
Band 64 070

© 1984 C. Bertelsmann Verlag GmbH, München
Lizenzausgabe: Gustav Lübbe Verlag GmbH, Bergisch Gladbach
Printed in West Germany 1987
Einbandgestaltung: Manfred Peters
Titelfoto: Incolor
Satz: ICS Communikations-Service GmbH, Bergisch Gladbach
Gesamtherstellung: Ebner Ulm
ISBN 3-404-64070-5

Inhalt

IX. Verblaßter Ruhm 302

X. Versunkene Paläste 320

Dem blinden ionischen Sänger gewidmet,
der mich das Sehen gelehrt hat

I. Rivalen

Die Musen sind spröde Damen, sie wollen keinem anderen den reichen Schatz ihrer Genüsse und Freuden öffnen als dem, der durch viele Anstrengungen den Standpunkt erklimmt, von wo er ihren nahen blendenden Blick ertragen kann.

Ernst Curtius

Das letzte Wochenende im Juli war kühl und windig, und der stattlich gekleidete Herr vor dem Hotel »Bellevue« am Potsdamer Platz trug Hut und Mantel. Hier pflegten Diplomaten, Künstler und Bankiers abzusteigen, Adolph Menzel, der Maler, und Ernst Dohn, der Schriftsteller. Die Zylinder der Droschkenkutscher am breiten Trottoir waren weißlackiert, und ihre Pferde schienen gepflegter als die der schwarzbehüteten Wagenlenker, die zum halben Preis über das Pflaster ratterten.

»Matthäikirchstraße!« sagte der vornehme Herr und bestieg eines der hochrädrigen Gefährte, der Kutscher legte zwei Finger an den Rand des Zylinders, während er die Adresse mit einer kleinen Verbeugung wiederholte.

Man schrieb das Jahr 1871. Berlin hatte 800 000 Einwohner, aber im Vergleich zu Hamburg, Wien oder Paris machte die Stadt einen eher provinziellen Eindruck. Die »Norddeutsche Allgemeine Zeitung« wußte an diesem 29. Juli zu vermelden, daß der Kaiser, zur Kur in Bad Ems weilend, seine Brunnenpromenade wegen starken Regens unter der Kolonnade habe absolvieren müssen und daß ein wiederholt vorbestrafter Buchbindergeselle zu eineinhalb Jahren Zuchthaus verurteilt worden sei, weil er einem französischen Gefangenen, der aus der Haft entlassen worden war, ein Portemonnaie mit 21 Talern gestohlen hatte. Der »Baltische Lloyd« annoncierte die direkte Post-»Dampfschifffahrt« – mit drei f – zwischen Stettin und New York für hundert Taler incl. Beköstigung, und der Circus Ciniselli gastierte mit einer Gala-Benefiz-Vorstellung für Miß Elisa Majol, inclusive einer equestrischen Szene in Rosa und Weiß und 50 Chinesen. In Krolls Theater stand Guiseppe Verdis »Troubadour« zum Entree von siebeneinhalb Silbergroschen auf dem Spielplan, das Woltersdorff-Theater zeigte die Posse »Landwehrmanns Heimkehr«, und im Friedrich-Wilhelmstädtischen Theater lief zum 30. Mal »Die Prinzessin von Trapezunt« von Jacques Offenbach.

In seiner eleganten dunklen Kleidung hätte man den Fahrgast mit dem schmalen Gesicht und der fremdartigen Brille für einen amerikanischen Millionär, einen erfolgreichen Geschäftsmann oder vielleicht für einen Doktor irgendeiner Wissenschaft halten können, und das wäre gar nicht so verkehrt gewesen, denn er war eigentlich all dies.

Scheinbar gelangweilt ließ er die Villen in der Potsdamer Straße an sich vorüberziehen, wo das Biedermeier noch Triumphe feierte, während sich in der Friedrichstraße und Unter den Linden bereits die Paläste der neuen Zeit breitmachten. Hier hingen vereinzelt noch Girlanden an Fenstern und Portalen, Relikte der Siegesparade vor wenigen Wochen, als Kaiser Wilhelm durchs Brandenburger Tor einzog, zu Pferde flankiert von Bismarck, Moltke und Roon, begrüßt von Ehrenjungfrauen in blau-weißem Gretchenkostüm. Preußen hatte den Krieg gegen Frankreich gewonnen. In Versailles war das Deutsche Reich gegründet worden. Eine neue Zeit brach an.

Vor einem dreistöckigen Haus mit schmiedeeisernem Tor hielt die Droschke. Aufmerksam, beinahe kleinlich, zählte der stattliche Herr das Fahrgeld in die Hand des Kutschers, dann zog er den Klingelgriff unter einem ovalen Schild mit dem Namen »Curtius«.

Ein kühles, weiträumiges Treppenhaus. In der dritten Etage

empfing den Fremden das Mädchen in bodenlanger Schürze mit Schleifchen, gefolgt von der Dame des Hauses, einer würdigen und stattlichen Erscheinung, das dunkle Haar tief in die Stirne gescheitelt, die Augen lebhaft und eine kräftige Stimme. Der Besucher wurde erwartet.

»Ah, der Herr Schliemann!« sagte Curtius und erhob sich aus dem blaubezogenen Sessel, vor dem ein Fußpolster lag. Der Salon strahlte großbürgerliche Behaglichkeit aus: Über dem Sofa hingen neun Lithographien nach Raffael-Gemälden auf blaugemusterter Seidentapete, schwere, geraffte Samtvorhänge, die nur wenig Licht hereinließen, und davor kleine Tischchen mit blauen, bodenlangen Deckchen belegt. Auf der Kommode vor einem hohen Wandspiegel tickte eine Pendule. Blau herrschte vor in diesem Raum, weshalb er auch »Blaue Stube« hieß.

Curtius schüttelte dem Gast die Hand und komplimentierte ihn in ein hochlehniges Sitzmobiliar: »Ich habe viel von Ihnen gehört, Schliemann!«

Schliemann, der tiefe, weiche Sessel haßte, der viel lieber im Raum auf und ab ging oder beim Schreiben ein Stehpult benützte, setzte sich und antwortete: »Ich hoffe, nur Gutes, Herr Professor!«

Curtius schmunzelte, ohne zu antworten, und setzte sich dem Gast gegenüber. Jeder der beiden Männer empfand Respekt für den andern: Curtius vor Schliemann, weil er ein steinreicher Selfmademan war, der die Welt kannte, 18 Sprachen sprach und im Alter von 44 Jahren damit begonnen hatte, sich seinen Kindertraum zu verwirklichen, nach dem verschollenen Troja zu suchen. Schliemann vor Curtius, weil der 57jährige Professor als Papst der Altertumswissenschaft galt. Sein Wort hatte Gewicht. Wen er anerkannte, der *war* anerkannt.

»Sie leben jetzt in Athen?« erkundigte sich Curtius höflich.

Und Schliemann erwiderte mit der gleichen Höflichkeit: »Seit acht Jahren, Herr Professor!« Und mit einem beinahe schüchternen Lächeln fügte er hinzu: »Ich habe mich wieder verheiratet, Herr Professor, eine reizende junge Athenerin, unser Töchterchen ist gerade zweieinhalb Monate.«

»Dann gratuliere ich, Herr Schliemann, wie heißt denn das glückliche Kind?«

»Andromache, Herr Professor; eigentlich sollte es ein Agamemnon werden. Ich war mir meiner Sache auch ganz sicher und habe im Februar in Paris für zweitausend Francs eingekauft, alles für einen Jungen . . .«

»Was in aller Welt trieb Sie zu dieser Zeit nach Paris?«

»Ich habe vier Mietshäuser in Paris, 270 Wohnungen, und wenn man die Zeitungen las, konnte man meinen, die ganze Stadt sei zerstört.«

»Ach ja, dieser Krieg. Wie sind Sie überhaupt in die Stadt hineingekommen?«

»Das war gar nicht so einfach, denn die Preußen hatten verfügt, daß kein Fremder Paris vor dem Abschluß eines Friedensvertrages betreten dürfe. Ich lieh mir deshalb von einem Angestellten der Post für fünf Francs seinen Ausweis und passierte als Postmeister Klein die deutschen Linien. Dabei entging ich dreimal nur knapp der Verhaftung, weil man mir mein Alter im Ausweis nicht glauben wollte. Als Postmeister Klein war ich 30, als Heinrich Schliemann gerade 49 — aber gut erhalten!«

Beide Männer mußten lachen. Schliemann erzählte, er habe erwartet, Paris würde schmutzig und verwahrlost sein, aber die Stadt sei herausgeputzt und schön wie immer gewesen, und keines seiner Häuser habe einen Schaden davongetragen. Auch die Zeitungsberichte, wonach die Bäume in den Tuilerien und an den Champs-Elysées abgeholzt und als Brennholz verwendet worden seien, hätten sich als falsch erwiesen. Nur Nahrung sei knapp. Zwei Hundekoteletts kosteten vier Francs.

»Und was führt Sie nun konkret nach Berlin, Herr Schliemann?« fragte Curtius unvermittelt.

Der magere, blasse Mann erhob sich, als müsse er seinen Worten Nachdruck verleihen, und zog aus der Seitentasche seines dunklen Gehrocks ein kleines abgegriffenes Buch hervor, das er dem Professor vors Gesicht hielt, während er den ersten Vers der »Ilias« zu zitieren begann.

Curtius hob die Hände, als wolle er den Vortrag aus dem Mund des Großkaufmanns unterbrechen. Diesem Schliemann war durchaus zuzutrauen, daß er Homers »Ilias« aus dem Gedächtnis deklamierte.

»Und Sie glauben tatsächlich, Troja gefunden zu haben, mein lieber Schliemann?« fragte er.

»Ich habe Troja mit eigenen Augen gesehen, ich habe die Steine berührt, auf denen Achill und Hektor kämpften. Ich habe nur ein paar Gräben gezogen und bin in fünfzehn Fuß Tiefe auf gewaltige Mauern gestoßen, die zum Palast des Priamos gehören müssen. Ich bin ganz sicher.«

»So, so, Herr Schliemann, den Palast des Priamos haben Sie gefunden. Und wo genau, wenn ich fragen darf?«

Schliemann schluckte. Er ahnte, daß es nun gleich zum Eklat kommen würde, und er fürchtete die Ablehnung des einflußreichen Professors. Lange hatte Troja als bloße Erfindung eines legendären Dichters gegolten, der in 28 000 Versen einen im Dunkel der Vorgeschichte stattgefundenen Krieg besang. Doch dann fand ein französischer Gelehrter drei Stunden südlich des Hellesponts eine warme und eine kalte Quelle, die der homerischen Schilderung entsprachen, und weil auch noch ein Hügel mit Ruinengestein in der Nähe war, hielt man seither die Gegend von Bunarbaschi – so hieß das nächstliegende Dorf – für das verschollene Troja. Der preußische Feldmarschall Graf Moltke tat schließlich ein Übriges und verkündete nach Besichtigung der Gegend, eine Burg auf der Spitze des Hügels sei wirklich unbezwingbar gewesen.

»Ich gestehe«, begann Schliemann, »daß ich meine Rührung kaum bewältigen konnte, als ich die ungeheure Ebene vor mir sah, deren Bild mir schon in den Träumen meiner Kindheit vorgeschwebt hatte.«

Kaum acht Jahre alt, habe ihm der Vater eine »Weltgeschichte für Kinder« geschenkt, und nichts habe ihn in dem schmalen Büchlein mehr fasziniert als jenes Bild, auf dem der Held Äneas

15

seinen von einem Blitzschlag gelähmten Vater Anchises aus dem brennenden Troja trug. Damals habe er seinen Vater bestürmt, ihm mehr zu erzählen von dem homerischen Helden; doch sein größter Wunsch, Griechisch auf dem Gymnasium in Neustrelitz zu erlernen, habe sich schon nach drei Monaten zerschlagen, er mußte auf die Bürgerschule zurück, der Vater, ein ehemaliger Pastor, der nun ein Krämerdasein fristete, konnte das Schulgeld nicht mehr bezahlen.

Schliemanns Erzählung forderte Curtius Respekt ab. Er, der Sohn eines wohlhabenden Lübecker Syndikus, der die Schulzeit in einem angesehenen großbürgerlichen Elternhaus verlebte, hatte es sehr viel leichter gehabt. Mit fünfzehn Jahren hatte er den Plan gefaßt, sich der Altertumskunde zu widmen, ohne deshalb freilich auf die Vergnügungen der Jugend zu verzichten. Wenn er am Wochenende tanzen ging, warf er die Bücher ohne Bedenken in die Ecke. Ein Streber war er nie gewesen, ein Schwärmer vielleicht. Insofern unterschied er sich nur teilweise von seinem Besucher.

Der aber erklärte: »Je länger mein Blick auf Bunarbaschi verweilte, desto größer wurden jedoch meine Zweifel, ob Troja so weit entfernt vom Meer liegen könne. Wie sollten die griechischen Soldaten mehrere Male am selben Tag von ihrem Schiffslager zu der feindlichen Burg zurück eilen, wenn Troja auf diesem Hügel lag? Und wie konnte Achilles den Hektor dreimal um die Mauern dieser Burg verfolgen, wenn die Abhänge des Hügels beinahe unzugänglich sind. Ich habe es versucht, ich brauchte, zum Teil auf allen vieren, volle zwei Stunden zur Umrundung. War Homers Werk also doch nur ein Produkt seiner Phantasie?«

Der Professor hob die Schultern, als wollte er sagen, man könne Homer eben doch nicht so ernst nehmen!

Doch genau das hatte Heinrich Schliemann getan. Endgültig davon überzeugt, daß Bunarbaschi nicht die Überreste Trojas beherbergen konnte, hatte er mit der »Ilias« in der Hand die Gegend am Skamandros-Fluß durchmessen, der sich träge nordwärts zum Hellespont schlängelt, und war eine Stunde

Ernst Curtius, Historiker, Altertumsforscher und Prinzenerzieher.

landeinwärts auf einen Hügel gestoßen, der vierzig Meter aus der Ebene emporragte.

»Ich bin fest davon überzeugt, daß dieser Hügel von Hissarlik das wahre Troja verbirgt. Ich habe das Schilf gesehen, das Odysseus fand, und wie Odysseus hab' ich die Reiher schreien hören, die in dieser Gegend nisten. Tagelang lebte ich von schwarzem Gerstenbrot und Wasser aus dem Skamandros. Es war April, und ich verbrachte die Nächte unter freiem Himmel auf einer Felsplatte, den Homer als Kopfkissen, die trojanischen Helden vor Augen.«

Obwohl die beiden Männer nur ein knappes Lebensjahrzehnt voneinander trennte, fühlte sich Curtius wie ein Greis gegenüber dem mythomanen Besucher, den die homerischen Helden zu neuer Jugend beflügelten. Seine kleinen Augen leuchteten hinter den Brillengläsern, wenn er auf Troja zu sprechen kam, und seine schmalen Hände schienen die schwärmerischen Wörter zu formen, die er gebrauchte.

Sein erster Grabungsversuch war dennoch gescheitert: »Ein ganzes Jahr habe ich mich vergeblich bemüht, von der türkischen Regierung einen Firman für die Ausgrabungen zu erhalten. Schließlich verlor ich die Geduld und begann im April vorigen Jahres ohne Erlaubnis zu graben. Die östliche Hälfte des Hügels gehört meinem Freund, dem amerikanichen Konsul Frank Calvert, während zwei Türken aus Çanakkale Besitzer des westlichen Hügels sind.«

»Wie viele Leute hatten Sie?«

»Zehn Griechen aus Renkoi. Sie arbeiteten für zehn Piaster Tagelohn. Oben auf dem Hügel fingen wir an, einen Graben zu ziehen. Als wir noch keine Stunde gearbeitet hatten, stießen wir in sechzig Zentimeter Tiefe auf eine Mauer von behauenen Sandsteinen. Wir folgten dieser Mauer, und bei Sonnenuntergang gelang es uns, den Unterbau eines Gebäudes von zwanzig Meter Länge und vierzehn Meter Breite bloßzulegen. Das machte mir Mut, und ich erhöhte die Zahl meiner Arbeiter auf einundzwanzig.«

»Und?« Der Professor schien nun doch fasziniert.

»In 1,20 Meter Tiefe entdeckte ich eine Schicht von Asche und Kalkschutt, was zu beweisen scheint, daß der obere Teil des Gebäudes aus Holz gewesen ist.«

»Richtig.«

»Ja, aber als wir noch tiefer gingen, durchgruben wir noch zehn weitere Schichten von Schutt und Asche, von denen jede mit

Knochen, Muscheln und Scherben bedeckt war, was keinen Zweifel aufkommen läßt, daß an dieser Stelle in langen Zeitabschnitten zehn verschiedene Holzhäuser gestanden haben, die nacheinander ein Raub der Flammen geworden sind. – Am 11. April, wir waren schon fünf Meter tief, kam eine zwei Meter dicke Wand aus Kalkstein zum Vorschein, jeder Stein einen Meter lang, 67 Zentimeter breit und 50 Zentimeter tief. Wir folgten dieser Wand zwölf Meter weit von Westen nach Osten, wo sie in rechtem Winkel nach Norden abbog. Diese Wände in der Mitte des Hügels gehören wahrscheinlich zum großen Tempel.«

»Und woraus schließen Sie das, Herr Schliemann?« fragte Curtius.

Sein Besucher hob das abgegriffene Buch in seiner Hand hoch.

Curtius nickte.

»Und wie lange haben Sie gegraben?«

»Zehn Tage. Ich hatte gerade die Arbeiten auf die Westseite verlagert, als die beiden türkischen Grundbesitzer auftauchten. Sie drohten mir Prügel an, wenn ich weiter auf ihrem Grund und Boden grübe, erklärten sich aber bereit, mit sich reden zu lassen, wenn sie die von mir freigelegten Steine zum Brückenbau verwenden könnten.«

»Wie haben Sie sich denn aus der Affäre gezogen?«

»Was sollte ich schon tun? Ich ging nach Çanakkale, zum amerikanischen Konsul, und bestürmte ihn, dem Unterrichtsministerium in Konstantinopel zu melden, daß ich die Burg des Priamos entdeckt und einen Teil freigelegt hätte und daß die türkischen Landbesitzer beabsichtigten, die Steine der von mir entdeckten Tempel und Paläste zum Bau einer Brücke zu verwenden.«

»Warum haben Sie den beiden das Land nicht abgekauft? Es war doch nahezu wertlos für die Türken.«

»Ja, natürlich, vier Stunden von ihren Häusern entfernt! Aber sie erkannten wohl das Geschäft ihres Lebens und forderten für die Schafweide 12 000 Piaster und die notariell verbürgte Zusicherung, nach den Ausgrabungen alles wieder zuzuschütten. Ich wandte mich daher an Safvet Pascha, den Minister für Volksaufklärung, der wiederum den Statthalter der Dardanellen, Ahmed Pascha, beauftragte, das strittige Land schätzen zu lassen und im Staatsinteresse zu enteignen. So erstand die Regierung das Land für 3000 Piaster. Ich hatte sogar schon die Konzession für die Ausgrabungen in Händen, da verbot der Statthalter den Grabungsbeginn. Er glaubte, die Lage des von mir zu erforschenden Feldes sei nicht exakt genug bezeichnet, und wollte mir die Grabung erst erlauben, wenn er vom Großwesir nähere Aufklärung erhalten hätte. Inzwischen gab es aber einen Ministerwechsel, und keiner weiß, worum es überhaupt geht.«

»Schliemann!« wandte der Professor ein, »wissen Sie überhaupt, worauf Sie sich da einlassen? Um Ihre Theorie – und um nichts anderes handelt es sich vorläufig –, um Ihre Theorie zu beweisen, werden Sie den gesamten Berg abtragen müssen!«

Dem Besucher schien dies sehr wohl bewußt zu sein. »Ich gebe mich keinen Illusionen hin. Die Ausgrabung der Burg des Priamos wird nicht weniger als 100 000 Francs kosten. Mit hundert Arbeitern, die dort jedes Jahr drei Monate arbeiten, werde ich wohl fünf Jahre brauchen. Ich will den Arbeitern und mir feste Häuser errichten. Ich bin auf dem Weg nach London, wo ich bei meiner alten Firma Schröder & Co. ein paar hundert Schubkarren und Schaufelwerkzeuge kaufen will.«

Dieser seltsame Mann versetzte Curtius immer mehr in Erstaunen. Hatte er eben noch wie ein nicht ganz ernstzunehmender Primaner von den homerischen Helden geschwärmt, so sprach jetzt der kühl kalkulierende Unternehmer, der die Kosten seines Projekts längst berechnet und die Pläne abrufbereit in der Schublade hatte.

»Sagen Sie, mein Lieber«, wandte er sich an seinen Gast, »Sie sind ein erfolgreicher Geschäftsmann; wie wurden Sie eigentlich zum Ausgräber?«

Da neigte Schliemann den Kopf zur Seite, und über sein ernstes Gesicht huschte ein zaghaftes Lächeln. »Das geht weit zurück«, entgegnete er und fixierte im Zimmer des Professors einen unsichtbaren Punkt, als würde er dort eine Szene aus seiner eigenen Vergangenheit beobachten. Ja, während er redete, schien es, als schilderte er nur das, was er im Augenblick sah: »Sie wissen ja, Professor, daß die Irrfahrten meines Lebens im Mecklenburgischen begannen. Ich stamme aus Neuenbukow, meine Kindheit verlebte ich in Ankershagen. Und meine Neigung für alles Geheimnisvolle und Wunderbare wurde durch die Wunder, die dieser Ort barg, zu einer wahren Leidenschaft entflammt. In unserem Gartenhaus sollte der Geist von meines Vaters Vorgänger umgehen. Und dicht hinter unserem Garten befand sich ein kleiner Teich, das sogenannte Silberschälchen, dem um Mitternacht eine gespenstische Jungfrau, die eine silberne Schale trug, entsteigen sollte. Außerdem hatte das Dorf einen kleinen, von einem Graben umzogenen Hügel aufzuweisen, wahrscheinlich ein Grab aus heidnischer Vorzeit, ein Hünengrab, in dem der Sage nach ein alter Raubritter sein Lieblingskind in einer goldenen Wiege begraben hatte. Und in den Ruinen eines alten runden Turmes im Garten unseres Gutsbesitzers waren angeblich ungeheure Schätze verborgen. Mein Glaube an das Vorhandensein all dieser Schätze war so fest, daß ich jedesmal, wenn ich meinen Vater über seine Geldverlegenheit klagen hörte, verwundert fragte, weshalb er denn nicht die silberne Schale oder die goldene Wiege ausgraben und sich dadurch reich machen wollte.«

Ein ungewöhnlicher Kerl, dieser Schliemann! Curtius schmunzelte vor sich hin, und obwohl er nicht gerade der Mann war, dem es leichtfiel, anderen zuzuhören, brachte er dem seltsamen Besucher ehrliches Interesse entgegen.

»Ein Junge«, fuhr Schliemann fort, »den solcherlei Geschichten mehr interessierten als das Räuber-und-Gendarm-Spiel, hatte natürlich keine Freunde, von den Mädchen ganz zu schweigen. Nur eine war davon ebenso fasziniert wie ich: Sie hieß Minna, war im selben Alter, und für uns beide stand fest, wir wollten, wenn wir erst einmal groß waren, die versunkenen Schätze unserer Heimat ausgraben, die goldene Wiege des Raubritterkindes und die Pretiosen des alten Gutsbesitzers und zuletzt, als wir davon gelesen hatten, die versunkene Stadt Troja. Wir konnten uns nichts Schöneres vorstellen, als so unser ganzes Leben mit dem Suchen nach Resten der Vergangenheit zuzubringen.«

Der Professor starrte vor sich hin, und Schliemann kamen Bedenken, ob er nicht den Gefühlen und der Erinnerung allzu freien Lauf gelassen hatte. »Entschuldigen Sie«, sagte er, »es sind Kindheitserinnerungen.«

»Ach was, ich bitte Sie!« entgegnete Curtius, »man darf diese Kinderträume nicht unterschätzen. In ihnen wird oft das Fundament für das spätere Leben gelegt. Glauben Sie nicht, daß der Professor vor Ihnen durch Zufall entstanden ist. O nein! Ich erinnere mich gut der langen Winterabende in der Fischstraße in Lübeck, wenn mein Vater uns Kindern aus den antiken Dichtungen vorlas. Da träumte ich genau wie Sie von den Göttern und Helden. Nur wäre ich nie auf die Idee gekommen, das alte Troja auszugraben.«

»Sie zweifeln an meinem Erfolg?«

Curtius hob die Schultern. Seine Skepsis war auch ohne Worte zu erkennen.

»Ich jedenfalls will Olympia ausgraben, den großen Zeus-Tempel, das Stadion und das Heraion. Aber das ist keine fixe Idee, Herr Schliemann, das ist ein Unternehmen, das auf Tatsachen beruht. Pausanias hat Olympia präzise wie ein moderner Reiseführer beschrieben. Man braucht es nur auszugraben.«

»Und Homer?« konterte Heinrich Schliemann, »hat er nicht Troja in seiner ›Ilias‹ ebenso genau beschrieben?«

»Die ›Ilias‹ ist ein Epos aus grauer Vorzeit, Herr Schliemann! Vielleicht hat es Troja gegeben, vielleicht auch nicht. Vielleicht lag es hier oder dort. Wie ich schon sagte, das alles ist Epos, mythisches Geschehen!«

»Aber eines, das auf Wahrheit beruht!«

Der Professor schwieg. Schließlich meinte sein Besucher resignierend: »Wenn Sie sich doch Hissarlik nur einmal ansehen würden . . .«

22

Nach einer Pause des Überlegens schien Curtius doch noch nachzugeben: »Ich reise gegen Ende des Monats mit ein paar Kollegen nach Kleinasien. Ein Straßenbau-Ingenieur aus Essen ist nördlich von Smyrna auf ein altes Bauwerk gestoßen. Beim Bau der Straße von Konstantinopel nach Smyrna sind gewaltige Marmorplatten zum Vorschein gekommen, und die Türkei habe nichts Besseres vor, als diese Monumente in ihren Kalköfen zu verbrennen. Wenn es sich einrichten läßt, werden wir einen Abstecher nach Hissarlik machen.«

Schliemann strahlte, er hatte sein Ziel erreicht und verabschiedete sich mit dankbaren Worten.

»Was wollte dieser Schliemann von dir?« Curtius' Frau Clara trat ins Zimmer.

»Er glaubte, Troja entdeckt zu haben, und ich soll es mir ansehen.«

»Und? Wirst du es dir ansehen?«

»I wo, Clara, ich bin doch nicht verrückt.«

Das Pferd preschte schnaubend den staubigen Pfad vom Hafen Dikeli in Richtung Osten, und am Kopf des eiligen Reiters flatterte das Ende des zum Turban gewundenen Schals wie eine türkische Fahne. Sie war der beste Schutz vor der glühenden Hitze, die auch jetzt, vor dem Herbstregen, noch über der kleinasiatischen Küste hing. Wie ein Fellache hatte er den Oberkörper in einen ehemals weißen Umhang gehüllt, und der spitzgezwirbelte Schnurrbart unterstrich noch den Eindruck, daß es sich bei dem Reiter um einen türkischen Pascha handelte. Aber jedes Kind an der östlichen Ägäis zwischen Smyrna und Konstantinopel wußte, daß der Pascha mit dem rassigen Pferd aus Deutschland stammte und Carl Humann hieß. Während er das Pferd gelassen mit der Linken zügelte, wandte Humann sich um und hielt die flache Hand über die Augen: Der Anblick der Insel Lesbos, die sich wie ein Schiff, vom Festland nur durch einen schmalen Sund getrennt, aus dem Meer erhob, faszinierte ihn jedesmal wieder.

Dabei hatte Humann den Weg schon hunderte Male zurückgelegt — Dikeli-Bergama, Bergama-Dikeli. Der Hafen am Mittelmeer bot immer noch die schnellste Verbindung nach Smyrna oder Konstantinopel, und in Bergama hatte Humann sein Hauptquartier aufgeschlagen, Baubüro und Lagerhallen für Werkzeuge und die wenigen Maschinen.

Sultan Abd-ul-Aziz-ben-Mahmud, »der immer Siegreiche«, hatte Humanns älterem Bruder Franz vor vier Jahren die Konzession erteilt, fünf wichtige Fernverbindungen, darunter die von Konstantinopel nach Smyrna, zu bauen. Der Auftrag schloß neben Straßen auch eine Eisenbahnlinie ein, wegen der die Hohe Pforte von europäischen Geschäfte- und Projektemachern regelrecht belagert worden war. Weil sich Franz Humann bereits als Tiefbau-Unternehmer in der Türkei bewährt hatte, erhielt er den Zuschlag samt der Konzession, auf einer gleichzeitig zu errichtenden Eisenbahnlinie zwanzig Jahre lang »Lokomobile mit Zugwagen« zu betreiben.

Da der ältere Humann das Mammutprojekt nicht allein ausführen konnte, hatte er verschiedene Streckenabschnitte an Subunternehmer vergeben. Er selbst übernahm die Straßen von Ayvalik über Dikeli und Soma nach Kirkagatsch und, nachdem ein Engländer das Projekt Balikesri-Panderma am Marmarameer in kurzer Zeit heruntergewirtschaftet hatte, auch noch diesen Streckenabschnitt. Sein jüngerer Bruder Carl, der die Arbeiten beaufsichtigte, saß oft sechzehn Stunden im Sattel. Kaum dreißig Jahre alt, dirigierte der gelernte Bauingenieur zweitausend Arbeiter, fünfhundert Paar Ochsen mit Wagen und mehrere hundert Kamele, Pferde und Esel. Und dies in einer Gegend, die im Altertum zu den reichsten der Welt gehört hatte, jetzt aber kaum über eine ordentliche Straße verfügte. Humann besaß neben einem Wohnhaus in Bergama noch je eines in Aivaly, Balikesri und Panderma, nächtigte aber auch in den Zelten der Viehhirten in den Bergen oder — wenn es gar nicht anders ging — bei Räubern und Wegelagerern, von denen es in dieser Gegend nicht wenige gab. Da Humann nie versäumte, seine sechsläufige Flinte umzuhängen und meist von zwei schwerbewaffneten Wächtern begleitet wurde, brauchte er die Unsicherheit der Gegend nicht allzu sehr zu fürchten.

Mit einer gewissen Vollmundigkeit schrieb Carl Humann an seine Eltern: »Wenn ich von Pergamon nach Balikesri reise über das hohe Gebirge, das die Wasserscheide zwischen dem Marmara- und dem Mittelmeer bildet, und zwanzig Stunden rückwärts und zwanzig vorwärts schaue und mir sage, daß auf tausend Quadratstunden alle erwachsenen Männer nach meinem Willen arbeiten, daß ungefähr vierzig von mir angestellte Beamte aller Länder Europas meine Befehle auszuführen bestrebt sind, daß ich mit jedem meiner Beamten in seiner Sprache spreche, daß die ganze große Maschinerie auf fünfzig Stunden Länge glatt läuft, dann schlage ich mir stolz auf die Brust und denke: Euer Sohn wird Euch Ehre machen und Freude!«

Bergama, das alte Pergamon, hatte Humann vor sechs Jahren zum ersten Mal gesehen. In dem malerischen Provinzstädtchen lebten damals 12 000 Türken, 4000 Griechen und 1000 Armenier und Juden. Es gab eine große Moschee, und zwischen zwei Hügeln konnte man die Reste eines Amphitheaters erkennen. Das Interessanteste aber war der mächtige Burgberg mit seinen gewaltigen Mauern, verfallenen Türmen, ein einziges riesiges Schuttfeld, auf dem Säulentrommeln und korinthische Kapitelle von Sand bedeckt oder von Gestrüpp und wilden Feigen überwuchert wurden. Auf Schritt und Tritt ragten Steinfragmente aus dem Boden.

War dies die stolze, uneinnehmbare Akropolis der Attaliden, jenes mächtigen kleinasiatischen Herrschergeschlechts, dessen letzter König sein Reich 133 v. Chr. den Römern vermacht hatte? Wo waren all die Kunstschätze, die man hier einst gehortet hatte? Und obwohl der junge Ingenieur aus Essen eher ein nüchterner, realistischer Rechner war als ein verträumter Schwärmer, übte der Burgberg von Pergamon seit jenem Tag eine magische Anziehung auf ihn aus, und es verdroß ihn, daß nicht weniger als fünf Kalköfen darauf rauchten, die aus den antiken Überresten Kalk brannten.

Schon bald nach dem Beginn der Straßenbauarbeiten verlegte Carl Humann sein Hauptquartier von Ayvalik vierzig Kilometer landeinwärts nach Bergama. Er erreichte bei den zuständigen Behörden den Abbau der Kalkbrennöfen, und sooft es seine Zeit erlaubte, kletterte er auf den Burgberg, inspizierte Mauern und Grundrisse und sammelte Scherben und Bruchstücke.

Eines Abends grub er eine meterhohe Marmorplatte aus dem Schutt. Er reinigte sie mühsam mit bloßen Händen, und vor ihm wurden die Umrisse eines Reliefs sichtbar, das eine Gottheit darzustellen schien. Als er zwei Tage später zu der Fundstelle kam, fand er die Platte zu einer Treppenstufe zugehauen, Kopf und Arme des Gottes waren abgehackt. Voller Empörung protestierte Humann beim Kamaikam, dem türkischen Landrat, und forderte, den Übeltäter ausfindig zu machen und zur Rechenschaft zu ziehen. Der Kamaikam wußte, daß Humann beim Sultan ein und aus ging, und die Lautstärke, mit der er bei ihm vorstellig wurde, ließ keinen Zweifel an der Ruchlosigkeit der Tat aufkommen. Der Steinbrecher wurde ausfindig gemacht und ins Gefängnis gesperrt. Der Fall schlug hohe Wellen, und seither war der Burgberg von Pergamon vor weiterer Ausplünderung geschützt.

Jetzt erinnerte sich auch Doktor Nicolas Rallis, der Arzt von Bergama, eine nach Abmessung und Darstellung ähnliche Marmorplatte gefunden und einem Herrn Karatheodoris in Konstantinopel geschenkt zu haben. Barg der Burgberg noch weitere Schätze?

Immer wieder zog es Humann auf den staubigen Hügel. Bruchstücke und Mauerreste regten seine Phantasie an. Im Geiste setzte er sie zu edlen Skulpturen und kunstvollen Bauwerken zusammen und war wenig später froh, niemandem von seinen Phantasiegebilden erzählt zu haben.

Eines Abends, Humann glaubte inzwischen jeden Stein, jeden Mauervorsprung zu kennen, führte ihn sein Weg an einer Mauer vorbei, die allgemein die byzantinische genannt wurde, und da auf einmal, in Gedanken verloren, erkannte der Ingenieur etwas, das er noch nie gesehen hatte: Sei es, daß die schrägstehende Sonne besondere Schatten warf, sei es, daß der letzte Regen die Fugen ausgewaschen hatte, das Format der monumentalen Mauersteine entsprach genau der Größe jener Platte mit dem Götterbild, die Humann entdeckt hatte. Sollten spätere Generationen in dieser Mauer älteres Baumaterial mit der glatten Rückseite nach außen vermauert haben?

Friedrich Adler, Dozent an der Königlichen Bauakademie und Vortragender Rat im preußischen Innenministerium, besuchte die Türkei und traf in Smyrna ein, wo er im gleichen Hotel wie Carl Humann logierte. Humann war Adlers Schüler auf der Akademie gewesen, und natürlich hätte Adler der Burgberg von Pergamon interessiert, aber es blieb keine Zeit; eine Woche hätte der Abstecher zur Attaliden-Festung bestimmt gekostet, so blieb es bei Notizen, die der königlich-preußische Beamte an zuständiger Stelle vorzutragen versprach.

Während Humann den Galopp des Rappen zurücknahm, kam ihm aus dem unscheinbaren Haus Huck entgegengerannt, der Hausbetreuer, Pferdepfleger, Gehilfe und Mechaniker. Huck hatte natürlich auch einen Vornamen, aber den kannte niemand, alle nannten ihn nur Huck. Er schwenkte ein Telegramm, und Humann rief: »Was Besonderes?« – Huck hob Arme und Schultern.

Eilends sprang Humann vom Pferd und hastig, als befürchte er eine schlechte Nachricht, riß er den braunen Umschlag auf. Als er das fragende Gesicht seines Hausbetreuers sah, sagte er atemlos: »Mein Gott, Huck, die Preußen kommen! Ich muß nach Konstantinopel!«

Der Donaudampfer »Orient« war ein großes, luxuriöses Schiff, und in der ersten der drei Klassen reiste man vorzüglich beköstigt und in Hängebetten schlafend in knapp einer Woche von Wien bis zum Schwarzen Meer. Am Anfang verliefen sich die wenigen Passagiere an Bord, aber dann wurde der Dampfer doch noch voll mit rumänischen Familien, die aus dem Urlaub nach Bukarest heimkehrten.

Die sechs Herren, stets korrekt gekleidet, mit Gehrock, steifem Hut und steifem Kragen, erregten Aufsehen. Zum einen, weil sie meist nur zu sechst auftraten, und zum andern, weil fünf von ihnen zu wetteifern schienen, wer die schönste Barttracht zur Schau trage: der Bauhistoriker Friedrich Holler einen Vollbart, dessen Kraushaar über die Brust wallte, Professor B. C. Stark aus Heidelberg einen feingezwirbelten Schnurrbart, seine beiden Schüler Gustav Hirschfeld und Heinrich Gelzer Schnauzbärte, und der Major im großen Generalstab, Regely, ein anerkannter Landvermesser, zwirbelte schließlich die Enden seiner Bartpracht so dünn, senkrecht und gerade auf, daß bei den Damen an Bord Zweifel aufkamen, ob bei dem Major alles mit rechten Dingen zugehe. Nur einer, der Anführer des merkwürdigen Sextetts, trug keinen Bart, Professor Ernst Curtius. Tadellos rasiert erschien er jeden Morgen auf dem Oberdeck, absolvierte eine gewisse Anzahl Kniebeugen, verteilte ein paar Schläge im Schattenboxen und ging dann mit auf dem Rücken verschränkten Armen auf und ab.

Mittwoch um elf erreichte der Raddampfer die bulgarische Stadt Rustschuk, wo der Fluß bereits vier Kilometer breit ist und nach Norden umbiegt. Hier bestiegen die sechs Herren die türkische Eisenbahn nach Varna am Schwarzen Meer. Von dort nahmen sie das Dampfschiff »Trebizonde«, das sie, inzwischen war es dunkel geworden, in der Nacht nach Konstantinopel bringen sollte. Der starke Wellengang dämpfte die Begeisterung über das opulente Abendessen, das ihnen im festlich erleuchteten Salon serviert wurde, und jeder verkroch sich, unwohl und müde, in seine Kabine.

Wie gewohnt kam Curtius anderntags morgens um sieben aus seiner Kajüte und stieg zur Verrichtung seiner gymnastischen Übungen an Deck. Das Schiff hatte bereits die Symplegaden passiert, zwei aus der Argonautensage berühmte Felsen an der Ausmündung des Bosporus in das Schwarze Meer. Die Morgensonne schien auf eine wellenlos glatte Wasseroberfläche. Dampfer und Segelschiffe zogen ihre Kiellinien durch den Bosporus, an der Küste zu beiden Seiten leuchteten weiße Villen, und endlich tauchten die Hagia Sophia und der Serail auf, und das Dampfschiff fuhr in das Goldene Horn ein.

Die Deutschen waren im »Hôtel de Byzance« angemeldet, doch ließ es sich der Gesandte bei der Hohen Pforte, Graf Limburg-Stirum, nicht nehmen, Professor Curtius zwei Zimmer seines Privathauses im Vorort Bujukdere anzubieten. »Man kann sich keine Stadt denken«, schrieb Curtius an seine Frau Clara, »welche ein so buntes Gemisch von Barbarei und raffiniertem Luxus darbietet. Türken, Armenier, Juden, Griechen, Zigeuner, Franken – alles wogt durcheinander; man hört in jedem Augenblick die verschiedensten Sprachen sprechen, und die auffallendsten Trachten erregen kein Befremden.«

Obwohl mit einem entsprechenden Firman ausgestattet, wurden Curtius und seine Leute ständig von lästigen Bewachern begleitet. Notizen oder gar Zeichnungen waren strikt verboten. Die Korruption, von der die Regierung des Osmanischen Reiches durchsetzt war, hatte eine Staatskrise heraufbeschworen. Polizeiminister Hüsni Pascha, Kriegsminister Hussein Avni Pascha, der Erste Kammerherr des Sultans, Emin Bey, und Justizminister Mehmed Rüschdi Pascha wurden in die Verbannung geschickt. Letzterer mit klarem Grund: Er war dem Sultan ganz einfach verhaßt. Bei den anderen verhielt es sich komplizierter: Der Polizeiminister zum Beispiel mußte die Sünden seines Vorgängers abbüßen, der jahrelang die Günstlinge des verstorbenen Großwesirs aus dem geheimen Polizeifonds besoldet hatte. Der Kriegsminister zeichnete sich durch Unterschlagungen großen Stils aus, die ihm ein vornehmes Leben in eigenem Palast gestatteten. Und Emin Bey, der Erste Kammerherr des Sultans, einflußreichste Persönlichkeit am Hofe, nutzte seine Stellung so geschickt, daß man sein Monatsgehalt damals auf umgerechnet 18 000 Taler schätzte.

Am 3. September nahmen die Deutschen ein Linienschiff nach Çanakkale am Ausgang der Dardanellen. Der amerikanische

Konsul Frank Calvert zeigte sich enttäuscht, als Curtius erklärte, sie wollten den Skamandros aufwärts nach Bunarbaschi gehen.

»Aber Bunarbaschi ist nicht Troja!« rief Calvert erregt, »hat Schliemann nicht mit Ihnen gesprochen?«

»Doch, doch«, erwiderte Curtius.

»Aber Sie glauben ihm nicht. Habe ich recht?«

Der Professor schwieg, und der Konsul sah ein, daß er die Besucher nicht umstimmen konnte. Am Nachmittag segelten die gelehrten Männer nach dem Vorgebirge Kumkale, das einst Sigeion hieß, mieteten einen Esel für das Gepäck und machten sich noch in der Dämmerung auf zu den – wie Curtius verkündete – »Grabhügeln des Achilles und Patroklos«. Die Nacht verbrachten sie eng nebeneinanderliegend auf dem gestampften Boden eines Chan. Der kühle Wind strich durch die Wände.

Wer zum ersten Mal das Skamandros-Tal aufwärts wandert, sucht mit seinem an Homer geschulten Blick nach dem Hügel, der in der Ferne als beherrschender Punkt sichtbar werden soll. Schließlich war Troja eine uneinnehmbare Festung. Aber nichts dergleichen war zu erkennen. Und ebenso vergeblich hielten die Männer nach irgendwelchen Mauerresten Ausschau, die Spuren alter Geschichte hätten sein können. Und dann plötzlich tauchte das Minarett von Bunarbaschi auf, schlank und zierlich wie alle Gebetstürme und auf einem Hügel gelegen.

Der einzige Hinweis, daß hier einst eine geschichtlich bedeutsame Gegend gewesen sein konnte, waren die Quellen am westlichen Fuß des Dorfhügels. Sie färbten den Rasen des sanften Abhanges grün, auch jetzt im Herbst, wo Braun die vorherrschende Farbe dieser Landschaft war. Das Quellwasser sammelte sich in Felsenbecken, die von den Türken zum Wäschewaschen benutzt wurden. Wuschen hier einst auch die Troerinnen ihre Kleider?

Wo aber lag Priamos' Burg? Vielleicht gab es noch uralte Ruinen?

Die Frauen, bei denen sie sich erkundigten, wußten es nicht, erst ein uralter Bey begriff, zeigte mit dürrer, faltiger Hand nach Südosten und sagte, heftig nickend: »Balidagh, Balidagh!«

So hieß der Hügel bei den Einheimischen, eine halbe Wegstunde vom Dorf Bunarbaschi entfernt, wo sich schon verschiedene Ausgräber versucht hatten: ein mächtiger Mauerring und eine Stufenmauer, niedrige Bäume, Gras und Gestrüpp – Troja?

Obwohl jeder von ihnen das gleiche Empfinden hatte, wagte keiner seine Enttäuschung einzugestehen. Sollte dies alles sein, was von Troja übriggeblieben war? Wortlos erklommen sie den flachen Gipfel des Hügels, der sie mit einer erhabenen Aussicht belohnte. Curtius blickte gegen die Sonne nach Westen, wo sich am Horizont das glitzernde Meer mit seinen Inseln verlor. Im Süden lag das obere Skamandros-Tal inmitten von saftigen Weiden und struppigem Buschwerk, und der Professor versuchte sich vorzustellen, wie einst das Hirtenvolk der Dardaner diesen Berg besetzte und seither in die unruhige und blutige Geschichte der Küstenvölker hineingezogen wurde.

»Na, was meinen Sie?« erkundigte Adler sich vorsichtig bei Curtius, als sie bei Einbruch der Dämmerung den Hügel hinabstiegen, um in dem Chan, der ihnen schon in der vorangegangenen Nacht als Herberge gedient hatte, zu übernachten.

»Nach der Landschaft und dem Standort würde ich sagen ja, das ist Troja! Nur, der Mauerring allein beweist nicht, daß wir die Burg des Priamos vor uns haben.«

Adler nickte. »Vielleicht sollten wir uns die Grabung dieses Schliemann auf der anderen Seite des Flusses doch noch einmal ansehen?«

»Ach was«, erwiderte Curtius unwillig.

»Aber Calvert ist auch davon überzeugt, daß Troja bei Hissarlik zu suchen ist!«

Curtius lachte: »Wahrscheinlich deshalb, weil ihm die Hälfte des Landes gehört. Der wittert sicher ein Geschäft.« Damit war das Thema für ihn beendet.

Die Nacht im Chan war unangenehm. Die Türken in der Herberge verfolgten jede Bewegung der Fremden, und selbst, als sie versuchten einzuschlafen, ließen die finsteren Burschen keinen Blick von ihnen. Curtius fand in dieser Nacht kaum Schlaf. Aber nicht nur, weil ihn die Anwesenheit der Türken beunruhigte, was ihm vor allem nicht aus dem Sinn ging, war die Frage, ob das alte Troja wirklich jener Hügel bei Bunarbaschi sei.

»Wir sollten«, meinte Curtius am nächsten Morgen, »wenn wir schon einmal da sind, doch mal einen Blick auf die Grabungen des Herrn Schliemann werfen.« Die anderen waren erstaunt.

Was Heinrich Schliemann auf dem östlichen Flußufer freizulegen begonnen hatte, erschien ungleich eindrucksvoller, ja verwirrender: Verschiedenartigste Formen von Mauerwerk, deutlich rekonstruierbare Schichten waren zu erkennen. Wenn Schliemann anwesend gewesen wäre, er hätte sicher für alles und jedes eine Erklärung gefunden. So aber streiften die sechs über die Ausgrabungsstätte, und ihre Gesichter verrieten Ratlosigkeit.

Erst tags darauf, auf dem Schiff nach Smyrna, als die goldene Herbstsonne das Meer zwischen Lesbos und die Küste wie einen kostbaren Spiegel erscheinen ließ, bedrängten die Männer Curtius um eine Stellungnahme. Der hagere Professor stand im Bug wie eine Gallionsfigur. Den Blick nach Süden gerichtet, antwortete er: »Ich halte Schliemanns Grabung für das neue Ilion, das unter den Makedoniern und Römern seine Blütezeit hatte. Ich glaube nicht, daß dies das alte Troja ist, das liegt bei Bunarbaschi unter der Erde.« Und als er die staunenden Gesichter seiner Begleiter sah, fügte Curtius hinzu: »Den Beweis dafür kann ich Ihnen natürlich nicht erbringen. Es ist nur so ein Gefühl.«

In Smyrna trennten sich die Wege der sechs. Strack nahm das nächste Schiff nach Athen, Major Regely und Dr. Hirschfeld versuchten sich an der kartographischen Aufnahme von Alt-Smyrna, und Curtius, Adler und Gelzer strebten nach Pergamon, dem eigentlichen Ziel ihrer Reise. In Müllers Hotel, wo sie zwei Tage logierten, erfuhren sie, daß es veschiedene Wege nach Pergamon gab.

Curtius entschied sich für den kleinen Küstendampfer »Sokrates«, der tags darauf mit einigen griechischen Geschäftsleuten an Bord nach Dikeli ablegen sollte. Gegen fürstliche Heuer erklärte sich der Kapitän bereit, die Deutschen mitzunehmen. 26. September, nachmittags. Aufgeregt lärmend und wild durcheinander schreiend trugen die Matrosen das Gepäck über den schwankenden Bootssteg an Bord. Als alles in der engen Kabine verstaut war, gab der griechische Kapitän nicht das Kommando zum Ablegen, sondern zum fröhlichen Picknick an Deck. Es gab Fladenbrot, Wurst und Ziegenkäse, und Flaschen mit geharztem Wein kreisten in der Runde. Curtius toastete auf Kaiser Wilhelm, auf Bismarck, Moltke, auf die deutsche Wissenschaft, die hellenische Sprache und die klassische Kunst, in deutsch und in griechisch. Dann legte die »Sokrates« ab.

Nachts um zwei, die Deutschen waren unter endlosen Diskussionen gerade eingeschlummert, weckte sie lautes Geschrei. Sie hätten Dikeli erreicht, informierte sie der Kapitän und ließ die Männer und ihr Gepäck auf ein kleines Boot verfrachten, das sie zum Hafen bringen sollte, die »Sokrates« selbst konnte Dikeli nicht anlaufen.

An Land bemächtigten sich unbekannte Gestalten des Gepäcks und stießen und schubsten Curtius und seine Begleiter, alle Fragen nach Humann unbeachtet lassend, in einen aus Holz- und Lehmwänden bestehenden Chan, wo die aus ihrer Nachtruhe aufgestörten Kamele und Maulesel aufbrüllten. Am Ende einer zerbrechlichen Leiter tat sich ein Raum auf, und ein jeder fand eine Liegestatt, und nicht einmal die zahllosen aufgescheuchten Stechfliegen vermochten die drei am Einschlafen zu hindern.

Der Duft schwarzen Kaffees weckte die Fremden, als die Sonne längst am Himmel stand. Als sie vor die Herberge traten, lag zu ihren Füßen der blaue Golf von Lesbos, und in der Ferne ragten die zartblauen Gipfel der Insel aus dem Dunst. Kaum hundert Häuser, das war Dikeli.

»Sie haben doch Humann ein Telegramm geschickt?« fragte Adler.

»Ja, gestern vormittag auf dem Postamt in Smyrna«, sagte Curtius.

»Dann hilft wohl nur Warten«, meinte Gelzer, aber Curtius entschied, wenn Humann bis zum Mittag nicht eingetroffen sei, würden sie auf eigene Faust versuchen, nach Pergamon zu gelangen. Während des Mittagessens in einem Gasthof – es gab Brot, Eier, Kaviar, Weintrauben und Melonen – sprengten zwei Reiter heran, Humann und sein Getreuer Huck.

Am Donnerstag erklomm Humann mit den Gästen die steile Burg der Könige von Pergamon. Zu viert kletterten sie den staubigen Pfad empor, besichtigten die Ruinen aus der Türkenzeit, rollten Steine beiseite, und die Gäste aus Deutschland lauschten fasziniert den Erzählungen des Ingenieurs, was wo gefunden wurde und was jetzt wem gehöre.

»Man stolpert ja beinahe über die Schätze aus der Vergangenheit!« rief Curtius, und der sonst so beherrschte Professor geriet in einen Taumel der Begeisterung: »Eine Schatztruhe ist das! Was hier wenige Zentimeter unter der Oberfläche herumliegt, würde jedem europäischen Museum zur Ehre gereichen. Nein, Humann, ich hätte nie gedacht, daß dieses Pergamon so reich an Schätzen sein würde.«

Der Ausbruch des berühmten Professors freute Carl Humann natürlich, denn außer bei Doktor Rallis erntete man in Bergama nur ein mitleidiges Lächeln, wenn man auf die antiken Ruinen und Funde zu sprechen kam. Und so wagte es der Ingenieur auch, die Besucher hügelabwärts an jene Stelle zu führen, wo »seine« Mauer aus dem trockenen Erdreich ragte.

»Da, sehen Sie!« sagte er, während sie in der glühenden Nachmittagssonne bergabwärts kletterten. Von oben war die Mauer beinahe noch schwerer zu erkennen als von unten, wenn man bergan stieg, denn der nachrutschende Schutt hatte sie beinahe bis zur Krone aufgeschüttet. Zwischen fünf und acht Meter dick mochte die Mauer am westlichen Abhang sein, und ihr Verlauf war achtzig Meter in südöstlicher Richtung zu erkennen; dann knickte sie im rechten Winkel nach Nordosten ab und verschwand nach insgesamt etwa hundert Metern unter dem Schutt.

»Interessant!« meinte Curtius.

»Wieso, Professor?« Humann blieb stehen.

»Nach der Größe der Quader und ihrer beinahe fugenlosen Verbauung zu schließen, ist dieses Gemäuer wesentlich älter als alles, was wir oben auf dem Hügel gesehen haben.« Im Näherkommen entdeckte der Professor sogar ein paar Dutzend Säulenschäfte, die in der Mauer verbaut waren. »Es kann doch wohl überhaupt kein Zweifel daran bestehen, daß dieses Mauerwerk aus den Steinen irgendeines älteren Bauwerks zusammengefügt wurde.«

Humann nickte, und dann erzählte er von den Götterbildern auf den Reliefplatten, die von Doktor Rallis und ihm entdeckt und von denen ein Relief auf so unnötige Weise vernichtet worden war.

»Kommen Sie!« Humann führte die Besucher zu einer Ecke. Er rief ein paar Türken herbei, die mit Hilfe zweier Brechstangen versuchen sollten, den Stein aus der Mauer zu brechen. Doch das gelang nur zum Teil. Wollte man nicht das Risiko eingehen, die Marmorplatte zu zerbrechen, so mußten sie aufgeben. Aber ein wenig hatten sie den Stein verschoben, gerade soviel, daß man eine Hand in die Fuge stecken und das Innere betasten konnte.

»Humann, Sie sind ein Glückspilz!« rief Ernst Curtius. »Ich weiß nicht, was Sie da entdeckt haben, aber wenn ich mir die Länge der Mauer betrachte und die Anzahl der Steine, dann könnte man durchaus vermuten, daß darin ein Tempelfries, vielleicht sogar ein ganzer Tempel verborgen liegt.«

Das geschah am 27. September 1871, und dieser Tag sollte noch einmal große Bedeutung erlangen.

An eben diesem 27. September traf Heinrich Schliemann in Çanakkale ein, wo ihn der amerikanische Konsul bereits am

Kai erwartete. Was er Schliemann mitzuteilen hatte, war allerdings wenig erfreulich. Während Gepäck und Holzkisten mit Grabungswerkzeugen ausgeladen wurden, erzählte Calvert, daß Achmed Pascha jeden Spatenstich untersagt habe, bevor nicht eine Erklärung der Regierung in Konstantinopel eingegangen sei, die das Grabungsareal präzise beschreibe.

Schliemann zog einen Firman aus der Innentasche seines Gehrockes und sagte wütend: »Unsere Botschaft in London hat mir die Erlaubnis des Großwesirs übermittelt, was hat Achmed Pascha noch hineinzureden? Ich erfülle alle Bedingungen: Ich trage die Kosten, teile die Funde zur Hälfte mit der Regierung und werde alles so belassen, wie ich es ausgrabe. Was will der Pascha denn noch?«

»Beruhigen Sie sich, Mr. Schliemann«, bat Calvert, »wir werden alles in Ordnung bringen. Ich habe bereits die Botschaft in Konstantinopel eingeschaltet. Die Türken befürchten, Sie könnten unerwartet auf kostbare Schätze stoßen und die Dinge einfach verschwinden lassen. Sicher wird sich eine Regelung finden.«

Schliemann stiegen Tränen des Zorns in die Augen. Was sollte er tun? Er konnte nur abwarten. Zunächst nutzte er die Zeit, warb in dem Dorf Renkoi acht arbeitslose Griechen an, und für die Sonntage, wenn die Griechen nicht arbeiteten, acht Türken, denen neun Piaster Lohn eine willkommene Einnahme waren. Nikolas Zaphyros, den klügsten von allen, machte er für 30 Piaster täglich zum Diener, Sekretär und Buchhalter. Da die in London bestellten hundert Schubkarren noch nicht eingetroffen waren, mußte er sich fürs erste mit denen begnügen, die er in Çanakkale auftreiben konnte, aber er hatte 52 Körbe, vier Ochsengespanne und einen Flaschenzug.

Sein Hauptquartier errichtete Schliemann in dem nahen Dorf Çiblak, er mietete ein winziges Haus aus Lehmwänden mit einem Holzaufbau; ein Eisenbett stand darin, Tisch und Stuhl, mehr nicht. Aber das Haus hatte immerhin Glasfenster, hinter denen man arbeiten und Homer lesen konnte.

Es war Herbst, die Troas hatte sich goldbraun verfärbt, und

Wildgänse und Kraniche zogen in spitzer Formation gen Süden. Auch die Störche, die hier in großer Zahl den Sommer verbrachten, weil es in den Sümpfen viele Schlangen und Frösche gab, schienen aufgeregt und machten sich reisefertig. Im Winter konnte es hier sehr kalt sein.

»Ungeduld und Untätigkeit töten mich«, schrieb Schliemann am 3. Oktober in sein Tagebuch. Er ritt tagelang durch die Ebene und verbrachte, weil die Stechmücken im Haus unerträglich waren, die Nächte unter freiem Himmel auf einer Felsplatte neben einer Mauer bei *seinem* Troja. Er schrieb Briefe an den Geschäftsträger der Vereinigten Staaten in Konstantinopel, John P. Brown, bat dringend um Hilfe.

Am 5. Oktober: »Wenn ich nicht weitergraben darf, dann werden der deutsche Kaiser oder das Britische Museum zweifellos den Rest besorgen.«

Am 8. Oktober: »Um Himmels willen, bitte tun Sie alles, was in Ihrer Macht steht, die Sache zu beschleunigen, denn die Untätigkeit an diesem von Ungeziefer strotzenden Platz macht mich moralisch und physisch kaputt. Und ich kann nicht nach Athen zurückkehren, ohne nicht wenigstens sechs Wochen in Troja gegraben zu haben. Die Zeitungen haben soviel über meine bevorstehenden Ausgrabungen geschrieben, daß die gesamte Presse mich einen lächerlichen Spinner nennen würde, wenn jetzt nicht bald etwas geschieht.«

Da traf am 10. Oktober die ersehnte Erlaubnis ein.

Es war schon Abend, aber Schliemann trommelte seine acht Arbeiter für den nächsten Morgen zusammen. Höchste Eile war geboten, die Winterregen konnten jeden Tag einsetzen, dann war das Gelände unbegehbar. Zähneknirschend akzeptierte er die Auflage der Regierung, daß bei seinen Grabungen ein Aufpasser aus der Justizkanzlei zugegen sein mußte und Schliemann diesen Georgios Sarkis, einen Armenier, sogar mit 23 Piaster täglich zu entlohnen hatte.

Nach den acht Arbeitern des ersten Tages schaufelten und wühlten am zweiten Tag bereits 35 und am dritten Tag 74 Arbeiter in dem steinigen Gelände.

Sie waren auch nötig; denn Schliemann legte, etwa zwanzig Meter von den vorjährigen Schachtarbeiten entfernt, einen Graben von der schroffen Nordseite des Hügels genau nach Süden an, er wollte den Burgberg von Troja gleichsam in der Mitte auseinanderschneiden, um so die verschiedenen Kulturschichten, die sich bereits angedeutet hatten, zu erkennen. Der große Athene-Tempel, Stolz der Trojaner, vermutete der Ausgräber nicht zu Unrecht, habe sicher auf der höchsten Stelle des Berges gelegen; wenn er von hier bis auf den Mutterboden vorstoße, so würde er alle Epochen Trojas auffinden. Soweit die Theorie.

In der Praxis bedeutete das: Mit jedem Tag wurden die Arbeiten umfangreicher, denn je tiefer die Spaten in das Erd- und Schuttreich eindrangen, desto länger wurde wegen der schrägen Hänge auch der Graben. Immer mehr Schutt fiel an, immer größere Quader kamen zum Vorschein. Und die Arbeiter verließen jedesmal ihren Arbeitsplatz, um Augenzeugen zu sein, wenn einer der gewaltigen Gesteinsblöcke den steilen Abhang hinunterpolterte.

Jeden Morgen kamen neue Arbeiter. Sie betrachteten das Ganze als gutbezahlte Volksbelustigung. Schliemann rannte von einem zum anderen, gab lautstarke Anweisungen, brüllte, hetzte, griff selber zum Spaten. Die Türken rebellierten, weil griechische Arbeiter in ihrem Dorf untergebracht werden sollten, die Ochsentreiber streikten, weil ihnen auf einmal zwanzig Piaster pro Tag zu wenig erschienen, und in den Sümpfen drohte die Malaria. Schliemann schluckte täglich zwei bis vier Gramm Chinin. Das Grabungsergebnis der ersten Woche war gleich Null. Zwar wußte er selbst nicht so recht, was er zu erwarten hatte, mehr als ein paar Körbe Muscheln, Tonklumpen und Steine mit unbekannten Schriftzeichen hatte er sich jedoch erhofft.

»Das Leben hier«, schrieb er deprimiert an seine Frau Sophia, »ist gräßlich, alles starrt vor Dreck, und die Entbehrungen sind unerträglich. Ich bin froh, daß Du nicht bei mir bist. Nicht einmal jetzt, im Sommer, sind die Ausgrabungen von Troja

Heinrich Schliemann, Abenteurer, Großhandelskaufmann und Archäologe.

etwas für Dich. Du würdest das Leben hier nicht zwei Tage aushalten, trotz Deiner Begeisterung für Homer.«
Doch statt eines Trostes von Sophia kam ein Brief der deutschen Kinderfrau und Hausdame Anna Rutenick. Schliemann hatte sie von seiner Berlinreise mitgebracht. Die gute Anna berichtete, daß seine Frau Sophia »öfter mal betrübt« sei – das

alte Leiden. Seit ihrer Schwangerschaft fühlte sich die junge Sophia von dem hektischen Leben an der Seite Schliemanns überfordert. Um sie etwas aufzumuntern, bat Anna um die Erlaubnis, ein Klavizimbel, das sie begeistert zu spielen verstand, anmieten zu dürfen. Schliemann antwortete nicht.

Gebannt starrte er in den Schutt, den seine Arbeiter in Körben forttrugen. Morgens um fünf, wenn der Tau noch über dem Hügel lag und Stille die Grabungsstätte einhüllte, war er bereits auf den Beinen. Er aß nichts, litt an Leibschmerzen und saß nachts bis zwei Uhr an seinem wackligen Tisch, machte Zeichnungen und Notizen und versuchte einen klaren Kopf zu behalten, das Gesehene in ein logisches Gedankengebäude einzuordnen, vergebens – es wollte nicht gelingen: zuviel Unerklärliches, Unsinniges, Unkenntliches, zu viele Ungereimtheiten.

Da geschah am Montag, dem 30. Oktober, etwas, das ihn völlig aus dem Gleichgewicht brachte. Dem Zusammenbruch nahe, starrte er in die Tiefe und sah, wie seine Männer knapp viereinhalb Meter unter dem Bodenniveau auf eine Schuttschicht stießen, die zahllose primitive Steinwerkzeuge enthielt, schwarze durchlöcherte Steine, Hämmer und Äxte und lose angesammeltes Rundgestein. Beim Zeus und allen Göttern des Olymp, König Priamos lebte doch nicht in der Steinzeit! Nein, wenn dieser Hügel hier das alte Troja war, dann muße Schliemann zuvor auf die Kulturschicht dieser Epoche stoßen.

Heinrich Schliemann war verwirrt, mutlos, verzweifelt, er kränkelte. Wenn er nach Südosten blickte, wo das Idagebirge majestätisch emporragte, sah er die schneebedeckten Gipfel, von denen einst Zeus den Kämpfen der Griechen und Trojaner zusah. Die Zeit drängte. Irgend etwas *mußte* er finden. Die Londoner »Times« und die »Augsburger Allgemeine Zeitung«, denen er seine Exklusivberichte gegen gutes Honorar verkauft hatte, forderten neue Informationen.

Schliemann schrieb am 3. November in Anpassung an die Steinfunde in einem Bericht für die »Augsburger Allgemeine«: »Meine Ansprüche sind höchst bescheiden; plastische Kunstwerke zu finden hoffe ich nicht. Der einzige Zweck meiner Ausgrabungen war ja von Anfang an nur Troja aufzufinden, über dessen Baustelle von hundert Gelehrten hundert gediegene Werke geschrieben worden sind, die aber noch niemals jemand versucht hat durch Ausgrabungen ans Licht zu bringen. Wenn mir nun dies nicht gelingen sollte, dann würde ich doch überaus zufrieden sein, wenn es mir gelänge, durch meine Arbeiten bis in das tiefste Dunkel der vorhistorischen Zeit vorzudringen und die Wissenschaft zu bereichern durch die Aufdeckung einiger interessanter Seiten aus der urältesten Geschichte des großen hellenischen Volkes. Die Auffindung der Steinperiode, anstatt mich zu entmutigen, hat mich daher nur noch begieriger gemacht, bis zu der Stelle vorzudringen, die von den ersten hierher gekommenen Menschen betreten worden ist. Und ich will bis dahin gelangen, und sollte ich noch 50 Fuß tief zu graben haben.«

Als dieser Bericht drei Wochen später in Deutschland erschien, hatte sich das Blatt unerwartet gewendet. Denn schon am 6. November stießen die Ausgräber in sieben Meter Tiefe auf Messer, Lanzen, Streitäxte und eine Menge Nägel, wie sie nur ein zivilisiertes Volk anfertigen konnte. Von Steinzeit konnte jezt keine Rede mehr sein. Bis zehn Meter tief arbeitete sie sich in den Berg vor, und – seltsam – je tiefer sie kamen, desto kunstvoller erschienen die Funde. Obwohl Schliemann dafür keine Erklärung fand, war er sich nun wieder sicher, die richtige Spur zu verfolgen. Das trojanische Zeitalter mußte noch tiefer liegen!

Die Winterregen setzten ein, so kalt und heftig, daß Schliemann tageweise die Arbeiten einstellen mußte. War die Erde wieder trocken, so wurden die Arbeiter reihenweise krank. Schliemann schwor auf seinen Chininvorrat; aber bisweilen verbrachte er mehr Zeit mit der Versorgung der Kranken denn als Ausgräber. Unfälle mehrten sich. Kamele, Pferde und Esel, die die Arbeit unterstützten, zogen sich Verletzungen zu. Auch dafür hatte Heinrich Schliemann ein Geheimrezept: Offene Wunden wurden bei Mensch und Tier mit Arnikatinktur behandelt.

Zwischen Werkzeugen, Hausgeräten, verkohlten Getreideresten auf einmal eine Scherbe, handtellergroß, mit unbekannten Schriftzeichen, gleich darauf ein Stein mit einer neuerlichen, ganz anderen Schrift. Phönizisch? – Vielleicht.

Ausgepumpt, leer und kaputt kehrte Heinrich Schliemann im Dezember nach Athen zurück. Die zahllosen Gesteinsschichten, Zwischenschichten, nicht zu identifizierenden Funde und Schriften hatten ihn verunsichert. Er, der nur in Homers Hexametern lebte, merkte wohl, daß ihm das Unternehmen Troja über den Kopf zu wachsen drohte. Curtius! Er mußte ihm helfen.

In einem Brief erkundigte sich der Ausgräber, ob der Professor seine Berichte in der »Augsburger Allgemeinen« gelesen habe, und sandte ihm gleichzeitig, via Triest, eine Blechbüchse mit Kopien von Inschriften, die er in Hissarlik gefunden hatte und die er *unter seinem Namen* in der Archäologischen Zeitung zu publizieren bat.

Curtius antwortete nur formlos mit fünf Zeilen. Der Mann der Wissenschaft sah seine Lehrmeinung in Gefahr. Was immer dieser Schliemann ausgegraben haben mochte, das Troja Homers konnte es nicht sein! Enttäuscht wandte Schliemann sich an Emile Burnouf, den Leiter der französischen Archäologenschule in Athen, an Ernest Renan, den Religionswissenschaftler, den Münchner Archäologen Heinrich Brunn und schließlich wieder an Curtius: »Dringend bitte ich Sie, mir zu schreiben, wie und was Sie über diese Gegenstände denken und ob es Ihnen angenehm ist, wenn ich Ihnen später wöchentlich meine Ausgrabungen berichte, die ich am 1. April fortzusetzen beabsichtige. Mir fehlt es dazu weder an der Zeit noch an Energie noch an Mitteln, mir fehlt aber manchmal der gute Rat eines Mannes wie Sie, und wenn Sie mir denselben von Zeit zu Zeit erteilen wollen, so würden Sie mich gewaltig verpflichten . . .«

Von James Calvert, einem der drei Brüder des amerikanischen Konsuls, und von einem befreundeten Schriftsteller erfuhr Schliemann, Curtius habe für seine Troja-Theorie nur ein müdes Lächeln übrig gehabt, für ihn lag das alte Ilion noch immer bei Bunarbaschi. Resignation drohte ihn zu überwältigen, schließlich hatte er noch kein einziges Beweisstück gefunden, das Hissarlik als die historische Stätte auswies.

Der Winter kann sehr kalt und hartnäckig sein in der Ägäis. 1872 war so ein Winter. Trotzdem reiste Schliemann am 28. März in Begleitung eines Bauingenieurs und zweier Arbeitsaufseher der Eisenbahnbaugesellschaft Athen-Piräus nach Çanakkale. Er war jetzt besser ausgerüstet als je zuvor, Schröder in London hatte sechzig eiserne Schubkarren geschickt, dazu Hacken und Schaufeln. Eine Kamelkarawane transportierte alles nach Çiblak, und am 1. April begann er von neuem mit der Arbeit.

Nicht nur die Arbeiter, denen nichts weiter als der redlich verdiente Tageslohn am Herzen lag, auch jene, die der Ausgräber als seine Freunde bezeichnete, die Brüder Calvert, die Gelehrten in Athen, stellten sich mehr und mehr die Frage, was dieser Schliemann eigentlich suchte. Wie sollte dieses Troja wohl aussehen, das er zu finden hoffte? Eine verschüttete Stadt wie Pompeji?

Nein. Heinrich Schliemann hatte ganz andere Vorstellungen. Homer schwärmte von den prächtigen Schätzen des alten Troja, vom sagenhaften Reichtum der Könige, vom blendenden Glanz der ehernen Waffen, vom funkelnden Schmuck der schöngelockten Frauen. Er beschrieb all das so präzise, als hätte er die Schwerter in Händen gehalten, als wäre das Gold durch seine Finger geglitten. Wo war all dieses Gold geblieben?

Kein Zweifel, Schliemann suchte das Gold, Schätze, die bei der Zerstörung Trojas verloren, vergraben, vergessen wurden. Er sah die einzelnen Stücke genau vor sich, wenn er gespannt in den aufgewühlten Schutt blickte, er kannte die homerischen Beschreibungen auswendig.

Von Süden her wurde nun ein neuer, breiter Graben begonnen, der den nördlichen in der Mitte treffen sollte. Und dabei stieß der Aufseher Photiadis auf ein Bollwerk aus festgefügtem

Muschelkalkstein. Man konnte es für den Grundriß eines Turmes halten, und in Schliemanns Kopf lief die »Ilias« ab bis zum dritten Gesang. Dort begibt sich die schöne Helena zum Skäischen Tor, wo Priamos mit den Ältesten sitzt.

> *»Schnell in den Schleier gehüllt von silberfarbener Lein-*
> *wand,*
> *Flog sie hinweg aus der Kammer, die zarte Trän' an den*
> *Wimpern:*
> *Nicht sie allein; ihr folgten zugleich dienende Jungfraun,*
> *Aithra, des Pittheus Tochter, und Klymene, herrschenden*
> *Blickes.*
> *Bald nun kamen sie hin, allwo das Skäische Tor war.*
> *Aber Priamos dort und Panthoos neben Thymoites,*
> *Lampos und Klytios, auch Ares' Sproß Hiketaon,*
> *Auch Antenor, der Held, und Ukalegon, beide voll Weisheit,*
> *Saßen, die Ältesten der Stadt, umher auf dem Skäischen*
> *Tore,*
> *Welche betagt vom Krieg ausruhten; doch in Versammlung*
> *Redner voll Rat, den Zikaden nicht ungleich, die in den*
> *Wäldern*
> *Aus der Bäume Gesproß hellschwirrende Stimmen ergießen:*
> *Gleich so saßen der Troer Gebietende dort auf dem Turme.*
> *Als sie nunmehr die Helena sahn zum Turme sich wenden,*
> *Leise redete mancher und sprach die geflügelten Worte:*
> *›Tadelt nicht die Troer und hell umschienten Achäer,*
> *Die um ein solches Weib solang ausharren im Elend!‹«*

Sophia schickte ein Telegramm, sie wollte kommen, um ihn bei seiner Arbeit zu unterstützen; aber Schliemann drahtete sofort zurück, sie solle zu Hause in Athen bleiben. Das Wetter sei unerträglich, Kälte, Sturm, der den feinen Sand in die Augen trieb, außerdem grassiere das »trojanische Fieber«, die halbe Mannschaft sei erkrankt, er ebenfalls, er könne sich nur mit Chinin auf den Beinen halten. Doch alle Zweifel und Überlegungen, die Arbeiten für dieses Jahr einzustellen, wurden am

13. Juni jäh beiseite gewischt. Er grub nun auf Calverts Grund und Boden, im östlichen Teil. Erst kam ein Gebäudeumriß zum Vorschein, wenig später gab der Boden einen Marmorblock frei, zwei Meter breit, 68 Zentimeter hoch, die Oberfläche war glatt. Schliemann ahnte, daß diese Oberfläche in Wirklichkeit eine Rückseite war. Mit Brechstangen und Winden hievten sie den Block an einer Seite hoch und starrten dann auf ihre Entdeckung: Da stand Helios, der Sonnengott, auf einem Streitwagen, von vier springenden Rössern gezogen, und zu beiden Seiten des Reliefs erkannte man je drei senkrechte Kerben, Triglyphen.

Diese feingeschnittenen Kerben lösten eine Kettenreaktion von Gedanken aus: Triglyphen sind ein Bestandteil der Tempelarchitektur, also ist das Gebäude, in dem man die Platte fand, ein Tempel, also ist es der gesuchte Athene-Tempel oder jedenfalls ein Tempel, der auf seinen Mauern errichtet wurde, also stand der Tempel entweder nicht im Zentrum, oder Troja war viel, viel größer als angenommen.

Mit dem homerischen Troja hatte dieser Marmorfries nichts zu tun. Das erkannte Schliemann sofort, er vermutete seinen Ursprung in hellenistischer Zeit; aber die Existenz eines Tempels, die damit erwiesen schien – wer sollte warum den Teil eines Tempelfrieses hierher bringen? –, verlieh dem Ort auf jeden Fall Bedeutung.

»Weitermachen!« entschied Heinrich Schliemann, obwohl er sterbenskrank war. Das Sumpffieber schüttelte ihn, er konnte kaum noch gehen, weil ein Abszeß am rechten Fuß zur Faustgröße anschwoll. Bisweilen lag er fiebernd auf dem Eisenbett in seinem Holzhaus, und das tausendfache Quaken der Frösche schmerzte in seinen Ohren. Schliemann fürchtete, sein Kopf könnte zerspringen, und er verstopfte die Ohren mit Stoffetzen wie der schiffbrüchige Dulder Odysseus, der die Ohren seiner rudernden Gefährten taub machte für den weit schöneren Gesang der Sirenen.

Aber dann wurden seine Augen von gleißender Helle gepeinigt. Helios, der Sonnengott, preschte strahlenumrankt mit seinem blitzenden Streitwagen über ihn hinweg, so daß er die Hände schützend vors Gesicht hielt. Als er die Augen öffnete, war es Nacht.

»Laßt ihn nicht fort!« rief Schliemann, der den Arm seines Dieners Nikolaos auf dem seinen spürte.

Nikolaos, selbst vom Sumpffieber verfolgt, fragte: »Wen sollen wir nicht fortlassen?«

»Helios, den Sonnengott!«

Nikolaos verstand. Schliemann fürchtete um den Tempelfries. Er zog den Diener ganz nahe zu sich heran: »Ich habe Frank Calvert fünfzig Pfund gegeben, das ist sein halber Anteil. Jetzt brauche ich ein griechisches Schiff.«

Wenige Tage später brachte ein Ochsengespann den, wie jeder sehen konnte, schlichten, glatten Stein in die Bucht von Karanli, fünf Kilometer nördlich von Hissarlik. Dort ankerte das griechische Schiff »Taxiarches«.

Am folgenden Abend, Dämmerung senkte sich über die Troas-Ebene, humpelte Schliemann in Begleitung seines Dieners Nikolaos zur Grabungsstelle hinauf. Der Grieche wagte nicht zu fragen, was sie zu dieser Zeit dort oben sollten. An der höchsten Stelle angelangt, erklärte Schliemann, ein Franzose habe diese Stelle im vorigen Jahrhundert Novum Ilium genannt, weil er glaubte, Troja liege in der Nähe von Bunarbaschi. Er, Heinrich Schliemann, habe nun den Beweis erbracht, daß dies ein Irrtum war. Und mit lauter Stimme rief er über die Ebene: »Im Namen des göttlichen Homer taufe ich dich auf den Namen Troja und Ilium!«

Wenige Tage später stellte Heinrich Schliemann die Grabungen ein.

Athen, 24. August 1872. Schliemann an Curtius: »Endlich bin ich glücklich, obwohl noch immer sehr krank, nach hier zurückgekehrt, beeile ich mich, Ihnen für Ihre ›Archäologische Zeitung‹ einen kleinen Aufsatz zu senden, den ich so, wie er ist, aufzunehmen bitte. Durch einen glücklichen Zufall ist es mir gelungen, den ungeheuren Marmorblock glücklich fortzuschaffen, den Sie ausführlich in einem meiner Ihnen von meiner

Frau zugesandten Aufsätze beschrieben finden. Ich habe jetzt das Prachtwerk in meinem Garten aufgestellt, wo es unzählige Bewunderer herbeizieht. Die Entdeckung der Riesenbauten auf Iliums Urboden hat, wie Sie sich wohl denken können, hier wie im ganzen Orient eine unbeschreibliche Freude hervorgerufen. Aber ich möchte wahrlich, es fände sich jetzt eine Regierung, meine Ausgrabungen fortzusetzen, für welchen Fall ich meine beiden dortigen Häuser, alle meine Maschinen und Werkzeuge jeglicher Art zum Geschenk mache und freudig meinen Firman abtrete.

Meine Tage sind gezählt, und möchte ich so gerne noch vor meinem Tode dem Tempel des delphischen Orakels, die Akropolis in Mykene und das Grab der Klytämnestra aufgraben sowie auch große Excavationen in Delos machen. Findet sich aber niemand anders für Troja, dann bin ich gezwungen, meine Ausgrabungen dort am 1. März wieder fortzusetzen . . .«

Johannes Lührsen, der deutsche Konsul in Smyrna, war ein häufiger Gast bei Humann, nicht zuletzt wegen der unerschöpflich scheinenden Vorräte an Rheinwein, die der Straßenbaumeister in seinem Keller in Bergama hortete. Der Konsul fand anerkennende Worte über das gute Dutzend Marmorblöcke mit kämpfenden Männern, die Humann inzwischen im und um das Haus aufgestellt hatte, über die Säulen, Reliefbruchstücke und viele hundert Funde, die das Haus in ein Museum verwandelten.

Es stürmte, und der Regen prasselte gegen die Scheiben. In der Ecke bullerte ein hoher eiserner Ofen. Zwei hohe Gaslampen mit Tulpengläsern brannten an beiden Enden des langen, weißgedeckten Tisches. Frau Huck bat zum Abendessen, und es war selbstverständlich, daß sie und ihr Mann auch dann am Tisch Platz nahmen, wenn Besuch da war. Ein türkischer Diener trug die Speisen auf, und nach jedem Gang stellte er sich mit gekreuzten Armen in der Ecke des Zimmers auf.

Nach Suppe, Austern, Schwartenmagen, Mixed Pickles und Sardinen wurde Wildschweinkeule mit Kartoffeln, Bratwurst mit Blumenkohl und Seefisch mit Salat serviert. Zum Nachtisch Früchte und holländischer Käse.

»An Leiblichem«, meinte Humann, als er die staunenden Augen des Konsuls sah, »leide ich nie Mangel. Ich bin seit einiger Zeit so dick geworden, daß mir keine Kleider mehr passen.«

»Haben Sie vielleicht Heimweh, mein lieber Humann?« erkundigte sich Lührsen, der die Ursache ähnlicher Erscheinungen kannte.

Humann lachte: »Heimweh? Nein, ich bin gerne hier. Im übrigen bekomme ich jede Woche die ›Leipziger Illustrierte‹ und die ›Augsburger Allgemeine‹, etwas alt zwar, aber sie sind meine Verbindung nach Hause. Fürs Geistige sorgt mein Buchhändler in Smyrna, der mir jede Woche ein Paket Bücher schickt. Viel Zeit bleibt mir freilich nicht zum Lesen.«

»Ich glaube, Sie verwenden bereits mehr Energie auf Ihre Ausgrabungen als auf den Straßenbau?«

»Sie könnten beinahe recht haben, Herr Konsul. Das ist alles furchtbar zeitraubend; denn ich kann mich kaum von den Ausgrabungen entfernen, weil mir die Kerle sonst alles zerschlagen.«

Lührsen nickte. »Ich sehe schon, Sie werden noch ganz Pergamon ausgraben. Na ja, jung genug sind Sie ja, Sie haben ja noch das Leben vor sich.«

Da hob Humann sein Glas und nahm einen tiefen Schluck. »Wissen Sie«, erwiderte er nachdenklich, »die Sache wächst mir allmählich über den Kopf. Heute erst habe ich einen wichtigen Fund gemacht. Eines der Tore beim alten Amphitheater steht auffallend schräg. In der Verlängerung seiner Achse fand ich zwei endlose Reihen alter dorischer Halbsäulen. Ich verfolgte sie zehn Minuten durch die Felder; die meisten sind bis zum heutigen Bodenniveau abgetragen. Einige stehen noch mit dem klobigen, massigen, dorischen Kapitell. Sie führen zu einem kolossalen Trümmerhaufen, neben und unter dem sich warme Quellen befinden. Ich weiß es nicht, aber vielleicht habe ich das Heiligtum des Äskulap entdeckt.«

»Haben Sie das schon jemandem gemeldet?« fragte Konsul Lührsen.

»Nein. Ich muß Curtius schreiben!«

»Warum gräbt er nicht Pergamon aus? Er hat doch gesehen, was hier noch zu erwarten ist.«

»Curtius hat nur für Olympia Interesse. Und das schon seit dreißig Jahren. Jetzt verhandelt er mit der griechischen Regierung wegen einer Grabungserlaubnis.«

»Sie −«, der Konsul zögerte, »Sie haben doch auch keine Grabungserlaubnis, Humann?«

»Das wäre ja noch schöner. Jahrzehnte haben die Türken jedes Stück Marmor, das der Burgberg hergab, in ihren Kalköfen verbrannt, und keiner fragte nach einer Erlaubnis. Jetzt soll ich, der diese alte Kultur bewahren will, um Erlaubnis fragen?«

»Sie haben ja recht, Humann. Schlafende Hunde soll man nicht wecken. Firman scheint ohnehin das beliebteste Wort der Regierung in Konstantinopel zu sein. Es gibt in diesem Land kaum noch einen Vorgang, für den nicht ein Firman notwendig ist.«

»Wenn die erst einmal mitkriegen, daß ich Ausgrabungen von Pergamon nach Berlin geschickt habe, dann . . .«

»Um Gottes willen, Humann, das haben Sie getan?«

Humann nickte. »Glauben Sie, Curtius schreibt mir ohne Grund jede zweite Woche einen Brief und nennt mich seinen lieben, treuen Freund? Er ist Direktor des Berliner Museums geworden und leidet halt darunter, daß seine Sammlung im Vergleich zu Wien, Paris oder London nur recht bescheiden ist.«

»Und da sollen Sie . . .«

»Ja, natürlich. Warum, glauben Sie, hat er mir die Mitgliedschaft im Deutschen Archäologischen Institut angetragen? Er sei jedenfalls stolz, schrieb er, einen solchen Freund für sein Museum gefunden zu haben. Und wenn nötig, könne er sich auch beim Kronprinzen verwenden und ein Schiff der Kriegsmarine an die ägäischen Küsten senden, um bedeutsame Funde zu übernehmen.«

»Humann!« Der Konsul war entsetzt. »Ich habe nichts gehört. Nichts!«

»Ist ja schon gut«, versuchte Humann den Gast aus Smyrna zu beruhigen, »vorläufig ist ohnehin nicht an neue Ausgrabungen zu denken. In Berlin hat man kein Geld, in Konstantinopel kein Interesse, und ich selbst bin auch so gut wie pleite.«

Lührsen sah den Baumeister prüfend an: Scherzte er, oder was sollte man von der Bemerkung halten?

»Ja, Sie haben richtig gehört«, wiederholte dieser, »ich bin praktisch bankrott. Ich habe auf eigene Rechnung gearbeitet, und die türkische Regierung weigert sich, meine ausstehenden Rechnungen zu bezahlen.«

»Weil sie selber pleite ist! Wieviel schuldet man Ihnen?«

Humann holte tief Luft: »187 364 Piaster.«

»O Gott!«

»Ich habe bereits über die deutsche Botschaft in Konstantinopel interveniert, da bekam ich 40 000, aber die 187 364 Piaster sind seit über einem Jahr offen. Dabei sieht unser Vertrag eine monatliche Bezahlung der Straßenbauarbeiten vor. Aber was gilt heute schon ein Vertrag mit der Türkei! Glauben Sie mir, am liebsten würde ich alles hinschmeißen . . .«

»Und dann?«

Carl Humann hob die Schultern. »Wenn ich die Arbeit einstellte, fürchte ich, am Ende überhaupt nichts mehr zu bekommen. Die versuchen doch, mir alles mögliche anzuhängen. Aber was kann ich dafür, wenn die Straßen heute nicht zu benutzen sind. Kameltreiber haben die 52 Holzbrücken, die ich gebaut habe, wenn sie ihr Nachtlager neben der Straße aufschlugen, verfeuert. Sie benützen lieber die alten Furten. Mit Engelszungen habe ich geredet, die Brücken aus Stein zu bauen; aber der Directeur général des Travaux publics wußte es besser!«

»Sie wollen wieder zurück nach Deutschland?«

Humann schüttelte den Kopf: »Ich bleibe hier, solange es geht. Und wenn ich keine Straßen mehr bauen kann, dann werde ich ein anderes Auskommen finden. Vielleicht werde ich mit

Schmirgel handeln. Davon gibt es genug in der Gegend. Ich gebe jedenfalls nicht eher auf, bis ich die Mauer abgerissen habe. Denn ich glaube, daß die Steine, aus denen sie errichtet wurde, zu einem einzigen gewaltigen Bauwerk gehörten.«
»Und was könnte das sein, Humann?«
»Das wissen die Götter.«

Ein eisiger Wind pfiff durch die Baracke. Das Thermometer außen neben der Tür zeigte minus drei Grad. Kein Wunder bei dem Nordsturm. Sogar das Wasser in der Waschschüssel war gefroren. Wie sollte ein Mensch in dieser Kälte arbeiten!
Schliemann hatte Handschuhe übergezogen. Das zwang ihn, entgegen sonstiger Gewohnheit, mit einem dicken Stift zu schreiben. Der Diener Nikolaos brachte ein großes Bündel Brennholz herein und ließ es krachend auf den Boden fallen, daß Scheite, Äste und Reisig in dem winzigen Raum verstreut lagen. »Sto diawolo«, fluchte er, »verdammt! Nicht mal einen Esel kriegen Sie bei diesem Wetter vor die Türe.«
»Wo hast du das Brennholz her?« erkundigte sich Schliemann. Nikolaos war der einzige, den der Ausgräber mit seinem richtigen Namen anredete. Alle anderen, deren Namen nur schwer zu behalten waren, hatte Schliemann umgetauft in Sokrates, Platon oder Diogenes oder einfach Doktor oder Professor. Das gefiel den Arbeitern so, daß sie sich schließlich auch untereinander mit diesen Namen anredeten.
»Von Sokrates«, antwortete der Diener, »er glaubte am ehesten auf einen warmen Ofen verzichten zu können, wenn er sich von innen her erwärme.«
»Ich verstehe«, lachte Schliemann.
»Eine Flasche Anisschnaps«, sagte Nikolaos.
Gemeinsam richteten sie den primitiven, halbhohen Ofen her, und als er endlich brannte, füllten sie ihn von oben bis zum Rand, indem sie die eisernen Ringe abhoben, so daß das Feuer einen hellen Schein an die hölzerne Decke warf.
»Als ich in Athen abreiste«, erzählte Schliemann, während er

die Handschuhe auszog und die Hände mit gespreizten Fingern über die Ofenplatte hielt, »schien die Frühlingssonne.«

»Kirie«, wandte Nikolaos ein, »heute ist letzter Tag im *Januar*. Der Frühling beginnt im März.«

Nikolaos hatte damit begonnen, neben der Barackensiedlung am Fuße des Hügels für Schliemann ein Steinhaus zu errichten, aber dann war der Winter erneut unerwartet heftig hereingebrochen, und die Arbeit mußte eingestellt werden. Dabei wäre das Haus jetzt nötiger denn je gewesen.

Sollte er wieder heimkehren? Schliemann dachte an seine Frau Sophia, die jetzt schon perfekt deutsch sprach, und an Andromache, die gerade laufen gelernt hatte, und einen Augenblick plagten ihn Zweifel. Doch dann besann er sich: Tagein, tagaus würde er nichts anderes tun als sich mit Homers Schilderungen von Troja beschäftigen, er würde grübeln, zweifeln, kombinieren, und schließlich würde er doch nur das nächste Schiff nehmen und wieder herkommen, weil von diesem Ort eine geradezu magische Kraft ausging, die ihn anzog. Vor allem konnte er hier nicht nur zeichnen, sondern auch jeden Gedanken an Ort und Stelle überprüfen. Keine Frage, Heinrich Schliemann blieb.

»Kein einziger Arbeiter ist heute gekommen!« knurrte Schliemann, während er sich die Hände rieb.

Nikolaos sah den Ausgräber an, als wollte er sagen: Ja, sollen die Männer denn das Eis aufhacken, um auf das gottverdammte Ilion zu stoßen? Aber Nikolaos sagte nichts, und Schliemann erkannte, daß sein Ärger sinnlos war.

Vierhundert Francs hatte er zuletzt pro Tag ausgegeben, eine beträchtliche Summe, 60 000 Francs insgesamt seit Beginn der Arbeiten in Hissarlik. Dafür hatte er eine Ruinenstätte freigelegt, eine Trichter- und Terrassenlandschaft, die ihn in seiner Vermutung bestätigte, Homer und dem alten Troja auf der Spur zu sein. Er hatte aber auch genügend Zweifler aufgebracht und nicht einen einzigen Skeptiker überzeugt, vor allem Curtius nicht, der dem Außenseiter mit jenem professoralen Gelehrtenhochmut begegnete, der zu jener Zeit durchaus üblich war. Nein, dem Ausgräber blieb nur eines, weiterzugraben, bis er einen Beweis gefunden haben würde. Irgendwann mußte das Wetter sich doch bessern!

Auf den Frost folgte Tauwetter, es goß in Strömen. Und bisweilen fragte sich Schliemann, ob die Götter bei diesem Unternehmen wohl auf seiner Seite standen. Sein Plan für dieses Frühjahr: ein 24 Meter breiter Graben, sechs Meter tief bis zum Urboden, von Osten nach Westen durch den ganzen Berg hindurch. Dabei mußte Schliemann den großen Tempel durchschneiden, er muße Mauern sprengen, Unbekanntes zerstören, er wußte das; aber nur mit diesem Querschnitt konnte er eine bessere Übersicht erhalten.

21. Februar: »Ich durchbrach nicht ohne die größte Anstrengung diese beiden Mauern und war natürlich bei dieser Gelegenheit gezwungen, alle die großen herrlichen Steine der Mauer des Lysimachos, welche mich hinderten, zu zerschlagen. Ich tat dies mit größtem Leidwesen, denn jeder einzelne dieser Steine ist in Paris zwanzig Francs wert, aber es war mir unmöglich, auf andere Weise vorwärts zu kommen. Die Störche sind noch nicht angekommen, sind aber jetzt in Kürze zu erwarten. Ich habe auf dem flachen Dach meines Steinhauses zwei Behälter machen lassen, um die Störche zu veranlassen, ihre Nester darin zu machen.«

6. März: »Ich habe zehn Seitenwege angelegt, um Schutt fortzuschaffen. Die Erfahrung hat mich gelehrt, daß es viel vorteilhafter ist, keine besonderen Leute zum Beladen der Schubkarren zu haben und jeden Arbeiter selbst seine Karre vollschaufeln zu lassen.«

15. März: »Die vielen Tausende von Steinen, die ich aus den Tiefen Ilions wälze, haben bei den Einwohnern der umliegenden Dörfer zu − für die Wildnis − großartig zu nennenden Bauten Veranlassung gegeben. So wird jetzt unter anderem mit meinen ilischen Steinen eine Moschee und ein Minarett im elenden türkischen Dorf Çiblak und ein Kirchturm im christlichen Dorf Jenischahir gebaut. Eine Menge mit Ochsen bespannter zweirädriger Karren steht immer bei meinen Aus-

grabungen bereit, um die irgend brauchbaren Steine in Empfang zu nehmen.«

16. März: »Brand. Hätte ich übrigens auch nur eine Minute länger geschlafen, so wäre das Haus ohne Rettung ein Raub der Flammen geworden, und die mit so vieler Mühe gesammelten Altertümer wären, ebenso wie meine schönen Bücher und Aufsätze, verlorengegangen. Bei diesem fortwährenden furchtbaren Sturm und Kälte fange ich an, mich hier auf eine schreckliche Weise zu langweilen . . .«

Endlich besserte sich das Wetter. In der Troas zog der Frühling ein. An Sümpfen und Tümpeln blubberten aufsteigende Luftblasen. Die Frösche quakten, und Sträucher und Bäume zeigten die ersten Triebe. Man sah wieder Störche über die Weiden stolzieren, aber Schliemanns Hausdach hatten sie verschmäht. Das bedeutete nichts Gutes.

Während Heinrich Schliemann mit täglich 150 Arbeitern gegen den Berg anrückte, braute sich in Konstantinopel ein neues Unwetter zusammen. Schliemanns Zeitungsveröffentlichungen hatten in der Hauptstadt des Osmanischen Reiches höchstes Mißfallen erregt, vor allem an dem Tempelfries, den der Ausgräber nach Athen geschafft hatte, erhitzten sich die Gemüter, und der Direktor des Altertümermuseums in Konstantinopel, Dr. Dethier, bemühte sich, den Firman Schliemanns zu annullieren. Es stand schlecht um die Grabungen, und Schliemann wandte sich an Graf Ludolf, den österreichischen Gesandten in Konstantinopel, damit er Dethier von seinem Plan abbringe. Ende März war der Besuch österreichischer Altertumsforscher angekündigt. Bis dahin würde ein hundert Meter langer Durchstich erfolgt sein, der den Besuchern interessante Einblicke gewährte.

Schliemann war mit seinen Nerven am Ende. Er mußte jeden Tag mit der zwangsweisen Einstellung seiner Arbeiten rechnen und hatte sich auch ausgerechnet jetzt noch mit seinem alten Freund Calvert überworfen, der hatte im »Levant Herold« einen bösartigen Troja-Artikel geschrieben und schließlich sogar die Identität Trojas mit Hissarlik angezweifelt.

1. April: »Die Strapazen hier gehen über meine Kräfte, und ich bin entschlossen, die Ausgrabungen nur noch bis zum 1. Juni fortzusetzen . . . Ich werde dann nur noch in Griechenland graben und mit Mykene, der Hauptstadt des Agamemnon, anfangen.«

Als Sophia Schliemann die Mitteilung erhielt, bestieg sie das nächste Schiff in Richtung Dardanellen. Sie bestürmte ihren Mann, nicht einfach aufzugeben, er habe ausweglosere Situationen durchgestanden. Troja sei das Ziel seines Lebens gewesen, und er würde es sich später nie verzeihen, kurz vor dem Ziel aufgegeben zu haben.

Sophias Worte blieben nicht ohne Wirkung. Schliemann setzte Belohnungen für seine Arbeiter aus. Jede kleinste Entdeckung wurde zusätzlich honoriert. Der Erfolg blieb nicht aus: In einer einzigen Woche zählte Schliemann 239 Spindeln, in acht Meter Tiefe kamen eulenköpfige Vasen, doppelhenkelige Becher und zwanzig polierte Beile zum Vorschein. Resignation wich der Genugtuung.

»Kiria Schliemann, Kiria Schliemann!« Der reitende Bote aus Çanakkale schwenkte ein Telegramm.

Sophia wischte die staubigen Hände an ihrem bodenlangen Rock ab und lief die Schutthalde hinab. »Für mich?« fragte sie erstaunt, »o theé mo — mein Gott!« Noch während sie den braunen Umschlag mit hastigen Bewegungen aufriß, kam Heinrich dazu. Wortlos reichte sie ihm das Telegramm. Zwei dürftige Zeilen: »Vater liegt im Sterben. Komme sofort.«

»Ich begleite dich!« Heinrich Schliemann nahm seine Frau am Arm und führte sie zum Haus am Fuße des Berges. Sophia ging wie in Trance. Sie liebte ihren Vater ungemein. Ihm verdankte sie alles, auch den Mann an ihrer Seite. Die Siebzehnjährige war sich keineswegs sicher gewesen, daß der damals siebenundvierzigjährige Schliemann der richtige Ehemann für sie war. Erst der Vater hatte sie davon überzeugt, und sie war gut dabei gefahren.

»Nein, Heinrich!« erwiderte Sophia, »du bleibst hier. Gerade jetzt, in dieser schwierigen Situation, ist deine Anwesenheit nötiger denn je zuvor. Wer weiß, ob du jemals zurückkommen würdest, wenn du jetzt von hier weggehst!«

Schliemann nickte stumm. Sophia hatte recht. Er durfte Troja nicht verlassen. Und seine Frau versprach so bald wie möglich zurückzukommen. Als sie in Piräus eintraf, war ihr Vater bereits tot.

Troja, 14. Mai 1873. »Mein heißgeliebtes Weib! Tröste Dich, meine Teure, mit dem Gedanken, daß über ein Kurzes wir alle Deinem ausgezeichneten Vater folgen werden. Tröste Dich für das Wohl unseres lieben Töchterchens, das seine Mutter nötig hat und dessen ganzes Lebensglück ohne dieselbe vernichtet sein würde. Tröste Dich, indem Du bedenkst, daß Deine Tränen Deinen lieben Vater nicht wieder aufwecken können, und daß er, als guter, braver Mensch – fern von den Mühen, Sorgen und Qualen dieses Lebens –, jetzt das wahre, reine Glück des jenseitigen Lebens genießt und jedenfalls viel glücklicher ist als wir, die wir ihn bejammern und beweinen. Kannst Du aber Deinen Kummer um den geliebten Hingeschiedenen nicht bemeistern, dann komme doch ja mit dem nächsten Dampfer zu mir zurück, und ich werde schon Mittel und Wege finden, Dich aufzuheitern. Unsere Ausgrabungen haben ohne Dich keinen Fortgang, und wir denken mit Freudentränen an Deine baldige Rückkehr . . .«

Mürrisch, beinahe lustlos harrte Heinrich Schliemann aus. Die Grabungen liefen weiter. Zwei Wochen noch, dann wollte er alle Arbeiten einstellen – für immer. Es war Ende Mai, gelbe Dotterblumen, so weit das Auge reichte. Ein paar Tage noch, und der Graben würde sich durch den ganzen Berg hindurchgefressen haben, an einigen Stellen achteinhalb Meter tief. Die Erdformationen verrieten nun, daß Schliemann den Urboden erreicht hatte, auch wenn er tiefer grub, kamen keine neuen Schichten zutage. Er hatte das »Skäische Doppeltor« freigelegt, den »Großen Turm«, westlich davon die alte Ringmauer und am Tag zuvor zwei Gebäude unterschiedlichen Alters, wovon das neuere auf der Ruine des älteren erbaut war, beide einst ein Raub der Flammen, wovon die verkohlten Wände Zeugnis gaben.

Stundenlang starrte Schliemann, wie immer im kurzen, dunklen Jackett, mit Hut und Spazierstock, auf das freiwerdende Gemäuer. Geistesabwesend verfolgte er die Arbeiter, die ihre mit Schutt gefüllten Karren den steilen Pfad bergan zogen, um sie auf der gegenüberliegenden Seite des Hügels an einer der Halden zu entleeren, wo tagtäglich Griechen und Türken mit ihren Ochsengespannen warteten und brauchbare Bausteine aufluden.

»Heinrich!« Es war Sophias Stimme, die Schliemann aus seinen Gedanken riß.

»Sophia! Du hier?« Die beiden liefen aufeinander zu und lagen sich lange in den Armen. Die junge Frau weinte. Schliemann sagte nichts. Er streichelte ihre Hand, dann faßte er Sophia am Arm, um ihr den Fortgang der Grabungen zu zeigen.

»Da!« sagte er und zeigte auf die geschwärzten Grundmauern des gerade freigelegten Hauses, »das ist der Palast des Priamos!«

Den Palast des Priamos hatte sich Sophia ganz anders vorgestellt! Doch sie wußte, wie empfindlich Heinrich auf jede Frage reagierte, die auch nur den leisesten Zweifel erkennen ließ. Deshalb schwieg sie lieber.

Als schiene er ihre Zweifel zu ahnen, meinte Schliemann: »Es ist das einzige zentral gelegene Gebäude, deshalb *muß* es der Palast des Priamos sein. Oder hast du schon einmal einen Königspalast irgendwo in einer Ecke gesehen?«

»Nein«, sagte Sophia folgsam. »Du hast recht, es muß der Palast des Priamos sein.«

Am Abend, er hatte die von der Reise müde Sophia längst zu Bett gebracht, schrieb Heinrich Schliemann im Schein der Petroleumlampe einen Brief an seinen 18jährigen Sohn Sergius in St. Petersburg. Er war das einzige Kind aus seiner ersten Ehe – die Tochter Natalia war 1868 im Alter von zehn Jahren gestorben – und wurde von Schliemann nicht gerade geliebt, doch er fühlte sich für die Erziehung und bestmögliche Ausbildung des Jungen verantwortlich und ließ ihm jährlich bis zu 4000 Rubel zukommen. Sergius, von der Mutter erzogen, litt unter dem Genie seines Vaters und fand keinen Zugang zu ihm.

»Wie es bei Deiner verpfuschten Erziehung nicht anders sein kann«, schrieb Schliemann, »hast Du natürlich keinen Sinn für das Große, das Schöne, das Erhabene. Aber vielleicht kriegst Du einen Sohn und gibst ihm eine vernünftige Erziehung, so daß er Sinn für das Schöne und Erhabene hat und für das klassische Altertum schwärmt. Und wenn so, dann schicke ihn doch nach Troja, damit er die Ausgrabungen seines Großvaters sieht, die ewige Zeiten ein Wallfahrtsort der wißbegierigen Jugend sein werden; schicke ihn auch nach meinem heißgeliebten Athen und trage ihm auf, dort das ›Museum Schliemann‹ zu sehen, welches wir jetzt im Begriff stehen, von Eisen und Marmor bauen zu lassen, und welches wir nebst unserer ganzen Sammlung von trojanischen und anderen Altertümern der griechischen Nation hinterlassen . . .«

Schliemann war jetzt endgültig entschlossen, die Grabungen am 15. Juni »auf immer«, wie er sagte, einzustellen. 250 000 Kubikmeter Schutt, so hatte er berechnet, waren von ihm bewegt worden. Nun wollte er einen Monat in Athen ausruhen und dann mit Frau und Kind zur Wiener Weltausstellung reisen.

Irgendein Gefühl veranlaßte Schliemann in den letzten Tagen, den gestampften Boden in dem Gebäude, das er den Palast des Priamos nannte, aufgraben zu lassen. Zunächst kam nicht einmal eine Scherbe zum Vorschein. Aber am Morgen des 7. Juni stieß die Hacke eines griechischen Arbeiters an der inneren Mauer auf Widerstand. Schliemann, der in der Nähe stand, hörte den metallenen Klang, den die Hacke erzeugte, er sprang in die Grube und stieß den Griechen beiseite. Auch Sophia auf der gegenüberliegenden Kuppe wurde aufmerksam. »Was ist?« rief sie hinüber.

Heinrich gab keine Antwort. Er hatte dem Arbeiter die Hacke aus der Hand genommen und scharrte vorsichtig das Erdreich von der Stelle, an der der metallische Klang zu hören gewesen war. Seine Bewegungen wurden immer vorsichtiger und behutsamer, und auf einmal schimmerte grünes Metall durch das staubige Geröll. Jetzt warf Schliemann die Hacke beiseite und kratzte mit bloßen Händen den Schmutz von dem Metall.

»Ein Schild!« rief er glücklich, »sto onoma tou theou – bei allen Göttern, ein Schild!« Sophia kam näher.

Beinahe zärtlich strich der Ausgräber über die unerwartete Entdeckung, befreite sie, so gut es ging, von der Erde und versuchte dann, den Schild behutsam an einer Seite hochzuheben. Dies gelang nur ein paar Handbreit, und Schliemann gab den Versuch auf.

»Geh und rufe ›Pause‹!« meinte er zu seiner Frau am Kraterrand. Er sprach deutsch, was selten vorkam in Troja.

»Wir haben doch gerade erst angefangen! Wieso Pause?« wandte Sophia ein.

Schliemann wiederholte nachdrücklich, indem er jedes einzelne Wort betonte: »Geh und rufe ›Pause‹! Sage den Leuten, heute sei mein Geburtstag, ich hätte das ganz vergessen. Jeder bekommt seinen Lohn!«

»Pause?« Die Griechen, die um Schliemann herumstanden, ließen sich das nicht zweimal sagen. Sie warfen ihre Werkzeuge fort und rannten davon.

Heinrich Schliemann sah ohne ein Wort der Erklärung über die Mauern, ob nicht irgendwo ein Arbeiter zurückgeblieben sei. Dann bückte er sich und hob vorsichtig den grünschimmernden Schild an einer Seite hoch. Und jetzt sah er, daß sich unter dem Schild noch andere Gegenstände befanden.

Schliemann nahm seine Frau in die Arme, und beide schwiegen vor Ergriffenheit. Jetzt, in diesem Augenblick, erfüllte sich der Traum seines Lebens, ein Traum, der im Kopf des armen Dorfjungen im mecklenburgischen Ankershagen geboren worden war. »Sophia, agapiti mou – geliebte Sophia«, sagte Heinrich, »das ist der Schatz des Priamos.«

Homers Werk, das ihn sein ganzes Leben lang fasziniert hatte, nahm auf einmal Gestalt an. Die Schätze des unglücklichen

Königs Priamos, der bei der Eroberung Trojas von den Griechen erschlagen worden war, diese Schätze lagen im wahrsten Sinne des Wortes greifbar vor ihm. Und er selbst, den die gelehrten Professoren für einen Dilettanten und Phantasten hielten, hatte sie entdeckt.

Sophia fragte, was Heinrich zu tun gedenke. Doch das wußte Schliemann schon in dem Augenblick, als er seine Frau aufforderte, »Pause!« zu rufen. »Breite dein Kopftuch aus!« sagte er ruhig, und als er Sophias fragende Augen sah, fügte er ebenso gelassen hinzu: »Ja, hier im Sand!«

Sophia nahm das lange rote Kopftuch, mit dem sie ihr schwarzes Haar vor Sonne und Staub schützte, ab und breitete es auf die Erde. Heinrich kniete nieder und hob behutsam einen Gegenstand nach dem anderen aus dem Schutt: zwei goldene Diademe, 24 goldene Halsketten, Ohrgehänge, Stirnreife, Knöpfe, Nadeln, eine goldene Kugelflasche, mehrere Goldbecher, einer aus Elektron, ein weiterer aus Silber, vier große und zwei kleine Vasen, 34 Lanzenspitzen und sechs Messer.

»Sieh nur, Heinrich!« Sophia deutete auf einen großen Schlüssel, der neben dem Schatz lag. Gelbbraune Erde erinnerte an vergangenes Holz, und die Vermutung lag nahe, daß der gesamte Schatz in einer verschlossenen Holzkiste am Fuße der Grundmauer vergraben worden war. Aber wer vergräbt schon einen Schatz samt Schlüssel? War dieser Schlüssel nicht vielmehr der Hinweis auf eine Tür?

Nachdem sie die Schätze in das Tuch gehüllt hatten, verließen sie die Fundstelle, und es gelang ihnen, ohne Aufsehen in ihr Haus zu kommen. Dort verriegelte Schliemann die Tür und stellte die einzelnen Fundstücke auf dem kleinen Tisch auf. Mit einer Bürste und Lappen reinigte er jeden einzelnen Gegenstand, während seine Frau ihm andächtig zusah.

»Setz dich!« sagte er schließlich, und als Sophia auf dem hochlehnigen Holzstuhl Platz genommen hatte, legte der Ausgräber seiner Frau den trojanischen Schmuck an, den goldenen Stirnreif, die blinkenden Ketten und Ohrgehänge, und in feierlichem Ton sagte er: »Nun bist du meine Helena.«

Stunden mochten vergangen sein, in denen Schliemann losgelöst von der Gegenwart zu keinem klaren Gedanken fähig war, da holte Sophia ihn mit einem einzigen Satz auf die Erde zurück:

»Was willst du mit dem Schatz anfangen, Heinrich?«

Schliemann hielt inne. Ja, was sollte er mit dem Schatz des Priamos anfangen? Nach dem Gesetz mußte er teilen. Die Hälfte stand der türkischen Regierung zu, die Hälfte ihm; aber das kam für ihn überhaupt nicht in Frage. Man konnte den Schatz doch nicht auseinanderreißen!

»Hör zu«, sagte Schliemann, »nächste Woche sind die Arbeiten zu Ende, wir fangen noch heute an zu packen, und jedes einzelne Stück aus dem Schatz muß eingewickelt in Kleidungsstücke in einem anderen Gepäck Platz finden. Was übrigbleibt, wickeln wir in Papier und stecken es in die Holzkisten mit den Schaufeln und dem Werkzeug. So wird Amin Effendi nichts bemerken.«

Sophia zitterte bei dem Gedanken, daß es nicht nur galt, den türkischen Aufsichtsbeamten, der jeden einzelnen Fund aufgezeichnet hatte, zu überlisten. Auch die Zollbehörden würden sich natürlich für das umfangreiche Reisegepäck interessieren.

»Du wirst wissen, was du tust!« sagte Sophia.

Und Heinrich antwortete: »Es ist die einzige Möglichkeit. Wir müssen es riskieren.«

»Bist du jetzt glücklich?«

Schliemann sah seine Frau an. »Glücklich ist gar kein Ausdruck. Ich bin der glücklichste Mensch unter der Sonne. Es gibt Dinge, die werden einem nur einmal im Leben zuteil, und es gibt Dinge, die werden nur einem unter Millionen zuteil, aber was mir widerfahren ist, Sophia, das wurde nur *einem* in der Geschichte der Menschheit zuteil.«

Sie hatte Mühe, ihre Tränen zurückzuhalten. So sehr rührten Sophia Schliemanns Worte.

Der letzte Eintrag im trojanischen Tagebuch findet sich unter dem 14. Juni 1873: »Heute abend habe ich die Arbeiten für dieses Leben eingestellt, und ich ließ die Ausgrabungen durch den Priester von Jenischahir, der auch gleichzeitig für das leibliche Wohl seiner Gemeinde besorgt ist, indem er Schenkwirt ist, im Beisein aller Arbeiter segnen. Es ist ein beseligendes Gefühl, daß trotz der mit diesen riesigen Ausgrabungen verbundenen großen Gefahr niemand sein Leben verloren, ja nicht einmal gefährlich verwundet worden ist.«

Tags darauf nahm eine lange Karawane von Eseln und Kamelen den beschwerlichen Weg nach Çanakkale. Heinrich und Sophia Schliemann folgten in einem Pferdegespann. Amin Effendi hatte das gesamte Gepäck kontrolliert, bevor er es mit einem Kreidezeichen abhakte; in ihren Kleidungsstücken herumzuwühlen, hatte er nicht gewagt.

»Nun scheinst du doch traurig zu sein, daß die Arbeit hier zu Ende ist«, sagte Sophia, als der Burgberg von Troja hinter ihnen entschwand.

Schliemann antwortete lächelnd: »Wenn ich erfolglos gewesen wäre, hätte ich vielleicht Grund, traurig zu sein; aber so.«

»Und bist dir deiner Sache ganz sicher, das Haus des Priamos ausgegraben zu haben?«

Schliemann wurde ungehalten: »Hast du nicht selbst den Doppelbecher in Händen gehalten, aus dem Priamos getrunken hat? Hast du nicht selbst die kostbaren Armbänder getragen, die einst Hekubas Handgelenke schmückten?«

Sophia nickte, obwohl sie natürlich wußte, daß der Schatz allein kein Beweis war.

»Ich kenne deine Bedenken«, ging Schliemann dann doch auf sie ein, »auch ich bin von der bescheidenen Ausdehnung Trojas enttäuscht und hatte mir Troja, angeregt von den homerischen Schilderungen, weiträumiger und pompöser vorgestellt.«

»Aber dann hat Homer gelogen!«

»Agapiti mou, Homer, meine Liebe, war ein epischer Dichter, kein Historiker. Er behandelte all das, was man ihm erzählte, in dichterischer Freiheit. Außerdem hat Homer das Troja, von dem er so farbenreich berichtete, ja nie mit eigenen Augen gesehen. Als Homer an dieser Stätte weilte, war das Troja der ›Ilias‹ schon unter jahrhundertealtem Schutt begraben. Aber daß Troja eine unermeßlich reiche Stadt war, das hat der Schatz des Priamos wohl bewiesen. Und daß Troja keine Legende ist, sondern Geschichte, das beweisen die Grundfesten der Bauten, die wir aufgedeckt haben. Homer hat jedes einzelne Gemäuer beschrieben. Zufrieden?«

»Ja, Heinrich. Und du?«

»Ob ich zufrieden bin! Mit Troja ja.«

»Was willst du damit sagen?«

»Troja ist erst ein Anfang. So wie Troja liegt noch das ganze Hellas versunken unter der Erde. Mykene, Tiryns, Olympia, ich werde ganz Griechenland umgraben und den Hellenen ihre Geschichte zurückgeben.«

»Die griechische Regierung wird dir nicht erlauben, an all diesen Orten zu graben. Preußen gemüht sich schon seit vielen Jahren um Olympia.«

»Gewiß, Sophia. Du vergißt nur eines: Ich bin Heinrich Schliemann und nicht Curtius oder wie diese Schreibstubengelehrten sonst heißen mögen. Und ich habe ein Druckmittel, den Schatz des Priamos. Entweder sie lassen mich Hellas ausgraben und gestehen mir alle Funde auf Lebenszeit zu, oder sie werden auf meine Arbeit und den Schatz verzichten müssen.«

»Das willst du tun, Heinrich?«

»So wahr ich Schliemann bin, der Entdecker von Troja!«

II. Griechische Tragödie

Gieß Öl und Essig in denselben Krug,
Sie treten auseinander, sind nicht Freunde.
So ist der Sieger und Besiegten Los
Getrennt und ihre Sprache tönt verschieden.

Aischylos

D as antike Griechenland war über tausend Jahre verschollen, vergessen, und mußte erst neu entdeckt werden. Griechenland, das war die Sagen- und Geschichtswelt einiger weniger Gelehrter, die selbst nicht mehr so recht glaubten, daß die Schilderungen von Thukydides, Herodot, Pausanias ernst zu nehmen seien – von Homer und seinen Göttern und Helden ganz zu schweigen.

Der byzantinische Kaiser Theodosius der Große hatte 393 n. Chr. die Olympischen Spiele als heidnisches Traditionswerk verboten, und nicht lange davor hatte die Pythia in Delphi dem Abgesandten Kaiser Julians mit dem letzten, wohlgesetzten Vers geantwortet:

»*Künde dem König, das schöngefügte Haus ist gefallen.*
Phoibos Apollon besitzt keine Zuflucht mehr,
der heilige Lorbeer ist verwelkt,
Seine Quellen schweigen für immer,
verstummt ist das Murmeln des Wassers.«

Man schrieb das Jahr 398 nach der neuen Zeitrechnung, als auch der Orakeltempel in Delphi niedergerissen wurde, 435 schlossen sich die Tore des Parthenon auf der Akropolis. Eine unbedeutende Provinz — mehr nicht —, das blieb von Hellas während des Byzantinischen Reiches, und als der große Völkersturm Europa überzog, suchten Germanen- und Slawenscharen das Land heim. Aber die Gebirge erwiesen sich als schwer zugänglich, einzelne Stadtfestungen als uneinnehmbar, so uneinnehmbar, daß sie sich, ohne Aufsehen zu erregen, von der Reichshauptstadt Konstantinopel abspalten konnten.

Araber, Normannen und Venezianer, die nacheinander das Land heimsuchten, drücken dem alten Hellas hier und da ihren Stempel auf, und das stolze Byzantinische Reich zerfiel allmählich in zahlreiche kleine Herrschaften. Fränkische Barone bauten trutzige Burgen, lateinische Kleriker gotische Kirchen und einheimische Mönche byzantinische Klöster. Vom Norden her drängten die Albaner in das Land, und Athen wurde erst von katalanischen, dann von navarrenischen Söldnern erobert, die es 1388 an einen Bankier aus Florenz verkauften. Jede Insel der Ägäis kannte einen anderen Herrn, und manches Eiland, wie zum Beispiel Euböa, teilten sich gleich drei.

29. Mai 1453. An diesem Tag eroberten die Türken Konstantinopel nach beinahe hundertjähriger Bedrohung, und auch für Griechenland war dieser 29. Mai ein schicksalsschwerer Tag. Denn schon bald fiel den Türken das Herzogtum Athen in die Hände, weite Teile der Peloponnes, die Inseln Euböa und Lesbos. Nur die von den Venezianern besetzten, schwer einnehmbaren Inseln und Festungsbollwerke blieben zunächst verschont. Doch nach und nach eroberten die Türken eine Insel nach der anderen, Zypern 1571, Naxos 1579 und zuallerletzt und unter großen Opfern 1669 Kreta.

Während all der Jahre feindseliger Auseinandersetzungen galt Hellas als ein Land, das zu betreten nicht angeraten schien, wenn man sein Leben nicht aufs Spiel setzen wollte. Und für Jahrhunderte aus dem Gedächtnis der Völker gestrichen oder nur als feindlicher Zankapfel genannt, wurde Griechenland so unwirklich, daß ein Tübinger Universitätsprofessor namens Martin Kraus im Jahr 1575 in Konstantinopel zaghaft anfragte, ob die antiken Stätten Griechenlands überhaupt irgendwelche Spuren hinterlassen hätten. Und als man ihm zur Antwort gab, die Akropolis von Athen sei sogar noch bewohnt, da bereitete es dem Verfechter einer protestantisch-orthodoxen Kircheneinigung große Schwierigkeiten, dies seinen Professorenkollegen nahezubringen. Man wollte es einfach nicht glauben, daß der türkische Stadtkommandant die Propyläen zum Amtssitz, das Erechtheion zum Harem und den Parthenontempel zur Moschee samt Minarett umfunktioniert hatte.

Auch wenn die Türken damals Raubbau mit dem alten Hellas trieben und viele Kunstwerke unwiederbringlich vernichtet wurden, so bewahrten sie Griechenland dennoch ungewollt vor dem totalen Verfall, indem sie viele Gebäude adaptierten und sie für ihre Zwecke nur umbauten. Und da alle Griechen Untertanen des Sultans wurden, blieb sogar die Einheit des Volkes gewahrt, ja auf Kreta, in Epirus und nahe dem alten Sparta gab es sogar Griechenstämme, die praktisch unabhängig vom Sultan lebten. Räuberbanden, sogenannte Klephten, brachten die türkische Verwaltung bisweilen in arge Bedrängnis, weil die Armatolen, die Polizisten, zu den Aufständischen überliefen.

Die russische Kaiserin Katharina II. sah im 18. Jahrhundert in den Griechen willkommene Verbündete für ihre Mittelmeerpolitik, die sich vor allem gegen die Türkei richtete, sie schickte die Brüder Orlow mit einer viel zu kleinen Truppe zur Peloponnes, wo sich Griechen gegen die Türken erhoben. Vergebens – denn Skipetaren und Albanier, von den Türken zu Hilfe gerufen, machten die Rebellen grausam nieder. Auch eine zweite Erhebung mit russischer Unterstützung scheiterte kläglich.

Zu dieser Zeit erwachte in England jene seltsame Art von Philhellenismus, den Männern wie Lord Elgin, Lord Byron oder Colonel William Martin Leake auf ihre jeweils eigene Weise zelebrierten. Die Society of Dilettanti, ein loser Zusammenschluß ebenso wohlhabender wie begeisterungsfähiger Edelleute, setzte sich die Wiederentdeckung des antiken Griechenland zum Ziel. Das Wort Dilettant hatte zu dieser Zeit

(1) Die Akropolis von Athen im 19. Jahrhundert (nach einer Lithographie von C. Votteler).

(2) Die Athener Akropolis heute.

(3) Der Apollon-Tempel in Delphi, in dem die Pythia weissagte.

noch die ursprüngliche Bedeutung von »der sich Ergötzende«. Erst hundert Jahre später wurde daraus der »Halbwisser«.

Gleichzeitig bildeten sich in Europa Geheimbünde, die den Umsturz in Griechenland vorbereiteten. Sie initiierten den opferreichen Unabhängigkeitskrieg des griechischen Volkes, der mit einer Auseinandersetzung zwischen dem griechischen Satrapen Ali Pascha von Joannina und dem türkischen Sultan begann. Ali Pascha, ohne militärische und politische Begabung, wurde besiegt und verlor sein Leben. Und auch diejenigen, die sich nach ihm erhoben, scheiterten. Fürst Demetrios Ypsilanti phlegmatisch und linkisch, floh nach der Niederlage über die österreichische Grenze und starb sieben Jahre später in Wien. Männer wie Fürst Alexander Mawrokordatos, Petros Mawromichalis, Theodor Kolokotronis oder Odysseus von Ithaka lieferten den Türken mit ihren Getreuen blutige Schlachten um Festungen und Bergrücken, blieben aber zunächst erfolglos. Der österreichische Außenminister Fürst Metternich kommentierte: »Über unsere Ostgrenze hinaus zählen drei- bis vierhunderttausend Gehenkte, Erwürgte, Gepfählte nicht viel. Die Türken fressen die Griechen auf, und die Griechen köpfen die Türken.«

Am 6. April 1821 rief Germanos, der Erzbischof von Patras, seine Gläubigen zum Aufstand gegen die Türken auf. Die Peloponnes wurde befreit, wenige Tage später Athen. Petros Mawromichalis und der bei den Engländern bis zum Major aufgestiegene Theodor Kolokotronis bildeten eine Regierung. Darauf richtete sich der Zorn der Türken offen gegen die Christen. Am Ostermorgen wurde der vierundsiebzigjährige Patriarch Gregorios V. zusammen mit sechs Priestern am Haupteingang seiner Kirche aufgehängt. Drei Tage mußen die Leichen dort verbleiben, dann wurden sie ins Meer geworfen. Doch die türkischen Greuel schweißten das kleine Griechenvolk, dem sich nun aus ganz Europa Freiwillige anschlossen, nur noch mehr zusammen. Am 13. Januar 1822, dem griechischen Neujahrstag, konstituierte sich eine Nationalversammlung und erließ feierlich eine Unabhängigkeitserklärung. Der

erste Präsident hieß Alexander Mawrokordatos, die gesetzgebende Versammlung umfaßte siebzig Abgeordnete und wurde
für ein Jahr gewählt.

Indes sammelten die deutschen Homer-Übersetzer Johann
Heinrich Voß und Friedrich Wilhelm Thiersch eifrig Gelder für

Griechenland. Mäzene wie der spätere König Ludwig I. von Bayern oder König Friedrich Wilhelm III. von Preußen wirkten beispielgebend. Ein Stuttgarter Rechsanwalt brachte mit seinem Hilfsverein der Griechenfreunde 30 000 Gulden auf. Freiherr vom Stein fand aufmunternde Worte für die Hellenen: »Alles, was im gebildeten Europa eines frommen, edlen und menschlichen Gefühls fähig ist, umgibt sie mit seinen Wünschen.«

Vielerorts steigerten sich die Gefühle für Griechenland zur Kreuzfahrerstimmung. Neun Transportschiffe fuhren von Marseille nach Navarino, dem heutigen Pylos, mit Freiwilligen an Bord, Glücksrittern, Haudegen und Abenteurern, aber auch militärischen Führern wie dem napoleonischen Offizier Charles Nicolas Fabuier, dem schottischen General Sir Thomas Gordon, den Engländern Sir Robert Church, Captain Hastings, Colonel Stanhope, Admiral Cochrane und dem bayerischen Oberstleutnant von Heydeck. Englische Banken gaben zudem Millionenanleihen zum Risikozins von 55—59 Prozent.

Als Ende 1822 die Hafenstadt Nauplia in die Hände der griechischen Aufständischen fiel, wurde die schwer einnehmbare Festung zur neuen Hauptstadt — ein wohlüberlegter Schritt, wie sich schon bald erweisen sollte. Denn der türkische Sultan Machmud II. versuchte nun eine Entscheidung herbeizuführen. Er bot seinem mächtigen ägyptischen Satrapen Mohammed Ali die Griecheninseln Zypern und Kreta als Preis für die Niederwerfung des Hellenenaufstandes.

Mohammed Ali schickte seinen Sohn Ibrahim. Dieser eroberte Kreta, überwinterte auf der Insel und landete im Februar 1825 in Navarino auf der Peloponnes. Verschanzt in den unzugänglichen Felsennestern der Halbinsel, gaben die griechischen Freiheitskämpfer nicht auf. Doch dann fiel eines der Hauptbollwerke, gegen das die islamischen Truppen bisher vergeblich angerannt waren: Missolunghi. Nach einjähriger Belagerung — die Nahrung wurde knapp, und es fehlte an Waffen und Muntion — unternahm eine kleine Schar Griechen einen Ausbruchsversuch, die Zurückgebliebenen sprengten sich mit der

Festung in die Luft. Die Lage der Griechen schien hoffnungslos.

Da kam im letzten Augenblick Hilfe von außen. Auf Betreiben Großbritanniens schlossen die Briten mit der französischen Regierung und dem russischen Zaren den Londoner Vertrag mit dem Ziel, Griechenland zu befreien. Die vereinigten Seestreitkräfte ankerten in der Bucht von Navarino und hofften zunächst auf ein Einlenken der Türken und Ägypter. Doch die waren den Europäern zahlenmäßig überlegen, und Ibrahim dachte nicht daran nachzugeben. Er ließ auf dem Festland Zehntausende von Öl- und Korinthenbäumen, oft die einzige Lebensgrundlage der armen Bauern, abholzen, um für den nahenden Winter Brennholz zu gewinnen. Da schlugen die vereinigten Admirale Sir Edward Codrington, de Rigny und Graf Heyden zu und vernichteten am 20. Oktober 1827 die ägyptisch-türkische Flotte. Angeblich waren ihre Geschütze von selber losgegangen, jedenfalls wurde der Oberkommandierende Sir Edward, der schon mit dreizehn Jahren in die britische Marine eingetreten war, trotz siegreicher Schlacht abberufen.

Der Sultan wollte den Niedergang des Osmanischen Reiches nicht hinnehmen und betrachtete Griechenland auch weiterhin als Bestandteil seines Imperiums. Erst als die Westmächte die diplomatischen Beziehungen abbrachen, Zar Nikolaus den Türken den Krieg erklärte, Frankreich ein 14000köpfiges Expeditionskorps auf die Peloponnes schickte und die Engländer den ägyptischen Vizekönig überreden konnten, seinen Sohn Ibrahim zurückzurufen, beugte sich der Sultan dem Frieden von Adrianopel.

Griechischer Regierungschef war seit 1827 Johannes Graf Kapodistrias. Er stammte von der Insel Korfu, ein ebenso begabter wie unberechenbarer Adeliger, mehr Diplomat als Staatsmann. Seit 1809 im russischen diplomatischen Dienst, hatte er Zar Alexander I. Pawlowitsch auf dem Wiener Kongreß vertreten. In England fürchtete man nun, das von Kapodistrias regierte Griechenland könne zum Vasallen des Zaren werden. Deshalb wurde auf der Londoner Konferenz von 1830 die volle Souveränität eines Königreichs Griechenland beschlossen.

Zum König der 600 000 Hellenen wurde Prinz Leopold von Sachsen-Coburg-Gotha ausersehen. 40 Jahre alt, mit dem russischen Zarenhof verschwägert, Oheim der späteren Queen Victoria und Witwer der englischen Thronerbin Charlotte Auguste. Doch Leopold zog am 21. Mai 1830 seine Zusage wieder zurück. Grenzstreitigkeiten im Norden Griechenlands und düstere Zukunftsvisionen des Grafen Kapodistrias sollen der Grund gewesen sein.

Das junge Griechenland – ein Königreich ohne König?

In London entschied sich eine neue Konferenz für einen unbedarften, kaum siebzehnjährigen Prinzen aus bayerischem Hause, den zweitgeborenen Sohn König Ludwigs I. Der noch minderjährige Prinz Otto, bildungshungrig und philhellenisch wie sein Vater, stand nicht im Verdacht, der einen oder anderen Großmacht zuzuneigen. 60 Millionen Francs, eine Bankanleihe des Hauses Rothschild in London und Paris, sollten ihm als Starthilfe dienen. Die griechische Nationalversammlung stimmte für Ottos Thronbesteigung.

Als Otto am 6. Februar 1833 zu Schiff in Nauplia ankam, wurde er zwar mit großem Jubel empfangen, die Regierung des Landes übernahmen jedoch vier bayerische Beamte: der bürokratische Staatssekretär Legationsrat von Abel, Generalmajor Heidegger von Heydeck, Staatsrat Professor Ludwig von Maurer und als Regent Ludwig Graf von Armannsperg. Die ohnehin schwierige Aufgabe, die sich den Bayern stellte, wurde noch zusätzlich dadurch erschwert, daß weder der designierte König noch ein Mitglied des Regentschaftsrates die Sprache des Landes beherrschten.

Vielfältig und bunt wie ihre Geschichte war auch die Sprache der Griechen zu dieser Zeit. Welten trennten sie von der eines Aischylos, von Homers Gesängen ganz zu schweigen. Da machte sich in Paris, wo er schon ein halbes Jahrhundert im Exil lebte, der Arzt und Philologe Adamantios Korais daran, das neugriechische Kauderwelsch von fremden Einflüssen zu reinigen und wieder dem klassischen Griechisch anzunähern. Die so entstandene neugriechische Schriftsprache fand geteilte Aufnahme. Der böseste Kommentar stammte vom damaligen Sprachenpapst Giuseppe Mezzofanti, einem Professor für orientalische Sprachen an der Universität Bologna, der sich angeblich in siebzig Sprachen verständlich machen konnte. Mezzofanti meinte, das Neugriechische gleiche einem Affen, der nur deshalb das häßlichste Tier sei, weil er dem edelsten aller Geschöpfe am ähnlichsten sehe.

Das alte Griechisch, wie es die Bayern auf dem Gymnasium gelernt hatten, blieb den Hellenen unverständlich. Die Folge war, daß die Bayern Nichtgriechen in Regierung und Verwaltung bevorzugten und sich bei den Griechen immer mehr Mißtrauen gegen die »Fremden« anhäufte. Ein Söldnerheer von 5400 Angeworbenen und dazu eine bayerische Brigade von 3586 Mann sollten für Ruhe und Ordnung sorgen. Die Verluste der Truppe waren verheerend – allerdings nicht auf dem Schlachtfeld. Das heiße Klima und der verharzte Retsina rafften 2210 Söldner und 411 Brigadisten hinweg.

Kaum hatte man in Nauplia damit begonnen, Wohnhäuser und Verwaltungsgebäude im klassizistischen Stil zu errichten, da wurde am 1. Januar 1834 der Regierungssitz nach Athen verlegt. Hellas sollte wieder von seiner alten, geschichtsträchtigen Hauptstadt aus regiert werden. Nur – Athen war unter den Türken zu einem Provinznest verkommen, in dem nicht mehr als 8000 Menschen lebten. Im Hafen von Piräus ein paar hundert. Der letzte Türke hatte Athen am 12. April 1833 verlassen, und inzwischen war die Einwohnerzahl auf 15 000 angestiegen, für eine europäische Hauptstadt immer noch reichlich bescheiden.

Ein neues Athen sollte erstehen, unter Einbeziehung der antiken Baureste, und wie in klassischer Zeit sollte die Akropolis das Zentrum der Stadt bilden, auf das alle Straßenzüge zuliefen. Kleanthes, Eduard Schaubert und Leo von Klenze teilten sich die Entwürfe für ein neues Stadtbild mit klassizistischen

Monumentalbauten. Vom preußischen Kronprinzen Friedrich Wilhelm stammte die Idee, den neuen Königspalast auf der altehrwürdigen Akropolis zwischen Propyläen und Erechtheion zu errichten, und Friedrich Schinkel setzte seine Pläne auch sogleich in Zeichnungen und monumentale Ölgemälde um. Doch der preußische Baumeister mußte dem Münchener Akademieprofessor Friedrich Gärtner den Vorrang geben, der zusammen mit dem bayerischen Hofarchitekten Leo von Klenze ein gewaltiges Quaderwerk auf einen Hügel der Unterstadt setzte, von Wiesen und Feldern umgeben.

Am 1. Juni 1835 übernahm König Otto, nunmehr zwanzigjährig, die Regierungsgeschäfte. Er heiratete die oldenburgische Prinzessin Amalia und plante den Bau einer Universität für Athen. Dies war weit weniger ein architektonisches Problem als ein organisatorisches. Als Baumeister wählte König Otto den Dänen Christian Hansen, der sich in Griechenland als Ausgräber betätigte, zum wissenschaftlichen Berater ernannte er den Bonner Althistoriker Johannes Brandis.

Brandis erklärte sich bereit, für zwei Jahre nach Athen zu übersiedeln, wenn König Otto neben einem respektablen Salär die Umzugskosten trüge und die Mitnahme von Frau, vier Söhnen, Eltern, einem Hausmädchen und einem Hauslehrer gestatte. König Otto sagte zu, und so schaukelte denn zu Beginn des Jahres 1837 eine von Brandis eigens gekaufte Postkutsche samt Kutscher von Bonn in Richtung Süden.

Es muß ein seltsamer Anblick gewesen sein; denn der Professor bestand darauf, neben seiner Großfamilie auch den gesamten Hausrat mit nach Griechenland zu nehmen. Und was auf dem Dach oder im Innern des Postomnibusses keinen Platz mehr fand, das wurde, in Koffern oder Kisten verpackt, an den Seiten der Kutsche festgebunden. Das Gefährt hatte ohnehin nur eine Tür. Im »Weißen Lamm« zu Augsburg, wo sie zum letzten Mal auf deutschem Boden nächtigten, kam der Postillion in arge Bedrängnis, weil seine Kutsche in der Einfahrt der Herberge steckenblieb und weder vor noch zurück bewegt werden konnte, ehe sie entladen war.

Schneefälle erschwerten den mühsamen Weg über die Alpen. Da saßen nun auf drei Sitzreihen zusammengedrückt, vorne der Professor und seine Frau mit dem Jüngsten, erst Dreijährigen auf dem Schoß, dahinter die anderen drei Jungen mit den Eltern des Professors, auf der letzten Bank das Hausmädchen Ida Hengstenberg, groß, stark und blühend, und neben ihr der erst zweiundzwanzigjährige Hauslehrer, von Ida und ihrer hübschen Stimme ebenso begeistert wie von ihrem gemeinsamen Reiseziel. Sein Name: Ernst Curtius. Acht Tage Quarantäne, wie damals üblich, in Verona. In Ancona erwartete sie ein Dampfschiff in Richtung Griechenland.

Der junge Curtius hatte bei Brandis studiert, mehr noch, er war mit seinem Lehrer befreundet, dessen Wahl war also kein Zufall gewesen, und der Studiosus hatte begeistert zugesagt. Denn so eine Reise in das exotischste aller exotischen Länder Europas war ein vielbestauntes Ereignis. Deshalb hatte auch der Vater zur Besonnenheit gemahnt, und als sich der Sohn von ihm verabschiedete, ein paar Tränen vergossen und gesagt, was man in einer solchen Situation so sagt, er solle gut auf sich aufpassen und bald schreiben. Ernst versprach es. Und als sich die schwerfällige Kutsche in Bewegung setzte, klang ihm die Stimme seines Freundes Emanuel Geibel noch im Ohr, der ihm nachgerufen hatte: »Ernst, ich komme nach!«

Griechenland! Als die deutsche Reisegesellschaft am 7. März 1837 in Patras an Land ging, herrschte wunderschönes Frühlingswetter. Aber der Segler, eine uralte Schaluppe, die sie zur Weiterfahrt charterten, kam nicht voran. Der Kapitän, ein alter Seeheld aus der Schlacht von Navarino, zeigte immer wieder nach Osten und bedeutete: schlechter Wind!

Nachts ging Brandis mit den Seinen an der moreischen Küste an Land, um in einem Chan zu nächtigen. Der Chan bestand aus zwei Hütten zum Schlafen, die dritte war eine Art Kaufladen. Alle drei Behausungen hatten aus Myrthen- und Platanenzweigen geflochtene Wände und eine Dachöffnung, so daß man mitten im Raum ein Feuer entfachen konnte, um das sich die Reisegesellschaft lagerte, Zypernwein trank und Lieder sang. Morgens um sechs lichtete das Schiff den Anker, ein frischer Wind fuhr in die Segel und trieb es nach Osten vorbei am Krisäischen Meerbusen, an Parnaß und Kithairon und dem Vorgebirge Holmiai nach Lutraki, dem westlichen Hafen der Landenge von Korinth.

Der Professor faßte Frau und Kinder an der Hand und erzählte mit verklärtem Blick, daß sich um diesen Flecken Erde einst Apollon und Poseidon gestritten hätten. Schließlich habe Apollon Akrokorinth gewonnen und Poseidon den Isthmos, und ein jeder habe ein wachsames Auge über das Land gehalten.

Lutraki, der westliche Hafen des Isthmos, bestand aus einem einzigen Haus und einigen Trümmern. Warenballen lagerten unter freiem Himmel und warteten darauf, auf Kamele verfrachtet und zum östlichen Hafen Kalamaki transportiert zu werden. Das Schiff ankerte einen ganzen Tag in Lutraki, und der junge Curtius nützte die Gelegenheit und stieg hinauf zur Bergfeste von Akrokorinth, auf deren Gipfel einst der Tempel der Aphrodite stand, der nun von einer mittelalterlichen Festung überbaut war.

Zuerst empfand er Wehmut: Die Landschaft kahl und öde, in der Stadt Korinth mehr verfallene, eingestürzte Häuser als bewohnte, auf Schritt und Tritt Schutt und Steine, die einzige heruntergekommene Locanda überfüllt. Wer ohne eigenen Vorrat kam, mußte verhungern. War dies das strahlende Hellas? Das Land, um das sich Götter und Helden schlugen?

Wo war die blühende Handelsstadt mit ihrem Vergnügungsviertel, das in der ganzen Welt berühmt war? Wo waren Tempel, Hallen und Stadien, in denen die Isthmischen Spiele veranstaltet wurden? Wo die römische Kolonie, gegen deren ausschweifendes Leben der Apostel Paulus wetterte?

Nach eineinhalb Stunden Fußmarsch erreichte Curtius die Bergfeste. Zwei Soldaten verwehrten ihm in unverkennbar bayerischem Tonfall den Zutritt. Erst als er sich als Deutscher zu erkennen gab, begrüßten sie ihn herzlich, und die ganze Garnison trat an: acht Mann bayerische Soldaten. Von der höchsten Zinne des Kastells konnte der junge Curtius hinab auf die Brandung des Korinthischen Golfes blicken, und in der Ferne, beinahe eins mit den Wolken, tauchte der Parnaß auf mit seinen sagenumwobenen Abhängen, und wenn er nach Osten blickte, die gleißende Frühlingssonne im Rücken, dann sah er den Saronischen Golf, heller als der andere, und auf dem blinkenden Spiegel schwammen Inseln, breit und behäbig, Salamis im Norden und Ägina im Süden. Eine solche Aussicht gab es kein zweites Mal auf der Welt, und der Student wußte, daß er von diesem Anblick ein Leben nicht loskommen würde. Zu Pferde legten sie den letzten Teil des Weges zurück, stießen bei Eleusis hie und da auf das Pflaster der alten, heiligen Straße, die Athen mit dem Ort der Eleusinischen Mysterien verband, die jedem Eingeweihten ein besseres Los nach dem Tode und die Fortdauer der Nachkommenschaft garantierten. Und dann, um drei Uhr nachmittags – Curtius notierte die genaue Zeit in sein Tagebuch –, erkannten sie von einer Anhöhe Athen und den Bergrücken der Akropolis. Curtius umarmte den Professor mit Tränen der Rührung in den Augen.

Zu dieser Zeit verkaufte der fünfzehnjährige Heinrich Schliemann im mecklenburgischen Fürstenberg Heringe, Zucker, Kaffee und Kartoffelschnaps, vor allem Kartoffelschnaps; denn der war in der Materialwarenhandlung von Theodor Hückstädt berühmt und billig. Hückstädt brannte selbst, und der junge Heinrich mußte die Kartoffelmühle mit der stinkenden heißen Maische drehen.

Von den vier Orten gleichen Namens war Fürstenberg an der Havel damals mit knapp zweieinhalbtausend Einwohnern zwar der größte, gewiß aber auch der häßlichste. Ein Stadtbrand hatte vor dreißig Jahren über hundert Häuser vernichtet, die Kirche und auch das Rathaus, und die Schäden waren noch immer nicht beseitigt. 65 Schiffer wohnten hier und zehn Schnapsbrenner wie Hückstädt.

Die Materialwarenhandlung, heute würde man sagen ein Krämerladen, lag an der Hauptstraße, vom Marktplatz nicht weit entfernt. Trotzdem − der Tagesumsatz überstieg selten zehn bis fünfzehn Taler. Schliemann war Ostern vor einem Jahr als Lehrling eingetreten, eine elende Arbeit, vor allem für einen, der gehofft hatte, einmal studieren zu können. Doch der Traum war ausgeträumt, als seine Mutter kurz nach Entbindung des neunten Kindes starb und der Vater im heimatlichen Ankershagen kurz darauf vom Dienst als Pastor suspendiert wurde. »Wegen leichtfertigen Lebenswandels«, wie es hieß.

Dahinter verbarg sich ein Techtelmechtel des Pastors Schliemann mit seiner Küchenmagd Sophie Schwarz, die noch zu Lebzeiten der Frau Pastor entlassen worden war, wohl aber ein vorlautes Mundwerk hatte und ihre Beziehung nicht verheimlichen konnte oder wollte. In einem Verfahren konnte dem Pastor zwar nichts nachgewiesen werden, weil die Hauptbelastungszeugin, die geschwätzige Sophie, verschwunden blieb, aber die Bewohner von Ankershagen lehnten ihren Seelenhirten ab, und Vater Schliemann blieb nichts anderes übrig, als seinen geistlichen Beruf an den Nagel zu hängen.

Die drei ältesten Töchter gingen freiwillig aus dem Haus, Heinrich dagegen wurde vom Vater zu Onkel Friedrich nach Kalkhorst gesteckt. Der war ebenfalls Pastor, hatte ebenfalls eine muntere Schar Kinder, und die Pflegemutter versprach, dem Neunjährigen eine gute Erziehung angedeihen zu lassen. Der Onkel schickte Heinrich sogar aufs humanistische Gymnasium in das nahe Neustrelitz, wo der Junge die Sprache Homers lernen wollte wie sein Vetter Adolf. Als aber dann die Schulgeldzahlungen von Heinrichs Vater ausblieben, der Junge dem Onkel nur noch auf der Tasche lag und keine Chance bestand, jemals das Abitur oder ein Studium zu absolvieren, da mußte Heinrich Schliemann auf die Realschule im selben Gebäude überwechseln. Dort erhielt er am 26. März 1836 ein mittelmäßiges Abgangszeugnis, das ihm »genügend Kenntnisse in den meisten Unterrichtsgegenständen«, aber mangelnde Umsicht und Klarheit in den Aufsätzen bescheinigte.

Von fünf Uhr morgens bis elf Uhr abends stand Heinrich Schliemann nun in dem Krämerladen. Er war nicht gerade kräftig, und das Schleppen der Kisten und Säcke bereitete ihm große Mühe. Vor allem aber bedrückte Heinrich die abgebrochene Schulbildung.

Eines Abends läutete die Ladenglocke. Heinrich kam hinter den Regalen hervor und erkannte im diffusen Schein der Petroleumlampe den Müllergesellen Hermann Niederhöffer.

Heinrich sah, wie der offensichtlich volltrunkene Niederhöffer schwankte. Das war nichts Besonderes, jeder im Ort wußte, daß der Niederhöffer trank. Er hatte dasselbe Gymnasium besucht wie Schliemann, war aber kurz vor dem Abitur von der Schule gewiesen worden, angeblich wegen schlechten Betragens. Was wirklich passiert war, wußte niemand. Seither vertrank er, was er als Müller verdiente.

»'n Schnaps!« sagte der Niederhöffer und klammerte sich an der blankgeschrubbten Holzplatte der Ladentheke fest.

»Für wieviel?« fragte Schliemann.

Niederhöffer kramte in den Taschen seiner staubigen Hose und holte ein paar Schillingmünzen hervor. Die starrte er an, wie sie so auf der Ladentheke lagen, als fiele es ihm schwer zu glauben, daß es nicht mehr waren. »'s alles!« lallte er und hielt sich wieder fest.

»Warst doch auch am Carolinum!« meinte Schliemann.

Der betrunkene Müller horchte plötzlich auf. Die Worte des Krämerjungen erinnerten ihn an eine bessere Zeit. Und einen Augenblick schien es, als huschte ein Lächeln über sein aus der Form geratenes Gesicht. »Klar!« sagte er.

»Kannste Homer?«

»Klar!«

»Sag mal!«

»Quatsch.«

»Sag mal! – Für 'n Glas Schnaps!«

»Ehrlich?«

»Hier!« Schliemann schob ihm ein volles Glas hin.

Niederhöffer richtete sich auf, als wolle er sich ins rechte Licht rücken, breitete die Arme aus und begann lautstark: »Andra moi enepe musa, polytropon, hos mala pola . . .«

Wilhelm Lentz, der zweite Krämergeselle, kam von hinten gelaufen, um zu sehen, was hier vor sich ging, und verfolgte mit offenem Mund den theatralischen Vortrag des Müllers.

»An dem obenerwähnten Abend«, schrieb Heinrich Schliemann viele Jahre später, »rezitierte er uns nicht weniger als hundert Verse dieses Dichters und skandierte sie mit vollem Pathos. Obgleich ich kein Wort davon verstand, machte doch die melodische Sprache den tiefsten Eindruck auf mich, und heiße Tränen entlockte sie mir über mein unglückliches Geschick. Dreimal mußte er mir die göttlichen Verse wiederholen, und ich bezahlte ihn dafür mit drei Gläsern Branntwein, für die ich die wenigen Pfennige, die gerade mein ganzes Vermögen ausmachten, gern hingab. Von jenem Augenblicke an hörte ich nicht auf, Gott zu bitten, daß er in seiner Gnade mir das Glück gewähren möge, einmal Griechisch lernen zu dürfen.« Athen, Attika, Griechenland, das war im Jahre 1837 eine Insel im Ozean. Eine regelmäßige Dampfschiffverbindung nach Europa gab es nicht, alle vier Wochen landete im Hafen Piräus ein Segler, ein Paketschiff, und Curtius war immer einer der ersten am Kai, um Post und Zeitungen in Empfang zu nehmen.

Ernst Curtius und die Familie Brandis hatten in einem alten Haus am Fuße der Akropolis Wohnung gefunden, wenige Schritte von dem kleinen Tempel der Winde entfernt mit einer schönen Aussicht. Aus dem Brunnen im Hof sprudelte frisches Wasser vom Hymettos, wilder Wein rankte an den Wänden.

Morgens um sieben nahm Curtius die Brandis-Jungen in Empfang, um halb neun wurde gefrühstückt, von neun bis elf gelernt und unterrichtet. Dann ging der Hauslehrer selbst in die Schule, um Griechisch zu lernen. Von zwölf bis zwei Siesta, von zwei bis vier Schulzeit für die Kinder, kurz nach vier die Hauptmahlzeit des Tages, danach Spaziergang. Schließlich trafen sich Curtius und Brandis täglich zu einer gemeinsamen Griechischstunde, bevor man am Abend Besuche machte oder empfing.

Beinahe jeden Abend fand irgendwo eine Gesellschaft statt, im

Hause Brandis häufig ein Teeabend. Da drängten sich dann illustre Gäste in den kleinen Räumen, man sprach deutsch, französisch und griechisch, nur das Italienische war von der Revolution beinahe völlig verbannt worden. Aber trotz Revolution und neuem Aufbruch lebte man in Athen in einer anderen Zeit, in einer anderen Welt. Wenn die nahe russische Gesandtschaft einen Ball gab, kamen die Offiziere zu Pferde geritten, und die wenigen Damen wurden in Sänften getragen.

Es herrschte ein katastrophaler Männerüberschuß im Athen der dreißiger Jahre, vor allem unter den Philhellenen; denn die Mehrzahl der Ausländer, Abenteurer oder jungen Gelehrten war unverheiratet, und zu den heimischen Schönen blieb man auf Distanz. Ein Hausmädchen wie Ida war also viel umschwärmt und konnte zwischen Junggesellen aus höchsten Kreisen wählen. Curtius, dem Ida sehr gut gefiel, war gewiß nicht die beste Partie.

Zu den Gästen, die bei Brandis regelmäßig ein und aus gingen, zählten die Baumeister Eduard Schaubert und Christian Hansen, der Oberkonservator der griechischen Altertümer Ludwig Ross, der junge Universitätsprofessor Heinrich Nicolaus Ulrichs und der holländische Generalkonsul Travers. Letzterer, vewitwet und Vater einer Schar Kinder, aber sehr reich, hatte ein Auge auf Ida geworfen, und es dauerte kein Jahr, bis er sie heiratete.

Was schickte sich mehr für Curtius, als seinen Kummer auf einer Reise in das unbekannte Griechenland zu vertreiben? Zwei Begleiter fanden sich schnell: der Schriftsteller und Übersetzer Wolf Graf Baudissin und der mexikanische Architekt Gomez de la Fuente, alle drei lockte sie das Abenteuer. Denn ein Abenteuer war es in der Tat. Es gab keine Karten; Land- und Vermessungspläne waren oft jahrhundertealt, und Ortsbezeichnungen stammten vielfach nicht mit der Wirklichkeit überein, Orte wie Delphi, Olympia, Mykene und Tiryns suchte man vergebens. Es gab sie, gewiß, aber man kannte sie nur vom Hörensagen. Am besten verließ man sich noch auf Pausanias, den griechischen Schriftsteller aus Kleinasien, der zwischen

160 und 180 n. Chr. Griechenland bereist und detailliert beschrieben hatte. Allein zwei seiner zehn Griechenland-Bücher beschäftigten sich mit der olympischen Landschaft Elis. Zu Schiff fuhren die drei nach Kalamata im Süden der Halbinsel. Dort mieteten sie Pferde, um über Andritsena, das Flußtal des Alpheios zu erreichen, in dem Olympia gelegen ist. Ihr Plan, wie Pausanias von Süden aus Messenien nach Triphylien zu gelangen und dort den Alpheios zu überqueren, scheiterte wegen der starken Regenfälle, die das Flüßchen Anfang Mai in einen reißenden Strom verwandelt hatten, so daß nicht einmal daran zu denken war, den Alpheios zu durchschwimmen. Auch Fährmann fand sich keiner. Obwohl sie sich auf dem linken Flußufer dem antiken Olympia schon sehr nahe glaubten, mußten die Reiter deshalb stromabwärts bis nach Pyrgos, wo angeblich noch eine Fähre in Betrieb war. Die anderen Fährleute hatten aus Angst vor den in dieser menschenleeren Gegend hausenden Räuberbanden ihr Gewerbe aufgegeben.

Ein schwarzlockiger Mann setzte sie tags darauf über den Alpheios, und so gelangten sie nach Pyrgos, wo es Curtius ratsam erschien, den Gouverneur des Ortes von ihrem Abenteuer in Kenntnis zu setzen, fanden aber zunächst niemanden, der sie für gutes Geld flußaufwärts begleitete. In einem Kaffeehaus, das seinen Namen zu Recht trug, denn es gab hier nichts anderes außer Kaffee, überlegten die drei mißgelaunt, ob sie das Wagnis ohne fremde Führung auf sich nehmen sollten. Da kam ihnen ein Forstwächter zu Hilfe, der ihnen versprach, sie unter Waffenschutz an ihr Ziel zu führen.

Nach einer halben Tagesreise flußaufwärts traten die Männer aus einer Senke zwischen zwei Hügeln hervor, von denen — so bedeutete der Führer — der linke, höhere, Kronion, der rechte, von zwei Pinien gekrönte, Antilalo genannt werde, und dann machte er eine ausladende Armbewegung und sagte: »Hier!«

Die Fremden sahen sich an. Keiner sagte ein Wort, aber die Enttäuschung stand ihnen ins Gesicht geschrieben. Hier sollte die heilige Stätte von Olympia sein?

Suchend, fragend ließ Ernst Curtius den Blick über das weite

Tal schweifen, durch das sich der Alpheios in ausladenden Bewegungen schlängelte, jener Alpheios, der der Sage nach ein Jäger und in Liebe zu der Jägerin Arethusa entflammt gewesen sei. Da aber Arethusa es ablehnte, den ehrlichen Freier zu heiraten, hätten die Götter die Jägerin in einen Fluß verwandelt, und Alpheios, der Liebende, er konnte nicht anders, aus Zuneigung tat er es ihr gleich. Da floß er nun, der verliebte Jäger.

Sanfte Hügel umschlossen das grüne Tal, und vereinzelt ragten Bäume wie schwarze Pilze aus dem Boden. Hunderte Male hatte Curtius die Beschreibung des Pausanias gelesen, und seine Phantasie hatte Olympia aufgebaut wie die Kulissen einer Bühne. Doch nun, als Zuschauer im Proszenium, war diese Bühne leer. Wo, beim Zeus, lag der schroffe Fels, von dem die Eleer jene Frauen zu stoßen drohten, die es wagten, zur Zeit der Olympischen Spiele den Alpheios zu überschreiten? War es jener unscheinbare Hügel dort oder hier jener bewaldete Hang? »Es soll aber noch keine ertappt worden sein«, hatte Pausanias berichtet, »außer Pherenike.« Jene Pherenike hatte ihren Sohn Peisirodos als Sportlehrer verkleidet nach Olympia zu den Spielen geleitet, und als sie ihn siegen sah, sprang sie vor Begeisterung über einen Zaun, und ihr hochflatternder Lendenschurz ließ erkennen, daß der Sportlehrer eine Frau war. Aber − so Pausanias − man stürzte Pherenike nicht vom Felsen, weil Vater, Brüder und Sohn olympische Siege erfochten hatten. Statt dessen erließ man das Gesetz, daß künftig auch Sportlehrer nackt zu den Spielen erscheinen mußten.

Wo aber lag das Stadion, in dem die schnellsten Jünglinge Griechenlands sich im Doppellauf maßen? Wo preschten die hochgeräderten Pferdegespanne über die Bahn? Wo maßen sich die stärksten Männer im Ringkampf? Und wo forderten die Könige der Athleten, die Allkämpfer, einander das Letzte ab?

Der Tempel des Zeus mit der dreigeteilten, haushohen Statue des Bildhauers Phidias aus einheimischem Stein, 68 Fuß hoch, mit Dachziegeln aus Marmor, einer Erfindung des Inselgriechischen Byzes, wo hat er gestanden? Wo der Tempel der Hera mit ihrem Standbild, für das sechzehn Priesterinnen der Göttin alle fünf Jahre ein neues Gewand webten? Wo die goldprotzenden Schatzhäuser mit den Weihegeschenken aus aller Welt? Hatte keine einzige der vielen hundert Siegerstatuen die Zeiten überdauert? Nicht die des Sostratos, der den Beinamen »der Handkämpfer« trug, weil er seine Gegner an den Händen faßte und mit Bärenkräften zu Boden drückte? Nicht jene des Polydamas, eines Kraftprotzes, der zur eigenen Freude einen Stier so lange an einem Hinterbein festhielt, bis sich dessen Hufeisen lösten? Auch die des Timanthes nicht, eines unbesiegbaren Allkämpfers, der jeden Morgen einen gewaltigen Bogen spannte, um seine Kraft zu prüfen, und eines Tages, als ihm dies nicht mehr gelang, sich selbst auf dem Scheiterhaufen verbrannte? Oder die des legendären Theagenes, der insgesamt 1400 Siegerkränze in verschiedenen Disziplinen errang und dessen Statue von mißliebigen Konkurrenten des Nachts ausgepeitscht wurde und dabei umstürzte und einen der Neider unter sich begrub?

Olympia, seit urdenklichen Zeiten alle vier Jahre der Mittelpunkt der griechischen Welt, mochte es von wilden Völkerhorden überrannt, verbrannt, geschleift worden sein – es mußte doch wenigstens einige Spuren hinterlassen haben!

Nachdenklich und schweigsam stiegen die fremden Besucher hinab in die Ebene, und je näher sie der Talsohle kamen, desto mehr wurde es zur Gewißheit: Alpheios und Kladeos hatten das Tal von Olympia im Lauf der Jahrhunderte immer wieder überschwemmt. Ein um das andere Mal wälzten Schlammassen sich über die Säulen, Statuen und Gemäuer der verlassenen Stätte, und eines Tages, nach vielen Jahrhunderten, war Olympia völlig vergessen. Ein paar alte Schriften erinnerten vielleicht noch daran, aber wo der Ort lag, wußte niemand mehr. Eine venezianische Karte des Jahres 1516 markierte an jener Stelle die Ortsbezeichnung Andilalo, so daß nun auch der letzte Anhaltspunkt verloren war.

Aber 1723 ist plötzlich von Olympia wieder die Rede. Am

14. Juni dieses Jahres schrieb der gelehrte Professor Bernhard de Montfoucond an den neuernannten Erzbischof von Korfu: »So sind Sie denn endlich in dem gelehrten Griechenland stationiert, und wenn dies auch voraussichtlich nicht von Dauer sein wird, so können Sie, mit Ihrem Interesse für das Altertum, doch leicht reiche Entdeckungen machen, die Ihnen für immer eine Berühmtheit in der gelehrten Welt sichern. Ein Gutes ist dabei, daß Korfu und seine Nachbarschaft Stellen sind, an denen man bisher kaum gesucht hat, und daß die Entdeckungen, die Euer Gnaden dort machen können, sich auf geistigen Gebieten bewegen, wo man die römischen Inquisitoren und Zensoren nicht zu fürchten hat. Korfu ist als eine alte Kolonie der Korinther voll von antiken Monumenten und von fast sämtlich in dorischem Dialekt abgefaßten Inschriften. Auch Zante und Kephallonia besitzen solche. Aber was ist das alles im Vergleich zu der diesen Inseln gegenüberliegenden Küste von Morea! Hier ist das alte Elis, wo die olympischen Spiele gefeiert wurden, wo man eine Unzahl von Denkmälern für die Sieger errichtete: Statuen, Reliefs, Inschriften. Die Erde muß davon vollgepfropft stecken, und dabei ist besonders wesentlich, daß meines Wissens dort noch niemand gesucht hat. Und das liegt doch in Ihrem Bereich, Sie können dort mit geringen Kosten eine reiche Ernte halten.«

Dazu kam es nicht. Aber mehr als vierzig Jahre später verirrte sich der Oxforder Theologe Richard Chandler in die ungastliche Gegend. Mit Pausanias als Reiseführer fuhr Chandler die Küsten der Peloponnes ab; in das Innere der Halbinsel einzudringen, wagte er nicht. Es erschien zu gefährlich. Schon wollte er sich auf den Heimweg machen, enttäuscht, weil die türkische Bevölkerung nicht den geringsten Hinweis auf antike Baudenkmäler zu geben vermochte, da begegnete er in dem Hafen Glarentza einem alten türkischen Aga. Er hieß Mulah und wußte zu berichten, daß in der Nähe des Rufia-Flusses nahe dem Dorfe Miraka Mauertrümmer herumlägen, von denen niemand wisse, woher sie stammten, wozu sie dienten, nur alt seien sie offenbar, uralt.

Mulah führte Chandler in die unwegsame Gegend. Es war August. Hitze und Stechmücken unerträglich. Als sie in der Dämmerung an dem genannten Ort ankamen, erkannte der Engländer Trümmer über den Boden verstreut. Er schlug sein Zelt auf und schlief sofort ein. Im Morgengrauen des nächsten Tages erkannte Chandler die Reste eines großen Tempels; aber alle Steine waren beschädigt. Man hatte versucht, die Metallklammern, mit denen die Quader zusammengehalten wurden, auszubohren. Chandler fand ein dorisches Kapitell und meinte später, einen dorischen Tempel gefunden zu haben – mehr nicht; aber aus dem Zusammenfluß zweier Flüsse schloß er, das antike Olympia entdeckt zu haben.

Auch Johann Joachim Winckelmann fand aufmunternde Worte zur Erforschung von Olympia, wo er umfangreiche Funde erwartete, und vielleicht hätte er auch tatsächlich in Elis gegraben, doch er fiel in Triest einem Raubmord zum Opfer. Dann kam der Engländer William Martin Leake nach Olympia, ein weitgereister Oberst aus London, der auf der Militärakademie von Woolwich ausgebildet worden war und vier Jahre im Indien-Dienst und in Ägypten verbracht hatte. In militärisch-diplomatischem Dienst schickte ihn die Regierung nach Griechenland. Leake war ein bißchen Spion, ein bißchen Militärberater, ein bißchen Forscher und ein bißchen Abenteurer. Das am 28. August 1804 in Downing Street abgefaßte Memoir umfaßt zwölf verschiedene Aufträge.

Von Leake wurde erstens die genaue Rekogniszierung der gesamten Westküste von Albanien und Morea erwartet; zweitens die Unterstützung der türkischen Befehlshaber; drittens die Aufnahme von Plänen und Karten; viertens eine genaue Untersuchung aller Küstenfestungen; fünftens die Terrainerforschung im Innern; sechstens eine vertrauliche Verständigung mit Ali Pascha; siebtens die besondere Berücksichtigung der Lage von Korinth; achtens die Besichtigung aller befestigten Plätze in Morea; neuntens eine genaue Berichterstattung über die politischen und militärischen Verhältnisse im Land sowie, zehntens, eine allgemeine Übersicht über die Geographie Griechenlands. Sollte Frankreich wirklich einen Angriff auf die Türken ausführen und Rußland von Korfu aus den Türken zu Hilfe kommen, so sollte Leake, elftens, die russische Armee dabei mit allem nützlichen Material unterstützen und zwölftens den Gouverneur von Malta sowie Admiral Nelson und das Auswärtige Amt über die Ergebnisse seiner Forschungen informieren.

Von dem Griechen Heraklit stammt der Satz, der Krieg sei der Vater aller Dinge – offenbar auch der Archäologie. Denn Leake gelangte zwangsläufig auch nach Olympia, und am 25. Februar 1805 notierte er in seinem Tagebuch: »Olympia besteht – ähnlich wie einige andere griechische Heiligtümer – nur aus einem heiligen Bezirk, einem Stadion und einem Hippodrom, aber dies auf einer größeren Fläche als jede andere Stätte . . .« Leake fand den von Chandler beschriebenen Tempel als Steinbruch benutzt, vermutete dahinter den Zeus-Tempel von Olympia und empfahl seinen Begleitern Edward Dodwell und William Gell, im folgenden Jahr an gleicher Stelle zu graben. Die Ergebnisse waren eher entmutigend – bis auf einige schwarze Marmorplatten. Pausanias hatte bei der Beschreibung des Zeus-Tempels von Olympia ausdrücklich bemerkt, daß der Boden vor dem Kultbild nicht aus weißem, sondern aus schwarzem Stein gemacht sei. Für größere Ausgrabungen fehlten Geld und Arbeitskräfte.

Erst als die Franzosen ihr 15 000-Mann-Heer in die griechischen Freiheitskampf schickten, das von verschiedenen Gelehrten begleitet wurde, kam Licht ins Dunkel von Olympia. Die »Expédition scientifique de Morée« untersuchte Flora und Fauna der Landschaft Morean, aber auch ihre Geographie, Bauwerke und Ruinen. Am Zusammenfluß von Alpheios und Kladeos stießen die Franzosen auf Olympia und beschlossen, den vermeintlichen Zeus-Tempel auszugraben. In sechs Wochen schaufelten sie zwei, stellenweise sogar vier Meter Sand und Schlamm von den Tempelresten, so daß die Umrisse sichtbar wurden. Und je tiefer die Ausgräber vordrangen, desto mehr Fragmente von Reliefs und Skulpturen kamen zum Vorschein. Inzwischen war es Juni geworden, die Hitze wurde unerträglich. Auch die Franzosen stießen auf den schwarzen Marmorboden, der schon Dodwell und Gell in Erstaunen versetzt hatte. Aber noch ehe die Erde sich anschickte, ihre Schätze preiszugeben, für die bereits Floße am Ufer des Alpheios festgemacht waren, kam aus Nauplia der Befehl, die Arbeiten einzustellen.

Was war geschehen?

Andonios Pappandonopoulos, ein Bauer aus dem benachbarten Dorf Phloka, hatte sich in die Hauptstadt durchgeschlagen und Joannes Kapodistrias berichtet, die Franzosen beraubten das Land, indem sie nach Schätzen gruben. Darauf rief der Regent, ein Freund der Russen und Feind der Franzosen, den Staatsrat zusammen, und dieser faßte den Beschluß, die Fortsetzung der Ausgrabungen zu untersagen. Was die Ausgräber bisher gefunden hatten, durften sie jedoch mit nach Frankreich nehmen. Das geschah im Juni 1829. Seither lag Olympia verwaist.

Beinahe zehn Jahre waren vergangen, und Curtius und seine Begleiter erkannten mit Schrecken, wie die Natur die mühsam dem Boden entrissenen Werke bereits wieder verschlang. Aber noch mehr schockierte den jungen Curtius die Ungenauigkeit, ja Nachlässigkeit, mit der Pausanias, auf den er so große Stücke hielt, die heilge Stätte von Olympia beschrieben hatte. Pausanias hatte nämlich nicht die von ihm selbst aufgesuchten Sehenswürdigkeiten beschrieben, was für die Forscher eine unschätzbare Hilfe bei deren Lokalisierung und Auffindung gewesen wäre. Nein, er schrieb das auf, was ihm die Fremdenführer von Olympia zu berichten wußten. Und die waren jeweils auf ein bestimmtes Gebiet spezialisiert: der eine erläuterte die Weihegeschenke, ein anderer beschrieb die Altäre unter Berücksichtigung der Gottesdienstordnung, ein dritter den Zeus-Tempel usw. Von einer systematischen Ortsbeschreibung konnte dabei keine Rede sein, im Gegenteil, Pausanias kehrte mit verschiedenen Führern an dieselbe Stelle zurück und beschrieb sie unter ganz verschiedenen Aspekten.

Seit Urzeiten herrschte Zeus in Olympia. Das begann mit einem furchtbaren Blitzschlag, den der Pelasger vom Himmel schleuderte, daß ein tiefer Spalt in der Erde klaffte. Seither kamen an dem Erdschlund die umwohnenden Stämme zusammen, um den Spruch der Orakelpriester zu hören, die hier im Angesicht der klaffenden Erde weissagten. Wohl mehr zum Zeitvertreib maßen die Wartenden ihre Kräfte in den verschiedensten Sportarten, und allmählich trafen sich die Menschen weniger wegen der Weissagungen als wegen der sportlichen Veranstaltungen. Für den Blitzeschleuderer aber bauten sie einen respektablen Tempel, und da die Teilnehmer an den Spielen aus immer entfernteren Gegenden anrückten, wurde der Zeus-Tempel zum Mittelpunkt der hellenischen Welt, von dem aus alle Entfernungen berechnet wurden.

Damals trug die Landschaft von Olympia bis zur arkadischen Grenze noch den Namen Pisa. Um 570 v. Chr. entriß Elis den Pisaten das Heiligtum, und man beschloß, es größer und glänzender auszubauen und dem olympischen Zeus alle Kriegsbeute zu opfern. Und so wurde Libon, ein einheimischer Baumeister, beauftragt, einen neuen Zeus-Tempel zu errichten. Das geschah 468 und 456 v. Chr. Im sogenannten »strengen Stil« wurden die Giebelfiguren geschaffen, Zeus den Ostgiebel beherrschend, Apollon als Mittelfigur des Westgiebels; aber nicht *sie* machten den Tempel weltberühmt, sondern die über zwölf Meter hohe Goldelfenbeinstatue des thronenden Zeus, die der Bildhauer Phidias zwanzig Jahre später in einer an Ort und Stelle eingerichteten Werkstätte schuf. Sie galt als ein Weltwunder und als das berühmteste Kunstwerk des Altertums.

Glaubt man der Sage, so hatte Olympia allerdings eine ganz andere Entstehungsgeschichte: Pelops, der Sohn des Tantalos, nach dem die Peloponnes benannt ist, besiegte Oinomaos, den Fürsten von Pisa, bei einem Wagenrennen auf ganz hinterhältige Weise. Oinomaos liebte nämlich seine eigene Tochter Hippodameia und stellte deshalb allen Freiern die aussichtslose Bedingung, gegen ihn im Wagenrennen anzutreten. Siegten sie, so sollten sie Hippodameia haben, verloren sie, so würde er sie töten. Die Distanz des Rennens ging über mehr als hundert Kilometer — von Pisa bis zum Isthmos von Korinth.

Obwohl er allen Kontrahenten beim Start einen satten Vorsprung gab, holte Oinomaos mit seinen feurigen Ares-Rossen alle Freier ein. Er durchbohrte sie von hinten mit der Lanze, schlug ihnen die Köpfe ab und steckte sie auf das Dach seines Palastes. Ein gutes Dutzend umfaßte seine Sammlung bereits, da bewarb sich Pelops. Er bestach des Königs Wagenlenker Myrtilos. Der ersetzte die ehrenen Splinte an den Naben des königlichen Gefährtes durch wächserne Attrappen, so daß der Wagen während des Rennens zusammenbrach und die Rosse Oinomaos zu Tode schleiften. Um den Anschlag zu vertuschen, brachte Pelops Myrtilos um, und zum Gedenken an die mörderischen Rennen führte man um 580 v. Chr. in Olympia das Wagenrennen ein.

Die reichlich frivole Geschichte wäre kaum erwähnenswert, wäre sie nicht auf dem Ostgiebel des Zeus-Tempels dargestellt worden, hätte Pausanias die Szenerie der Figuren nicht eingehend beschrieben und hätten nicht die französischen Ausgräber schon im ersten Anlauf Bruchstücke dieser Darstellung in der Erde gefunden.

In ganz Griechenland, erkannte Curtius, gab es keinen Tempel, bei dem sich erhaltene Überreste und alte Beschreibungen in gleichem Maße ergänzten.

Mit der beinahe 1700 Jahre alten Reisebeschreibung des Pausanias in der Hand prüften Curtius und seine Begleiter die Angaben, verglichen Maße und Gesteinssorten. In der Tat: Der Tempel war aus heimischem Kalktuff gebaut. Als Poros bezeichnete ihn Pausanias. Er war sandfarben, mit Muschelhöhlen übersät, hart und spröde und wurde deshalb mit einer Stuckschicht überzogen, die ihm marmornes Aussehen verlieh. Die Breite des Tempels gab Pausanias mit 95 Fuß an, die Länge mit 230. Nach der Erfahrung hatten dorische Säulen eine Höhe, die dem fünffachen unteren Durchmesser entsprach. Ergänzte er die Säule mit Gebälk und Giebel, so kam Curtius in etwa auf die Höhe des Tempels, die Pausanias beschrieb: 68 Fuß. Und obwohl nur ein paar Säulentrommeln, ein wenig Mauerwerk aus dem Erdreich ragten, setzte Curtius in seiner Phantasie einen Tempel zusammen, ein prachtvolles Bauwerk aus klassischer Zeit, und mit jedem Stein, den er in Gedanken auftürmte, wuchs die Begeisterung für die Idee, das alte Olympia auszugraben, es zu neuem Leben zu erwecken. Denn, so meinte er, »was dort in der dunklen Tiefe liegt, ist Leben von unserem Leben«.

Aber es sollte noch viele Jahre dauern, bis Ernst Curtius darangehen konnte, dieses Leben zurückzugewinnen. Curtius kehrte zurück nach Berlin, wurde 1844 Professor, Erzieher des deutschen Kronprinzen Friedrich Wilhelm und begleitete diesen auch in seinen Studienjahren an der Universität Bonn. Die Märzrevolution des Jahres 1848 erlebte er in Berlin in engem Kontakt mit dem Königshaus. Dem preußischen König Friedrich Wilhelm IV. war er ein kundiger Berater. Der »Romantiker auf dem Thron« – wie Friedrich Wilhelm auch genannt wurde – ergriff schließlich die Initiative und forderte den preußischen Kultusminister auf, Vorbereitungen für die Ausgrabung von Olympia zu treffen.

Grundlage seines Kabinettsschreibens war eine Denkschrift, die Ernst Curtius zusammen mit seinen Professorenkollegen Carl Ritter und Carl Bötticher eingereicht hatte. Darin veranschlagte er eine dreimonatige Expedition nach Olympia auf 3600 Taler. Ein Archäologe, ein Architekt, einige Techniker und 50 Arbeiter sollten mit einem Dampfschiff der preußischen Marine nach Griechenland gebracht werden. Curtius hatte sich in der Zwischenzeit intensiv mit der Topographie der Altis beschäftigt und einen konkreten Grabungsplan entwickelt: »Über den Beginn der Untersuchungen kann kein Zweifel sein, man wird den Anfang damit machen, die Tempelruine abzuräumen und in allen ihren Teilen genau zu untersuchen und zu vermessen, was die Franzosen verabsäumt haben. Aller Abtrag und Schutz wird nach dem Rand des Alpheios gefördert, um in keiner Weise innerhalb des Bezirks der Ausgrabungen hinderlich zu sein. Vom Tempel aus wird man dann mit Sondierungsgräben nach allen bedeutenden Punkten radienartig vorgehen; so z. B. nach dem Kronion hin, um die Substruktion der alten Schatzhäuser aufzudecken, nach dem großen Altare und dem Heraion, deren Ruinen unschwer zu finden sein werden, ebenso nach der Mauer und dem Tor des Gymnasions. Namentlich wird die Aufdeckung und Reinigung der Abzugsgräben vom großen Altar nach dem Alpheios eine reichliche Ausbeute an Bildwerken ergeben, zumal die Mündung des größten dieser Gräben noch unversehrt erhalten ist.« Ministerpräsident und Außenminister Otto von Manteuffel übernahm selbst die Vertragsverhandlungen mit der griechischen Regierung, da brach der Krimkrieg aus. Zar Nikolaus I. hatte den Türken ein Ultimatum gestellt, die russische Schutzherrschaft über die orthodoxen Christen des Osmanischen Reiches anzuerkennen. Als gar ein russisches Korps in die Donaufürstentümer einrückte, erklärten die Türken dem Zaren den Krieg. Zwar blieb Preußen neutral, aber die Westmächte schlugen sich auf die türkische Seite, und Griechenland stand wieder einmal zwischen allen Fronten. An Ausgrabungen in Olympia war vorerst nicht zu denken.

Von schwacher Konstitution war er schon immer gewesen, aber die schweren Fässer und Säcke, die Heinrich Schliemann in Fürstenberg schleppen mußte, machten ihm zunehmend zu schaffen, und eines Tages spuckte er Blut, und Hückstädt meinte, es täte ihm leid, aber bleiben könne er nicht.
Da machte sich Schliemann auf den Weg nach Hamburg, ein paar Empfehlungsschreiben seines Lehrherrn im kargen Reisegepäck, er sei allzeit fleißig und freundlich gewesen; und gute Wünsche begleiteten ihn. In Hamburg stieg er zunächst im »Weißen Roß«, nahe dem Pferdemarkt, ab, bestaunte die Geschäftigkeit der Stadt, das Schlagen der Uhren und den Klang der Glockenspiele und die großen Reklameschilder, die bis zum zweiten Stock reichten.

Die Adressaten seiner Empfehlungsbriefe, so meinte der geschwätzige Wirt vom »Weißen Roß«, würde er allesamt in der Börse antreffen, und so begab er sich eilends zu dem altertümlichen, auf hundert erhabenen Säulen ruhenden und von eisernen Gittern umgebenen Gebäude und präsentierte den Herren Marck, Oswald, Fesser und Vielhack, Conrad Warnche und H. F. Prehn seine Briefe. Man wolle sie wohlwollend prüfen, versprachen die vornehm gekleideten Herren.

Müde und abgespannt kam Schliemann in sein Gasthaus, ließ sich etwas zu essen servieren und begann insgeheim zu rechnen, wie lange die bescheidene Erbschaft der Mutter wohl reichen würde für dieses Leben. Doch noch ehe er zu einem Ergebnis kam, überredete, ja bedrängte der Wirt seinen jungen Gast, sich den Müllerschen Salon einmal anzusehen.

Aus dem Gebäude in der Neustädter Straße schallte laute Musik. Schliemann trat ein, und eine freundliche Dame forderte acht Schilling Entree. Acht Schilling? Der junge Mann schüttelte den Kopf, er sei ein Fremder, habe viel von diesem achten Weltwunder gehört und komme nicht, um zu tanzen, sondern nur, um den Saal zu sehen. Der Besitzer des Etablissements fühlte sich geehrt und ließ den Fremden unentgeltlich passieren.

Welch ein Anblick! Schliemann hatte einen Saal wie den Apollosaal in Rostock erwartet, aber dieser hier war mindestens zehmal so groß. Wände, Decke, alles Spiegelglas, in dem sich 120 von Gas erleuchtete Kronleuchter vervielfältigten. In der Mitte des Parketts aus Mahagoniholz standen die Herren, allesamt mit Hut auf dem Kopf, und keiner dachte daran, ihn abzunehmen. Die schönen Damen saßen außen an den Wänden und harrten der Aufforderung zum Tanz.

Nie im Leben hatte Heinrich Schliemann so schöne Frauen gesehen, jede eine Fee aus dem Märchen: reizende Köpfchen in dunklem Lockengewimmel, die Wangen mit Carmin-Schminke gerötet, Lippen rot wie Blut, die Augen in feinem Halbbogen mit chinesischer Tusche umrandet. Es war ein ziemlicher Schock, als Heinrich ein paar Tage später erfuhr, daß alle zu jener Sorte Frauen zählten, die sich der bezahlten Liebesfreude widmeten und die Dammtor-Wallstraße bewohnten.

Raubten ihm schon die Damen im Müllerschen Tanzsalon den Schlaf, so kam noch hinzu, daß er eine glücklich gefundene Anstellung bei S. H. Lindemann junior in Altona schon nach drei Tagen aufgeben mußte. Denn statt im Kontor, wie erhofft, arbeitete Schliemann auf dem Speicher des Kolonialwarenhändlers, mußte die Seilwinde bedienen und Säcke schleppen wie in Fürstenberg.

Einen neuen Arbeitsplatz zu finden, war in Hamburg gar nicht so schwer, aber eine Stelle, die auch bezahlt wurde, das schien beinahe unmöglich. Und so arbeitete Schliemann bei Deyske, Ecke Mühren und Mattentwiete. Dort war es warm, und bei Regen hatte man ein Dach über dem Kopf, Lohn gab es auch hier nicht.

Nach acht Wochen Hamburg hatte Heinrich den letzten Schilling aufgebraucht. Jetzt half nur noch ein Wunder. Und dieses Wunder geschah.

Die Herren Krogmann und Wachsmuth suchten für ihren kolumbianischen Geschäftsführer in La Guayara einen mehrsprachigen Kontoristen, Bezahlung nach Leistung, Überfahrt frei, die »Dorothea« liege segelfertig an den Landungsbrücken. Schliemann überlegte nicht lange, er hatte gar keine andere Wahl, entweder verhungern oder ab nach Südamerika.

Am 28. November 1841 morgens um vier lief die »Dorothea«, ein schneller, neuer Segler, mit 18 Mann Besatzung und drei Passagieren, einem Tischler, seinem Sohn und Heinrich Schliemann, aus. Über eine Woche wurde die Nordsee von Stürmen gepeitscht, haushohe Wellen gingen auf den Segler nieder. Schliemann litt unter Seekrankheit und brachte keinen Bissen herunter, acht Tage lang. Aber der Sturm wurde noch heftiger. Der junge Heinrich träumte von kolumbianischen Gefilden, als am 10. Dezember gegen Mitternacht die Kajütentür aufflog und der Kapitän schrie: »Größte Gefahr! Alle Mann an Deck!« Im selben Augenblick zersprangen die Bullaugen, Wasser schoß in das Innere, nackt hangelte sich Schliemann nach oben. Kapitän und Mannschaft hatten das angeschlagene Schiff bereits aufgegeben, aber der Versuch, die beiden Rettungsboote auszusetzen, scheiterte, sie schlugen voll Wasser und versanken, kaum daß sie auf den Wogen aufgesetzt hatten. Der stolze Segler krachte in allen Fugen, und das Deck tauchte immer tiefer in die tobende See. Und da, auf einmal legte sich das Schiff nach Backbord, und in Sekundenschnelle versank es im Meer.

Ein Holzfaß rettete Heinrich Schliemann das Leben. An die Tonne geklammert trieb ihn der Sturm an die westfriesische Insel Texel. Die holländischen Inselbewohner pflegten ihn gesund und schickten ihn nach Amsterdam zum Konsul von Mecklenburg. Der schenkte dem Schiffbrüchigen zehn Gulden, und der erstand beim Trödler Jacke, Hose, Weste, Hut und Strümpfe; Krogmann und Wachsmuth ließen ihm über ihren holländischen Agenten weitere dreißig Gulden zukommen, so daß er sich irgendwo im fünften Stock einquartieren konnte, möbliert, ohne Ofen, für acht Gulden pro Monat.

Bei Hoyack & Co. fand Heinrich Schliemann sogar einen Posten im Kontor, weil er inzwischen Geschäftsbriefe in vier Sprachen abfassen konnte. Als einer von achtzehn Kontoristen in dem schönen Geschäftshaus an der Keizers-Gracht fühlte er sich wie neu geboren, zum ersten Mal anerkannt, leidlich gut bezahlt. Die Treppen des Hauses waren aus Marmor, des Abends wurde das Kontor von 48 Gasflammen erleuchtet, durch seine Bücher gingen Hunderttausende, welch ein Unterschied zu Fürstenberg, wo Hückstädt Freudensprünge machte, wenn er einmal dreißig Taler einnahm!

Der junge Heinrich drehte jeden Gulden zweimal um, überlegte penibel bis zum Geiz, ob ihn eine Ausgabe vielleicht reute, denn   so hatte er sich vorgenommen – er wollte sechs Jahre sparen und dann über Batavia nach Japan reisen, um dort sein Glück zu machen. Irgendeine Stimme sagte ihm: Dein Glück liegt weit von hier! Also verzichtete er auf jegliche Vergnügungen, Theater, Konzerte, Maskenbälle, von denen es in Amsterdam so viele gab – aber kaum unter drei Gulden

Entree. Er mied auch die zahllosen einladenden Kaffeehäuser, in denen die Männer einen halben Tag verplauderten. Schliemann genügte es, in seiner freien Zeit durch die große Stadt zu spazieren und am Harlemer Tor die neue Eisenbahn zu betrachten. Ins Schwärmen geriet der junge Mann aus der Mecklenburger Provinz freilich, wenn er des Abends die mit Gas erleuchteten Schaufenster der zahlreichen Friseure ansah. Dort drehten sich vier, manchmal auch sechs weibliche Automaten, wie man die Schaufensterpuppen ohne Unterleib auf Drehscheiben nannte, die die neuesten Frisuren präsentierten. Nichts, meinte er, sporne mehr zum Studieren an als das Elend und die gewisse Aussicht, sich durch angestrebte Arbeit daraus befreien zu können. Langeweile kannte der junge Kontorist deshalb nicht. Seine ohnehin karge Freizeit nutzte er zum Sprachenstudium. In Englisch und Französisch war er inzwischen perfekt, jetzt lernte er Holländisch, Spanisch, Italienisch und Portugiesisch dazu. Meist ging er autodidaktisch vor. So war er mangels eines Lehrers sonntags zweimal in die anglikanische Kirche gegangen und hatte beim Anhören der Predigt jedes einzelne Wort des Pastors leise nachgesprochen. Er hatte inzwischen bei Schröder & Co. seiner Sprachenkenntnisse wegen eine Stelle als Chefkorrespondent gefunden. 1000 Gulden pro Jahr war ein fürstliches Gehalt, und Schliemann glaubte, ein Mann in seiner Position müsse auch russisch sprechen. Da er keinen Russisch-Lehrer fand, besorgte er sich ein paar Bücher, ein Lexikon, eine Grammatik und eine Übersetzung der »Abenteuer des Telemachos«, die er – zunächst ohne ein Wort zu verstehen – einfach auswendig lernte. Und da er glaubte, besser zu lernen, wenn er das Aufgenommene vortrug, engagierte er einen armen Juden, dem er – für zwei Gulden die Woche – allabendlich zwei Stunden russische Texte vortrug. Daß der Alte kein Wort verstand, störte ihn nicht. Schneller als erwartet trug die Arbeit Früchte: Nach sechs Wochen bereits schrieb Schliemann dem russischen Kaufmann Wassili Platnikow einen Brief in verständlichem Russisch, und bei Besuchen russischer

Kaufleute fungierte der Chefkorrespondent bald als Dolmetscher.

Januar 1846: Schröder & Co. suchten einen Agenten für ihre Geschäfte mit dem Zarenreich. Was lag näher, als Heinrich Schliemann diesen Posten anzuvertrauen? »Ubi bene, ibi patria – wo's mir gutgeht, fühl ich mich zu Hause.« In St. Petersburg wurde er schnell heimisch. Seine außerordentlichen Sprachkenntnisse, die ihm den Umgang mit Kaufleuten aus aller Herren Länder ermöglichten, und sein klarer Verstand, die Fähigkeit, schnell auf Veränderungen der Marktlage zu reagieren, wurden zur Grundlage seines Erfolges, so daß er bereits nach einem Jahr in Rußland sein Stammhaus Schröder & Co. mit der Nachricht überraschte, er wolle sich mit einer eigenen Import-Export-Firma selbständig machen, aber wenn man wolle, könne er gerne auch weiterhin ihre Interessen vertreten – auf Honorarbasis.

Da halfen keine Drohungen und keine erbosten Briefe, Schliemann handelte in eigener Regie mit Wein, Diamanten, Zucker, Salpeter und Indigo, setzte hunderttausende Rubel um und wurde Petersburger Bürger. Im Palais eines Grafen an der Postamtstraße nahm er eine geräumige Vierzimmerwohnung für 50 Rubel im Monat, hielt sich einen Lakaien und führte, wie er sich auszudrücken pflegte, ein sehr arbeitsames und melancholisches Leben.

Heinrich Schliemann war 25 Jahre alt, ein Alter, in dem ein Mann zum ersten Mal über sich und sein Leben nachzudenken beginnt. Seine Bilanz fiel nicht schlecht aus. Sein Leben war gewiß weniger geradlinig verlaufen als das eines Durchschnittsmenschen, aber Schliemann hatte es verstanden, sich jeder Situation anzupassen und das Beste aus ihr zu machen. So gesehen war er zufrieden, höchst zufrieden sogar, hätte ihn nicht immer wieder das Gefühl der Einsamkeit gequält.

Er war Frauen gegenüber von Natur aus schüchtern. Das lag wohl daran, daß er auch jetzt, da er stets tadellos gekleidet auftrat, nicht gerade den Eindruck eines attraktiven Mannes machte. Aber es lag nicht allein an seinem langen, schmalen

Gesicht und dem hageren Körperbau, daß ihn die Mädchen schon als Kind gemieden hatten. Seine Neigung schon damals, von dem verschollenen Troja und den Göttern und Helden der Antike zu erzählen, machte ihn zum Außenseiter. Die Mädchen des mecklenburgischen Dorfs kicherten, was gerade noch zu ertragen war, oder — schlimmer — sie lachten ihn einfach aus, nannten ihn einen Spinner, das schmerzte. Kein Wunder, wenn Heinrich sich immer mehr zurückzog und seine eigenen Wege ging.

Nur die Töchter des Gutspächters Meincke aus dem Nachbardorf Zahren lauschten, wenn sie ihm begegneten, gebannt den Erzählungen des jungen Heinrich. Die ältere hieß Luise, Minna die jüngere. Minna war im selben Alter wie der Pastorensohn, blond und schlaksig, wie eben Mädchen im Tanzstundenalter sind. Sie und Heinrich, halbe Kinder noch, beschlossen schon damals zu heiraten, wenn sie erst erwachsen wären.

Gemeinsam durchstöberten sie die alten Kirchenbücher von Ankershagen. Die Geburts-, Ehe- und Totenlisten übten auf sie einen eigenartigen Reiz aus. Und sooft es ging, statteten Minna und Heinrich dem alten Dorfschneider einen Besuch ab, den die anderen Kinder verlachten, weil er nur ein Bein und ein Auge hatte, den sie aber bewunderten, weil er die schönsten Geschichten erzählen konnte. Wie jene von dem Storch, der im Sommer regelmäßig auf dem Dach der Scheune nistete. Das habe ihn auf die Frage gebracht, wo denn der Storch den Winter verbringe. Und Schneider Wöllert, so hieß der Alte, sei aufs Dach gestiegen, habe den Adebar eingefangen und ihm ein Stück Pergament um den Fuß gebunden, auf dem Küster Prange niedergeschrieben hatte, daß er, der Küster, und Wöllert, der Schneider des Dorfes Ankershagen in Mecklenburg-Schwerin, hiermit den Storch freundlich ersuchten, ihnen den Namen dieses Landes mitzuteilen. Im nächsten Frühling habe der Storch ein anderes Stück Pergament am Fuß gehabt, auf dem zu lesen war: »Schwerin-Mecklenburg ist uns nicht bekannt — das Land, wo sich der Storch befand — nennt sich Sankt-Johannis-Land.«

Jahre ihres Lebens hätten die beiden damals gegeben, hätten sie gewußt, wo das geheimnisvolle Johannis-Land liegt, und ihre gemeinsame Leidenschaft für das Geheimnisvolle wuchs.

Karfreitag 1836 hatten sie sich zum letzten Mal gesehen. Sie waren beide vierzehn. Heinrich Schliemann erinnerte sich ganz genau, Minna war schlicht und schwarz gekleidet, aber das hatte ihre Schönheit nur noch mehr zur Geltung gebracht. Sie hatten sich einen langen Augenblick angesehen, die Tränen zurückgehalten, solange es nur ging, doch dann fielen sie sich hilflos in die Arme, versuchten schluchzend etwas zu sagen, aber keiner hatte ein Wort hervorgebracht, und als Minnas Eltern in das Zimmer traten, waren sie grußlos auseinandergegangen.

Nun schien für Schliemann die Zeit gekommen. Er schrieb einem Freund der Meinckes in Neustrelitz, er, Schliemann, habe nun Ansehen und Wohlstand erlangt und bitte in seinem Namen um Minnas Hand anzuhalten.

Eine Woche verging, zwei, der Dezember war kalt in St. Petersburg, und der Schnee türmte sich in den Straßen. Die Zeit wurde lang, drei Wochen. Schliemann vernachlässigte seine Geschäfte. Nach vier Wochen kam der Antwortbrief aus Neustrelitz: Minna Meincke war am 25. November 1847 in der Kirche von Peckatel mit dem Gutspächter Georg August Richers auf Hartwigshof getraut worden.

Armut, Krankheit, Schiffbruch und manch andere Beschwernis hatte Heinrich Schliemann in seinem Leben überstanden. Nun aber brach er zusammen, und für lange Zeit vergaß er alles um sich herum.

Schliemann fühlte sich absolut unfähig zu irgendeiner Beschäftigung, er lag krank darnieder, rief sich alle Begegnungen mit Minna ins Gedächtnis zurück, die Träume, die Pläne, die auszuführen er nun endlich die Möglichkeit hatte. Aber ohne Minna? Jetzt warf er sich vor, nicht schon eher um ihre Hand angehalten zu haben. Doch je mehr er darüber nachdachte, desto gewisser wurde ihm: Er hätte sich doch nur lächerlich gemacht, war er doch nichts weiter als ein Kommis in einer durchaus unselbständigen und von der Laune seiner Prinzipale abhängigen Stellung gewesen, der doch keinerlei Gewähr für den Erfolg in St. Petersburg hatte.

Lange zweifelte Schliemann, diesen Verlust überwinden zu können, und seine Trauer überdauerte Jahre. Erst nach einiger Zeit stürzte er sich wieder in seine Arbeit, stand vom frühen Morgen bis zum späten Abend an seinem Stehpult, darüber nachdenkend, wie er seinen Profit vergrößern und die Konkurrenten aus dem Feld schlagen könnte. Er wollte Minna vergessen.

Sein Kindertraum, zusammen mit Minna Troja auszugraben, war nun erst einmal in weite Ferne gerückt. Er machte große Reisen: England, Frankreich, Belgien, Deutschland, knapp zwei Jahre Amerika. Schliemann war zufällig in Kalifornien, als das Land am 4. Juli 1850 als 31. Staat in die Vereinigten Staaten von Amerika aufgenommen wurde, und weil alle an jenem Tag im Lande weilenden Bürger als Amerikaner naturalisiert wurden, erhielt auch er die Staatsbürgerschaft der USA. Nach Rußland zurückgekehrt, etablierte er ein Zweiggeschäft in Moskau, das er seinem Agenten Alexei Matwejew anvertraute. Er handelte nun vor allem mit dem dunkelblauen Indigo und, als der Krimkrieg ausbrach und die Ostsee blockiert war, mit Blei und Salpeter, das er auf dem Landweg über die preußisch-russische Grenze verfrachten ließ. Und nicht ohne Stolz verkündete Heinrich Schliemann, daß er zu Zeiten des Krimkrieges im Jahr 200 000 Silberrubel verdient habe.

Der Verlust Minnas trieb ihn in die Arme einer deutschstämmigen Russin, mit der er sich Hals über Kopf verlobte, bald aber auch wieder entlobte, als er ihre Schwäche für einen russischen Offizier erkannte. Danach bemühte sich der dreißigjährige Schliemann um die zehn Jahre jüngere Katharina Petrowna Lyschin, ein verzogenes Bürgerstöchterchen, dem Offiziere und Beamte aus der vornehmen Gesellschaft den Hof machten. Vor seiner Amerikareise hatte sie seine Anträge noch zurückgewiesen, doch nun, da Heinrich Schliemann ein reicher Mann war, sagte sie ja. Am 12. Oktober 1852 wurde sie Frau Schliemann und richtete in St. Petersburg eine komfortable Wohnung mit teuren Möbeln, Dienerschaft und Equipage ein, so ganz gegen die Gewohnheiten des nach wie vor sparsamen Kaufmannes. Aber das war nicht das einzige, was Katharina und Heinrich unterschied, so daß die Ehe bald nur noch auf dem Papier bestand.

III. Die ungeliebten Helden

Wer große Tat vollbracht, muß Großes leiden

Sophokles

Mehr als zwanzig Jahre waren seither vergangen. Schliemann war einundfünfzig, und er hatte in Sophia die Frau gefunden, die ihm half, Komplexe gegenüber dem anderen Geschlecht abzubauen. Natürlich spielte auch der sichtbar zur Schau getragene Wohlstand eine Rolle, wenn der Pastorensohn aus Ankershagen nun sicherer und selbstbewußter auftrat. Daß er auch jetzt noch unter einem gesteigerten Geltungsbedürfnis litt, war dennoch nicht zu übersehen.

Heinrich Schliemann war nicht der Mann, der ein Geheimnis für sich behalten konnte. Kaum waren die einzelnen Fundstücke aus dem Schatz des Priamos bei der zahlreichen Verwandtschaft seiner Frau versteckt, informierte er die bedeutendsten Zeitungen Europas über seine Entdeckung. Er promenierte mit Sophia am Arm durch Athen und genoß die Huldigungen, die man ihm entgegenbrachte. Doch seine Hoffnung, die Griechen würden ihn wie einen Nationalhelden feiern, erwies sich als falsch. Im Gegenteil, der Schatz des Priamos, den noch niemand gesehen hatte, an dessen Existenz aber keiner zweifelte, kam der griechischen Regierung höchst ungelegen. Zwischen Griechenland und der Türkei gab es genug Spannungen. Die Türken hielten noch immer den Norden

Griechenlands besetzt, auf den die Regierung in Athen Anspruch erhob.

Als Schliemann der Regierung offiziell das Angebot unterbreitete, für den Schatz und die übrigen ins Land gebrachten trojanischen Altertümer ein Museum zu errichten und Schatz und Museum den Griechen zum Geschenk zu machen, wenn man ihm erlaubte, Olympia und Mykene auszugraben, da hatte er zwar die öffentliche Meinung auf seiner Seite, aber die Regierung hüllte sich in Schweigen. Ja, der Direktor der Universitätsbibliothek verkündete öffentlich: »Am Ende hat dieser Deutsche, der uns hier ein Haus verspricht, wo er seine Funde aufstellen will, sein Vermögen als Schmuggler erworben. Vielleicht hat er die Sachen nicht beim Ausgraben, sondern beim Trödler gefunden. Und was hat er gefunden? Töpfe. Wer sagt uns, daß seine Töpfe nicht gefälscht sind?«

»Alles Bauern und Dummköpfe!« polterte Schliemann, und Sophia hatte Mühe, den Tobenden zu beruhigen. »Sie sind es nicht wert, daß man ihre Vergangenheit ausgräbt!«

»Du nimmst dir das alles viel zu sehr zu Herzen, agapité mou! Wir werden uns ein Haus bauen, schön wie einen Königspalast, und in diesem Palast werden wir den Schatz aufstellen – nur für uns allein.«

Doch Schliemann genügte es nicht, sich seinen privaten Lebenstraum erfüllt zu haben, die Menschen sollten an seinem Erfolg teilhaben. Nach all den Entbehrungen der Vergangenheit dürstete er nach öffentlicher Anerkennung.

Inzwischen klagte die türkische Regierung beim Obersten Gerichtshof in Athen auf Herausgabe des Goldschatzes. Eine Haussuchung blieb ohne Erfolg, aber bis zum Abschluß des Verfahrens wurde das Haus der Schliemanns gepfändet. Heinrich Schliemann versuchte nun, den ihn zunehmend belastenden Schatz des Priamos loszuwerden.

Zuerst wandte er sich an die italienische Regierung. Für eine Grabungslizenz in Sizilien erbot er sich, in Palermo oder Neapel ein Museum mit seinem Namen zu errichten. Doch soviel Großzügigkeit stieß auf Mißtrauen. Die Italiener lehnten ab. Da wandte Schliemann sich »ganz vertraulich« an das Britische Museum in London und bot den Engländern den Schatz des Priamos zum Kauf an. Das fiel ihm nicht leicht, denn C. F. Newton, der Direktor des Museums, hatte im Frühjahr 1871 nur gelacht, als Schliemann erwähnte, er reise in die Türkei, um das alte Troja auszugraben. Nun kam er persönlich nach Athen gereist, um die trojanischen Altertümer zu begutachten. Aber auch dieses Geschäft zerschlug sich. Die Forderungen des Ausgräbers waren zu hoch.

Schliemann wurde immer nervöser. Jeden Tag konnte der Oberste Gerichtshof eine Entscheidung treffen. In Eile verfaßte er einen Brief an die französische Regierung, in dem er seine trojanische Sammlung dem Louvre vermachte. Er übergab das Schreiben dem französischen Gesandten; der versicherte, innerhalb von sieben Tagen sei eine telegraphische Stellungnahme zu erwarten. Nach zwölf Tagen stand die Antwort immer noch aus, da annullierte Schliemann die Schenkung.

Am Tag darauf sprach der Oberste Gerichtshof das Urteil: Schliemann konnte den Schatz des Priamos behalten, mußte jedoch die türkische Regierung mit 10 000 Francs entschädigen. Schliemann fiel ein Stein vom Herzen. Der Regierung in Konstantinopel überwies er großzügig nicht 10 000, sondern 50 000 Francs. Damit war der Streit aus der Welt geschafft.

Aber der Goldschatz des Priamos ließ den Ausgräber nicht zur Ruhe kommen. »Ich bekenne aufrichtig«, schrieb Schliemann an Professor Alexander Conze, »daß die Sammlung und insbesondere der Schatz eine ungeheure Last für mich ist, und daß ich aus Furcht vor Dieben keine Nacht ruhig schlafen kann. Meine Vorschläge an die griechische Regierung, hier auf meine Kosten ein Museum zu bauen und alles dem Volk zu vermachen, falls mir das ausschließliche Recht zuerkannt würde, Mykene und Olympia auszugraben und die zu findenden Sachen auf Lebenszeit in meinem Museum als mein Eigentum zu behalten, sind nicht angenommen worden, da der Neid *aller* griechischen Gelehrten gegen mich keine Grenzen kennt und sie mich kreuzigen, braten und spießen könnten.«

Trotzdem hatte Schliemann erneut das Ausgräberfieber gepackt. Im Februar 1874 wiederholte er seinen Antrag, Mykene und Olympia auszugraben, wenn alle Funde bis zu seinem Tode ihm gehörten. Das sei zwar gegen das Gesetz, aber dann müsse man das Gesetz eben ändern. Der Kultusminister vertröstete ihn, man wolle sorgsam prüfen, auf welche Weise man von seinem Angebot Gebrauch machen könne.

Der Minister versuchte Zeit zu gewinnen, weil das Außenministerium in Athen bereits mit der deutschen Regierung über die Ausgrabungen in Olympia verhandelte — und zwar zu Konditionen, die für Griechenland weit günstiger waren als Schliemanns Angebot.

Zu Beginn hatte der kaiserliche Gesandte E. von Wagner auf »Überlassung und Ausfuhr eines Teiles der zu findenden Original-Kunstwerke« bestanden, doch mußte er die Forderung unter Hinweis auf das griechische Antikengesetz vom 20. Mai 1834 aufgeben. Anfang April traf Ernst Curtius als Bevollmächtigter des Deutschen Reiches in Athen ein. In seiner Begleitung Friedrich Adler. Curtius sollte die Verhandlungen mit dem griechischen Außenminister zum Abschluß bringen, doch J. Delyannis weigerte sich zunächst, mit Curtius zu verhandeln, denn, so meinte er, zur Erlangung einer Konvention sei eine kaiserliche Vollmacht notwendig, und weder Curtius noch von Wagner konnten dies dem Minister ausreden. Es folgten Telegramme zwischen Athen und Berlin, dazwischen das griechische Osterfest, Verhandlungen des Ministeriums mit den Grundbesitzern von Olympia. Beinahe wäre das Vertragswerk noch daran gescheitert, daß die deutschen Instruktionen und Bedingungen nur von Ernst von Bülow, dem Staatssekretär des Auswärtigen Amtes in Berlin, unterzeichnet waren und nicht von Bismarck. Deshalb meinten die Griechen, ihrerseits genüge ein Unterstaatssekretär für die Unterschrift unter das Vertragwerk. Das aber wollten Curtius und der deutsche Gesandte nicht gelten lassen, und erst nachdem von

Wagner den Staatssekretär von Bülow als engsten Vertrauten Bismarcks bezeichnet hatte, erklärte sich der griechische Außenminister einverstanden, den Vertrag zu unterzeichnen. 25. April 1874: Ernst Curtius und der bevollmächtigte E. von Wagner fuhren um 15 Uhr 30 in einer schwarzen Kutsche vor dem Außenministerium vor. Außenminister Delyannis und der griechische Konservator der Altertümer Eustratiades warteten bereits und geleiteten die Gäste in den großen Audienzsaal, wo auf dem langen Schreibtisch das Vertragswerk auslag. Delyannis trat hinter den Tisch und verlas die ausgehandelte Übereinkunft.

Die Kaiserliche Deutsche und Königlich Griechische Regierung haben, von dem Wunsche geleitet, auf dem Gebiete des alten Olympia in Griechenland gemeinschaftlich archäologische Grabungen vorzunehmen, beschlossen, zu dem Behufe eine Konvention abzuschließen und sind über Folgendes übereingekommen:

Artikel I.
Die beiden Regierungen ernennen jede einen Kommissar, der die Ausgrabungen nach Maßgabe folgender Bestimmungen zu überwachen hat.

Artikel II.
Die Stelle des alten Tempels des olympischen Zeus soll als Ausgrabungspunkt der Ausgrabungen dienen, die auf dem Gebiete des alten Olympia veranstaltet werden.
Einer späteren Vereinbarung zwischen beiden Regierungen bleibt es vorbehalten, ob die Ausgrabungen auf andere Gebiete des Königreichs Griechenland auszudehnen sind.

Artikel III.
Indem die Griechische Regierung die Erlaubnis zu den Ausgrabungen auf dem Gebiete von Olympia erteilt, verpflichtet sie sich zugleich, den Kommissaren jedweden Beistand zu leisten in der Beschaffung von Arbeitern und bei der Festsetzung der Löhne dieser letzteren; auch wird die genannte Regierung die Polizei auf den Ausgrabungsstätten ausüben, die Ausführung der von den Kommissaren getroffenen Anordnungen sichern und zu dem Behufe, erforderlichenfalls, selbst die bewaffnete Macht aufbieten, ohne indess in irgend einem Falle von den Gesetzen des Landes abzuweichen. Die Griechische Regierung übernimmt es ferner auf ihre Kosten, diejenigen Personen zu entschädigen, welche leere Grundstücke (dieselben mögen aus Brachland oder aus Kulturland bestehen) als Eigentümer oder als Besitzer, auf Grund irgendeines Rechtstitels inne haben.

Artikel IV
Deutschland übernimmt alle Kosten des Unternehmens, nämlich:
Die Besoldung der Beamten, die Löhnung der Arbeiter, die Errichtung von Schuppen und Baracken, falls dies nötig, etc.
Deutschland verpflichtet sich ferner, in Gemäßheit der Landesgesetze oder der Vereinbarungen, die zwischen der Griechischen Regierung und den Bebauern des Landes existieren, alle Entschädigungen zu zahlen für Pflanzungen und Gebäude jeder Art, die sich auf den

Nationalgrundstücken befinden, insoweit solche Entschädigungen kraft begründeter dinglicher oder persönlicher Rechte von Privatpersonen beansprucht werden könnten. In keinem Falle dürfen jedoch diese Entschädigungen den Satz von 300 Drachmen (1 Drachme = 7 Silbergroschen 2 Pf.) per Stremma (1 Stremma = 1000 Quadratmeter) übersteigen, selbst wenn die griechische Regierung einen Teil solcher Grundstücke an Privatpersonen abgetreten hätte.

Griechenland verpflichtet sich seinerseits, durch alle ihm zu Gebote stehenden Mittel die Eviction oder Expropriation der Personen zu bewirken, welche zur Zeit in Besitz von Grundstücken sind, auf denen es notwendig erscheinen kann, Ausgrabungen vorzunehmen.

Es gilt als selbstverständlich, daß die Ausgrabungsarbeiten in keinem Falle wegen etwaiger Einsprachen oder Reklamationen von Privatpersonen oder derzeitigen Bebauern der Grundstücke eingestellt oder aufgehalten werden können.

Artikel V.

Deutschland behält sich das Recht vor, in der Ebene von Olympia diejenigen Grundstücke zu bezeichnen, welche zu Ausgrabungen geeignet sind, die Arbeiter anzunehmen und zu entlassen und alle Arbeiten sowohl im Ganzen als im Einzelnen zu leiten.

Artikel VI.

Griechenland erwirbt das Eigenthumsrecht (aura la propriété) an allen Erzeugnissen der alten Kunst, und allen anderen Gegenständen, welche die Ausgrabungen zu Tage fördern werden. Es wird von seiner eigenen Entschließung abhängen, ob es zur Erinnerung an die gemeinschaftlich unternommenen Arbeiten und in Würdigung der Opfer, welche das Deutsche Reich den Unternehmen bringt, diesem die Duplikate oder Wiederholungen von Kunstgegenständen abtreten will, welche bei den Ausgrabungen gefunden werden.

Artikel VII.

Deutschland steht das ausschließliche Recht zu, Kopien und Abforderungen aller Gegenstände zu nehmen, welche bei den Ausgrabungen entdeckt werden.

Die Dauer dieses ausschließlichen Rechts erstreckt sich auf 5 Jahre vom Zeitpunkt der Entdeckung jedes Gegenstandes an gerechnet. Die griechische Regierung räumt außerdem der Kaiserlich Deutschen Regierung das Recht – jedoch nicht das ausschließliche Recht – ein, Kopien und Abformungen von allen Antiken zu nehmen, welche die Griechische Regierung zur Zeit besitzt oder die sie in Zukunft ohne die Mitwirkung Deutschlands auf griechischem Boden entdecken würde. Ausgeschlossen bleiben hiervon, nur solche Antiquitäten, welche nach

Ansicht des kompetenten Ministeriums durch den Abformungsprozeß beschädigt oder deterioriert werden könnten.

Griechenland und Deutschland behalten sich das ausschließliche Recht vor, die wissenschaftlichen und künstlerischen Resultate der auf deutsche Kosten angestellten Ausgrabungen zu veröffentlichen. Alle diese Publikationen werden periodisch in Athen in griechischer Sprache und auf griechische Kosten erscheinen. Dieselben Publikationen sollen zugleich in Deutschland in deutscher Sprache herausgegeben werden mit Figuren, Tafeln und Bildern, welche nur in Deutschland gestochen und ausgeführt werden können. Diese letztere Aufgabe übernimmt Deutschland und verpflichtet sich zugleich, an Griechenland 15 von je hundert Exemplaren der ersten Auflage der Figuren, Tafeln und Bilder und 35 von je hundert Exemplaren der folgenden Auflagen abzutreten.

Artikel VIII.

Sollte wider Erwarten der mit der Überwachung der Ausgrabungen betraute griechische Kommissar in die Lage kommen, gegen die von den deutschen Gelehrten angeordneten Arbeiten Einspruch zu erheben, so würde das Königlich Griechische Auswärtige Ministeriums und die Kaiserlich Deutsche Gesandtschaft in Athen gemeinschaftlich und in letzter Instanz über solche Differenzen entscheiden.

Artikel IX.

Gegenwärtige Konvention bleibt in Kraft während eines Zeitraumes von 10 Jahren vom Tage ihrer Genehmigung durch die Volksvertretung an gerechnet.

Artikel X.

Jede der beiden kontrahierenden Regierungen verpflichtet sich, gegenwärtige Konvention sobald wie möglich der betreffenden Volksvertretung vorzulegen, jedoch ist keiner der beiden Teile verpflichtet, dieselbe vor der Genehmigung durch die Volksvertretung zur Ausführung zu bringen.

Artikel XI.

Gegenwärtige Konvention soll, unter Vorbehalt der Genehmigung durch die Volksvertretung, in 2 Monaten oder früher ratifiziert und die Ratifikation in Athen ausgetauscht werden.

Dann setzten die vier würdigen Herren ihre Unterschriften unter das Vertragswerk, und der Gesandte von Wagner bat zum Dinner in die deutsche Gesandtschaft.

Curtius fuhr tags darauf an Bord des Dampfers »Syros« nach Patras, wo ein griechisches Kriegsschiff auf ihn wartete. Es sollte den Professor zum Olympia-Hafen Katakolo bringen und für eine Woche zur Verfügung stehen. Zunächst suchte Curtius eine Mannschaft, die die Ausgrabungen vorbereitete. Er fand einen Feldmesser aus Dalmatien, einen Bauunternehmer aus Patras, der mit der Errichtung eines Grabungshauses in Olympia beauftragt wurde, einen »Reisekurier« namens Dimitrios Anemojannis, der Fes und Fustanella trug, den enggefalteten Männerrock, und zu dessen Aufgabe Kost und Logis gehörten, sowie ein paar Hilfskräfte.

Gegen Mittag des folgenden Tages erreichte die Karawane von zwölf Pferden das Dorf Druwa, nahe der olympischen Stätte, hoch über dem Alpheios-Tal. Curtius war inzwischen sechzig, aber er sprang wie ein übermütiger Jüngling vom Pferd und umarmte seinen Begleiter Friedrich Adler. Der verstand den Professor, ahnte, was in seinem Kopf vorging. Sie ließen den Blick über das weite Tal schweifen, das der Fluß in zahllosen Windungen durchmaß, bestaunten die Kette der Pinien, die sich am Horizont in immer kleineren Punkten verloren, und die Weiden, unter denen Olympia verborgen lag.

»Das ist nun dreißig, fast vierzig Jahre her«, begann Curtius, »seit ich zum ersten Mal hier stand und daran dachte, das alte Olympia auszugraben. Warum muß man immer erst alt werden, ehe sich Lebensträume erfüllen, sagen Sie, Adler, warum?«

Adler hob die Schultern und wandte ein: »Noch hat der Reichstag unseren Vertrag nicht bestätigt . . .«

»Daran zweifeln Sie, mein Freund?« Curtius wurde pathetisch: »Das neugegründete Reich Deutschland kann keine würdigere Friedensaufgabe in Angriff nehmen als eine wissenschaftliche Expedition nach Griechenland. Und da findet man keine lohnendere Aufgabe als eine methodische Aufdeckung der Altis von Olympia.«

»Sie haben völlig recht, Professor, und ich hoffe, auch der Reichstag wird sich Ihrer Meinung anschließen, aber wenn die Herren Abgeordneten die Kosten hören, dann wird sich vielleicht mancher sein Votum zweimal überlegen.«

»57 000 Taler! Nun ja, das ist keine kleine Summe. Aber was sind 57 000 Taler für die Wiederentdeckung des alten Olympia! Engländer und Franzosen haben es uns doch vorgemacht und die Länder der Alten Welt von neuem entdeckt. Erst seit Beginn des Jahrhunderts kennen wir Ägypten, Assyrien, Rhodos und Zypern. Von *deutscher* Seite ist nur eine einzige Untersuchung ausgegangen, die Ägypten-Expedition unter König Friedrich Wilhelm IV. Für Griechenland aber geschah nichts, obwohl jede Entdeckung auf diesem Boden für Geschichte und Kunstwissenschaft reichsten Gewinn verspricht. Die Deutschen haben das hellenische Altertum geistig am tiefsten durchdrungen; aber man hat sich immer mit dem begnügt, was an Resten des Altertums zufällig über dem Boden geblieben oder gelegentlich zutage gekommen ist.«

»Aber während Engländer und Franzosen mit den Kunstschätzen der Alten Welt ihre Museen gefüllt haben, sichert unser Vertrag dem Deutschen Reich praktisch gar nichts«, wandte Adler ein.

»Außer den Ruhm, die antike Stätte auf selbstlose Weise ausgegraben zu haben. Glauben Sie mir, Adler, es herrschen andere Zeiten. Was gestern noch möglich schien, ist heute undenkbar. Die Völker sind aufgewacht.«

Dimitrios kümmerte sich um Gepäck und Unterbringung in dem kleinen Dorf, und die Einwohner von Druwa gerieten in helle Aufregung. Sie hatten die Landkäufe in der Gegend mit Mißtrauen beobachtet und nicht daran geglaubt, daß ein vernünftiger Mensch abgelegenes Weideland zu einem respektablen Grundstückspreis kaufen könnte. Olympia? Die meisten in der Gegend hatten nie davon gehört. Doch nun, da sie sahen, daß es den gelehrten Herren Ernst war, fielen sie in einen

Taumel der Begeisterung; denn sie erwarteten eine neue Ära des Wohlstandes.

Curtius und Adler ließen sich in dem Aprilwetter, das zu Hause in Berlin nicht gräßlicher sein konnte, wenig beeindrucken. Während der Sturm tiefe Regenwolken über die Altis jagte, durchstreiften die beiden die Gegend, notierten Beobachtungen, Vermutungen und skizzierten die ersten Grabungspläne, oft bis zu den Waden im Morast versinkend.

»Eines ist gewiß«, meinte Curtius, während er mit dem Ärmel den Regen vom Gesicht wischte, »im April dürfen wir nie zu graben beginnen. Das Ganze würde zur Schlammschlacht!«

Adler entgegnete: »Aber im Sommer ist die Hitze hier unerträglich – und vor allem die Mücken!«

Curtius: »Dann bleibt nur der Herbst.« Der Professor machte ein paar große Schritte zur südwestlichen Ecke des Gemäuers, das zum Zeus-Tempel gehörte: »Und zwar hier! Von hier aus graben wir uns zum Fluß durch.«

»Warum denn das?« staunte Adler.

»Damit schlagen wir zwei Fliegen mit einer Klappe. Stoßen wir auf unvermutete Ruinen, so können wir uns glücklich schätzen. Andernfalls haben wir einen Entwässerungsgraben gezogen, der das ganze Areal trockenlegt.«

Adler notierte. Und nach einer Woche sah die Planung folgende Ausgrabungen vor: Freilegung des Zeus-Tempels; Grabungen an den Giebelseiten des Tempels auf mindestens zwanzig Meter Distanz mit dem Ziel, herabgestürzte Giebelfiguren zu entdecken; Freilegung des Hera-Tempels, des Metroons und der Schatzhausterrasse am Fuße des Kronos-Hügels. Stadion, Hippodrom und Gymnasion sollten zwar mit Suchgräben durchzogen, aber nicht angegraben werden, weil Curtius sich von dieser Arbeit weniger Funde versprach. Zufrieden und des Erfolges sicher, reisten die Deutschen ab.

Die Ratifizierung des Vertragswerkes durch die Regierungen beider Länder verlief nicht ohne Komplikationen. Viele Deutsche vermißten jedwede Gegenleistung, und der ideelle Wert des Unternehmens schien fragwürdig. Zu ihnen zählte auch

Reichskanzler Bismarck, der nur widerwillig mit dem Argument zu überreden war, die Ausgrabungen würden Deutschlands Ansehen mehren. Schließlich fand der Vertrag am 5. Dezember 1874 aber doch noch einhellige Zustimmung.

Anders in Athen. Den Griechen erschien das Vertragswerk einfach zu selbstlos, und viele Abgeordnete vermuteten – aufgeschreckt durch den aus Troja verschleppten Schatz des Priamos – dahinter nichts weiter als ein sorgsam geplantes Komplott mit dem Ziel, alle olympischen Funde heimlich außer Landes zu schaffen. Um doch noch zu einer Einigung zu gelangen, wurde ein Kammerausschuß gewählt, in dem der Abgeordnete A. Diamandopulos versuchte, die Opposition umzustimmen: »Wenig Ehrfurcht würden wir vor den ruhmreichen Denkmälern unserer Vergangenheit bezeigen, wenn wir, selbst außer Stande, sie alle aufzudecken und zu sammeln, weil ihre Fülle zu groß und unsere Mittel zu schwach sind, nun von einem Geiste geleitet, der nationales Ehrgefühl durchaus falsch auffassen würde, nicht auch fremden Gelehrten gestatten wollten, uns in diesem schwierigen Werke beizustehen.«

Dessenungeachtet bildete Curtius ein Direktorium für die Ausgrabungen in Olympia. Neben Curtius gehörten ihm Friedrich Adler und Legationsrat Dr. Busch vom Auswärtigen Amt an. Der Archäologe Gustav Hirschfeld und Bauforscher Adolf Boetticher wurden als Leiter der ersten Grabungskampagne ausersehen. Am 2. September 1875; in Berlin wurde gerade der fünfte Jahrestag der Schlacht von Sedan gefeiert, bestiegen sie in Berlin den Zug nach Triest. Von dort wollten sie per Schiff ihr Ziel auf der Peloponnes erreichen.

Carl Humann handelte nun mit Schmirgel, und das Geschäft ernährte seinen Mann. Mehr noch, Humann hatte am 24. November 1874 zu Hause in Wattenscheid seine Jugendfreundin Louise Werwer geheiratet, und Louise war bereit, mit Carl nach Smyrna zu gehen. Dort leitete sie ein hochherrschaftliches Haus in bester Stadtlage. Das war nicht leicht für die junge Frau – zumindest am Anfang nicht. In jungen Jahren zur Sparsamkeit erzogen, lebte sie hier ein Leben im Überfluß. Für jede Tätigkeit gab es eine andere Bedienung. Louise dirigierte nicht nur einen Koch, eine Magd und ein Dienstmädchen, ein Diener nahm ihr auch die Einkäufe ab. Sechs Taler kostete der Koch, weil er ein feiner Koch war, und je zehn Taler im Jahr das Dienstmädchen und die Magd. Dazu kamen Schuhe und zwei Kleider.

Louise litt unter der Einsamkeit. Carl war viel unterwegs. Aber schon bald stellte sich Nachwuchs ein, ein Töchterchen, das sie Maria Louise Malwina tauften, Maria nach Louises Mutter, Malwina nach der Patin. Und von nun an war Louise Humann glücklich. Das gastliche Haus wurde immer mehr zu einem Treffpunkt der Deutschen in der Levante, was Carl Humann sichtlich genoß. Illustre Feste waren ebenso berühmt im Hause Humann wie schlichte Kaffeevisiten. Zu einer solchen kam sogar der Kaiser von Brasilien mit Gemahlin, und Louise behielt sie in Erinnerung, weil sie den hohen Gast statt mit »votre Majesté« nur schlicht mit »Monsieur« angeredet hatte.

Natürlich hatte Carl Humann Pergamon nicht vergessen, auch wenn er, weil die türkische Regierung nicht zahlen wollte, den Straßenbau von einem Tag auf den anderen eingestellt, sein dortiges Haus verkauft und ein neues in Smyrna bezogen hatte. Alle seine Ausgrabungen und Funde hatte er, soweit sie nicht nach Berlin geschickt worden waren, mitgenommen, sie schmückten Haus und Hof wie ein Museum.

Aber Humann war nicht nur von der mangelnden Zahlungsmoral der Türken enttäuscht, auch der Dank des eigenen Vaterlandes hatte ihn ernüchtert. Mehr als einen Orden vierter Klasse für die geleistete Arbeit hatte das Deutsche Reich für ihn nicht übrig. Da steckten sie zigtausend Taler in das Unternehmen Olympia im Glauben an Curtius' Versprechungen, ein einheitliches Bild der gesamten griechischen Kultur freizulegen, während er, Humann, längst Beweise geliefert hatte, daß der Burgberg von Pergamon eine Fülle von antiken Relikten barg.

Der Brief mit dem Absender »Direktion der Berliner Museen« erregte Humanns Neugier. Humann las und staunte: Jahrelang hatte er vergebens um die Unterstützung der Reichsregierung gekämpft. Nun fragte der neuernannte Direktor der Skulpturenabteilung höchst offiziell an, wieviel Zeit, wieviel Geld und was darüber hinaus notwendig sei, um die lange Mauer des Burgberges abzubauen und die darin vermuteten Reliefplatten sowie um das von Humann als Athene-Tempel bezeichnete Gemäuer freizulegen. Außerdem solle Carl Humann sich um einen offiziellen Grabungsfirman bewerben.

Humann schüttelte den Kopf, reichte das Schreiben seiner Frau, die las und sah Carl fragend an.

»Weißt du, was das bedeutet?« rief er erregt, »Louise, weißt du, was das bedeutet? Ich werde Pergamon ausgraben, mein Pergamon!« Humann, dessen Gesichtsausdruck immer etwas finster, beinahe abweisend wirkte, freute sich wie ein Kind.

»Noch hast du keinen offiziellen Auftrag«, versuchte Louise die Begeisterung ihres Mannes zu dämpfen, »wer weiß, ob man in Berlin bereit ist, die hohen Kosten aufzubringen!«

»Ach was«? entgegnete Humann, »der neue Direktor schreibt doch, er habe mit Curtius Rücksprache genommen, und der habe die Grabungspläne gebilligt. Curtius, verstehst du? Dieser Curtius ist für die Altertumswissenschaft, was der Papst für den katholischen Klerus bedeutet.«

Natürlich freute sich Louise für ihren Mann; doch sie blieb skeptisch: »Woher kommt auf einmal das Interesse, Carl? Das muß doch einen Grund haben!«

Carl schwieg. Er kannte die Hintergründe nicht; aber irgendwie, so vermutete er richtig, mußte das ganze mit dem Wechsel im Direktorium zusammenhängen.

Der alte, schrullige Professor hatte die Skulpurenabteilung des Berliner Museums auf höchst eigenwillige Weise geleitet. Am verblüffendsten war, daß er die Exponate nicht nach stilistischen, chronologischen oder topographischen Kriterien präsentierte, sondern nach Themen. So gab es in Berlin einen Saal mit Apollon-Darstellungen, einen Saal mit Aphroditen usw.,

114

ein wüstes kunsthistorisches Durcheinander, und seit langem munkelte man, daß die besten Stücke gar nicht ausgestellt seien, sondern in Kellern und Magazinen dahindämmerten.

Der neue Direktor hieß Alexander Conze, stammte aus Hannover und hatte zuerst in Halle, dann in Wien eine Professur inne, bevor er nach Berlin ging. Was ihn aber von allen anderen Archäologieprofessoren unterschied, Conze hatte Erfahrungen als Ausgräber. Der Schüler Eduard Gerhards war im Auftrag der österreichischen Regierung zwei Jahre auf der nordägäischen Insel Samothrake tätig, um dort das Heiligtum der großen Götter freizulegen. Seit Champoiseau, der französische Konsul in Adrianopel, vor zehn Jahren auf der Insel die überlebensgroße Marmorstatue der Nike von Samothrake, einer Siegesgöttin, gefunden hatte, genoß das abgelegene Eiland erhöhte Aufmerksamkeit in Archäologenkreisen. Wenngleich Conze spektakuläre Funde wie die Nike-Göttin versagt blieben, so hatte er sich doch durch seine systematische Arbeit hohes Ansehen erworben.

Im Rahmen einer Neuordnung einer Skulpurenabteilung durchforstete Alexander Conze die Magazine und unterirdischen Verliese des Berliner Museums, ließ uralte, wertlose Gipsabgüsse entfernen und entdeckte Funde, die es verdienten, ans Licht geholt zu werden. Am letzten Tag seiner Entrümpelungsaktion stieß er auf einige Reliefplatten, die, nach Auskunft des Museumspersonal, vor ein paar Jahren aus Kleinasien angekommen waren, ein Straßenbauingenieur habe sie gefunden.

Conze ließ sie nach oben bringen und entdeckte eine zugehörige Akte »Ing. Humann – Bergama«. War es das feine Gespür des erfolgreichen Ausgräbers oder der glückliche Umstand, daß Conze den Aufsatz des Münchner Archäologen Heinrich Brunn kannte, der bereits 1872 auf das »Buch der Denkwürdigkeiten« des römischen Schriftstellers Lucius Ampelius verwiesen hatte? In einem Kapitel über die Wunder der antiken Welt heißt es dort: »In Pergamon steht ein großer marmorner Altar, vierzig Fuß hoch, mit gewaltigen Skulpturen. Er enthält einen Gigantenkampf.«

Jedenfalls erschienen Conze die Steine aus Pergamon so bedeutungsvoll, daß er in seinem Brief an Humann beteuerte: »Ich würde am liebten die Aufdeckung des Athenatempels und bei der Gelegenheit Attacken auf die in der Stadtmauer etwa noch steckenden, verstreut verbauten Skulpturen ins Werk gesetzt sehen. An den Tempel dürfte man nur mit der Absicht gehen, ihn ganz aufzudecken und nicht nur einzelne bemerkenswerte Fundstücke zu bergen, sondern die Ruinen in den Fundamenten und losen Stücken architektonisch genau aufzunehmen. Da Sie den Platz und alles genau kennen, würden Sie annähernd veranschlagen können, wann, mit wieviel Arbeitern, mit wieviel sonstiger Assistenz (jedenfalls doch noch ein Architekt, da eine solche Arbeit nie auf zwei Augen stehen soll), wie lange Zeit, mit wieviel Geldmitteln Sie zum Ziele zu kommen gedächten.

Geben Sie mir Antwort, je eher, je lieber und möglichst spezialisiert präzise. Inzwischen mich der Verbindung mit Ihnen erfreuend

Ihr ergebenster Conze.«

Louise legte den Brief beiseite. »Carl«, sagte sie, »jetzt wirst du genauso berühmt wie dieser Schliemann!«

In der Tat, Schliemann *war* berühmt, von seinen Entdeckungen sprach die Welt, und in Athen zeigten die Menschen auf ihn, wenn er die Straße betrat. Schliemann konnte keinen Schritt unbeobachtet tun. Er hatte einen Goldschatz gefunden von unermeßlichem Wert, und noch immer wußte niemand, wo er diese Pretiosen versteckt hielt. Es gab fotografische Aufnahmen, die der Ausgräber selbst angefertigt hatte. Ihre Qualität war denkbar schlecht, doch die Lichtbilder genügten, um zu beweisen, daß Schliemann kein Phantast war, daß der Goldschatz des Priamos wirklich existierte.

Bei den Hafenbehörden in Piräus hatte Schliemann den Antrag auf Ausfuhrgenehmigung seines Goldschatzes zur Weltausstellung nach Wien gestellt, was den Griechen nicht einmal unlieb war, denn ein Schliemann in Wien konnte nicht in Hellas graben. Und der Goldsucher mit dem, wie es schien, untrüglichen Gespür war den Griechen ein Dorn im Auge.

Vom Standpunkt der Wissenschaft hatte der Autodidakt zwar eine Pioniertat vollbracht, das Troja-Problem wurde damit aber nur angerissen und keinesfalls gelöst. Das Bild der geschichtsträchtigen Stätte, das er aufgrund seiner Ausgrabungen gewonnen hatte, war – das sollte sich später erweisen – falsch. Er glaubte, das Skäische Tor, den großen Turm, die trojanische Ringmauer, den Palast des Priamos und den Opferaltar der ilischen Athene gefunden und damit das von Homer geschilderte Troja wiederentdeckt zu haben. Was Schliemann jedoch für die Burg des Priamos hielt, war im wesentlichen die später als prähistorische Burg erkannte Anlage, nur setzte er die östliche Ringmauer etwas zu weit nach Osten an. Und was er als Burg des Lysimachos ansah, erwies sich als Burg aus mykenischer Zeit, in der Homers Geschichte spielte. Auch hatte Schliemann in seinen Zeichnungen die verschiedenen Mauerreste und deren Ecken falsch zusammengefügt, so daß sich die uralte Ringmauer stellenweise auch aus römischem Gemäuer zusammensetzte. Aber all das erkannten nur wenige Fachleute ganz allmählich, und die waren meist uneinig.

Die griechischen Behörden wähnten Schliemann auf der Weltausstellung in Wien, jedenfalls kümmerte sich auf einmal niemand mehr um den Ausgräber. Ob das ein geschickt eingefädeltes Täuschungsmanöver Schliemanns war oder ob Sophia ihren Mann überredete, in Griechenland zu bleiben, läßt sich nicht mit Sicherheit feststellen. Tatsache ist, daß Heinrich Schliemann mit Frau Sophia auf einmal in Mykene auftauchte, sich in einem Dorfgasthaus einquartierte und mit drei, tags darauf schon mit vierzehn Arbeitern zu graben begann – obwohl über seine Grabungslizenz mit den bekannten Forderungen noch immer nicht entschieden war.

Natürlich konnte dieser Coup nicht geheim bleiben, aber eine knappe Woche genügte dem Ausgräber, um bestätigt zu finden, was er vermutete: Im sogenannten Schatzhaus des Atreus, der Eingang war seit Jahrhunderten bekannt, grub er bis auf den felsigen Urgrund, der schon in ein Meter Tiefe auftauchte. Schliemann schüttete die Sondierung wieder zu, er glaubte nicht, innerhalb dieses Gewölbes noch irgendwelche Entdeckungen zu machen. Einen Tag später wühlte er sich an sechs verschiedenen Stellen der Burgruinen in das Erdreich. Auch hier stieß er in 1,3 Meter Tiefe auf Fels. Doch an den Burghängen in Ost und West, wo er insgesamt 34 Schächte graben ließ, war der Boden tief, und auf Anhieb kamen keramische Bruchstücke zum Vorschein, verschiedenartige Funde sogar, die Schliemann mit der in Troja gewonnenen Erfahrung als trojanisch und mykenisch einordnete.

Da traf eine Depesche des griechischen Kultusministers an den Eparchos, den Landrat der Landschaft Argolis, ein, dreifach dringend: »Grabungen des Deutschen Schliemann in Mykene sofort einstellen – stop – alle Funde beschlagnahmen – stop.« Schliemann hatte wohl damit gerechnet; denn noch ehe der Eparchos zur Tat schreiten konnte, waren er und seine Frau nach Nauplia gefahren, um in einem Xenodochion am Hafen zu übernachten. In ihrem Reisegepäck befand sich ein Korb mit Scherben.

Erleichtert telegraphierte der Eparchos nach Athen: »Signomi, tut mir leid, Schliemann bereits nach Nauplia abgereist!«

Neues Telegramm aus Athen: »Aufhalten. Gepäck untersuchen!«

Der Polizeidirektor von Nauplia sah sich schließlich in der undankbaren Lage, den berühmten Heinrich Schliemann zu kontrollieren. Da er wegen der amerikanischen Staatsbürgerschaft diplomatische Verwicklungen befürchtete, entschloß er sich, um seiner Pflicht Genüge zu leisten, Frau Schliemann, einer Griechin, im Hotel seine Aufwartung zu machen. Man bot ihm Kaffee und allerlei feine Süßigkeiten an, und der Ordnungshüter redete verlegen herum, bis Sophia die peinliche Atmosphäre auflockerte:

»Wollen Sie die Altertümer sehen, die wir in Mykene gefunden haben?«

Der Polizeidirektor nickte erleichtert. Und Sophia Schliemann zog unter dem Bett einen Korb hervor mit ein paar hundert kleinen Scherben. Der Polizist stutzte. Deshalb hatte ihn der Minister hierher beordert? Nein, gewiß hatte dieser Schliemann noch andere Kostbarkeiten entdeckt, sicher hatte er sie irgendwo versteckt. Aber was kümmerte ihn das? Er hatte seinen Auftrag erfüllt und die Funde begutachtet, so daß er ein ehrliches Protokoll aufsetzen konnte, dieser Schliemann habe nur einen Korb mit wertlosen Scherben und einem kleinen Stück Marmor ohne Inschrift bei sich gehabt, wie sie auf jedem Acker herumlagen.

Wenngleich die Scherben für den Ausgräber von nicht unerheblichem Interesse waren, weil sie erste Hinweise gaben, so hatten sie nicht den geringsten materiellen Wert. Doch der Minister glaubte dem Bericht aus Argolis nicht. Er hielt Schliemann für einen ausgekochten Geschäftemacher, dem die Provinzbeamten nicht gewachsen waren. Und dies drückte er auch in einem Schreiben an den Eparchos aus:

»Sie haben übel gehandelt, daß Sie dem dortigen Polizeidirektor vertrauten und Schliemann die Erlaubnis gaben, seine Sachen mitzunehmen. Ich habe die Entscheidung nicht Ihnen und dem Urteil des dortigen Direktors anheimgestellt. Dieser durfte kein Urteil haben, denn wir können nicht annehmen, daß jemand mit großen Kosten nach etwas gräbt, was dann wertlos sein soll. Sie, Eparchos, der Unterpräfekt und der Bürgermeister von Mykene, haben mit Ihren Handlungen bewiesen, daß die griechische Erde schutzlos ist und daß jeder Unbefugte, ohne unseren Gesetzen zu gehorchen, tun kann, was ihm paßt. Im Interesse unseres gemeinsamen Vaterlandes müssen Sie allen Ihren Untergebenen einprägen, daß so etwas nicht wieder vorkommen darf.«

Schliemann war verärgert, er lasse so nicht mit sich umspringen. Ein Vermögen habe er zum Ruhme Griechenlands und seiner Vergangenheit eingesetzt, und das sei der Dank! Zum wiederholten Male kündigte er an, das Land zu verlassen, andernorts zu graben; aber seine Frau hielt ihn zurück. Die griechische Altertümerverwaltung erteilte schließlich die Grabungserlaubnis für Mykene nachträglich, die Behörden boten sogar eine dreijährige Grabungskonzession an – Bedingung, alle Funde anzuliefern, dafür drei Jahre lang exklusiv zu berichten. Damit gab Schliemann sich nicht zufrieden, schon gar nicht, als er erfuhr, daß Curtius die Grabungskonzession für Olympia erhalten hatte.

Während in Athen um die Ratifizierung des deutschen Grabungsvertrages noch heftig gestritten wurde, versuchte Heinrich Schliemann die Entscheidung zu seinen Gunsten zu beeinflussen, indem er ein Zeichen seiner Uneigennützigkeit und Großzügigkeit setzte. Auf der Athener Akropolis stand damals noch ein venezianischer Turm aus dem 14. Jahrhundert. Das häßliche Bauwerk, ein Klotz von 24 Meter Höhe und 1200 Kubikmeter Masse, nahm den größten Teil der Propyläen ein, und es erfordert hohen technischen und finanziellen Aufwand, diesen Koloß abzutragen, ohne die antiken Baureste zu beschädigen.

Schliemann stellte Baumaterial und 13 000 Drachmen, damals 465 britische Pfund, zur Verfügung. Er erntete damit große Sympathien und war um so erstaunter, als die griechische Archäologische Gesellschaft die dankbar erteilte Abbruchgenehmigung auf Geheiß des Königs wieder zurückzog.

Dieser König, Georg I., war ein Sohn des Dänenkönigs Christian IX. König Otto hatte sein Land nach unglücklicher Regierung 1862 Hals über Kopf und ohne abzudanken verlassen und war fünf Jahre später gestorben. Nun fühlte Schliemann sich vom neuen König höchstpersönlich in seiner Ehre gekränkt, und er schrieb an den Monarchen folgenden Brief:

»Allerdurchlauchtigster, Großmächtigster König;
Allergnädigster König und Herr!
Ew. Majestät wollen Allergnädigst verzeihen, wenn ich es wage, Ew. Majestät in tiefster Untertänigkeit eine demüthige

Bitte vorzutragen, deren gnädige Erfüllung Ew. Majestät zum Ruhme und dem ganzen Lande und, besonders der gesamten wissenschaftlichen Welt, zur großen Freude gereichen würde. Ich hatte beim Ministerium die Erlaubniß nachgesucht, auf meine Kosten, den sogenannten venetianischen Thurm in der Akropolis niederreißen zu dürfen, denn dieser grauenvolle Schandfleck der französischen Tyrannei bedeckt den schönsten Teil der Propyläen, der Hunderte von Inschriften aus der hellenischen Blütezeit enthält, die von höchstem Interesse für die Wissenschaft sind. Die Kunde von meinem Vorhaben wurde vom ganzen gebildeten griechischen Volk mit unendlichem Jubel aufgenommen, denn ein jeder freute sich, endlich einmal die herrlichen Propyläen von diesem schmachvollen Anhängsel befreit zu sehen. Ich hatte bereits die nötigen Balken gekauft und stand im Begriff das Gerüst zu machen, als ich mit Schreck von Seiten des Kultusministeriums benachrichtigt wurde, daß Ew. Majestät befohlen haben, die mir erteilte Erlaubniß zurückzunehmen und mir überhaupt niemals irgend welche Arbeit zum öffentlichen Nutzen in Griechenland zu gestatten.

Hier muß irgendein Mißverständnis obwalten, da ich mir nicht bewußt bin, irgend welche Handlungen begangen zu haben, durch welche ich mir Ew. Majestät Allerhöchste Ungnade zugezogen haben könnte. Niemand hat der Wissenschaft größere Dienste geleistet, als ich: ich habe das größte historische Rätsel gelöst; ich habe durch dreijährige riesenhafte und sehr kostspielige Ausgrabungen das homerische Troja ausgegraben, welches 2000 Jahre lang von den Gelehrten aller Länder vergeblich gesucht wurde. Ich bin mit meinem ehrlich verdienten Vermögen nach Griechenland gekommen, um dasselbe hier zum Nutzen der Wissenschaft zu verwenden. Mit diesen Gesinnungen beabsichtigte ich auch, im August d. J. dem griechischen Parlament den Vorschlag zu machen, mir zu gestatten, auf meine Kosten in Gemeinschaft der Mitglieder der archäologischen Gesellschaft, Olympia auszugraben, denn der mit Deutschland gemachte Kontrakt ist gar zu drückend für das

Land und wird von der ganzen Presse einstimmig verurteilt. Meine Bedingungen für Olympia sind höchst einfach und vorteilhaft: ich trage alle Kosten selbst, kaufe alle Ländereien von Olympia und schenke sie der griechischen Nation und beanspruche für mich nichts weiter als das Recht die zu findenden Altertümer zuerst publizieren zu dürfen. −
Indem ich es wage, Ew. Majestät meine Biographie sowie den Zusammenhang meiner jetzt mit der türkischen Regierung obwaltenden Differenz zu überreichen, bitte ich alleruntertänigst um Aufklärung, wie ich mir Ew. Majestät Ungnade zugezogen haben könnte, ferner um Erlaubniß, den fränkischen Schandfleck aus der Akropolis entfernen zu dürfen, denn andernfalls würde ich mich genötigt sehen, auf immer ein Land zu verlassen, in welches ich gekommen bin, lediglich aus Begeisterung und um nach meinem geringen Vermögen an der glücklichen Zukunft desselben mitzuarbeiten . . .«

Es blieb kein Geheimnis, daß der König, bedacht auf den Ausgleich mit der Türkei, den agilen Ausgräber am liebsten außer Landes gesehen hätte; er ahnte wohl, daß er mit diesem Mann noch größere Schwierigkeiten haben würde. Deshalb gestattete König Georg zwar den Abbruch des venezianischen Turmes auf der Akropolis − aber unter Aufsicht eines Mitgliedes der Archäologischen Gesellschaft. Schliemann durfte allergnädigst die Kosten des Unternehmens begleichen.
Kein Zweifel, dies war eine ungeheuerliche Provokation, und wen wunderte es, daß Heinrich Schliemann sich enttäuscht zurückzog. Er reiste empört für zwei Monate nach Italien, um nach einem neuen Grabungsprojekt zu forschen. Fiorelli, der Direktor des Archäologischen Instituts in Rom, bot Schliemann die alte Latiner-Hauptstadt Alba Longa am Fuße des Albaner Berge an. Die Stadt war der Sage nach von Ascanius, dem Sohn des Äneas, gegründet, aber von den Römern schon um 600 v. Chr. zerstört worden.
»Ich habe«, ließ er den neuen griechischen Ministerpräsidenten Kumunduros wissen, »nicht den geringsten falschen Stolz,

wohl aber einen bescheidenen, doch berechtigten Stolz, und das mir von den Führern des Volkes widerfahrene Unrecht ist derartig, daß ich mit meiner ganzen glühenden Liebe für Griechenland, die ich in mir fühle, aus dem Land gegangen bin, einig in der Absicht, Hellas erst wiederzusehen, wenn ich vom Parlament und vom König zurückgerufen werde.«

IV. Olympischer Marmor, mykenisches Gold

> Ich kann mir nichts Schöneres denken, als in den Ruinen
> vergangener Zeiten zu graben, wo jede Scherbe eine neue
> Seite der Geschichte enthüllt.
>
> *Heinrich Schliemann*

Olympia. Wo der munter sprudelnde Alpheios aus den Felsschluchen Arkadiens in das flache Schwemmland von Elis eintritt, wird er von waldreichen Höhen eingefaßt, die ihn allmählich in vielgewundene Bahnen lenken. Im Altertum hieß das nördliche Ufergebirge Olympos, ein Name, mit dem einst die heiligen Gipfel des Landes bezeichnet wurden. Pelsager haben hier gelebt, und sie verehrten Zeus, den Gott schreckender Naturmacht, aber auch den Urheber allen Segens, der sie in dem fruchtbaren Tal umgab. Die Sage nennt einen alten König des Landes Oinomaos und Pisa als Hauptstadt seines Reiches. Neben der Sage, die die Olympischen Spiele auf Pelops, den Namensgeber der Peloponnes, zurückführt, nennt eine andere Herakles, den Kämpfer und Helden, als deren Gründer. Eine dritte gar Zeus, der in Olympia seinen Vater Kronos besiegte. Der Mythen gibt es genug. Kein Wunder bei dem weltweiten Ruf, den die heilige Stätte genoß.

Als Xerxes mit seinem Mammutheer den Hellespont überschritten, das Griechenheer die Schlacht bei den Thermopylen verloren hatte, da glaubte der persische Großkönig die Hellenen in Furcht vor seiner Übermacht erstarrt. Ein paar Überläufern aus Arkadien stellte er die Frage, was die Griechen nun wohl machten. »Sie feiern das Fest der Olympien«, war die unerwartete Antwort, »sie sehen sich Wettkämpfe an!«

»Wettkämpfe? – Worum kämpfen sie?«

»Um einen Ölzweig, Herr!«

Da schalt einer der persischen Großen seinen Feldherrn: »Wehe, Mardonios, gegen was für Männer hast du uns geführt, die nicht um Gold und Silber kämpfen, sondern um den Ruhm der Tüchtigkeit!«

Weder vor noch nach den alten Griechen gab es ein Volk, bei dem die freie Entfaltung von Geist und Körper ideales Lebensziel war. Spiele bedeuteten höchste Lebenslust. Die Olympischen Spiele, meinte Pindar, übertrafen alle anderen wie das Quellenwasser die Schätze des Erdbodens und wie das Gold die Güter des Reichtums. Und je mehr sich die Hellenen, ungeachtet der politischen Zersplitterung und der geographischen Entfernung, in Sprache, Sitte, Religion und Kunst als *ein* Volk empfanden, desto mehr erkannten sie Olympia als Mittelpunkt an. Sie zählten die Jahre nach Olympiaden, maßen nach olympischen Stadien und schlossen sich den heiligen Gebräuchen und Rechtssatzungen Olymypias an.

All das mag erklären, warum Ernst Curtius und Heinrich Schliemann um die Grabungsrechte in Olympia revalisierten. Olympia war Griechenland. Solange das griechische Parlament den Vertrag mit den Deutschen nicht ratifiziert hatte, gab Schliemann nicht auf. Dessenungeachtet trafen Gustav Hirschfeld und Adolf Boetticher am 12. September 1875 in der Altis ein. Das von Curtius in Auftrag gegebene Grabungshaus war fertiggestellt. Es roch nach Kalk und frischem Putz, und als erstes zogen die Deutschen auf dem Dach die schwarz-weißrote Fahne des Reiches auf.

Aus Athen reiste ein eigens für die Grabungen ernannter Kommissar namens Dimitriadis an, zum einen, weil man den Deutschen mißtraute, andererseits gab es aber auch noch Probleme bei der Regulierung der Grundstücksgeschäfte.

Hirschfeld und Boetticher hatten die klare Weisung, so bald wie möglich mit den Grabungen zu beginnen und keinesfalls den Parlamentsbeschluß über das Vertragswerk abzuwarten, deshalb warben die beiden zunächst einmal eine Hundertschaft Arbeitskräfte an.

Frühmorgens am 4. Oktober 1875 setzten Hirschfeld und Boetticher 125 Meter südlich des Zeus-Tempels den Spaten an, genau an jenem Steilufer, wo die Ebene von Olympia vier Meter tief zum Alpheios abfällt. Von hier aus trieben sie zunächst einen vier Meter breiten Graben in Richtung auf die Westfront des Tempels, eine langweilige Arbeit, desillusionierend, Tonnen von Staub und Dreck und feuchtem Erdreich. Schon nach den ersten zehn Metern wurden die verschiedenen Erdschichten sichtbar: Unter einer kaum knietiefen Humusdecke trat eine leicht zu bearbeitende homogene Sandschicht auf, zwei bis drei Meter tief, und darunter reine schwarze Erde. Nach den ersten Scherben und Steinfragmenten zu schließen, war dies die Erdoberfläche zur Zeit der Antike. Die schwarze Schicht gab Bruchstücke von Ziegeln, Marmortrümmer, Glasscherben, Bronze- und Eisenteile, Holzkohle und Tierknochen preis.

Als sie sich nach vier Wochen an den Tempel herangearbeitet hatten, meinte Boetticher: »Ich habe mir das ganz anders vorgestellt, eigentlich waren wir bisher absolut erfolglos.«

Hirschfeld, der auch an diesem Abend wie jeden Tag die Olympia-Beschreibung des Pausanias las, legte sein Buch beiseite. Insgeheim war auch er enttäuscht, wollte sich aber nichts anmerken lassen und sagte wie zur eigenen Ermunterung: »Ein Ausgräber darf nie aufstecken; jeder neue Tag kann die große Entdeckung bringen!«

»Die paar Körbe Scherben und Marmorstücke, die wir bisher gefunden haben, sind nicht sehr verheißungsvoll!«

»Die Sandschicht, die zum Tempel hin immer tiefer wird, verweist zumindest darauf, daß der Zeus-Tempel in alter Zeit auf einer leichten Anhöhe gelegen haben muß.«

Boetticher nickte. »Das ist aber auch alles. Ob das für die Wissenschaft von Nutzen ist?«

Hirschfeld lachte, er klopfte auf sein Buch und sagte: »Denken Sie an Schliemann, der glaubte auch seinem Homer, obwohl der Schein gegen ihn war. Ich glaube Pausanias, und wenn nur die Hälfte von dem stimmt, was er über Olympia berichtet, dann werden wir hier noch Dinge entdecken, daß uns die Haare zu Berge stehen. Was wir brauchen, ist Geduld. Alles *kann* nicht verschwunden sein!«

»Sie reden beinahe wie Curtius.«

»Bis jetzt hat er doch recht behalten. Die Sandschicht ist nichts anderes als Rückstand von den Überschwemmungen des Alpheios. Darunter vermutet Curtius Olympia.«

Tags darauf begannen die Deutschen einen zweiten Graben auf die Ostfront des Tempels zu, der sich als ebenso bedeutungslos erwies, und in den ersten Tagen des Dezember wurden die beiden Stichgräben an der Nordseite des Tempels verbunden. Letzte Anweisung aus Berlin: »Ostseite des Tempels in Angriff nehmen!«

Jetzt würde sich erweisen, ob Curtius mit seinen Theorien recht hatte. Im Osten lag die Schmalseite, der Eingang des Zeus-Tempels. Gab es irgendwelche Reste des von Pausanias vor 1700 Jahren so anschaulich beschriebenen Giebelfrieses, dann mußten die Bruchstücke hier im Erdreich begraben liegen. Pausanias gab die Höhe bis zum Giebel mit 68 Fuß an, also etwa 25 Metern. Waren die Säulen der Länge nach umgestürzt und die Giebelfiguren noch ein paar Meter weit gerollt, dann lagen sie nun höchstens 30 Meter von der vorderen Grund-mauer entfernt. Deshalb lautete Curtius' Auftrag, sich aus 30 Meter Entfernung auf die östliche Mauer des Zeus-Tempels vorzuarbeiten.

5. Dezember: Fünf Meter tiefer Sand. Sonst nichts.

11. Dezember: Viereinhalb Meter Sand. Nichts.

15. Dezember: Unruhe unter den Arbeitern. Dimitriadis wurde gerufen, der Aufpasser, dann Hirschfeld und Boetticher. »O theé mou, horiste – mein Gott, schauen Sie nur!«

Da lag in fünf Meter Tiefe das Oberteil eines knienden Mannes, und es bereitete keine Schwierigkeiten, den kraftvollen Krieger aus dem umgebenden Erdreich zu befreien. Zwanzig Männer schafften den Marmorkoloß auf einer Holztrage zum Grabungshaus, ihr Weg glich einem Triumphzug. Ganz Druwa war auf den Beinen, um den Fund aus der Vergangenheit zu bewundern. Die Arbeiter sangen und tanzten. Ihre wochenlange Arbeit schien endlich Früchte zu tragen.

Hirschfeld und Boetticher fanden keinen Schlaf in dieser Nacht. Im Kerzenschein betrachteten sie die Marmorfigur und stellten Überlegungen an, auf was sie wohl gestoßen waren.

»Die kniende Haltung deutet in der Tat auf eine Giebelfigur hin«, meinte Hirschfeld, und Boetticher pflichtete ihm bei: »Die Fundstelle, knapp 30 Meter vom Tempel entfernt, würde die Theorie des Professors erhärten.«

Dann las Gustav Hirschfeld zum wiederholten Male jene Stelle aus der Olympia-Beschreibung des Pausanias, die auf den Ostgiebel Bezug nimmt: »Von den Giebelfiguren ist vorne das Wettfahren des Pelops gegen Oinomaos dargestellt, das erst stattfinden soll. Und bei beiden ist das Rennen in Vorbereitung. Gerade in der Mitte des Giebels ist eine Zeus-Statue angebracht, und rechts von Zeus befindet sich Oinomaos mit einem Helm auf dem Kopf und neben ihm seine Frau Sterope, auch sie eine der Töchter des Atlas. Myrtilos, der den Wagen des Oinomaos lenkte, sitzt vor den Pferden. Die Pferde sind vier an der Zahl. Nach ihm sind da zwei Männer; Namen haben sie nicht, aber auch ihnen war doch wohl von Oinomaos aufgetragen, für die Pferde zu sorgen. Ganz am Ende liegt Kladeos . . . Links von Zeus stehen Pelops und Hippodameia und der Wagenlenker des Pelops und Pferde und zwei Männer, auch diese offenbar Pferdeknechte des Pelops. Und wieder verengt sich der Giebel, und hier ist Alpheios dargestellt . . .«

»Myrtilos oder Alpheios!« meinte Adolf Boetticher. »Jedenfalls sind das die einzigen, denen die Haltung unseres Mannes entgegenkommt.«

»Ich weiß nicht«, entgegnete der Archäologe, »vorläufig ist überhaupt nicht bewiesen, daß diese Skulptur vom Giebel des

128

Tempels stammt. Warten wir den morgigen Tag ab, dann wissen wir vielleicht mehr.«

Der folgende Tag verging, ohne daß der Erdboden den geringsten Fund preisgab. Auch am übernächsten Tag blieb der Erfolg aus. Ebenso am dritten. Die Stimmung sank auf den Nullpunkt. Nach dem ersten Fund hatten sie sich wohl zuviel versprochen.

20. Dezember: Vier Meter unter dem Bodenniveau harter Widerstand. Vorsichtig arbeiteten sich die Ausgräber weiter in das Erdreich: Zwei dreieckige Marmorblöcke – Enttäuschung machte sich breit. Alle hatten auf eine weitere Giebelfigur gehofft. Doch als Hirschfeld den zweiten Block umdrehte, erkannte er, dreckverkrustet, eine Inschrift.

»Boetticher!« rief er aufgeregt, »eine Mitteilung aus der Vergangenheit!«

Boetticher sprang in die Grube hinab, und gemeinsam befreiten sie die Inschrift von der spröden Erdkruste. Hirschfeld benutzte einen Holzspan, Boetticher die bloßen Finger. »Vorsicht!« mahnte Boetticher, »daß nichts absplittert.«

Wohlgeformte griechische Buchstaben wurden sichtbar, ein M, ein E, das typische griechische P. Die Spannung wuchs. Gut fünfzig Augenpaare starrten gebannt auf die Schriftzeichen, die Hirschfeld und Boetticher nacheinander freikratzten. Noch war kein zusammenhängendes Wort zu erkennen: Mes- und Paio- und -aktos. Weiter.

Die Ausgräber dirigierten die Arbeiter an eine andere Stelle des Grabens. Sie gehorchten nur widerwillig, schließlich war es *ihr* Fund. »Paionios hieß der Schöpfer der Giebelfiguren«, meinte Boetticher beiläufig, während er an den Buchstaben herumkratzte. Und auf einmal stand der Name da: Paionios. Noch wußten die beiden damit nichts Rechtes anzufangen. Aber Hirschfeld schabte ein zweites Wort frei: Messenioi. Die Messenier lebten im Südwesten der Peloponnes. Die Männer sahen sich an, Hirschfeld hob die Schultern, Boetticher schüttelte den Kopf. Das Kratzen und Schaben wurde hastiger. Mit dem Ärmel wischten sie den Dreck weg, behutsam pusteten sie den

Staub von dem Marmor. Hirschfeld hielt inne. Er las: »Nike.« Nachdenklich deklamierte er: »Messenioi – Paionios – Nike (Sieg).« Und dann schlug er mit der flachen Hand gegen seine Stirne: »Mensch, Boetticher!«

Der blickte fragend. Hirschfeld zog den abgegriffenen Pausanias aus der Tasche, er blätterte hastig, dann deutete er mit dem Zeigefinger auf eine Stelle und las laut: »Die dorischen Messenier, die einst Naupaktos von den Athenern erhielten, stellten in Olympia das Standbild der Nike auf einem Pfeiler auf. Das ist ein Werk des Paionios aus Mende und wurde aus Feindesbeute hergestellt . . .«

Bis zum Nachmittag hatten sie die vollständige Inschrift freigelegt. Sie lautete: »Die Messinier und die Naupaktier weihten sie dem Olympischen Zeus als Zehnt aus der Beute von den Feinden. Paionios aus Mende hat es gemacht und hat auch beim Herstellen der Ecksteine für den Tempel den Sieg errungen.«

Ergriffen schrieb Hirschfeld in sein Tagebuch: »Ein denkwürdiger Tag, der große Hoffnungen wachruft . . . Es kann gar nicht bezweifelt werden, daß diese Inschrift zu dem Weihegeschenk gehört, welches Pausanias beschreibt . . .«

Weder Hirschfeld noch Boetticher wagten an diesem Tage zu hoffen, daß man auch die Statue, auf welche die Inschrift Bezug nahm, finden würde. Ihnen genügte zunächst der Beweis, daß sie Pausanias als seriösen Führer für ihre Grabungen verwenden konnten.

Aber während Hirschfeld am nächsten Morgen den Fundbericht zu Papier brachte, um die Entdeckung nach Berlin zu melden, stürzte Dimitriadis zur Türe herein: »Kirie Hirschfeld, eine Göttin, eine Göttin!«

Boetticher stand unten in der Grube. Er blickte auf, als Hirschfeld kam, sagte aber nichts. Vor ihm lag in Sand gebettet eine überlebensgroße Marmorplastik. Kopf und Unterarme fehlten, aber der klassisch schöne Körper war unbeschädigt. Ein zartes dünnes Gewand, feinfaltig wie Seide, umspielte den Leib, über der rechten Schulter mit einer Spange gehalten, die rechte

Olympia: (4) der Zeus-Tempel,

(5) der Tempel der Hera.

(6) »Goldmaske des Agamemnon« nannte Schliemann diesen ein-
drucksvollen Fund in Mykene.

Brust frei. Paionios schien die Siegesgöttin, um die es sich hier unzweifelhaft handelte, fliegend oder vom Himmel herabsteigend dargestellt zu haben, denn der Luftzug preßte das Gewand gegen ihren Körper und zwischen die Schenkel, und an ihrer Rückseite flatterte es in weitem Bausch. Das rechte Bein war leicht angewinkelt, das linke etwas vorgestellt. Der linke Arm, erhoben, hielt vielleicht eine Trophäe, während der rechte spielerisch herabhing: die Nike des Paionios.

Ein schöneres Weihnachtsgeschenk hätte sich Ernst Curtius nicht wünschen können. Er wollte den Brief, der den Grabungserfolg bestätigte, nicht mehr aus der Hand legen. Er hatte richtig kombiniert. Die Teile der durch ein Erdbeben zerstörten Stätte von Olympia waren dort liegengeblieben, wo sie hingefallen waren, und irgendwann hatte sie der Alpheios zugeschwemmt. Was würde dieser Boden noch alles freigeben?

Kaiser Wilhelm ließ Curtius rufen, und am zweiten Weihnachtstag mußte der Professor den Majestäten von den Erfolgen in Olympia berichten. »So geht es in der Welt!« schrieb Curtius an seinen Bruder, »das Glück wird immer als das größte Verdienst anerkannt. Nach dem, was man durch stille, entsagungsvolle Arbeit zustande bringt, fragen wenige.«

Plötzlich, im Jahre 1876, hatte Heinrich Schliemann *zwei* Grabungskonzessionen: Die türkische Regierung betrachtete den Streit mit dem Ausgräber nach seiner großzügigen Zahlung als erledigt, ja, Großwesir Mahmud Medim Pascha befürwortete für Schliemann sogar einen Firman, er solle fortfahren, Troja auszugraben. Die griechische Regierung hingegen bot Schliemann eine Konzession mit folgendem Wortlaut an: »Die Ausgrabung der Akropolis von Mykene wird Herrn Schliemann erlaubt. Ebenso erhält er das Recht der Erstveröffentlichung der Entdeckungen. Über die Freilegung des Atreus-Grabes behält sich das Ministerium die Entscheidung für später vor. Mit der Beaufsichtigung der Ausgrabungen wird ein Ephoros betraut. Mit ihm hat sich Schliemann über Beginn der Arbeit, Anzahl der Arbeiter usw. zu verständigen.« Schliemann entschied sich für Mykene. Das Gold von Troja, meinte er, habe er bereits gefunden. Würde er nun auch das Gold von Mykene finden?

Curtius hatte ihm Olympia weggeschnappt und war heute noch nicht überzeugt davon, daß Schliemann das alte Troja ausgegraben hatte. Nun bot sich Gelegenheit, dem alten Widersacher eine Lektion zu erteilen. Während der Professor Homer als historische Quelle ablehnte, akzeptierte er Pausanias' Griechenland-Beschreibung wie einen Reiseführer. Und dieser Pausanias, der Mykene bereits als Ruinenlandschaft vorfand, berichtete, in den Trümmern befinde sich das unterirdische Schatzhaus des Königs Atreus, der Pelops zum Vater hatte. Auch sein Grab und das der trojanischen Begleiter Agamemnons sei hier zu finden.

Das Schatzhaus lag weit von der Burg entfernt, also hatte Curtius geglaubt, auch die Gräber lägen außerhalb der Burgmauer. Schliemann war anderer Ansicht.

Anfang August reiste er, begleitet von seiner Frau Sophia, nach Mykene. Im nahen Dorf Charvati mieteten sie ein Haus und ein Pferd, zahlten 66 Drachmen für fünf Wochen Miete im voraus; Pferd, Futter und Wasser für denselben Zeitraum kosteten 96 Drachmen. Schwierigkeiten, Arbeitskräfte zu finden, gab es nicht. Schliemanns Tageslohn lag bei zweieinhalb Drachmen für einen gewöhnlichen Arbeiter, ein Aufseher bekam fünf bis sechs Drachmen, der Besitzer eines Ochsengespannes zum Schutt-Transport acht Drachmen – was sieben Francs, zehn Centimes und damit einem respektablen Lohn gleichkam.

7. August 1876. Unerträgliche Hitze. Heinrich Schliemann teilte 63 Arbeiter in drei Gruppen: Zwölf Mann schaufelten am Löwentor, um den verschütteten Zugang freizulegen, 43 Mann sollten innerhalb des Löwentors ein knapp vierzig Meter großes Areal vom Schutt befreien, unter dem Schliemann Besonderheiten vermutete, und Sophia beaufsichtigte

acht Männer, die den Auftrag hatten, den alten Eingang zu dem etwa hundert Meter westlich gelegenen Kuppelgrab zu finden. »Der Boden ist hart wie Stein!« schimpfte Sophia am Abend des ersten Tages, »das kann ein halbes Jahr dauern, bis wir den Zugang freigelegt haben!«

Schliemann erwiderte: »Tröste dich, agapiti mou, mir geht es nicht viel besser. Das Löwentor ist mit riesigen Steinquadern versperrt. Vermutlich wurden sie von oben heruntergewälzt, als die Argiver im fünften Jahrhundert vor Christus die Burg eroberten. Damals war die Burg noch bewohnt.«

»Wie kommst du denn mit Stamatakis klar?«

Schon die Nennung des Namens verschlechterte Schliemanns Laune: »Hör mir auf mit *dem*«, knurrte er, »er schnüffelt überall herum wie ein Spürhund. Ich brauche mich nur zu bücken – schon ist er da. Er fürchtet, ich könnte heimlich eine Handvoll Erde in die Tasche stecken.«

Sophia lachte: »Ich komme ganz gut mit ihm aus. Jedenfalls hat er mehr Respekt vor mir als die Arbeiter, die sich nur widerwillig von einer Frau kommandieren lassen.«

»Hast du Schwierigkeiten mit den Kerlen?«

»Wer murrt, fliegt raus. Aber eigentlich kann ich es mir gar nicht leisten, auch nur einen Mann zu entlassen, im Gegenteil, ich brauche mehr.«

Schliemann nickte: »Wir werden auch sonntags arbeiten. Ich zahle eine halbe Drachme mehr. Außerdem werde ich versuchen, neue Arbeiter anzuwerben.«

Zwei Wochen nach Beginn der Grabungen schaufelten bereits 125 Männer aus den Dörfern Kutsopodi, Phichtia und Charvati für Schliemann. Und der Erfolg ließ nicht auf sich warten: Tonscherben körbeweise, Steinspindeln wie in Troja, ein Kuhkopf mit Hörnern, ein riesiger Schlüssel, ein Eisenmesser, eine 19 Zentimeter lange Haarnadel, drei archaische Vasen, Pfeilspitzen und zahlreiche Hera-Figürchen. Oft beendete Schliemann die Grabungen erst gegen 21 Uhr, wenn die Dunkelheit hereinbrach. Dann saß er noch bis 2 Uhr früh mit Stamatakis zusammen und registrierte jeden einzelnen Fund. Aber wenn er

Mykene – rechts das Löwentor, links im Vordergrund das Gräberrund.

das eine oder andere Stück zur Begutachtung mit in sein Haus nehmen wollte, mußte er den Aufpasser fragen, der zwar stets huldvoll zustimmte, aber jede »Entnahme« notierte.

Das Verhältnis des Ausgräbers zu dem Griechen wurde zusätzlich belastet, weil Schliemann in seinem Drang, das homerische Mykene freizulegen, klassische griechische und römische Funde ignorierte. Fanden die Ausgräber eine Vase aus dieser Zeit, so begutachtete er sie nur uninteressiert. Gemäuer aus klassischer Zeit schien Schliemann nur hinderlich, zum Abbruch bestimmt, *er* suchte die pelasgischen Mauern.

»Ich protestiere!« rief Panagios Stamatakis, als er sah, daß Heinrich Schliemann unweit des Löwentores eine überbaute Mauer einreißen ließ.

Wütend entgegnete Schliemann: »Das ist keine mykenische Mauer, sondern irgend etwas Späteres. Wenn Sie das nicht erkennen, dann soll das Ministerium einen zweiten Ephoros schicken!«

»Ich brauche keinen zweiten Mann!« erwiderte Stamatakis,

nun ebenfalls erregt. »Wenn Sie sich an den Ausgrabungsvertrag halten, komme ich ganz gut zurecht. Danach dürfen Sie nämlich höchstens mit der Hälfte der Arbeiter graben, die jetzt beschäftigt sind.«

»Kommt!« sagte Schliemann und gab seinen Arbeitern einen Wink aufzuhören.

Am nächsten Morgen, als Stamatakis an der Grabungsstelle erschien, führte Sophia die Aufsicht.

»Die Mauer!« rief der Ephoros erregt, »Schliemann hat die Mauer eingerissen.«

»Ja, er hat die Mauer eingerissen«, erwiderte Sophia ruhig, »und Sie haben überhaupt kein Recht, meinem Mann Vorwürfe zu machen. Er ist ein Gelehrter, und die Mauer ist römisch und stört die weiteren Grabungen. Sie sind ein Ungelehrter, und ich möchte Sie bitten, keine Bemerkungen mehr zu machen. Schliemann ist leicht erregbar, und wenn er böse wird, stellt er die Grabungen ein.«

Hilfesuchend schrieb der Ephoros an Kultusminister Georgios Milesses: »Er behandelt mich wie einen Barbaren. Wenn das Ministerium mit mir nicht zufrieden ist, so bitte ich, mich abzuberufen. Ich bleibe hier auf Kosten meiner Gesundheit.«

Der Minister telegraphisch an den Präfekten von Argos: »Gehen Sie sofort nach Mykene und sagen Sie Stamatakis, er solle nicht gestatten, daß irgendwelche Mauern abgerissen werden, aus welcher Zeit sie auch stammen. Auch darf, um die sichere Aufsicht zu bewährleisten, nicht an mehreren Stellen zugleich gegraben werden. Die Zahl der Arbeiter ist zu beschränken. Für jede Verletzung dieser Vorschriften ist der Ephoros verantwortlich.«

Antwort des Präfekten von Argos: »Habe Herrn Stamatakis Ihre Depesche gezeigt, Herrn Schliemann aber nur mündlich berichtet. Dann bat ich die Herren, mit mir und dem Bürgermeister des Ortes auf die Burg zu kommen, um zu beraten, was zu tun sei. Dies war aber unmöglich, da Schliemann und Stamatakis nur gestritten haben. Schliemann will nicht weitergraben, wenn Stamatakis nicht ersetzt wird. Stamatakis bat um eine Entscheidung, er wolle alles tun, was nicht gegen das Gesetz und das von ihm unterzeichnete Protokoll verstoße. Schliemann erkennt kein Protokoll an. Er sagt, er stehe dem Projekt mit dem Herzen nahe wie kein zweiter, es sei ihm heilig, und niemand anderer würde sich darum kümmern.«

Das Telegramm des Kultusministers hatte den Ausgräber so sehr in Rage versetzt, daß Schliemann abbrechen wollte. Wieder einmal glaubte er sich verkannt. »Herr Minister«, schrieb er in barschem Ton, »ich unterziehe mich mit meiner Frau hier allen Strapazen, indem ich ununterbrochen mein Leben riskiere, da ich den ganzen Tag unter der brennenden Sonne stehe. Ich gebe täglich 400 Francs aus, aus reiner Liebe zur Wissenschaft und zu Griechenland, und meine Arbeit zieht Tausende von Ausländern an. Deswegen ist Ihr Telegramm sowohl Ihrer unwürdig als auch unwürdig, von mir gelesen zu werden. Viele Ungerechtigkeiten habe ich in Griechenland erlitten. Während andere Altertümer aus Griechenland wegtragen, habe ich die unschätzbaren trojanischen Schätze hereingebracht. Überflüssig hinzuzufügen, daß kein anderer Versuch meinerseits in diesem Leben gemacht wird, um Griechenland nützlich zu sein.«

Da aber der Brief ohne Echo blieb und Schliemann den Ephoros keines Blickes mehr würdigte − was man sich zu sagen hatte, wurde über die Aufseher erledigt −, suchte Sophia zu vermitteln. Sie reiste nach Athen, sprach beim Kultusminister vor, der Stamatakis daraufhin zum Einlenken aufforderte.

Ein paar Tage ging das tatsächlich gut. Pallas Athene, meinte Schliemann, habe die Schritte seiner Frau gelenkt. Doch als sie zurück war und die Grabungen fortgesetzt wurden, gab es schon den nächsten Streit. Schliemann hatte jetzt endgültig genug und setzte folgendes Telegramm an den Minister auf: »Beamter macht furchtbare Schwierigkeiten − stop − stelle Grabungen ein − stop − reise mit meiner Frau nach Amerika.«

»Hier bring das zur Post!« bat Schliemann seine Frau, »es wird seine Wirkung nicht verfehlen.«

Sophia nahm das Pferd und machte sich auf den Weg nach

Nauplia. Sie kannte den Minister, sie wußte, daß Schliemann allen Athener Ministerialbeamten ein Dorn im Auge war, und sie ahnte, daß dieses Telegramm nur *eine* Reaktion auslösen würde, die Aufforderung an Heinrich, die Grabungen tatsächlich einzustellen. Irgendwo auf der staubigen Straße nach Nauplia zerriß sie deshalb den Zettel in viele kleine Teile und ließ sie im heißen Südwind wie Schmetterlinge davonflattern. Heinrich Schliemann setzte die Ausgrabungen fort. Seine Nerven schienen zum Zerreißen gespannt. Die Aggressivität, mit der er Stamatakis begegnete, war Ausdruck dieser Nervosität; denn Schliemann war zum Erfolg verdammt. In Hissarlik war es bereits ein Erfolg, daß er die trojanischen Mauern fand, hier, in Mykene, wo kein Mensch zweifelte, daß es sich um das alte Mykene handelte, hier mußte Schliemann eine spektakuläre Entdeckung machen; die mykenischen Mauern waren für jedermann sichtbar.

Es hatte schon seinen Grund, wenn der Ephoros Stamatakis Schliemann so impertinent auf die Finger schaute. Die Athener Behörden waren gewarnt durch den trojanischen Goldschatz. Die Chancen, einen solchen zu finden, hätte jeder Wissenschaftler gleich Null beurteilt. Doch Mykene, »im Winkel der rossenährenden Landschaft Argos« gelegen, besaß zu Agamemnons Zeiten so viel Gold, daß Homer die Stadt »das vielgoldene Mykene« nannte. Mehr noch, Pausanias schwärmte rund tausend Jahre später, in den Trümmern von Mykene befänden sich die unterirdischen Gebäude des Atreus und seiner Söhne mit ihren Goldschätzen. Er habe sogar das Grab des Atreus gesehen und derer, die mit Agamemnon aus Troja zurückkamen, und jenes des Agamemnon und seines Wagenlenkers.

Pausanias berichtet, daß Perseus, der Sohn des Zeus und der Danae, diesen Ort Mykene nannte, weil dort sein Schwertknauf, griechisch *mykes,* zu Boden fiel, oder weil er Durst hatte und einen Pilz fand, griechisch *myketa,* den er aufhob und dabei eine Quelle entdeckte. Ein gutes Zeichen, wie er meinte. Der Sage nach hat Perseus Mykene gegründet. König Polydektes von der Insel Seriphos sandte einst den jungen Perseus aus, das Haupt der Medusa zu holen, ein ebenso blutrünstiges wie gefährliches Unternehmen; denn Medusas Anblick ließ jeden zu Stein erstarren: Statt Haaren wuchsen Schlangen aus ihrem gräßlichen Kopf. Doch die Nymphen rüsteten Perseus mit Flügelsandalen und einer Tarnkappe aus, Athene und Hermes gaben ihm ein Sichelschwert. So gelang es Perseus, die furchtbare Medusa zu töten.

Auf dem Rückweg über Äthiopien befreite er die schöne Königstochter Andromeda aus den Fängen eines Meerungeheuers. Zum Dank durfte Perseus Andromeda heiraten. Zurück auf der Insel Seriphos, hielt der tapfere Held seinem Auftraggeber das Medusenhaupt entgegen, und Polydektes erstarrte zu Stein. Perseus aber gab das Haupt seiner Beschützerin Athene, die es fortan auf ihrem Brustpanzer trug.

Unser Held konnte glücklich sein und kehrte mit Mutter Danae und Ehefrau Andromeda nach Argos zurück, wo er, wie erwähnt, Mykene gründete. Drei Generationen Persiden herrschten in Mykene: Perseus, Sthenelos und Eurystheas. Ihnen folgten die Atriden, benannt nach Atreus, dem Sohn des Pelops und der Hippodameia. Und damit begann eine Verkettung von Wahnsinnstaten, die den griechischen Tragikern Stoff für zahlreiche Dramen lieferten.

Atreus flüchtete, weil er seinen Halbbruder Chrysippos ermordet hatte, mit dem leiblichen Bruder Thyestes nach Mykene. Die Mykener sahen in Atreus einen vielversprechenden jungen Mann und erwählten ihn zu ihrem König. Thyestes, der Bruder, konnte das nicht verwinden, zu gerne wäre er selber König geworden. So nahm das Drama seinen Lauf: Erst raubte der gedemütigte Bruder dem König Atreus die Frau, dann das goldene Lamm, das Symbol seiner Herrschaft, worauf er von Atreus vertrieben wurde.

Ahnungslos in seinem Zorn tötete Atreus den eigenen Sohn und beschloß dann, furchtbare Rache an seinem Bruder zu nehmen. Atreus lud Thyestes zum Versöhnungsmahl; doch die Bissen blieben dem Bruder im Halse stecken. Der König gestand, Thyestes habe soeben das Fleisch seiner eigenen Kinder gegessen, und zum Beweis zeigte er dem Bruder ihre abgeschlagenen Köpfe.

Wegen dieses Greuels, so wird erzählt, kehrte Helios, der Sonnengott, seine Bahn um. Atreus aber heiratete Pelopeia, eine Tochter des verhaßten Thyestes, ohne ihre Herkunft zu kennen. Dem nicht genug, Pelopeia war bereits von ihrem Vater Thyestes schwanger, und sie gebar den Aigisthos, der die Bruderfehde weitertrug, die Frau des Atreus-Sohnes Agamemnon, Klytämnestra, verführte und mit deren Hilfe diesen nach seiner Rückkehr aus Troja tötete.

Von Atreus ging die mykenische Herrschaft dann doch noch auf Thyestes über und von Thyestes auf Agamemnon, der ein Sohn des Atreus war. Agamemnon wurde zu einer der Hauptfiguren der »Ilias«. Denn als Helena, seine schöne Schwägerin, von Paris, dem nicht minder wohlgestalten Sohn des Königs Priamos von Troja, entführt worden war, übernahm Agamemnon das Kommando über das Griechenheer und zog gen Troja. Homer nannte Agamemnon in seiner »Ilias« König der Könige, weil er Troja vernichtet hatte und mit kostbaren Trophäen nach Mykene zurückgekehrt war.

Sage oder historischer Kern, oder gar Wahrheit?

Selbst skeptische Historiker und Archäologen waren eher geneigt, der mykenischen Überlieferung Glauben zu schenken als der trojanischen. Denn während Schliemanns Troja-Glaube allein auf Homers dichterischen Berichten fußte, hatten sich mit dem alten Mykene in klassischer wie in frühchristlicher Zeit so viele Chronisten beschäftigt, daß die Blütezeit einer mykenischen Kultur außer Frage stand. Pausanias sprach sogar von reichen Schätzen. Von ihm stammt auch der Begriff »Schatzhaus des Atreus« für ein Kuppelgewölbe, das nie ganz vergessen war. Der britische Archäologe Edward Dodwell sah es auf einer seiner »classischen und topographischen Reisen« zwischen 1801 und 1806, erinnerte an Pausanias und stellte fest, es stimme wohl mit seiner Beschreibung überein. Und, so Dodwell, »obgleich die Informationen, die Pausanias von seinen Gewährleuten erhielt, vielfach neueren Datums gewesen sein mögen, so kann sich dieser Argwohn nicht auf die wesentlichen Überlieferungen von Mykene erstrecken, da sie mit allem, was in Poesie und Prosa über jene Stadt auf uns gekommen ist, übereinstimmen«.

Dodwell glaubte, das größte aller mykenischen Kuppelgewölbe müsse allein deshalb dem König Atreus zugeschrieben werden, weil er der reichste und mächtigste König von Mykene gewesen sei. Agamemnon habe Atreus' Reichtum bei seiner Expedition in das kleinasiatische Troja verbraucht und sei arm und machtlos nach Hause zurückgekehrt, so daß Mykene danach nur noch eine zweitrangige Stadt in der Landschaft Argolis gewesen sei. Unter diesen Umständen, so Edward Dodwell, scheine es unwahrscheinlich, daß Agamemnons Grab ein prächtiges Denkmal gewesen sei.

Dennoch gab es Leute, die das Schatzhaus des Atreus für Agamemnons Grab hielten. Veli Pascha, zum Beispiel, der Statthalter der Peloponnes, ließ im April 1808 das Erdreich vor dem Eingang von Zwangsarbeitern aufgraben und fand im Innern mehrere Gräber mit Knochen, auf denen Goldplättchen lagen, vermutlich Schmuck von goldbestickten Gewändern. Eine lokale Zeitung berichtete, auch Gold- und Silberschmuck und Edelsteine seien zum Vorschein gekommen, etwa 25 Statuen und ein Tisch aus Marmor. Der Pascha habe alle Funde reinigen lassen und an Reisende verkauft. 80 000 Gros, umgerechnet 20 000 Francs, soll Veli Pascha dafür bekommen haben, eine unvorstellbare Summe, die jedoch angemessen erscheint, wenn man erfährt, daß zwei Goldschmiede allein das an den Knochen haftende Gold und Silber mit 4,8 Kilogramm angaben.

Heinrich Schliemann fand dieses beinahe siebzig Jahre zurückliegende Ereignis indirekt bestätigt, als er im Innern des Schatzhauses eine Probegrabung veranlaßte. Denn obwohl er bis auf das felsige Urgestein vordrang, gab der Boden keine Schätze mehr frei. Schliemann suchte das legendäre Gold von Mykene deshalb an ganz anderer Stelle, dort, wo noch niemand geforscht hatte. »Etwas entfernt von der Mauer« hatte Pausanias die Gräber der mykenischen Könige angesiedelt. »Etwas entfernt von der Mauer!« Immer und immer wieder murmelte Heinrich Schliemann diese Worte, wenn er von der Spitze des Burgberges in das steinige Tal hinabblickte. Er wußte nicht warum, aber sein Blick blieb immer wieder auf derselben Stelle haften, gleich rechts neben dem Löwentor, wo der Schuttt meterhoch lag.

War es bisher nur die drückende Hitze, mit der die Ausgräber zu kämpfen hatten, so tobten in den ersten Septembertagen auf einmal heftige Sandstürme über den Hügel. Der heiße Wind aus dem Süden trieb den Männern den feinen Staub in die Augen, brachte die Augen zum Tränen und verursachte lästige Entzündungen. Schliemann registrierte die ersten Ausfälle.

Er, der sich nichts Schöneres denken konnte, »als in den Ruinen vergangener Zeiten zu graben, wo jede Scherbe eine neue Seite der Geschichte enthüllt!«, notierte in sein Tagebuch: »Jetzt nur nicht den Mut verlieren! Was sind schon vier Wochen Arbeit! Denk an Troja! Du darfst jetzt nicht aufhören! Weiter!«

Scherben gab es genug in Mykene. In Troja hatte er solchen Scherben noch geringe Bedeutung beigemessen, doch Schliemann hatte gelernt. Er vermochte nun bereits die einfachen Scherben der Jungsteinzeit mit ihren Ritzverzierungen von den vorgeschichtlichen mit ihrer kunstvollen Bemalung zu unterscheiden, mehr noch, Schliemann wußte aus der Körnung des Tonmaterials, der Brennfarbe und den typischen Ornamenten jede Scherbe zeitlich einzuordnen, und dies brachte wichtige Hinweise bei der Spurensuche.

Auf dem Grabungsareal nahe dem Löwentor legten die Arbeiter einen Mauerring frei. Genaugenommen handelte es sich um eine doppelte Reihe von Steinplatten mit einem Durchmesser von dreißig Metern. Zunächst war Schliemann ratlos, bis wenige Tage später innerhalb des Kreisrundes zwei Grabsteine aus hartem Kalkstein ans Licht kamen, mit Kampfszenen verziert, wie Homer sie beschrieb. War dies die erste Spur der homerischen Helden?

Schliemann ließ das Grabungsfeld nicht mehr aus den Augen,

mißtrauisch beobachtet von Stamatakis. Wie stets im weißen Tropenhelm und dunklem Anzug, stand Schliemann auf den pelasgischen Mauern, starr wie eine Statue, jede Schaufel Erdreich, jeden einzelnen Stein mit den Augen taxierend.

Da! Schliemann sprang von der Mauer, stürzte zu einem der Arbeiter, der mit bloßen Fingern in einem Korb von Erde wühlte. Ein helles Etwas erregte seine Aufmerksamkeit, ein Ring. Vom Schmutz befreit, war ein Siegelring zu erkennen, aus Onyx geschnitten, mit Hirschen und Kühen. Kein gewöhnlicher Sterblicher benützte ein Siegel! Jetzt war Schliemann überzeugt: Die Spur führte zu den Gräbern der homerischen Helden.

Noch ein dritter Grabstein tauchte auf aus dem magischen Rund, ein Relief zeigte einen Krieger und einen lanzentragenden Gegner, darunter ein Ornament aus Spirallinien. Nun wuchs die Spannung Tag für Tag, aber der steinharte Boden bremste den Erfolg, und am 9. Oktober mußte Heinrich Schliemann die Grabungen vorübergehend einstellen. Dom Pedro II., Kaiser von Brasilien, hatte bei seinem Besuch der Türkei den Wunsch geäußert, die Grabungsstätte von Troja zu besichtigen. Schliemann entsprach dem Wunsch der Regierung, reist nach Çanakkale und ritt mit Dom Pedro nach Hissarlik. Zwei Wochen später traf er wieder in Charvati ein.

»Sie haben die Grabsteine weggebracht!« begrüßte ihn Sophia.

»Wer?« fragte Schliemann zurück.

Sophia schwieg.

»Stamatakis!«

Sophia nickte.

»Und wohin?«

»Nach Athen, ins Museum.«

Schliemann war aufs höchste erregt, aber zum Protestieren blieb keine Zeit; denn der brasilianische Kaiser wollte nun auch noch die Ausgrabungen von Mykene besichtigen. Er kam mit kleinem Gefolge und frühstückte mit dem Ehepaar Schliemann in dem kleinen Schatzhaus, das von Sophia freigeschaufelt worden war. Hatten den Ausgräbern seit Wochen Hitze und Sandstürme zu schaffen gemacht, so setzten am 25. Oktober plötzlich so heftige Platzregen ein, daß die Arbeiter bis zu den Knien im Schlamm standen. Einige liefen weg, andere wurden krank, Schliemann wußte nie, mit wieviel Männern er am folgenden Tag rechnen konnte. Und mitten in diesem Durcheinander stieß er auf ein Geviert, 28 mal 7 Fuß, ein gemauertes Grab. Steinschutt, vermischt mit Asche, füllte den Schacht, vereinzelt fanden sich goldene Knöpfe, Anzeichen dafür, daß dieses Grab wohl schon in alter Zeit ausgeraubt worden war.

Der Regen wollte nicht enden und setzte das aufgeschaufelte Grab unter Wasser. Wir graben morgen ein Stück weiter östlich! beschloß Schliemann. Er wühlte sich viereinhalb Meter tief in das Erdreich, wollte schon aufgeben, da kam eine Schicht Kieselsteine zum Vorschein. Eine gleichmäßige Schicht von Gestein oder Erdreich zeigte dem Ausgräber an, daß hier noch nicht gegraben worden war. Schliemann mahnte zu größter Vorsicht, ließ die Kiesel zum Teil einzeln mit der Hand abheben, und langsam, ganz allmählich wurden auf dem Grund drei menschliche Skelette sichtbar, lehmverklebt, die Schädel nach Osten gerichtet, durch schmale Mauern voneinander getrennt.

Heinrich Schliemann schickte die Arbeiter nach Hause und behielt nur eine Handvoll verläßlicher Männer aus Charvati zurück. Zwischen den Leichen hatte er Goldbeigaben entdeckt. Schliemann forderte aus Nauplia Polizeischutz. »Zum ersten Mal«, schrieb er am 6. Dezember 1876 in sein Tagebuch, »seit ihrer Eroberung durch die Argiver im Jahre 468 v. Chr., also zum ersten Mal seit 2344 Jahren, hat die Akropolis von Mykene wieder eine Garnison, deren Wachtfeuer bei Nachtzeit in der ganzen Ebene von Argos sichtbar sind, uns an jene Wachtposten erinnernd, die unterhalten wurden, um Agamemnons Rückkehr von Troja zu verkünden, und an jenes Signal, welches Klytämnestra und ihren Geliebten vor dem Herannahen warnte. Diesmal aber ist der Zweck der Besatzung friedlicher Natur, denn dieselbe soll nur dazu dienen, den

Landleuten Scheu einzuflößen und sie zu hindern, heimlich Ausgrabungen in den Gräbern zu machen oder zu nahe heranzutreten, wenn wir darin beschäftigt sind.«

Tagelang lag Sophia Schliemann auf den Knien und kratzte mit Messern und Spachteln das festgepreßte Erdreich von den Gebeinen. Sie stieß auf 14 handtellergroße Blütensterne aus Gold, auf 15 goldene Diademe und zwischen den Skleletten auf Gold- und Silbervasen, Schalen, Becher, Dolche und Messer und schönverzierte Keramik als Grabbeigaben.

Die Männer aus Charvati wühlten sich in der Zwischenzeit ein paar Schritte entfernt in die Erde. Von fünf Gräbern hatte Pausanias gesprochen!

Und in der Tat, kein Mensch außer Heinrich Schliemann hatte noch erwartet, an dieser Stelle erfolgreich zu sein: In zehn Meter Tiefe, unter einem bedrohlichen Felsüberhang, angekündigt durch zahlreiche Hera-Statuetten, fanden die Ausgräber drei weitere menschliche Skelette. Den Grabbeigaben nach zu schließen, Pailletten und Schmucksternen, Goldblättern und einer zierlichen Krone, Halsketten aus Achat und Bernstein, waren hier die Frauen bestattet. Der Versuch, die Schädel zu bergen, mißlang. Sie zerfielen bei der ersten heftigen Bewegung zu Staub. 5,6 Kilogramm Goldschmuck, vermerkte Schliemann voll Stolz, war die Ausbeute der Gräber II und III.

Als Schliemann spätabends von Stamatakis zurückkehrte, in dessen Haus sie wie allabendlich die Funde sorgsam katalogisiert und verschlossen hatten, schien Sophia aufgeregt. Noch nie hatte sie die Vergangenheit, die Weltgeschichte, so eindringlich erlebt. Die goldstrotzenden Toten, die sie jäh aus ihrem Frieden rissen, sie wurden vor Sophia lebendig. Namen, bisher nichts weiter als eine Information oder vager Begriff, nahmen auf einmal Gestalt an. Sie war den Tränen nahe.

»Was hast du, agapiti mou?« fragte Schliemann fürsorgend und legte seinen Arm um Sophia.

Sie blickte hilflos zu Boden, wollte nicht antworten, da schüttelte sie Schliemann:

»Sprich, mein Liebes!«

Sophia fuhr sich mit dem Unterarm über die Stirne, sie holte tief Luft, als müßte sie Anlauf nehmen – so schwer fiel ihr die Antwort: »Es ist wegen Klytämnestra, ich meine, es könnte doch sein, daß heute, als du versuchtest, den Schädel mit der Krone aus dem Grab zu heben, daß du da Klytämnestras Haupt zerstört hast.« Und bei diesen Worten schlug Sophia Schliemann beide Hände vors Gesicht.

»Der Ausgräber schwieg; doch dann auf einmal begann Schliemann zu lachen, und noch nie hatte Sophia das Lachen ihres Mannes so verletzt. »Selbst wenn es Agamemnons Frau Klytämnestra gewesen wäre, deren Schädel da unter meinen Händen zerfiel, glaubst du, es hätte ihr weh getan? Aber ich kann dich beruhigen, agapiti mou, die Leiche kann gar nicht Klytämnestra gewesen sein!«

»Warum nicht?« Sophia sah ihren Mann erwartungsvoll an.

»Klytämnestra erschien den Mykenern nicht wert, innerhalb der Mauern bestattet zu werden. Schließlich hatte sie Agamemnon erschlagen, weil dieser aus Troja eine Geliebte mitbrachte, Priamos' Tochter Kassandra.«

Diese Erklärung beruhigte die Griechin. Nach langem Nachdenken fragte sie: »Wer sind dann aber diese Frauen?«

»Königinnen«, erwiderte Schliemann, »die Frauen irgendwelcher Könige von Mykene.«

»Und du hast keinen Verdacht, keine Vermutung?«

Schliemann, um Theorien oder Vermutungen sonst nie verlegen, meinte ernst: »Das ist schwer zu sagen; denn selbst wenn auf einem der Grabsteine irgendein Name verzeichnet wäre, könnten wir diesen Namen nicht lesen. Uns fehlt die Kenntnis dieser Schrift.«

»Signomi!« entschuldigte sich Sophia, »daran habe ich gar nicht gedacht, daß Agamemnon gar nicht griechisch schrieb, jedenfalls nicht in unserer Schrift.«

»Wenn er überhaupt schreiben und lesen konnte!« lachte Schliemann. »Agamemnon war ein Held, er war tapfer, was brauchte er schreiben und lesen zu können!«

Am nächsten Tag. Panagios Stamatakis, der Kurator der

archäologischen Gesellschaft, machte erneut Schwierigkeiten. Das Gold, das hier überall, wo Schliemann den Spaten ansetzte, aus der Erde quoll, versetzte den Ephoros in Unruhe. Für die Sicherheit der Schätze forderte Stamatakis noch mehr Polizei und für die archäologische Auswertung einen Professor aus Athen. Bis alle einträfen, sollte Schliemann die Ausgrabungen einstellen.

Doch der entrüstete sich, es sei spät im Jahr und jeder Arbeitstag wichtig, außerdem enthalte seine Grabungserlaubnis keine derartige Klausel. Unbeirrt setzte er seine Arbeit westlich des letzten Grabens fort, und um die Mittagszeit schälten sich die Umrisse eines weiteren Grabes von gewaltigen Ausmaßen aus dem Schutt. Das vierte und bisher größte Grab war 7,18 Meter lang und 6 Meter breit. Zu Beginn der mykenischen Grabungen hatte Sophia genau an dieser Stelle einen kleinen kreisrunden Opferaltar entdeckt. Es schien ein ganz besonderes Grab zu sein! Vier Bronzegefäße und ein Goldgefäß mit einem Delphin kamen bis zum Abend zutage; aber noch fehlte die Kieselschicht, untrüglicher Hinweis auf die Leichenbestattung. 25. November. Die Kieselschicht, acht Zentimeter dick! Darunter heller Lehm, eine Handspanne. Und dann die Gebeine eines Mannes. Um ihn herum zahlreiche Grabbeigaben, fünf Kupfergefäße mit seltsamem Inhalt: Knöpfen, Goldknöpfen mit feinen Spiralen verziert. Ein lebensgroßer Kuhkopf aus Silber, schwarz oxydiert, und mit goldenen Hörnern und Nüstern und einer Goldblume auf der Stirn rief Bewunderung hervor. Beim Reinigen entdeckte Schliemann, daß er als Opfergefäß gebraucht worden war.

Sie gruben nun elf Meter unter der Oberfläche. Aus Athen traf der Vizepräsident der Archäologischen Gesellschaft ein, Professor Spyridon Phendikles. Schliemann schätzte seinen Sachverstand, und Phendikles bewunderte den Ausgräberinstinkt Schliemanns. Der Ephoros war nun kaltgestellt. Jetzt konnten die Arbeiten in Ruhe fortgesetzt werden.

Noch am selben Tage stießen die Ausgräber auf einen zweiten Leichnam, dazu zahlreiche Lanzen und zwanzig Bronzeschwerter. Sophia reinigte vorsichtig das verkrustete Erz. Es schimmerte grün. Alle Griffe waren aus Gold oder in Zellenschmelztechnik gearbeitet, wie sie die alten Ägypter kannten. Einige zerfielen, als Schliemann versuchte, sie aufzuheben, nur die Griffe blieben erhalten. Und zwischen all dem Reichtum immer wieder Blätter aus Gold, sogar eine große Gürtelschnalle.

Schliemann arbeitete behutsam. Keine Schaufel, kein Spaten war auf dem Grund des Grabes zugelassen. Sogar der Archäologe Phendikles staunte, daß der Ausgräber sich nicht zufriedengab, in elf Meter Tiefe noch tiefer grub. Es war dieser untrügliche Instinkt, der Schliemann zum Weiterarbeiten anstachelte, wo andere längst aufgehört hätten. Drei Tage wühlte, fegte, schabte, tastete er so in Ungewißheit. Die Nächte verbrachte er kaum mit Schlaf.

Heinrich Schliemann verkündete seine Entdeckung der Königsgräber voller Stolz aller Welt: »Ich habe«, schrieb er in einem Exklusivbericht für die Londoner »Times«, »das Grab, das die Überlieferung der Alten als das des Agamemnon bezeichnet, gefunden!« Ja, dieser mythenbesessene Ausgräber glaubte, aufgeputscht durch endlose Gespräche mit Sophia, genommen vom Rausch homerischer Verse, die letzte Ruhestätte des hellenischen Heerführers gefunden zu haben.

Aber schon am nächsten Tag wurde dieser kindliche Glaube jäh erschüttert. Irgendeiner der bisher freigelegten Leichname, hatte Schliemann vermutet, *mußte* Agamemnon sein. Doch *keiner* von diesen war Agamemnon, *konnte* es gewesen sein; denn an diesem folgenden Tag begann das eigentliche mykenische Abenteuer, folgten die Überraschungen Schlag auf Schlag, Entdeckungen, die nicht einmal Schliemann, dessen phantasiereiche Vorstellungskraft gewiß nicht unterentwickelt war, zu denken gewagt hätte.

Eine neue Kieselschicht stimmte erwartungsvoll. »Ich glaube«, rief Professor Phendikles anerkennend, »Sie haben wieder einmal recht gehabt, Schliemann!« Der Ausgräber, sonst für jede Anerkennung empfänglich, hörte es nicht. Denn während er die letzten Kieselsteine beiseite räumte, blinkte ihm hier und dort in elf Meter Tiefe das pure Gold entgegen. Schliemann rang nach Luft, er atmete schwer. Sto diawolo, was starrte ihm da entgegen?

Vergoldete Gesichter! Vier menschliche Skelette, aber drei von ihnen mit einer goldenen Maske, die ihre Gesichtszüge lebensecht wiedergab. Und zwei der Leichname trugen goldene Brustplatten.

»Professor!« rief Schliemann nach oben.

Der stieg hastig über die schwankende Leiter in die Tiefe. Sophia oben am Grabesrand hörte einen Schrei. »O theé mou, was ist los?« rief sie nach unten. Sie konnte Schliemann und den Professor sehen. Wie zu Salzsäulen erstarrt standen sie da. Da raffte Sophia ihren langen Rock und kletterte nach unten. Zwischen den goldbedeckten Skeletten lagen Becher und Trinkgefäße, Schmuckstücke und Diademe, Schwerter, Siegelringe, an einem Oberschenkel hing noch eine goldene Beinschiene, und scheinbar wahllos verstreut goldene Rosetten und Pfeilspitzen. Diademe und Schmuckstücke verrieten, daß es sich bei zwei der Leichname um Frauen handelte.

Als hätte hier vor nicht allzu langer Zeit ein Picknick stattgefunden, begannen die drei die goldenen Gefäße einzusammeln, die scheinbar wahllos verstreut lagen: neun goldene Becher und Pokale mit kunstvoll getriebenen Darstellungen an den Außenseiten, Rillen und Netzwerk und griffigen Henkeln, durch die nur der Zeigefinger paßte. Der größte von ihnen war kelchartig und ohne jede Verzierung, aber von den beiden Fingerhenkeln am oberen Rand führten schmale Goldspangen zum Sockel, wo sie in perfekter Handwerkertechnik angenietet waren. Der ungeheure Bodendruck von elf Meter Schutt und Erdreich hatte ihn leicht verformt. Schliemann drehte das kostbare Stück in den Händen, und es schien, als liefe vor seinen Augen die gesamte »Ilias« ab. Phendikles wußte, daß Schliemann, das mythomane Genie, die ganze »Ilias« auswendig deklamieren konnte, und so erstaunte es ihn nicht, als er den Pokal plötzlich hoch hielt und beinahe feierlich die Worte

sprach: »Auch ein stattlicher Kelch, den der Greis mitbrachte von Pylos, welchen goldene Buckel umschimmerten . . .«
Schliemann wiederholte die Worte noch einmal, dann meinte er: »Nestor, der älteste der griechischen Helden vor Troja, der nach dem Kampf wohlbehalten nach Pylos zurückkehrte, er könnte diesen Pokal besessen haben. Wir wollen ihn Pokal des Nestor nennen!«

Zwei Tage vergingen, in denen Heinrich und Sophia Schliemann und Professor Spyridon Phendikles auf dem Grund des Grabes in der Erde wühlten. Sie bargen die goldenen Masken, von denen zwei sehr gut erhalten waren, die dritte jedoch stark gelitten hatte, sie sammelten Gürtel und Goldnadeln, Goldblätter und Goldsterne und Hunderte Bernsteinperlen, die einmal auf einer Kette aufgereiht waren, und ein ganzes Häufchen Eberzähne. Sophia zählte, es waren siebzig, jene Eberzähne, von denen es in der »Ilias« heißt, sie hätten die Helme der Helden geziert.

Inzwischen gruben die wenigen verbliebenen Arbeiter an anderer Stelle. Schliemann hatte sie genau bezeichnet, es war nun ganz sicher, daß, wie Pausanias berichtete, *fünf* Gräber in dem Rund zu finden waren. Das Mauerwerk des fünften kam schon am folgenden Tag zum Vorschein, senkrechte Wände ohne Mörtelverbindung, kleiner als das vierte, größer als das dritte Grab.

Am 16. November sandte Schliemann dem griechischen König ein Telegramm in französischer Sprache:

»AN SEINE MAJESTÄT KÖNIG GEORG VON GRIECHENLAND, ATHEN. Mit größter Freude teile ich Euerer Majestät mit, daß ich die Gräber entdeckt habe, die nach der Überlieferung des Pausanias Agamemnon, Kassandra, Eurymedon und ihren Gefährten zuzuschreiben sind, die bei einem Festessen von Klytämnestra und ihrem Geliebten Aigisthos getötet wurden. Sie waren umgeben von einem Doppelring aus Steinplatten, die nur zur Ehre großer Persönlichkeiten errichtet worden sein konnten. Ich habe in den Graben ungeheure Schätze und archaische Gegenstände aus purem Gold gefunden. Diese Schätze allein vermögen ein großes Museum zu füllen, das das wunderbarste der Welt sein wird und das in den kommenden Jahrhunderten Tausende Fremde nach Griechenland ziehen wird. Da ich nur aus reiner Liebe zur Wissenschaft arbeite, erhebe ich natürlich keinen Anspruch auf diese Schätze und übergebe sie mit großem Enthusiasmus vollständig Griechenland. Gebe Gott, daß diese Schätze zum Angelpunkt unermeßlichen nationalen Reichtums werden.

Henry Schliemann.«

König Georg ließ das Telegramm wie folgt beantworten:
»HERRN DR. SCHLIEMANN, ARGOS.
Ich habe die Ehre, Ihnen anzuzeigen, daß Seine Majestät der König Ihre Depesche erhalten und geruht hat, mich zu beauftragen, Ihnen zu danken für Ihren Eifer und Ihre Liebe zur Wissenschaft und Sie zu beglückwünschen zu Ihren bedeutsamen Entdeckungen. Seine Majestät hofft, daß Ihre Anstrengungen auch immer von Erfolg gekrönt sein mögen.

Der Sekretär Seiner Griechischen Majestät
A. Calinskis.«

Inzwischen war Schliemann auf den Grund des fünften Grabes vorgedrungen. Auch hier eine Schicht Kieselsteine und darin der Leichnam eines Kriegers oder Königs. Der Schädel, nach Osten ausgerichtet wie eine ägyptische Mumie, trug ein goldenes Diadem. Vorsichtig versuchte Schliemann, den Kopf herauszuheben, doch er zerfiel zwischen seinen Fingern. Zur Seite lagen eine Lanze und zwei Bronzeschwerter. Aber außer einem Goldbecher mit zwei übereinanderliegenden Fischgrätenmustern, einer hellgrünen Vase aus ägyptischem Porzellan und einem hellroten Vasenfragment mit zwei weiblichen Brüsten, letztere von kreisförmigen schwarzen Strichen eingerahmt, enthielt das Grab keine anderen Beigaben.

»Enttäuscht?« fragte Sophia, als sie das nachdenkliche Gesicht ihres Mannes sah.

Dieser legte das Vasenfragment in eine der Holzkisten, die der

Dorfschreiner von Charvati in großer Zahl gefertigt hatte, und antwortete: »Und wenn ich hier in Mykene keine einzige Scherbe mehr finden würde – ich müßte zufrieden sein und den Göttern danken. Aber ich glaube, wir sind noch nicht am Ende.«

»Aber wir haben doch alle fünf Gräber gefunden!«

»Ja, aber das erste . . .«

»Was ist mit dem ersten Grab, Heinrich?«

»Wir waren noch nicht bis auf dem Grund!«

»Nein. Aber es war ausgeraubt. Dort wirst du kaum noch etwas finden.«

Schliemann wiegte den Kopf hin und her wie ein Pendel, er lächelte, ohne zu antworten. Dann half er Sophia über die Leiter nach oben.

Der Schlamm im ersten Grab war eingetrocknet.

Aus Schliemanns Grabungstagebuch: »Montag, 20. November 1876: Heute hatte ich 79 Arbeiter, aber der Raum ist sehr eng, es herrschte großes Durcheinander, und sie kamen nicht weit voran. Bis jetzt ist das erste Grab noch nicht richtig ausgegraben. Dort unten stieß ich an allen vier Seiten auf eine feste Mauer aus Schieferplatten, die in einem Winkel von 45 Grad in die Tiefe führten.

Diese Mauer scheint mir nun nichts anderes als eine Art Altar zu sein und mitten auf einem riesigen Grab zu stehen, dem bei weitem größten, das ich bisher fand. Unter der Schmalseite dieses Altars entdeckte ich, ganz versteckt, drei Grabsteine und eine kleine Säule. Beinahe alle Keramikfunde, die ich bisher machte, sind handgeformt und entweder schwarzglänzend oder hellgrün mit schwarzen Ornamenten oder hellrot mit schlichten dunkelroten Ornamenten. Bestimmt tauchen bald einige Vasenfragmente mit eingeritzten Ornamenten auf; ich habe bereits das Bruchstück einer großen Vase gefunden.«

Schliemann ließ die Altarsteine heben. Nun war er ganz sicher, darunter ein weiteres Grab zu finden.

»21. November (Dienstag): Fand in dem Grab ein Schwert,

eine Lanze, einen goldenen Becher. Nur 45 Arbeiter. Arbeiteten nur bis 10 Uhr wegen starkem Regen.«

Wenig später bricht das Grabungstagebuch ab. Es scheint, als habe es Schliemann die Sprache verschlagen.

Der Regen hatte nachgelassen, und gegen Mittag des folgenden Tages begann Schliemann mit größter Vorsicht jene Kieselschicht abzuräumen, was auch in diesem Grab Erfolg versprach. Schließlich traten die Umrisse von drei Körpern hervor, jeder von dem anderen etwa einen Meter entfernt. Lehm- und Kieselschicht über dem mittleren Leichnam schienen umgewühlt, und da an dem Gerippe jeder Goldschmuck fehlte, war für den Ausgräber klar, daß irgendwann irgendwelche Räumer einen schmalen Schacht in die Tiefe getrieben und den einen Leichnam beraubt hatten, ohne jedoch die beiden anderen zu entdecken.

Der linke lag in einer 1,65 Meter langen Vertiefung, doch das Skelett war das eines Riesen. Man hatte ihn in diese viel zu kleine Grube gezwängt, die Beine angewinkelt, den Kopf schräg gelegt. Aber was für ein Kopf! Dieses Skelett trug die größte, schönste, eindrucksvollste von allen Goldmasken, die sie bisher in Mykene gefunden hatten. Sophia stieg hinab, danach Professor Phendikles, und ehrfurchtsvoll blickten sie auf das goldene Antlitz: Über den wulstigen, mandelförmigen geschlossenen Augenlidern wölbten sich fein ziselierte Augenbrauen, der lange schmale Nasenrücken wirkte edel. Schmal die geschlossenen Lippen mit einem gepflegten, nach oben gerichteten Schnurrbart, das Kinn an der Vorderseite frei, aber eingerahmt von einem sorgsam gekämmten, buschigen Backenbart, der bis zu den Ohren reichte.

»Welch ein Antlitz!« staunte Schliemann.

Spyridon Phendikles, ein kühler, abwägender Archäologe, hielt den Atem an. Das Gefühl, einen schlafenden mykenischen König gestört zu haben, überwältigte auch ihn.

»Hättest du nicht bereits geschrieben, das Grab Agamemnons entdeckt zu haben«, begann Sophia, »dann würde ich behaupten, *dies* ist Agamemnon!«

Schliemann nickte, ohne seinen Blick von der Maske zu wenden. »Du hast recht, Sophia«, antwortete er schließlich, »ich habe mich geirrt, das hier *ist* Agamemnon!«

Lange standen sie regungslos. Heinrich Schliemann faßte sich zuerst, kniete nieder und versuchte vorsichtig die goldene Maske des Agamemnon abzuheben. Das gelang leichter als erwartet, und der Schädel darunter war gut erhalten. Mit bloßen Fingern versuchte er nun den Schädel vom Boden zu lösen; aber schon bei der ersten Berührung zerfiel er zu Staub.

Agamemnon trug eine Art Brustpanzer aus Gold und mit Spiralen verziert. Zwei Buckel markierten die starken Brüste des Helden. Auch dieser Brustpanzer ließ sich leicht abheben, aber auch hier scheiterte der Versuch, die darunterliegenden Knochen zu bergen. Bis auf die Beinknochen, die durch ihre außergewöhnliche Länge auffielen, konnte Schliemann nur wenige Knochen ablösen.

Vor den Gräbern wurde die Nachtwache verstärkt; denn noch immer lag ein Leichnam unter der Kieselschicht. Am folgenden Tag räumte Schliemann die letzten Kiesel beiseite. Sie trugen hier deutliche schwarze Feuerspuren, und dazwischen lagen Reste von Asche, eine Erscheinung, die Schliemann auch in den anderen Königsgräbern registriert hatte.

Die Griechen verbrannten in ältester Zeit die Toten vor der Bestattung. Jedenfalls gibt uns Homer davon Kunde. Zum Beispiel, als Nestor vorschlägt, die vor Troja gefallenen Achäer zu verbrennen:

»*Drum laß mit dem Morgen den Krieg ausruhen der Achäer,*
Daß wir gesamt auf Wagen die Leichname holen, von Rindern
Und Maultieren geführt; alsdann verbrennen wir alle,
Etwas entfernt von den Schiffen, damit einst jeder den Kindern
Bringe den Staub, wann wieder zum Vaterlande wir heimziehen.«

Hier in den Königsgräbern von Mykene schien jedoch eine ganz besondere Form der Leichenverbrennung üblich gewesen zu sein. Offensichtlich wurden die Totenfeuer über der Kiesschicht entzündet, so daß zwar das Fleisch verbrannte, die Knochen aber erhalten blieben. Schliemann vermutete, daß die Goldmasken über den Schädeln dabei eine Schutzfunktion hatten.

Das dritte Skelett war stärker gequetscht als die beiden anderen. Es trug ebenfalls eine Goldmaske und einen Brustpanzer, die jedoch so zerstört waren, daß man Einzelheiten wie Gesichtszüge kaum erkennen konnte. Das Gold war brüchig, Teile splitterten ab, doch dann gelang es Schliemann, die zerstörte Maske abzuheben.

Sophia stieß einen Schrei aus, und die beiden Männer erkannten mit Schrecken das Darunterliegende: Wie bei einer ägyptischen Mumie war die Haut des Kopfes erhalten, zwar keine Spur von Haar, aber deutlich erkennbar das eine Augenlid, das zweite mit einem runden Goldplättchen bedeckt, ein breiter Mund und 32 schöne Zähne. In leichter Schräglage war der Schädel mit dem Kinn auf die Rippen gepreßt; das ganze Skelett hatte unter dem Druck des Erdreichs nur noch eine Dicke von drei bis vier Zentimetern.

Schliemann zögerte. Was tun? Aus den Erfahrungen der letzten Tage wußte er ganz genau, daß auch dieses Skelett unter seinen Fingern zerfallen würde. Deshalb schickte er einen Boten nach Nauplia, Perikles solle kommen, der Maler, auf ihn warte ein lohnender Auftrag. Perikles Kommenos lebte vom Ikonenmalen und von gefälligen Landschaften in Öl, die er an Touristen verkaufte.

Eine Mumie? Für Geld, meinte Perikles, male er auch einen toten Maulwurf.

Als der Maler in Mykene eintraf, hatten die Ausgräber ein ganzes Bündel Bronzeschwerter, über hundert Goldknöpfe und mehrere Goldplatten zutage gefördert, ohne das Skelett zu berühren. Schliemann mahnte Perikles zur Eile, jeden Augenblick konnte die Mumie zerfallen. Aus Nauplia und den umliegenden Dörfern strömten Tausende herbei, um das Wunder zu betrachten, doch außer Ärzten und einem Drogisten ließ Schliemann niemanden vor.

Von den Ärzten wurde das Todesalter des Skeletts anhand des Zahnbefundes auf 35 Jahre geschätzt. Der Drogist versprach ein Konservierungsmittel. Er hieß Spiridon Nikolaon und kam aus Argos. Schliemann war jedes Mittel recht; denn wenn nichts geschah, würde die Mumie ebenso verloren sein wie die anderen. Aber Nikolaon hatte nicht zuviel vesprochen: Mit einer Lösung aus Alkohol und Sandarak, einem Zypressenharz, gelang es ihm, die Mumie zu fixieren. Doch die Hoffnung, nun den toten König aus heroischer Zeit einfach aufzuheben und abzutransportieren, trog. Zu stark waren die Knochen mit dem Untergrund verhaftet. Schliemann resignierte; denn die einzige Möglichkeit, die Mumie aus ihrem Grabe zu lösen, bestand darin, sie *mitsamt* ihrem felsigen Untergrund herauszuschneiden. Das konnte Tage, vielleicht sogar Wochen dauern.

Professor Phendikles mußte Heinrich Schliemann mühsam überreden, und der stimmte erst zu, nachdem jener versprochen hatte, die Archäologische Gesellschaft würde alle im Zusammenhang mit der Bergung der Mumie entstehenden Kosten übernehmen. Zunächst wurde rings um den Leichnam ein knietiefer Graben ausgehoben und von hier ein horizontaler Schnitt vorangetrieben, so daß der Tote auf einer fünf Zentimeter dicken Steinplatte lag. Die Steinmetze arbeiteten Tag und Nacht in Schichten, und nach einer Woche war das Werk von Erfolg gekrönt. Dicke Balken wurden unterlegt, und mit Hilfe zweier Flaschenzüge kam die Mumie nach dreieinhalb Jahrtausenden wieder ans Tageslicht.

Kaum war Heinrich Schliemann aus Mykene verschwunden, da tauchte Ernst Curtius in Charvati auf. Die Haare des 62jährigen waren weiß geworden, doch sein aufrechter Gang, der schlanke Körper, den er jeden Morgen mit Leibesübungen trainierte, machten einen durchaus jugendlichen Eindruck. Zu

Fuß stürmte er, vom Ephoros Stamatakis begleitet, den steinigen Weg zur Burg empor. Schon von weitem konnte man nun die Burgmauer und das wuchtige Löwentor erkennen.

Alle Zeitungen waren voll mit Berichten über Schliemanns mykenische Entdeckungen; dafür hatte der Ausgräber schon selbst gesorgt. Allein die Nachricht, daß man die Goldschätze im Keller der Nationalbank von Athen aufbewahrte, zu der nicht einmal der Entdecker Zutritt hatte, versetzte die halbe Welt in Aufregung.

»Natürlich«, meinte Curtius, während sie zur Burg emporstiegen, »natürlich ist Mykene ein dankbarer Boden als Ilion . . .«

»Sie zweifeln noch immer an der Entdeckung des alten Troja?«

Curtius blieb stehen und sah den Ephoros an: »Mit Verlaub, ja!«

»Und Sie sehen auch keine Zusammenhänge zwischen den Keramikfunden von hier und von Hissarlik?«

»Ich finde viel mehr Ähnlichkeit mit ähnlichen Keramikfunden auf Rhodos und Zypern.«

Curtius nickte respektvoll, als sie das Löwentor passierten, und dann tat sich zur Rechten das gewaltige Gräberrund auf, fünf nebeneinander in den felsigen Grund getriebene Schächte. Der Professor kannte die Stelle. Oft war er über die Schuttberge geklettert, die sich hier einst türmten. Seit seine eigenen Erfolge in Olympia im Wirbel um die Schätze von Mykene völlig untergingen, hatte seine Abneigung gegen Schliemann noch zugenommen, aber in diesem Augenblick empfand Curtius für den Rivalen ehrliche Bewunderung. Mochten seine Schlußfolgerungen gewagt oder falsch sein, dieser Mann hatte einen sechsten Sinn.

»Es scheint«, bemerkte Curtius, »als würde aus diesem Schliemann doch noch ein seriöser Ausgräber«, während er bewundernd die sauberen Ausgrabungen begutachtete. »Sie hatten oft Streit mit ihm, sagt man?«

»Anfangs ja«, erwiderte Panagios Stamatakis, »dann kam mir Professor Phendikles zu Hilfe. Seither hatten wir keine Probleme.«

Und als sie am Nachmittag den Burgberg hinabstiegen, meinte Curtius: »Ja, er ist schon ein Dickschädel, dieser Schliemann; aber ich glaube, nur ein Dickschädel wie er vermag diese Leistungen zu vollbringen!«

Ernst Curtius war Anfang Dezember nach Athen gereist. In Olympia gab es Schwierigkeiten. Hirschfeld und Boetticher hatten sich in dem stickigen Klima der Altis die Malaria geholt, so daß sie für zwei Monate ausfielen. Von Korfu, wo man sie gesund pflegte, kehrten beide nach Olympia zurück, aber der alte Boetticher war zu geschwächt, um die Strapazen der umfangreichen Ausgrabungen durchzustehen. Curtius schickte einen jungen Assistenten des Archäologischen Instituts in Athen, Dr. R. Weil, sowie Streichert und Steinbrecht, zwei Baumeister, zu Hirschfelds Unterstützung.

Zum ersten Mal wurde Curtius von seiner Frau Clara begleitet. Clara war eine temperamentvolle, äußerst gesellige Frau. Ganz im Gegensatz zu dem verschlossenen, zurückhaltenden Professor gelang es ihr in kürzester Zeit, Kontakt zu Menschen zu finden und auch in vornehmen Kreisen auf jede Steifheit zu verzichten. Begeistert wie ein junges Mädchen sprang sie auf der Akropolis von Athen über Säulentrommeln und Architrave und lauschte mit Interesse den Erklärungen ihres Mannes.

»Und hier«, sagte Ernst Curtius mit einer Handbewegung auf die Propyläen, »stand noch im vorigen Jahr ein hoher Turm aus venezianischer Zeit. Schliemann hat ihn abtragen lassen.«

Sie waren jetzt 23 Jahre verheiratet, und Clara erkannte allein aus dem Tonfall seiner Stimme, wie sehr sich Curtius ärgerte.

Clara lachte: »Ich glaube, dieser Schliemann verfolgt dich noch im Schlaf.«

Jetzt lachte auch der Professor: »Das nicht gerade, aber es ist in der Tat so: An diesem Schliemann kommt man einfach nicht vorbei.«

»Neidisch?«

»Dir kann ich es ja sagen: Ein bißchen schon. Aber nicht mehr lange.«

»Nicht mehr lange? Was meinst du, Ernst?«

»Ich meine, laß mich erst einmal Olympia ausgraben. Ruhm ist eine vergängliche Angelegenheit, er geht so schnell, wie er gekommen ist.«

Den Abend verbrachten Ernst und Clara Curtius in einer der zahllosen Tavernen am Fuße der Akropolis. Als es auf Mitternacht zuging, versuchte der Professor umständlich Claras übermütige Stimmung zu unterbrechen.

»Aber was hast du denn?« erkundigte sich Clara.

»Es ist«, begann Curtius verlegen, »wegen deines Geburtstages. Ich meine, du wirst doch morgen . . .«

»Du darfst es ruhig sagen, daß ich 46 werde!« unterbrach Clara, »und jeder soll es hören!«

»Nein«, erwiderte Curtius, »das ist es nicht. Weißt du, wenn wir jetzt zu Hause wären, dann hätte ich ein schönes Geschenk für dich erstanden und einen Strauß roter Nelken. Aber hier — na, du weißt ja, was in den letzten Tagen los war. Und deshalb« — der 62jährige fingerte ein gefaltetes Papier aus der Tasche seines Gehrockes, glättete es mit der Handkante und schob es Clara hinüber.

Die las. Erst mit den Augen, dann auch mit den Lippen, schließlich halblaut, weil sie wußte, daß niemand um sie herum ihre Worte verstehen konnte. Es war das schönste Geburtstagsgeschenk ihres Lebens:

An Clara Curtius
Zum Geburtstag in Athen, 7. Dezember 1876

Hab' ich heute leere Hände,
Kann ich doch vor Dir besteh'n,
Denn ich bring' als Festesspende
Einen Winter in Athen.

Lange hab' ich wohl gesäumet,
Niemals schien es rechte Zeit,
Endlich ist, was kühn geträumet,
Eine volle Wirklichkeit.

Und wir wandeln nun zusammen
Wo ich, fern vom Vaterland,
Einst erglüht in Jugendflammen
Meine zweite Heimat fand.

Um uns her in ernstem Zuge
Zieh'n sich Berg' und Inseln hin,
Jedes Bild zu höherm Fluge
Wecket es den innern Sinn.

Hier, so ruft es uns entgegen,
Ist ein jeder Schritt geweiht,
Und es grüßen allerwegen
Geister der Vergangenheit.

Hier, hier können wir es ahnen,
Was der Mensch erreichen kann,
Wenn sein Geist auf lichten Bahnen,
Frei von winterlichem Bann,

In das hohe Reich des Schönen,
Das uns fern zu Häupten schwebt,
Kräftig sich kann eingewöhnen
Und sich heimisch eingelebt.

Und so segne Gott in Gnaden,
Der durch Meer und Sturmesweh'n
Uns geführt auf sichern Pfaden,
Diesen Winter in Athen!

Da wischte Clara sich verstohlen eine Träne aus dem Auge.
»Ernst«, sagte sie, »vielleicht findet sich noch einmal in unserem Leben ein Anlaß, mir ein Gedicht zu schenken.« Curtius ergriff die Hand seiner Frau und sagte: »Gewiß, Clara, gewiß!«

»Sto onoma ton theón – bei allen Göttern, der Chef kommt!«
Wie ein Lauffeuer ging dieser Ruf durch die Altis. Und obwohl,
vielleicht aber auch gerade *weil* ihn die meisten noch nie zu
Gesicht bekommen hatten, flößte der Professor aus Berlin
Respekt ein. Curtius hatte Clara in Athen zurückgelassen und
reiste, wie sich das für einen so bedeutenden Deutschen
gehörte, in einem Kanonenboot der deutschen Marine. Hirschfeld und die neuen Assistenten erwarteten den Professor in
Pyrgos am Kai, und der Ephoros hielt eine feierliche An-
sprache.

Ein bißchen wunderte es den Professor schon, daß die Ausgräber just bei seiner Ankunft in Olympia zwei marmorne Köpfe
aus dem Erdreich bargen, noch dazu einen vom Ostgiebel und
einen vom Westgiebel des Tempels; aber solcher Schabernack
war damals üblich. Den dritten Napoleon ließ man bei seinem
ersten Ägyptenbesuch sogar über eine Mumie im Sand stol-
pern, damit Majestät ein Erfolgserlebnis hatte. Curtius amü-
sierte sich, ließ sich jedoch nichts anmerken und schrieb
seinem Bruder Georg, »zwei sehr merkwürdige Köpfe« habe
man bei seiner Ankunft gefunden.

Unter dem Eindruck der Grabungen von Mykene ging dem
Professor das alles viel zu langsam. »Wenn das so weitergeht«,
meinte er trocken, »buddeln wir noch in hundert Jahren«, und
er charterte als erstes Pferdekarren zum Abtransport des Erdreichs. Das beschleunigte die Arbeiten ungemein; dann stellte
Curtius neue Arbeitspläne auf. Zunächst sollte der Zeus-Tempel restlos freigelegt, danach die Suche nach weiteren Giebelfiguren fortgesetzt werden. Konkret bedeutete das, man mußte
einen dreißig Meter breiten und drei bis fünf Meter tiefen
Graben an der Ost- und Westfront des Tempels ziehen.

Curtius fungierte wie ein Patron bei den Grabungen, gab
Anweisungen und Ratschläge und zog immer wieder Pausanias' Olympia-Beschreibung aus der Tasche, um den historischen Bericht mit den Ergebnissen der Ausgrabungen zu vergleichen. So tauchten an der Ostseite innerhalb weniger Tage
Bruchstücke von zwei Pferdegespannen auf, jedes eine Qua-

driga, eine Statue, die dem Pelops zugeschrieben werden konnte, und eine kolossale Zeus-Figur, von den Ausmaßen her unzweifelhaft der dominierende Mittelpunkt des Giebelfrieses, dessen Existenz auch Pausanias bestätigte.

Die einzelnen Fragmente wurden hinter dem Grabungshaus ausgelegt, und Professor Curtius versuchte mit Hirschfelds Unterstützung ein System in das überdimensionale Puzzle zu bringen. Zeus als Mittelfigur stand zweifelsfrei fest. Zur Rechten, sagt Pausanias, habe Oinomaos sich befunden »mit einem Helm auf dem Kopf«; aber jener Skulptur, die sie als die des Oinomaos erachteten, fehlte der Kopf. Pelops, angeblich links von Zeus, war inzwischen vorhanden, sogar mit Kopf, auch Hippodameia neben ihm, dann ein kniender Mann, den Pausanias nicht erwähnte, und der liegende Flußgott Kladeos paßte überhaupt nicht in das System.

»Vermutlich haben wir uns geirrt«, sagte Curtius, »nur weil die einzelnen Bruchstücke nahe beieinander lagen, müssen nicht alle zusammengehören!«

Hirschfeld nickte. »Allerdings« – er machte eine lange Pause – »wenn man sich die einzelnen Fragmente so ansieht, dann sind sie doch unzweifelhaft das Werk eines einzigen Künstlers. Oder was meinen Sie, Professor Curtius?«

»Da haben Sie zweifellos recht, Hirschfeld. Das würde bedeuten . . .«

». . . daß Pausanias seine Beschreibung nicht an Ort und Stelle verfaßt hat, sondern vielleicht später aus der Erinnerung.«

Doch in den folgenden Tagen entdeckten die Ausgräber an der Ostseite ein bronzenes Ohr, das Horn eines Stiers und 32 Meter östlich der Nordostecke des Zeus-Tempels die Basis, auf der jener Stier einst gestanden und die Pausanias als Weihegeschenk der Eretrier und Werk des Philesios beschrieben hatte. Der bronzene Stier blieb trotz intensiver Suche verschwunden, er war wohl bei der Zerstörung Olympias von Metallräubern erbeutet worden. Aber noch weitere Statuensockel, die Pausanias zum Teil erwähnte, stimmten mit der Beschreibung nicht überein, und die Ausgräber zerbrachen sich die Köpfe, warum Pausanias bei der Rekonstruktion des Giebelfeldes unbrauchbar war.

Anfang Februar hatte Hirschfeld den zündenden Einfall: Vielleicht war Pausanias bei seinen Richtungsangaben links und rechts nicht vom Betrachter am Fuße des Tempels ausgegangen, sondern von der Zeus-Statue, und der elische König Oinomaos stand demnach zur Linken des Zeus, während Pelops, Hippodameia und die übrigen rechts anzuordnen waren. Das Puzzlespiel begann von neuem. Und siehe da – die einzelnen Teile der Giebelfiguren ließen sich nun in ein eigenes System einfügen.

Curtius kehrte in das Archäologische Institut nach Athen zurück, wo er sich mit einem Stadtplan des alten Athen beschäftigte, und reiste im Frühjahr nach Berlin. In Olympia aber verging nun kein Tag, an dem der Boden nicht irgendeinen Fund preisgab. Die Giebelfiguren wuchsen Glied um Glied zusammen, wie sie vor mehr als zweitausend Jahren geschaffen worden waren. Und wenngleich keine einzige Säule des Zeus-Tempels mehr aufrecht stand, so konnte man sich ganz allmählich ein Bild von dem grandiosen Bauwerk machen.

In etwa so groß wie der Parthenon auf der Akropolis von Athen muß der Zeus-Tempel von Olympia gewesen sein, jedoch noch wuchtiger in den Proportionen. Sechs Säulen stützten die Giebelseiten, die Längsseiten wurden von je 13 Säulen getragen. An der Südseite fand man die Säulen noch so, wie sie bei der Erdbebenkatastrophe im 6. Jahrhundert gestürzt waren. Der Eingang lag im Osten und führte über eine schräge Rampe. Hinter der Vorhalle tat sich der Hauptraum auf. Doppelstöckige Säulen teilten das Innere in ein Haupt- und zwei schmale Seitenschiffe.

In diesem Hauptschiff erhob sich, den Raum in Höhe und Breite vollkommen ausfüllend, das berühmteste Bildwerk des Altertums, der Zeus des Phidias. Der Sockel, oder besser die Einlassung *für* den Sockel, wurde von den Ausgräbern freigelegt. Doch das war alles, was von dem Weltwunder die Zeiten überdauert hatte, eine Vertiefung, 6,65 Meter breit und

9,67 Meter tief. Es deutete an, wie groß der Koloß gewesen sein mag. Die Archäologen errechneten 12,40 Meter.

Ernst Curtius hatte prophezeit, man würde kaum einen Teil der Zeus-Statue finden, der Professor sollte recht behalten. Denn der unschätzbar wertvolle Koloß war aus Gold und Elfenbein gefertigt. Und so bestätigte die Tempelausgrabung in diesem Fall nur die Größenangaben, die der hellenistische Dichter Kallimachos im 3. Jahrhundert vor Christus über das Götterbild des Phidias gemacht hatte. Es gibt Münzen der Stadt Elis aus hadrianischer Zeit, die den Zeus von Olympia zeigen, doch im Detail ist die Beschreibung des Pausanias trotz vieler Unklarheiten noch immer die detaillierteste:

»Der Gott«, so berichtete der griechische Reiseschriftsteller um 180 nach Christus, »sitzt auf einem Thron und ist aus Gold und Elfenbein gemacht, und ein Kranz liegt auf seinem Haupt in Form von Ölbaumzweigen. In der Rechten trägt er eine Nike-Statue, ebenfalls aus Elfenbein und Gold, die ein Band hält und auf dem Kopf einen Kranz hat. In der linken Hand des Gottes befindet sich ein Zepter, mit lauter Metalleinlagen verziert. Der Vogel, der auf dem Zepter sitzt, ist der Adler. Aus Gold sind auch die Sandalen des Gottes und sein Gewand ebenso; an dem Gewand sind Figuren und Lilien angebracht. Der Thron ist in abwechslungsreicher Arbeit aus Gold und Steinen und Ebenholz und Elfenbein . . .«

Gustav Hirschfeld und seine Männer überlegten damals, wo wohl das Atelier gewesen sein könnte, in dem Phidias dieses Wunderwerk schuf. Aber auch Pausanias, der die Werkstätte unweit des Leonidaions erwähnte, half diesmal nicht weiter. Denn wo war das Leonidaion? Dieser Gebäudekomplex diente vermutlich der Unterkunft prominenter Festspielbesucher und wurde nach seinem Erbauer, dem Architekten Leonidas von Naxos, benannt.

Um sich neu zu orientieren, zogen die Ausgräber vom Zeus-Tempel sternförmig vier Suchgräben nach Westen und Norden, zum Kladeos-Fluß und zum Kronos-Hügel. Im Westen stießen sie auf die Reste einer byzantinischen Kirche, die schon

Der Zeus des Phidias in Olympia auf einer Münze aus Elis.

von der französischen Expedition untersucht worden war. Wer mag es den Archäologen verdenken, daß dieser Bau bei ihnen zunächst überhaupt kein Interesse fand? Sie ließen ihn liegen, ohne zu ahnen, daß gerade *unter* dieser alten Kirche die legendäre Werkstatt des Phidias versteckt lag.

Anders die zweite Entdeckung: Hier gab die Erde von Olympia ein dorisches Säulenkapitell frei. Pausanias hatte den ältesten Tempel der Altis folgendermaßen beschrieben: »Die Bauweise ist dorisch, und es stehen Säulen ganz um ihn herum. Eine der Säulen ist aus Eichenholz. Die Länge des Tempels beträgt 63 Fuß.« Gemeint war der Tempel der Hera.

8. Mai 1877: Stickige Luft und Stechmücken machten den Ausgräbern arg zu schaffen. Eine Gruppe von 60 Arbeitern versuchte die Stelle, wo der Suchgraben auf die Tempelstufen gestoßen war, auszuweiten. Die restlichen hundert räumten von Westen her die Tempelterrasse ab. Gustav Hirschfeld vermutete hier auf dem Grund des Tempels reichliche Funde; denn der Hera-Tempel muß vollgestopft mit Statuen gewesen sein. Pausanias sah hier noch ein Kultbild des Zeus und der Hera, eine Statue der Themis und ihrer Töchter, der Horen, die fünf Hesperiden, eine Athene des Spartaners Medon, eine Kore, Demeter und Artemis und einen Apollon, eine Leto, Tyche und eine geflügelte Nike, einen Dionysos,

einen Hermes, den der große Praxiteles schuf, und eine bronzene Aphrodite des Kleon und noch viele andere Statuen.

Hirschfeld stand unter einem gnadenlosen Erfolgszwang. Außer einer römischen Marmorstatue hatten die vergangenen Wochen, die in der Hauptsache mit der Freilegung des Zeus-Tempels vergangen waren, kaum sichtbare Erfolge gebracht, und Curtius, der die wöchentlichen Berichte kritisch prüfte, vermißte »schmerzlich größere Skulpturenfunde und umfänglichere Inschriften«. Daß Curtius auf einmal beinahe wie Schliemann drängte, hatte seinen Grund: Der Reichstag mußte den neuen Etat für die nächste Grabungssaison bewilligen, und die Stimmung gegen die Ausgrabungen, die immer umfangreicher und immer unergiebiger zu werden schienen, war nicht gerade gut.

»Da ist etwas, sieht aus wie eine Statue!« Das war Weils Stimme. Hirschfeld kam gelaufen. Nur ein paar Schritte von hier hatten sie bereits eine römische Statue gefunden. Hirschfeld drängte die Arbeiter beiseite, die einen dichten Ring um das Erdloch zwischen der zweiten und dritten Innensäule rechts bildeten: Ein Torso, eine männliche Figur ohne Arme, aber mit Kopf, die Beine nur bis zu den Knien, auf dem Gesicht liegend, und daneben ein Gewandteil.

»Vorsichtig freischaufeln!« kommandierte Hirschfeld aufgeregt. »Wir brauchen Seile!«

Noch ahnte niemand, welch kostbares Stück sie da an die Leinen nahmen. »En, dyo, en, dyo« — eins, zwei, eins, zwei! schallten die Anfeuerungsrufe der Grabungsarbeiter, und auf einmal löste sich die marmorne Skulptur von ihrem Untergrund, schürfte für Augenblicke an dem sandigen Kraterrand entlang und kippte oben angelangt plötzlich um, so daß die Statue auf dem Rücken zu liegen kam: Ein nackter Mann in klassischer Pose. Man hätte ihn für einen Apollon halten können; aber dann befreiten die Archäologen den unförmig verklebten Klumpen von Erde, Schutt und Staub, und jetzt sahen sie, daß zwar der rechte Oberarm abgebrochen war, der linke Arm hingegen war nur angewinkelt. Mehr noch: Er trug ein kleines Kind, dessen Kopf fehlte. Und wie ein Blitzschlag traf Hirschfeld der nüchterne Satz des Pausanias, der in seiner Beschreibung des Hera-Tempels berichtete: »Später stellte man auch andere Statuen im Heraion auf, einen Hermes aus Marmor, er trägt den noch unmündigen Dionysos und ist ein Werk des Praxiteles.«

Praxiteles! Der Bildhauer zählte zu den bedeutendsten Künstlern des Altertums. Er war so berühmt und so teuer, daß er schon in alter Zeit gefälscht wurde, was jedoch äußerst schwierig war, weil keiner die Oberfläche des Marmors so sensibel behandelte wie er. Nur einige wenige Male wurde er diesem Material untreu, etwa als er seine Geliebte, die schöne Hetäre Phryne, in Gold modellierte − auf Bronzeuntergrund. Diese Statue stand einst als Weihegeschenk in Delphi. Sie ist verschollen. Aber dieser Hermes des Praxiteles, das war und blieb bis heute die einzige Skulptur eines klassischen Künstlers, deren Urheberschaft gesichert ist. Alle übrigen Statuen wurden den Künstlern aufgrund stilistischer Eigenarten und typischer Merkmale in neuerer Zeit zugeschrieben.

Noch am selben Tag machte Gustav Hirschfeld Meldung:
»An das Direktorium der Ausgrabungen zu Olympia in Berlin. Um das erfreulichste und wichtigste Resultat dieser Tage gleich vorwegzunehmen: Mit Sicherheit haben wir das alte Heraion, den zweitgrößten Tempel Olympias, in anscheinend sehr bedeutenden Resten befunden. Ein statuarischer Fund innerhalb der Cella hob die Benennung als Heraion über alle Zweifel. Hier fand man nämlich, wenig westlich von der im vorigen Bericht beschriebenen Römerin, eine Statue aus parischem Marmor, ebenfalls auf dem Gesicht liegend, wie sie gefallen war, und in zahllose starke Ziegelfragmente gleichsam fest eingebettet einen jugendlichen Hermes, noch fehlen ihm die Beine unterhalb der Knie und der rechte erhobene Arm . . . Die Erhaltung der Oberfläche ist vorzüglich, die Hinterseite vernachlässigt. Der Kopf, besonders im Profil, von großer Schönheit und Anmut, die tiefen Augen rufen praxitelische Werke in Erinnerung. Die Haare auffallend vernachlässigt, wirr, vielfach

durchbohrt, oben ganz roh. Die Ausführung des Körpers ist ungleich, die Beine sehr schön, die Formen im allgemeinen weicher, als man bei Hermes erwarten würde. In der erhobenen Rechten mag er eine Taube gehalten haben, denn es ist klar, daß wir einen Hermes mit dem kleinen Dionysos vor uns haben.«

Nachzutragen bleibt, der rechte Arm blieb verschollen. Basis und Beine der Skulptur wurden wenige Tage später gefunden.

V. Das Weltwunder

Pergamon ist jetzt in aller Munde.
Man schwelgt in dieser unabsehlichen Masse von Originalen
und fühlt sich auf einmal London ebenbürtig. Ein ganzes
Stück alter Kunstgeschichte ist neu erobert.

Ernst Curtius

Alles steht in Frage, wenn Sie nicht mehr persönlich dafür eintreten! Das Ministerium würde seine Geneigtheit und sein Vertrauen zunächst doch nur *Ihnen ganz persönlich* schenken!«

Mit eindringlichen Worten versuchte Museumsdirektor Alexander Conze den zweifelnden Ingenieur Carl Humann umzustimmen, er möge den Direktorenposten einer Salzbergwerksgesellschaft in der Türkei ausschlagen. Humann überlegte wochenlang: Als Direktor hätte er ausgesorgt, und Louise, seine Frau, drängte, er solle endlich aufhören, seine Zeit mit den Trümmern der Vergangenheit zu verbringen.

Aber da war dieser Burgberg von Pergamon, dieser steinige, staubige, von dornigem Gestrüpp überwucherte Hügel, der Humann in seinem Bann hielt. Alle Welt redete jetzt von Schliemann und Curtius, den erfolgreichen Entdeckern; Aber wer kannte Humann? Dabei hatten weder Curtius noch Schliemann bisher einen einzigen Antikenfund für das Berliner Museum geliefert. Er, Humann, hingegen schickte seit sieben Jahren kistenweise Ausgrabungen nach Berlin. Erst vor kurzem hatte er nicht weniger als 30 Skulpturen legal in Ephesos erworben und nach Deutschland verfrachtet.

Carl Humann schlug den lukrativen Direktorenposten aus, handelte weiter in Schmirgel und mühte sich um Unterstützung für die Ausgrabungen von Pergamon. Die Vorbereitungen für dieses Projekt, die weit weniger aufwendig als die Grabungen in Olympia waren, liefen unter Ausschluß der Öffentlichkeit ab. Der bescheidene Etat, um den Humann ansuchte, mußte von keinem Reichstag genehmigt werden. Humann hatte folgende Rechnung aufgemacht: eine Versuchsgrabung von 25 Tagen mit 20 Arbeitern = 800 Mark; ein Aufseher 100 Mark; Werkzeuge 500 Mark; Hin- und Herreise zwischen Smyrna und Bergama 100 Mark; Hausmiete, Installation etc. 200 Mark. Er selbst bat um eine Entschädigung von 1000 Mark. Das waren samt einem Zuschlag von 300 Mark für Unvorhergesehenes, 3000 Mark.

Der alte Kultusminister Adalbert Falk stimmte großmütig zu, und sein Vortragender Rat Dr. Richard Schöne entwarf eine Ministerialvorlage an den Kronprinzen des Deutschen Reiches, er möge sich bei der Hohen Pforte in Konstantinopel um eine Grabungserlaubnis bemühen. Jene Vorlage begann mit dem Satz: »Euerer Kaiserlichen und Königlichen Hoheit verfehle ich nicht, anbei Abschrift eines Antrages des Directors der Sammlung der Sculpturen und Gypsabgüsse Dr. Conze sowie eines aus Anlass desselben an den Reichskanzler gerichteten Schreibens und eines dem Conze ertheilten Bescheids zu gnädigster Kenntnisnahme ehrerbietig zu überreichen . . .«

Mit der Bewilligung des genannten Etats verband Conze jedoch den wohlmeinenden Rat, die geplante Sondierung des Athene-Tempels auf dem Burgberg von Bergama fallenzulassen und lieber »die Nachsuchung nach jenen anderen Bruchstücken der Hochreliefs« ins Auge zu fassen. In einem Brief vom 1. Juli 1878 wurde Conze deutlich: »Eins muß ich doch noch melden. Eine hier umlaufende Combination scheint mir sehr stichhaltig, daß nämlich unsere Fragmente doch am meisten auf ein Colossal-Relief eines Gigantenkampfes deuten, Teil einer ara marmorea magna, altapedes quadraginta, cum maximis sculpturibus (eines großen Marmoraltars, vierzig Fuß hoch, mit riesigen Skulpturen), von der mit diesen Worten bei dem zwar nicht allzu glaubwürdigen Ampelius in seiner Schrift ›de miraculis mundi‹ in § 14 mit diesen Worten die Rede ist, und zwar mit der weiteren Angabe: continet autem gigantomachiam (sie enthält aber eine Gigantenschlacht). Es würde dies insofern beim Nachgraben auch zu beachten sein, ob man nicht vielmehr nach dem Platz dieser gewiß unter freiem Himmel befindlichen Ara als nach einem Standort der Reliefs in oder an einem Tempel zu suchen hätte.«

Humann sprang auf. Am liebsten wäre er gleich nach Bergama aufgebrochen. »Louise!« rief er immer wieder, »Louise, ich werde ein Weltwunder entdecken, ein richtiges Weltwunder, hörst du?«

Louise wußte, daß es keinen Sinn hatte, den Enthusiasmus ihres Mannes zu dämpfen. Er hatte nun einmal sein pergamenisches Leiden, wie er es nannte, und das war unheilbar.

»Bis jetzt hast du noch nicht einmal eine Genehmigung!« bemerkte Louise zurückhaltend.

Humann wurde ärgerlich: »Ach was! Ich habe jahrelang in Bergama gegraben, und niemand hat mich nach einer Genehmigung gefragt. Die Leute glaubten, der ganze Berg gehört mir.«

»Ich weiß, ich weiß; doch nun ist hinreichend bekannt, daß die türkische Regierung der Grundbesitzer in Bergama ist.«

»Das verdanken wir nur diesem Schliemann. Seit seinem Troja-Abenteuer sehen die in jedem Archäologen einen Schatzgräber.«

»Und du?« lachte Louise, »bist du nicht auch so ein Schatzgräber?«

»Für die Türken habe ich doch nur ein paar Tonnen wertloses Gestein nach Berlin verfrachtet. Mehr nicht. Und ganz legal. Was Schliemann nicht von sich behaupten konnte.«

Louise war eine sparsame Frau, und sie wußte, daß Carl sein letztes Hemd für die Pergamon-Ausgrabungen geben würde. Deshalb bat sie ihren Mann, keinen Finger zu rühren, bevor die bewilligte Summe angewiesen sei.

»Keine Sorge!« versuchte Humann seine Frau zu beruhigen, »man hat Konsul Tettenborn bereits 2700 Mark zugeteilt. Ich brauche das Geld nur abzuholen.«

Louise blickte ungläubig.

Auf den Namen Konsul Tettenborn, den Vertreter des Deutschen Reiches in Smyrna, lautete schließlich auch die Grabungskonzession, die der türkische Unterrichtsminister Munif Pascha am 6. August unterzeichnete. Dauer der Grabungserlaubnis: ein Jahr. Bedingungen: Der Ausgräber muß sich den Bestimmungen des türkischen Antikengesetzes unterwerfen. Er trägt auch die Kosten für den aufsichtsführenden Beamten, der ihm von der türkischen Museumsverwaltung oder den lokalen Behörden zugeordnet wird. Der Ausgräber übernimmt alle Kosten der Ausgrabungen. Aufgedeckte Baudenkmäler darf er weder ganz noch teilweise beschädigen; Funde müssen in ein Register eingetragen werden, das einmal pro Monat der Museumsverwaltung einzureichen ist. Und schließlich müssen alle Funde sicher verwahrt werden, bis die Teilung nach dem Maßstab ein Drittel für den Ausgräber, ein Drittel für den Grundeigentümer und ein Drittel für den türkischen Staat erfolgt ist.

Im Vergleich zu der Grabungskonzession von Olympia war das ein guter Vertrag, verglichen mit Schliemanns Troja-Grabungen war es jedoch ein schlechter Vertrag. Denn da der Staat in Bergama auch Grundeigentümer war, gehörten ihm von vornherein zwei Drittel aller Funde. Bismarck murrte, als Kultusminister Falk ihm das Vertragswerk vorlegte, und wies seinen Botschafter in Konstantinopel an, neu zu verhandeln und die Hälfte aller Funde sicherzustellen.

Von diesen Querelen wußte Humann nichts. Konsul Tettenborn händigte ihm einen Scheck über 2700 Mark aus, und er löste ihn auf der Banque Ottomane von Smyrna gegen 143,48 türkische Pfund ein. »Und nun Glückauf!« schrieb Conze aus Berlin.

Humann nahm am 5. September den Dampfer, der jeden Donnerstag nach Dikeli fuhr. Schon frühmorgens stand ein gutes Dutzend Kisten am Kai mit Werkzeug, Winden, Ketten, Schienen, Zangen, Hacken, Schaufeln, Schubkarren und Hebestangen, die er auf Vermittlung eines deutschen Ingenieurs gebraucht bei der Smyrna-Cashba-Eisenbahngesellschaft erstanden hatte. Statt eines Vorarbeiters hatte Humann zwei Marmorarbeiter aus Tinos angeheuert. Sie verstanden, mit größeren Blöcken umzugehen und bearbeitete Steine richtig zu behandeln. Zum respektablen Tageslohn von viereinhalb Francs. In der Nacht vor der Abreise gab es noch Schwierigkeiten, weil der zur Aufsicht bestimmte Kommissar in letzter Minute absagte und Humann keine andere Vertrauensperson als den früheren Kamaikam von Halikarnaß, Ali Riza Bey, auftreiben konnte. Riza Bey verlangte zwar ein Gehalt von 1400 Piaster Papiergeld, etwa hundert Mark; aber dafür war Ali ein — wie Humann bemerkte — alter, behäbiger Herr, dessen ganzes Verständnis für Altertümer sich auf einen etwa zu findenden Topf voll Gold konzentrierte. Und schließlich wurde Humann noch von seinem Diener begleitet, der, weil Louise in Smyrna zurückblieb, sich um Essen, Kleidung und Hausstand kümmern sollte.

Gegen Mittag am folgenden Tag ankerte der Postdampfer vor Dikeli, und die schweren Kisten mußten, weil der Ort keinen natürlichen Hafen hatte, auf kleine Barken, manchmal zwei zusammengebunden, verladen werden. Glücklich gelandet, suchte Carl Humann einen ganzen Tag nach Kamelen, die das kostbare Ladegut in das 27 Kilometer entfernte Bergama schafften. Und auf Vermittlung des Landrats und mit großen Piasternoten winkend, fand er endlich fünf dürre Dromedare, die das Material aufnahmen — bis auf vier Eisenbahnschienen. Sechs Jahre war Humann nicht mehr in Bergama gewesen; aber bei seinem Eintreffen wurde er begrüßt wie ein verlorener Sohn. Die Männer, denen er einst Arbeit gegeben hatte, brachten ihm zu essen und Geschenke, und Elia Kondopoulo, sein ehemaliger Hausherr, bot ihm seine Wohnung an, bis er etwas Passendes gefunden habe. Für umgerechnet 20 Mark Miete fand Humann schließlich ein kleines Häuschen mit zwei Zimmern, Küche und Vorhof, und es dauerte keine Stunde, um es mit dem mitgebrachten Mobiliar, Feldbett, Klapptisch, zwei Feldstühlen und der Feldküche einzurichten.

Sonntagmorgen. Noch bevor die große Hitze aufkam, stieg Carl Humann den Burgberg hinan, mutterseelenallein, nachdenklich, voll drängender Erwartung. Und da war es wieder, jenes unsagbar zwingende Gefühl, jene magische Anziehungskraft! Der steinige Hügel von Pergamon bot bei Gott keinen einladenden Anblick: Trümmersteine, Sand und feiner Staub, der unter jedem Tritt aufstob, dazwischen karge Reste von Rasen, knorriges Gestrüpp. Nichts hatte sich verändert.

In halber Höhe des Berges erreichte Humann die große Mauer, jenes rätselhafte Ungetüm, das, daran konnte kein Zweifel mehr bestehen, aus Trümmern älterer Bauwerke errichtet worden war. Am westlichen Abhang, wo es begann, war das Monument stellenweise fünf bis sechs Meter dick und lief 80 Meter nach Südosten, nur von einem Durchgang der alten Straße unterbrochen. Dann machte die Mauer einen rechten Winkel und verschwand nach 110 Metern unter dem Schutt. Sie war nicht hoch, nur ein bis drei Meter an der Außenseite, und an der Bergseite reichten Schutt und Erdreich ohnehin bis zur Oberkante.

Die flache Hand zum Schutz vor der Sonne über die Augen haltend, stand Humann da und fixierte die Mauer, als wollte er durch sie hindurchsehen. Aber je länger sein Blick auf den fugenlos vermörtelten Steinen ruhte, je länger er über den Sinn dieses Steinwalles nachdachte, desto hilfloser fühlte sich der Ausgräber vor diesem Ungetüm.

Humann floh vor der Mittagsglut in seine Behausung, warf sich auf das harte Feldbett und starrte an die hölzerne Decke, aber er sah nur die Mauer. Byzantiner sollen sie als Schutzwall vor islamischen Kriegern errichtet haben, daher ihre Bezeichnung »byzantinische Mauer«. Zu Beginn des 8. Jahrhunderts eroberten Araber die Stadt und richteten unter den christlichen Einwohnern ein furchtbares Blutbad an. Doch die Byzantiner eroberten ihre alte Festung zurück, bauten auf dem Burgberg

ein Kastell und errichteten jenen unförmigen Verteidigungs-
wall, der standhielt, bis 1345 die Türken kamen.

Wenn dieses Weltwunder, der Große Zeus-Altar, wirklich
existierte, wie der kaum bekannte spätrömische Schriftsteller
Ampelius berichtete, und wenn er erst von den Byzantinern
niedergerissen wurde, um Baumaterial zu gewinnen, dann – so
überlegte Carl Humann –, dann müßte der *ganze* Altar in der
Mauer verbaut worden sein. Jedenfalls schien es unwahrscheinlich, daß die Byzantiner das Gestein anderer Bauwerke hinzugezogen hätten, die weiter entfernt lagen. Gewiß, es gab viele
hellenistische Bauten auf dem Burgberg von Pergamon, aber
deuteten nicht die in der Mauer verbauten Säulenstümpfe
darauf hin, daß es den Byzantinern nicht auf Schönheit, sondern auf Schnelligkeit ankam?

Damit aber wuchs die Wahrscheinlichkeit, daß die Einzelteile
des Altars ziemlich komplett in der Mauer konserviert waren.
Beim Zeus! Humann wagte nicht daran zu glauben. Nicht
Schliemann, nicht Curtius war es bisher gelungen, ein beinahe
vollständig erhaltenes griechisches Bauwerk freizulegen. Nein,
er verdrängte den Gedanken. Pergamon hatte eine zu wechselvolle Geschichte, und gewiß war der Burgberg schon *vor* den
Araber- und Türkeneinfällen von Ruinen übersät, oder man
hatte die Ruinen bereits wieder nutzbar gemacht.

Pergamon war die Stadt des Hellenismus, die Stadt der Attaliden. Die Diadochenkämpfe nach dem Tode Alexanders des
Großen teilten das neugeschaffene Weltreich in mehrere Nach-
folgerstaaten auf. Einer dieser Diadochenstaaten wurde von
König Lysimachos beherrscht, einem Offizier und Leibwächter
des großen Alexander. Lysimachos war König von Thrakien
und einem Teil Kleinasiens, und auf der Burg von Pergamon
residierte sein Statthalter Philetairos, der Sohn des Attalos aus
Makedonien und der Boa aus Tios. Der Eunuch Philetairos und
der thrakische König gerieten damals in Konflikt, es gab
Familienstreitigkeiten am Hofe, und dabei schlug sich der
resolute Statthalter von Pergamon bedenkenlos auf seiten eines
anderen Diadochen, des Königs Seleukos, der im benachbarten

Syrien regierte. Unter dessen Oberhoheit schuf Philetairos ein kleines, aber weitgehend selbständiges Reich mit der Bergfestung Pergamon als zentralem Mittelpunkt, prägte Münzen mit dem Bild des Seleukos und mit seinem eigenen Namen und adoptierte schließlich seinen Neffen Attalos. Doch der starb wohl noch vor seinem Adoptivvater, und nicht *er* trat die Nachfolge des Philetairos an, sondern Eumenes, ein weiterer Adoptivsohn. Fortan hießen die Herrscher des Kleinstaates Pergamon entweder Attalos oder Eumenes, und ihr Einfluß wuchs ständig. Von einer Oberhoheit der Seuleukiden konnte bald nicht mehr die Rede sein. Eumenes I. besiegte 261 v. Chr. König Antiochos I. bei Sardos und vergrößerte damit das Reich. Der Königstitel nahm erst Attalos I. 241 v. Chr. an. Sein Nachfolger Eumenes II. machte Pergamon zur blühenden Königsstadt, von der aus ganz Kleinasien mit Ausnahme von Karien und Lykien und den freien Griechenstädten der Westküste beherrscht wurde.

Von seinen siegreichen Eroberungen brachte Eumenes II. so viele Sklaven mit, daß er genügend Getreide produzieren konnte, um das griechische Mutterland mitzuversorgen. Großzügige Bauten veränderten das Gesicht Pergamons: Die Stadt wurde mit einer neuen Mauer umgeben. Um das zentrale Athene-Heiligtum herum wuchsen Säulen und Paläste, sogar eine riesige Bibliothek gab es, beinahe so groß wie die weltberühmte von Alexandria. Und weil die Pergamener die Bücherrollen nicht mehr aus Papyros herstellten, sondern aus gegerbter Ziegen- oder Kalbshaut – was viel haltbarer war –, nannte man dieses neue Schreibmaterial »Pergament«

Der Glanz der Attalidenherrschaft war nur von kurzer Dauer, ein Sklavenaufstand in Pergamon läutete das Ende ein, und der letzte autarke Herrscher, Attalos III., übereignete sein Reich nach fünfjähriger Regierung dem römischen Senat.

Carl Humann konnte keine Ruhe finden. Ihn quälten tausend Fragen: Gab es diesen monumentalen Altar wirklich? Welcher Attalidenherrscher mochte ihn errichtet haben? Warum? Wie mochte er wohl ausgesehen haben? Wo war sein Standort?

Konnte er in vier Wochen überhaupt nur eine dieser Fragen beantworten? Vielleicht war alles ein Hirngespinst? Wo sollte er beginnen? Vielleicht hatte er sich da in etwas verrannt, das mit einer großen Blamage enden würde?

Am anderen Tag, es war Sonntag, stieg Humann in aller Frühe wieder den steilen Burgberg hinauf, obwohl er genau wußte, daß diese Exkursion ihn nicht in die Lage versetzen würde, auch nur *eine* der bohrenden Fragen zu beantworten. Um wenigstens irgend etwas zu tun, nahm er den Höhenmesser mit, das wichtigste Instrument des ehemaligen Straßenbauingenieurs, und am Durchlaß der byzantinischen Mauer angelangt, registrierte er 248 Meter Seehöhe. Dann stieg er weiter durch wildes Dornengestrüpp, über endlosen Schutt zur oberen Mauer der Akropolis, notierte dort 274 Meter Seehöhe und begutachtete das mächtige Befestigungswerk, das die Türken auf alten Fundamenten errichtet hatten, unterbrochen von Türmen, die bis zu fünfzehn Meter hoch ragten. An manchen Stellen war die obere Mauer eingestürzt, schlecht gebaut, fraglos aus altem Baumaterial. Einige der Quader ließen verwaschene Inschriften erkennen. Welches Geheimnis mochte *diese* Mauer in sich verbergen?

Humann kletterte weiter über rätselhafte Fundamente und verbaute Granitsäulen und erreichte auf dem Burgplateau einen riesigen Trümmerhaufen, unter dem man die Reste des Tempels der Athena Polias vermutete, der Schutzgöttin von Pergamon. Nichts war geblieben von den Säulentrommeln und Fundamenten, die Humann noch vor sechs Jahren hier gesehen hatte. Das einzige Weiß in dem öden Grau drei korinthische Kapitelle, aber deutlich erkennbar hier und da hervorlugend der massive Unterbau aus Trachitquadern. Vielversprechend schien es nicht, hier zu graben.

Nackter Fels ragte nordöstlich dieses Tempelfeldes aus dem Boden. Dies war der höchste Punkt der Akropolis, und hier mußte der Königspalast gestanden haben. Erdbeben, Zerstörungswut und Gewinnsucht hatten vollendete Arbeit geleistet, und der fremde Besucher fragte sich, wie dieser Palast wohl ausgesehen haben mochte und ob die kargen Reste genügten, sein Äußeres jemals zu rekonstruieren. Mutlosigkeit erfaßte Humann, Bedenken, die Aufgabe, die er sich selbst gestellt hatte, in einem einzigen Leben überhaupt lösen zu können.

Hinter der Bergkuppe verlief eine türkische Mauer hinab zu einer dreieckigen Terrasse, die mit trockenem Rasen bewachsen war, eine Oase zwischen Trümmern und Schutt, weshalb die Einheimischen den Flecken Garten der Königin nannten. Welcher Königin?

Jeder Schritt, das wurde bei dem einsamen Spaziergang deutlich, warf hier eine neue Frage auf. Während Humann wie eine Bergziege die schräg abfallende Terrassenmauer im Norden hinabkletterte, entdeckte er Unmengen milchigweißen Marmors, wahllos verbaut: zuunterst Architrave und Deckbalken, darüber Säulenstümpfe – Humann zählte 62 –, über den Säulen mächtige Marmorblöcke, vielleicht Stufen eines Tempels, und über dem Ganzen Granitblöcke, Granit, der stets das Fundament eines Tempels bildete.

Nun ja, überlegte Humann, da hatten also Byzantiner oder Türken oder Gott weiß wer einen Tempel abgebrochen und dieses Mauerwerk errichtet. Warum sollte man nicht diesen Vorgang wieder umkehren, die Mauer abbauen und den alten Tempel rekonstruieren?

Ein zwei Meter breites, dreißig Zentimeter hohes Loch am Fuße der Mauer machte Humann neugierig. Irgend jemand hatte auf der Suche nach Baumaterial diesen langen Stein herausgebrochen; aber der Mörtel, mit dem der Quader fixiert war, klebte noch an der Einrahmung, und auf ihm war der Abdruck griechischer Schriftzeichen zu erkennen, den der Stein in dem weichen Bindemittel hinterlassen hatte. Humann zeichnete sie auf ein Skizzenblatt, drehte das Papier um und hielt es gegen die Sonne. ». . . AS TOU THYGATRI . . . O DEMOS K . . .«, las Humann bruchstückhaft, ». . . AS DER TOCHTER . . . DAS VOLK K . . .« *Athen*-AS kam es Humann von den Lippen. Zeus' Tochter Athene weihte das Volk jenen Tempel. Lag hier in der Mauer verpackt der Tempel der Athene Polias?

Montag, 9. September 1878. Noch stand die Sonne tief und warf ihren langen, kühlen Schatten über den nordwestlichen Burgabhang, da nahm Carl Humann mit vierzehn Arbeitern aus Bergama den steilen Pfad bergauf zur byzantinischen Mauer. An der Stelle, wo er die Reliefs aus der Wand geholt hatte, machte er halt. Die Helfer setzten ihre Werkzeuge ab, und Humann griff nach einer Hacke, holte weit aus und rammte sie in den Schutt des Berges. »Im Namen des Protektors der Königlichen Museen«, rief er theatralisch, den Kopf gen Himmel gewandt, »des glücklichsten allgeliebten Menschen, des nie besiegten Kriegers, des Erben des schönsten Thrones der Welt, im Namen unseres Kronprinzen, möge dieses Werk zu Glück und Segen gedeihen!«

Die Arbeiter, mit denen Humann entweder griechisch oder türkisch sprach, verstanden kein Wort. Dem ernsten Gesichtsausdruck des Patrons sah man jedoch an, wie wichtig die Worte waren, und weil sie die treudeutsche Rede für eine Beschwörungsformel hielten, verneigten sie sich mehrmals hintereinander mit gekreuzten Armen, was aber durchaus paßte. Erst als er seine eigene Ergriffenheit bewältigt hatte, rief Humann ganz profan: »Also los, Männer, an die Arbeit!« und mit wildem Geschrei kletterten die Männer auf die Mauer.

»Zuerst den Schutt abräumen!« kommandierte Humann, »werft alles nach unten!« Das allererste Interesse des Ausgräbers galt der zugeschütteten, dem Berg zugewandten Innenseite der Mauer. Hier ließ er aufgraben und plante, wenn möglich, bis zum Grund vorzustoßen; Humann wußte, daß der an manchen Stellen fünf Meter tief graben mußte.

Am Dienstag kamen nur vier Türken zur Arbeit; denn es war griechischer Feiertag. Der Patron fluchte und schimpfte, sprach von Undankbarkeit; aber als gegen Abend einer der vier Türken an der Innenseite auf ein Relief stieß und kurz darauf auf ein zweites, da war der Zorn schnell vergessen: zwei Meter maß ein jedes, auf der hohen Kante stehend, mit dem Relief nach innen. Damit war der Beweis erbracht, daß die Stücke, die er vor Jahren ans Tageslicht geholt hatte, keine Zufallsfunde waren. Es schien, in dieser Mauer lag ein komplettes antikes Bauwerk versteckt.

Beinahe vollzählig setzte man am folgenden Tag die Arbeit fort, und ein Relief nach dem anderen kam zum Vorschein. Am Abend des 12. September registrierte Humann bereits elf Stücke, ein jedes tonnenschwer, und dazwischen dreißig kleinere Bruchstücke, Gliedmaßen und Gewandfalten aus Marmor. Stil, Größe und Gesteinsart all der Funde ordnete er fraglos jener Szenerie des Gigantenkampfes zu, der die Archäologen auf die richtige Fährte gelockt hatte.

Wie groß mußte dieser Altar gewesen sein, dachte Humann, wenn er die endlos lange Mauer hinabsah. Nein, das konnte nicht sein, ein Altar, größer als mancher Tempel? Allerdings, die Überlieferung sprach von einem Weltwunder! Und daß er diesem Weltwunder auf der Spur war, daran zweifelte Humann nun nicht mehr.

»Riza!« rief der Deutsche und packte seinen türkischen Aufseher an den Schultern, »Riza, wir sind erfolgreich!« Ali Riza verzog sein faltiges Gesicht zu einem breiten Grinsen, was freudige Anteilnahme vermitteln sollte; aber in Wirklichkeit ging Humanns Aufregung an dem Türken ohne Rührung vorüber. Wie konnte ein vernünftiger Mensch sich wegen ein paar demolierter Marmorplatten so aufführen! Auch als der Patron andeutete, man würde vermutlich noch ein paar hundert Fragmente in der Mauer entdecken, schlug Ali Riza nur deshalb die Hände zusammen, weil er daran dachte, daß sein Nebenverdienst in diesem Falle gewiß länger dauern würde als vier Wochen. Humann erkannte das Desinteresse, die Verständnislosigkeit seines türkischen Aufpassers, und er gab es auf.

Am Abend ging er zu dem kleinen Postamt von Bergama, das längst geschlossen war, so daß er lautstark gegen die Türe pochen mußte, bis der gebückte Postmeister murrend herauskam. »Ein Telegramm!« rief Humann und versetzte damit den Alten in aufgeregte Geschäftigkeit, weil eine Depesche ins Ausland nicht oft im Jahr aufgegeben wurde, in den letzten beiden Jahren eigentlich nie.

Humann legte einen Zettel auf den abgenützten Holztisch, der den Schalter ersetzte, und erklärte, daß der Adressat, Professor Conze, sich in Bad Gastein, in der k. u. k. Monarchie Österreich-Ungarn aufhalte, dorthin solle die Depesche expediert werden. Der Postmeister verstand.

Aber es dauerte ganze sechs Tage, bis das Telegramm den Professor, der in Gastein zur Sommerfrische weilte, erreichte. Telegramm Nr. 335 aus Smyrna umfaßte 20 Wörter und hatte folgenden Wortlaut: »Professor Conze Badgastein Elf große Reliefs meist mit gingen Figuren dreißig Bruchstücke und ara gefunden schreibe heute Gastein Carl.«

Conze mußte es ein paarmal lesen, bis er den Sinn der Zeilen verstand, vor allem aber irritierte den Professor, daß Humann die Nachricht nur mit »Carl« unterzeichnet hatte, wo die beiden sich doch noch nie im Leben begegnet waren und sich in ihren Briefen stets überkorrekt mit »Hochverehrter, teuerer . . .« anredeten. Conze glaubte damals, in der verstümmelten Depesche sei auch der Nachname des Absenders verlorengegangen.

Aber der Professor irrte. Humann hatte bewußt seinen Namen unterschlagen. Er wußte, daß das Telegramm auf seinem Weg von Bergama nach Smyrna, von Smyrna nach Konstantinopel und von dort Gott weiß über welche Zwischenstationen von vielen Menschen gelesen wurde. Und zumindest in der Türkei war Humann bekannt wie ein bunter Hund, und eine Depesche mit seinem Namen hätte gewiß allseitiges Interesse erregt. Das aber, gerade das wollte der Ausgräber vermeiden. Die riesigen Blöcke, die er aus der byzantinischen Mauer gebrochen hatte, versetzten ihn in eine Art Rausch. Er wußte nun, daß seine Ausgrabungen erfolgreich sein würden. Man würde seinen Namen in einem Atemzug mit Schliemann nennen, mit Curtius vielleicht, wenn es ihm gelänge, den ganzen Altar in Einzelteilen nach Berlin zu transportieren und dort zusammenzusetzen, ein Unternehmen, das dem Wahnsinn nahe kam.

Carl Humann *war* auch dem Wahnsinn nahe: Zum einen wollte er seinen Fund aller Welt verkünden, wollte Anerkennung ernten für seine Entdeckung, von der er ein ganzes Jahrzehnt geträumt hatte, andererseits konnte ein falsches Wort alle Pläne zunichte machen. An Schlafen war nicht zu denken; unruhig ging Humann in der engen Stube auf und ab. Doch dann setzte er sich an den kleinen hölzernen Tisch, der von einer flackernden Lampe spärlich erhellt wurde, und schrieb in einem Brief an Professor Conze sich all das von der Seele, was ihn in diesem einsamen Augenblick bewegte.

»Bergama, den 12. September 1878
Glück auf, mein lieber, verehrter Herr Professor!
Der Telegraph ist meinem Briefe weit voraus und hat Sie über die Hauptsache schon unterrichtet. Vorgestern abend schrieb ich Ihnen hundemüde, und das Schreiben wird auch wohl demnach konfus ausgefallen sein. Heute abend ist dasselbe der Fall und bitte um Nachsicht. Diesen Brief erhalten Sie mit dem vorgestrigen zusammen, wenn er bis Samstag morgen meiner Frau zugestellt wird.
Also gestern morgen begann die Abräumung des Stückes Mauer, worin die früheren Reliefs gefunden worden waren, und gleich nach der Fortschaffung der obern Erde und Trümmer zeigte sich eine ganze Reihe 1 bis 2 Meter langer Blöcke, die auf die hohe Kante gestellt, nach innen zu die Mauerfläche bilden. Die Mauer ist 4–5 Meter dick, nach außen zu einige Fuß hoch sichtbar, von innen mit Schutt und Erde bis oben zugefüllt. Um die Reliefs freizulegen, mußte ich also an der Innenseite einen Graben ziehen, und die Erde ließ ich über die Mauer hinüberschaffen und nach außen werfen.
Ein Stein liegt mit der Bildfläche nach außen und stellt eine Göttin dar, die mit einem Fuße auf den Schuppenschweif eines Giganten tritt und mit ihrer linken Hand von hinten ihm ins krause Kopfhaar greift; der Gigant umklammert mit seiner Linken das Handgelenk der Göttin, seine Rechte ging ins Freie und ist am Ellenbogen abgebrochen; das Gesicht ist bartlos, häßlich und schmerzdurchzogen mit halboffenem Munde; sein Körper ist nackt und wunderschön modelliert. Die Göttin ist

im fliegenden Gewande, der Fuß in einer Sandale, nur ihre linke Hälfte ist auf dieser Platte, Kopf und rechte Hälfte gehören einer anderen Platte an. Gewandung und Formen sind von unvergleichlicher Schönheit — man kann sich nicht satt daran sehen.

Doch die Zeit drängt, und ich darf heute bei den Details nicht weilen. Wir haben also einen unerwartet raschen, glänzenden Erfolg, und nun lassen Sie mich Ihnen und Herrn Geheimrat Schöne von Herzen Glück wünschen. Wir haben nicht ein Dutzend Reliefs, sondern eine ganze Kunstepoche, die begraben und vergessen war, aufgefunden. Bis heute abend waren elf große Reliefs sichtbar; aber da, wo der innere Graben schon tief genug ist, zeigt sich, daß eine andere Reihe ebenfalls auf die hohe Kante gestellter Blöcke unter der obern Reihe steht. Wer weiß, wie tief die Fundamente dieser Mauer gehen, und dann habe ich auch noch nicht ihre halbe Länge in Angriff genommen. Auf 20 bis 30 große Blöcke können wir mit Sicherheit hier rechnen. Nur sind sie in verschwenderisch viel Mörtel verbaut, und dieser ist steinhart, so daß jedes Steinchen der kolossalen Mauer mit Keilen und schweren Hämmern abgehoben werden muß. Die besten Dienste tut mir meine englische Handwinde von 12 Tonnen Hebekraft — sie hebt die dicksten Granitquader aus ihrer Mörtellage. Pulver werde ich nicht anwenden, sondern nur durch Handarbeit die Mauer soweit abtragen, daß die Bildfläche der Blöcke frei wird. Ein gewaltsames Umreißen der Reliefs könnte sie zu sehr beschädigen. Ich kann die Arbeiter keine Minute allein lassen, denn auch in der Mauer finden sich fortwährend Fragmente und andere Skulpturen, so z. B. gestern eine sehr schöne, sitzende Frauengestalt in halber Lebensgröße. Wann soll ich die Zeichnungen und Aufnahmen herstellen? Bitte um Nachricht!

Die Ara habe ich wohl gefunden, denn an der vorgestern beschriebenen Stelle im Trümmerhaufen habe ich einen massiven Unterbau von Quadern entdeckt; seine Ausdehnung ist noch unbekannt. Ringsherum werde ich den Schutt aufräumen müssen und wäre auch nur ein Relief dort zu erwarten. Es kommen architektonische Reste zum Vorschein, Zahnschnitt, kleine Gesimse und ein Stein mit Buchstaben. Sollten wir nicht den oder die Meister dieses gewaltigen Kunstwerkes erfahren? Nun zur Hauptsache! Wie kommt alles nach Berlin? Meinem Ali Riza habe ich plausibel gemacht, daß wir noch viele Hunderte solcher zerbrochenen Steine finden werden, daß Berlin sehr weit ist und daß, wenn unsere Arbeiten und, was oben ansteht, sein Gehalt mit etwaigem Bakschisch weiter gehen soll, man in Berlin auch etwas sehen will – es wäre also wohl das Schläueste, diese ersten Stücke schnell nach Berlin zu senden. Er findet das außerordentlich richtig. Vom Antiken-Gesetz (das übrigens auch nur in der Idee existiert), hat er keine Ahnung, und § 5 des Jradé sagt, die Funde sollen an einem von der Ortsbehörde zu bestimmenden Ort aufbewahrt werden. Das kann also nur Smyrna sein.

Nun mache ich Ihnen folgenden Vorschlag: Bevor die Sache ruchbar wird (und es gibt hier so einige halbgelehrte Söhne von Hellas, die wohl so eine Zeitungsnotiz schreiben können), schaffe ich alle Reliefs herunter, verpacke sie in starke Kisten, trotzdem das Holz hier sehr teuer ist, und schaffe sie nach Dikeli. Dort hindert mich niemand, sie einzuschiffen, wenigstens nicht mit der Bestimmung Smyrna. Nun werde ich gleich in Smyrna bei Diran-Effendi sondieren lassen, ob man sie mich in Smyrna sans façon wird einschiffen lassen, worauf ich sie mit holländischem oder englischem Steamer nach Rotterdam oder sonstwohin spediere. – Finde ich Schwierigkeiten, so geht mein Schiff anstatt nach Smyrna nach Syra, wo der deutsche Konsul Klöbe sie weiterspediert. Nachher weiß kein Mensch, wo sie geblieben, und sie gehören später halt zu den Marmoren, die ich Ihnen vor 6 Jahren und im vorigen Jahr gesandt habe. Bitten Sie aber auf jeden Fall den Prinzen Reusch, an den Vali von Smyrna Hamdi-Pascha ein paar Privatzeilen zu richten mit dem Wunsche, mir gefällig sein zu wollen.

Zu dem Ganzen müssen Sie mir aber einen Extra-Credit für den Transport bewilligen. 100 Pfund werden wohl genügen;

für den Fall von unvorhergesehenen Kosten und Bakschischen kann ein Mehr nicht schaden. Wenn ich es nicht gebrauche, bleibt es ja, und die Sache ist es doch zehnmal wert. Dies bitte ich Sie telegraphisch zu erledigen an mich oder an den Direktor der Banque Ottomane in Smyrna, einen Freund und Landsmann, H. Heintze. – Dann brauche ich aber eine Stellvertretung hier; denn der Transport wird mich in Anspruch nehmen, und an ein Schließen der Arbeiten nach Ablauf des ersten Monats ist doch wohl nicht zu denken. Auch muß der Transport vor Eintritt der Regenzeit, Mitte November gewöhnlich, bewerkstelligt sein. All diese Sorgen der Bergung des Gefundenen lassen mir keine rechte Freude aufkommen und rauben mir den Schlaf.

Wollen Sie nicht auch selbst herkommen? Das wäre prächtig! Mir ist fast zumute, als hätten wir für den Anfang zu viel auf einmal gefunden; indes können wir uns auch leicht trösten, wenn wir mal 14 Tage lang gar nichts finden.

Den Aesculap-Tempel habe ich noch nicht besuchen können. Das Jradé enthält nichts über den Teilungsmodus; doch ist Gebrauch, daß in solchen Fällen zu gleichen Hälften geteilt wird. Das Gesetz sagt, 1/3 für den Finder, 1/3 dem Staat, 1/3 dem Grundeigentümer. – Wollen Sie nicht die ganze Akropolis kaufen? Das kann Hamdi-Pascha allein abmachen. Für ein paar hundert Pfund möchte ich es auf mich nehmen, die Sache zu erledigen; Bargeld brauchen die Türken immer.

Halten Sie meinen Vorschlag wegen des Transportes für zu gewagt, obgleich ich alle Konsequenzen auf mich nehme und Sie mich stets desavouieren können, so folgen Sie, ich bitte sehr, doch insofern meinem Rate, alles nach Dikeli zu transportieren. Einmal am Meeresufer, können wir jede Stunde Entschluß und Verfügung treffen. Bitte jedenfalls ein Telegramm. Da Papier und Kerze noch langen, will ich Ihnen noch eben sagen, daß die Göttinnen mir günstig zu sein scheinen (von den Göttern hoffe ich es auch). Außer dem oben beschriebenen Relief stellen nämlich die zwei andern bis jetzt aufgedeckten jedes eine ganze Göttin dar, von der Sandale bis zum

Scheitel, beide in der lebhaftesten Kampfbewegung. Die eine hält eine mit einer Schlange umwundene Urne hoch in der Rechten. Vor dem untern Teil ihres Gewandes steht ein prächtiger Mannesfuß, als ob er einem Stürzenden angehöre. Der andere Stein zeigt eine ganze weibliche Figur mit wehenden Gewändern und langen fliegenden Haaren; noch ist er nicht ganz bloß gelegt, und es ist nicht zu unterscheiden, welche Göttin es ist. Auch fand sich heute ein sehr schönes Hochrelief eines auf seine Keule gelehnten Herkules in halber Lebensgröße, von sehr schöner Muskulatur. Zu seinen Füßen sitzt (anscheinend) ein Hund, von dem die Platte aber nur das Hinterteil enthält, und an seinen Zitzen saugt ein kleiner Kinderkopf.

Nun geht's nicht mehr. Gute Nacht.

Herzliche Grüße von Ihrem treu ergebenen Carl Humann«

Ohne Wissen Schliemanns besichtigte Professor Curtius das Gold von Mykene im Keller der Nationalbank. Schliemann konnte solche Besichtigungen weder erlauben noch verbieten, er hatte nicht einmal einen Schlüssel zu den Schätzen! Ja als er Fotografien für sein Mykene-Buch anfertigte, wurde er täglich zehn Stunden lang von zwei Bankbeamten beobachtet, aus Furcht, er könnte irgend etwas verschwinden lassen.

Sophia Schliemann hatte immer wieder versucht, den Zorn ihres Mannes zu besänftigen, der Coup des trojanischen Schatzes habe die Leute mißtrauisch gemacht. Aber als dann Curtius sarkastisch bemerkte, das Gold der mykenischen Masken sei so dünn, daß der Held Agamemnon ein bettelarmer Fürst gewesen sein müßte, daß die Goldmasken nichts mit dem klassischen Altertum zu tun hätten und daß hinter einer der Goldmasken vielleicht ein byzantinischer Christuskopf zu vermuten sei, da sah Schliemann rot, und der 57jährige revanchierte sich mit einem Zeitungsartikel, in dem er der deutschen Reichsregierung vorwarf, sie verschleuderte ihr Geld für Grabungen in Olympia, die nichts Nennenswertes zutage gebracht hätten, weil unwissende Narren dort herumfuhrwerkten. Er selbst hätte mit einem Drittel des Wertes dort wahre Wunder vollbracht.

Aber Curtius war nun einmal ein Papst, und Schliemann war nur ein Gläubiger, und mit jenem lief die Welt der Gelehrten Sturm gegen den erfolgreichen Außenseiter. An einer Hand konnte man damals, Ende der siebziger Jahre, die Professoren abzählen, die Schliemann ernst nahmen. Alexander Conze behauptete, in Anbetracht fehlender Kyklopenmauern handele es sich bei Schliemanns Ausgrabungen in Troja wohl um eine griechische Kolonie, und der vermeintliche Schatz des Priamos sei jünger, vielleicht sogar römisch. Die unsachlichsten Anschuldigungen kamen von dem deutschen Hauptmann und Privatgelehrten Ernst Boetticher, der schon die Existenz eines homerischen Trojas bestritten und Schliemanns Ausgrabungen als Feuernekropole bezeichnet hatte. Jetzt aber behauptete der Hauptmann sogar, Heinrich Schliemann habe die mykenischen Goldmasken anfertigen lassen und vergraben, und sie seien nur deshalb so dünn, weil Schliemann, der Geizhals, nicht mehr habe ausgeben wollen.

Schliemann erörterte all diese Anwürfe mit Sophia und ließ keinen Angriff unbeantwortet. Doch der sachlich kühle Rechner verdaute Zank und Hader leichter als die junge feinfühlige Frau. Sie begann an Schlaflosigkeit zu leiden, dann nahm Sophia rapide ab, schließlich setzten Gallenkoliken ein. Heinrich reiste nach London, um eine Troja-Ausstellung vorzubereiten. Sophia folgte Wochen später nach.

In England nahm man den Außenseiter ernst. Das Royal Archeological Institute lud sogar Sophia Schliemann zu einem Vortrag vor den erlauchten Mitgliedern des Gremiums ein, den die Griechin in englischer Sprache hielt. Thema: Ihre eigenen Grabungen in Mykene. Doch Schliemanns Plan, den Schatz des Priamos, den er noch immer in Athen bei Verwandten versteckt hielt, in London auszustellen, bereitete unerwartete Schwierigkeiten. Das British Museum lehnte aus organisatorischen Gründen ab; die Herren im South Kensington Museum zeigten zwar Interesse, hätten es jedoch am liebsten gesehen, wenn Schliemann Transport und Versicherung der vierzig Holzkisten selbst übernommen hätte.

Mit großer Sorgfalt widmete sich Schliemann der englischen Ausgabe seines Buches über die mykenischen Grabungen bei John Murray; dann reisten die Schliemanns nach Paris, um für ein paar Wochen in einem ihrer Häuser zu leben. Sophia hatte das Töchterchen Andromache dabei, Polyxene, das Kindermädchen, und Spyros, ihren Bruder. So verbrachten sie den Sommer, und eines Tages überraschte Sophia ihren Mann mit der Nachricht, sie sei schwanger. Schliemann war begeistert, er überhäufte seine Frau mit Geschenken und verkündete überall das freudige Ereignis, diesmal würde es ein Sohn sein.

Eingedenk ihrer Fehlgeburt ließ Heinrich Sophia in Paris zurück. Er selbst fuhr nach Würzburg zu einem Ohrenarzt, sein rechtes Ohr schmerzte unerträglich, und er tat sich schwer mit dem Hören. Der Doktor verschrieb ein Mittel, und Schliemann vergaß sein Leiden. Ohne Sophia reiste er nach Athen, denn er hatte den Plan gefaßt, ein Haus zu bauen, eher einen Palast, schöner als den des Königs.

Schon bei seiner Ankunft in Piräus erfuhr Schliemann das Unglaubliche: Der Ephoros Stamatakis hatte in Mykene ein sechstes Königsgrab entdeckt! Nur ein paar Schritte von *seinen* Gräbern entfernt!

Schliemann war entsetzt, er machte sich bittere Vorwürfe, seine Grabungen eingestellt zu haben. Jetzt grub dieser Ephoros auf eigene Faust, und noch dazu erfolgreich! Kein Wunder, wenn die griechischen Behörden jubelten, jeder Mensch sei zu ersetzen, sogar ein Schliemann. O wie er diesen Panagios Stamatakis haßte!

Goldene Gefäße, kostbare Beigaben und zwei Skelette sollte das Grab enthalten haben; aber alle Anstrengungen, die Funde zu Gesicht zu bekommen, scheiterten am harten Nein des Emphoros, der Schliemann nun *seine* Abneigung spüren ließ. Lustlos trug er seine trojanischen Schätze zusammmen, verfrachtete sie, in schweren Holzkisten verplombt, nach London und stürzte sich nun auf sein Hausprojekt, mit dem er sich selbst ein Denkmal setzen wollte. Ein arabisches Sprichwort zählt zu den Pflichten eines richtigen Mannes, ein Buch geschrieben, einen Sohn gezeugt und ein Haus gebaut zu haben. Die beiden ersten Bedingungen erachtete Schliemann für erledigt, wenngleich nicht vollendet – nun mußte er ein Haus bauen.

Die Pläne für seinen »Palast von Ilion« lieferte der Architekt Ernst Ziller, der sich 1865 schon selbst in der Troas als Ausgräber versucht hatte. Ziller stammte aus Wien, war Universitätsprofessor, und Schliemann ließ dem Meister jede Freiheit bei der repräsentativen Gestaltung des Hauses. Schon vor längerer Zeit hatte der Bauherr an der Panepistimioustraße nahe dem Königspalast ein Grundstück erworben, das ihm als geeigneter Rahmen erschien. Nun stellte er dem Architekten nichts weiter zur Bedingung als »weite Räumlichkeiten«, zwei Arbeitszimmer mit Ausweichmöglichkeiten vor der Sonnenhitze und ein Flachdach mit Terrasse. Geld spiele keine Rolle. Heraus kam ein dreistöckiges Gebäude, nicht etwa im griechischen antikisierenden Stil – wie man es erwarten konnte –, sondern ein an der toskanischen Renaissance orientierter Palazzo mit 25 Zimmer, einem Ballsaal und mehreren Salons, Bauzeit zwei Jahre. Von den renommiertesten Firmen Europas wurden Angebote über Baumaterial und Raumausstattung eingeholt. In Deutschland bestellte Schliemann Baustahl und Eisengitter, aus England wurden Zement, Gläser und Spiegel geliefert, für die Bodenmosaiken holte er zwei italienische Experten samt ihren Familien nach Athen, Ziegel und Holz kamen aus Griechenland.

Bei den Bauarbeiten gab Schliemann den Leitsatz aus: »Von allem das Beste!« Und so wurden die Wände mit Marmor verkleidet, Kronleuchter in Paris bestellt, Möbel in Wien. Und Ziller, der nie aufwendiger bauen durfte, ahnte und mahnte bei den beinahe täglichen Arbeitsbesprechungen, daß der »Palast von Ilion« ein theatralisch pompöses Bauwerk, aber kalt und ungemütlich werden würde.

Heinrich Schliemann hatte dafür keine Ohren. Dieses Haus sollte Ausdruck seines Erfolges, Demonstration seines Lebensgefühls werden – so wie es der Pastorensohn im mecklenburgischen Ankershagen einst geträumt hatte.

Während er seine Bauwut austobte, vergaß er die schwangere Frau in Paris, so daß Sophia, die Millionärsgattin, um Geld bitten mußte. Ungehalten fragte Schliemann zurück, ob sie zu verschwenderisch lebe oder einfach unachtsam. Wenn er nach Paris komme, werde *er* die Haushaltsführung übernehmen.

Am 16. März 1878 brachte Sophia Scliemann in Paris einen Jungen zur Welt. Der 58jährige Vater war außer sich vor Freude. Ein Sohn! Noch vor zwei Jahren hätte er ihn Odysseus genannt, aber nun lag Mykene dazwischen, jetzt sollte er Agamemnon heißen.

Sophias allerstes Interesse nach ihrer Rückkehr galt natürlich dem im Entstehen begriffenen Palast von Ilion in der Panepistimioustraße, dem letzten Traum, den Heinrich sich erfüllte; aber Sophia konnte ihre Enttäuschung nicht verbergen. Zu groß, zu pompös, zu denkmalhaft empfand sie das neue Haus. In diesem Palast würde es nie so gemütlich sein wie in dem alten Haus in der Moussonstraße.

Wozu der Ballsaal, für den zwölf Dutzend vergoldeter Stühle bestellt waren, wenn Schliemann nie einen Ball gab? Wozu das Windrad im Garten, das fließendes Wasser in die oberen Stockwerke pumpen sollte? Wozu das riesige Boudoir neben dem Schlafzimmer, wenn sie es nicht selbst für ihre Bedürfnisse einrichten durfte? Wozu zwanzig griechische Götter auf dem Dach, aber keine schattige Sitzecke?

Natürlich wußte Sophia, daß es falsch gewesen wäre, all diese Pracht nicht zu bewundern. Gibt es etwas Ernüchternderes als aus einem schönen Traum geweckt zu werden? Also suchte sie zusammen mit Heinrich bei Homer und anderen griechischen Dichtern nach Sinnsprüchen, die – mehr oder weniger passend – in Goldbuchstaben an verschiedenen Orten im Haus angebracht werden sollten. »Erkenne dich selbst« oder »Nichts im Übermaß«. Vor seinem Arbeitszimmer im ersten Stock sollten Pythagoras' Worte stehen: »Wer keine Geometrie studiert, der bleibe draußen!« Und am Aufgang zur Dachterrasse: »Wie süß ist es, vom Festland auf das Meer zu blicken!«

Nein, Sophia durfte diesem großen Kind nicht die Freude an seinem Riesenspielzeug nehmen, man *mußte* es bewundern. Und nichts freute Schliemann mehr, als wenn der König und seine Gemahlin bei ihren Ausfahrten den Weg vorbei an dem Neubau wählten, um die wöchentlichen Baufortschritte zu verfolgen, oder wenn die Athener sich erzählten, Schliemann werde bald prächtiger wohnen als der König.

Mit zunehmendem Alter nahm Schliemann immer mehr Merkwürdigkeiten an, die das Zusammenleben mit ihm nicht gerade einfach und erträglich gestalteten. Er haßte unpräzise Wörter wie »vielleicht« und »ungefähr«, die man in seiner Gegenwart nicht gebrauchen durfte, dafür liebte er ein Wort über alles: Hygiene. Über Hygiene konnte er stundenlang reden, und zur Hygiene zählte für ihn auch das tägliche Morgenbad im Meer. Sommers stand er um vier Uhr morgens auf, winters um fünf; dann ritt er fünf Kilometer nach Phaleron, badete und holte sich dabei wohl auch seine schmerzhafte Ohrenentzündung.

War er, soweit es seinem Geiz anging, noch immer der Kleinkrämer aus Mecklenburg, so kannte seine Verschwendungssucht, wenn er nach Anerkennung strebte, keine Grenzen. Mit Ziller, seinem Architekten, feilschte er um die Honorarzahlungen, bis dieser vor Gericht ging. Sophias Ausgaben wurden wöchentlich kontrolliert. Wegen einer Differenz von ein paar Mark in seinen Honorarabrechnungen korrespondierte er wochenlang mit einem Verleger. Und wenn er zur Kur nach Kissingen oder Karlsbad reiste, dann kündigte er dies seinem Verleger Brockhaus an, er solle die dortigen Buchhändler mit seinen Werken eindecken, seine Anwesenheit würde sich gewiß verkaufsfördernd auswirken.

Es gehörte zu seinem ureigenen persönlichen Lebensstil, daß er bisweilen wie ein Krösus lebte und mitunter wie ein Anhänger des Diogenes von Sinope. Zwar rauchte er dicke Zigarren, aber beim Essen hielt er sich sehr zurück, meist gab es nur Fisch und Obst. Seine Korrespondenz war umfangreich und hätte gewiß einen Privatsekretär voll beschäftigt, aber Schliemann pflegte alle Briefe selbst zu besorgen, am Stehpult, denn Sitzen haßte er; und im ganzen Haus gab es kein bequemes Sofa, nicht einmal für Sophia, die sich »solch unnützes Mobiliar« erst von ihrer Mutter schenken lassen mußte. Er selbst ließ einen Lehnstuhl, den ihm Sophia kaufte, am nächsten Tag wieder entfernen.

All dies hinderte ihn nicht, eine Woche von Athen nach London zu fahren, um beim besten Schneider neue Anzüge anzumessen, von denen er ständig fünfzig Stück sein eigen nannte. Zur Ausstattung gehörten mindestens ebenso viele Paar Schuhe, zwanzig Hüte, dreißig Spazierstöcke und fünfzehn Reitpeitschen. Auch Sophia ging stets erlesen gekleidet, doch in zweiundzwanzig Jahren Ehe schenkte ihr der millionenschwere Gatte nicht ein einziges Schmuckstück.

Man kann die Liebe, welche Heinrich und Sophia verband, gewiß nicht alltäglich nennen. Sophia war nur drei Jahre älter als sein Sohn Sergius aus erster Ehe; er war dreißig Jahre älter als Sophia, und doch hatte die junge Frau Schwierigkeiten, das Tempo mitzuhalten, mit dem Heinrich durchs Leben ging. Das bezog sich nicht nur auf seine Reisefreudigkeit, die ihn nicht lange an einem Ort zu halten vermochte, auch in Gedanken war Schliemann sprunghaft, erledigte mehrere Dinge zur selben Zeit. Beim Essen zum Beispiel mußten die Geschäftsleute ihre Angebote unterbreiten; er entwickelte laufend neue Ideen und verwarf sie wieder , wenn er sie für nicht gut erachtete. Für eine Frau wie Sophia, gescheit, aber ohne die Erfahrung eines Weltmannes wie Heinrich, war das nicht leicht.

Sie verehrte das Geniehafte an ihm und haßte seine Knausrigkeit. Ins Gesicht werde sie diesem Schliemann spucken, kündigte sie an, als er sie in Paris schwanger ohne ausreichend Geld zurückließ; doch wieder mit ihm zusammen, kuschte sie vor ihm, gelobte feierlich, täglich kalt zu baden, und ließ sich dressieren wie ein Hündchen, wenn sie Wein trank, den sie nicht mochte, nur weil Heinrich ein Goldstück unter das Glas legte, das sie erst bekam, wenn sie ausgetrunken hatte.

Der fünfzigjährige Heinrich Schliemann und seine um 30 Jahre jüngere Frau Sophia, hier mit dem Goldschmuck aus dem »Schatz des Priamos«.

Derlei Bösartigkeiten könnten die Vermutung aufkommen lassen, Schliemann habe seine junge Frau als Spielzeug und gekauftes Eigentum betrachtet. Aber das wäre falsch. Auf *seine* Art und Weise liebte Heinrich Schliemann seine Frau über alles, schrieb glühende Liebesbriefe: »Die Nachricht, daß Du heute nicht kommst, macht mich ganz krank!« – »Seit vier Tagen bin ich ohne Nachricht von Dir. Gegen Deinen ärgsten Feind könntest Du Dich nicht schlimmer betragen!«

Und bei Sophia waren seine herrischen Befehle, sein Geiz und Jähzorn schnell vergessen, und sie flötete zurück: »Mein Seelchen, was ist das für ein Leben! Immer getrennt! Glaubst Du denn nicht, es wäre schön, wenn Du in der Nähe Deiner armen Frau leben würdest, die Dich vergöttert, die das Eheleben nur im Traum kennt?«

Es war kein Zufall, daß Sophia bei den großen Entdeckungen Schliemanns zugegen war. Er wußte, daß seine großen Entdeckungen die Finder unsterblich machen würden, und deshalb ließ er seine Frau stets nachkommen, sobald ein neuerlicher Fund in der Luft lag — auch wenn er bis dahin ohne sie gegraben hatte.

Das war nicht anders, als Schliemann Ende September 1878 erneut nach Hissarlik aufbrach, um den Palast des Priamos endgültig freizulegen, wofür ihm die türkische Regierung eine neue Grabungslizenz erteilt hatte. Sophia sollte sich zu Hause erholen und bei den Kindern bleiben. Zu seiner eigenen Sicherheit in der von Räuberbanden heimgesuchten Troas engagierte Schliemann zehn Gendarmen, er warb 150 Arbeiter an und bezahlte auch den türkischen Aufseher Kadri Bey. Ein Drittel aller Funde, so der Firman der Regierung, durfte er behalten.

Schliemann ließ sechs hölzerne Baracken bauen mit insgesamt neun Zimmern für sich, die Aufseher und Diener und für Besucher, die nun immer häufiger hier eintrafen. Eine Baracke diente der Aufbewahrung von belanglosen Funden und gleichzeitig als Speisesaal, in der zweiten wurden jene Ausgrabungen gestapelt, die zwischen Schliemann und dem türkischen Museum geteilt werden sollten.

Die Mauern, die er als Palast des Priamos bezeichnet hatte, bedurften gründlicher Untersuchung. Schliemann ärgerten Kritik und Gespött namhafter Archäologen, die sich lustig machten über das lächerliche, enge Gemäuer, in dem einst die Könige des goldstrotzenden Troja gelebt haben sollten. Er suchte nach Beweisen. Aber von ein paar Bronzeschwertern und einigen kleineren Funden Goldschmuck abgesehen hatte der Ausgräber kein Glück, und als am 28. November unerwartet früh der Winter hereinbrach, reiste Heinrich Schliemann ab.

Er nützte den Winter zu Reisen nach Europa, vor allem aber wandte er sich in Briefen an namhafte Gelehrte, lud sie ein, seine Grabungen zu besichtigen und sich ihr eigenes Bild zu machen. Dies war ein geschickter Schachzug; denn dem Ausgräber war inzwischen klargeworden, daß er graben und schreiben konnte, soviel er wollte, in gewissen Kreisen würde er immer ein Laie bleiben. Anerkennung mußte aus den Reihen der arroganten, überheblichen Professoren selbst kommen — *sie* mußten die eigenen Kollegen überzeugen.

Die erste Zusage kam vom Berliner Professor für pathologische Anatomie Rudolf Virchow, einem Gelehrten von Weltruf. Schliemann hatte ihn schon einmal, 1877, nach Mykene eingeladen und auf seine Absage mit den Worten reagiert, es sei für die Wissenschaft ein unersetzlicher Verlust, denn wäre er bei ihm gewesen, hätte man bestimmt viele, vielleicht alle Leichen der Könige retten können. Virchow war Mitbegründer und Mitglied der Deutschen Anthropologischen Gesellschaft und neben seinem eigentlichen Fachgebiet auch mit prähistorischen Forschungen hervorgetreten.

Sie waren sich nicht unähnlich, der arbeitsbesessene Arzt und Wissenschaftler, der auch als Politiker einen Namen hatte, und der arbeitswütige Kaufmann, der erst als Forscher zu gespaltenem Ruhm gelangte. Jedenfalls schätzten sie sich von der ersten Begegnung an. Was Virchow und Schliemann jedoch grundlegend unterschied, war die Phantasie. Der Mediziner glaubte nur, was er sah, der Ausgräber wurde durch das, was nicht sah, erst beflügelt. Trotzdem — jeder hatte großen Respekt vor der Leistung des anderen, das wurde die Basis für eine lebenslange Freundschaft der beiden gleichaltrigen Männer.

Virchow im Januar 1879 an Schliemann: »Es hat ja etwas Schmerzliches an sich, daß Sie in einem gewiß nicht ganz unbegründeten Gefühl Ihrem Vaterlande innerlich etwas abgewendet worden sind, und daß wir infolgedessen froh sein müssen, wenn Sie einige Brosamen auch für uns abfallen lassen. Sie dürfen aber nicht vergessen, daß die öffentliche Meinung sich durchaus auf Ihrer Seite gehalten hat, trotz aller Schwierigkeiten, welche die klassischen Sachverständigen Ihnen gemacht haben.«

Schliemann in seiner Antwort an Virchow: »Ihre Anwesenheit in Troja ist eine Notwendigkeit für die Wissenschaft, und für mich von allerhöchstem Interesse, von selbst versteht es sich, daß ich die Kosten Ihrer Hin- und Herreise bezahle. Nur möchte ich Sie bitten, alles, was Sie über Troja publizieren wollen, meinem neuen, rein wissenschaftlich gehaltenen Werk über Ilion zugute kommen zu lassen.«

Jeder andere Professor hätte das eine wie das andere ausgeschlagen und wäre entweder ohne Bedingungen gekommen oder überhaupt nicht. Virchow kam trotzdem, Homers »Ilias« im Gepäck. Und da standen sie sich im Hafen von Çanakkale gegenüber, »der kleine Doktor« — wie Virchow in Berlin genannt wurde, untersetzt, leicht dicklich, Drahtbrille, weißer Backenbart und Schnurrbart; und Schliemann, lang und hager, ebenfalls Drahtbrille, dunkler Schnurrbart.

Der April brachte die Dotterblumen der Troas zum Leuchten, Störche stakten durch die Sümpfe, und Schliemann ließ auf der Fahrt nach Hissarlik die Peitsche knallen. Dem Gast aus Berlin wurde eine eigene Baracke zur Verfügung gestellt, dafür stand Virchow seinem Gastgeber zur Seite, als dieser damit begann, die große Ringmauer des alten Troja freizulegen. Schliemann revanchierte sich und ritt mit Virchow die letzten fünf Apriltage durch die blühende Troas und die Berge des Ida bis zu den Quellen des Skamandros, um botanische und zoologische Forschungen zu betreiben.

Insgesamt drei Wochen lebten, arbeiteten, diskutierten die beiden miteinander. Schliemann stieß während dieser Zeit auf mannshohe Vorratskrüge im Palast des Priamos, den er nun vorsichtigerweise »Haus des Stadtoberhauptes« nannte, er fand Kugel- und Bauchvasen und legte im Südosten außerhalb der Ringmauer die Grundmauer zahlreicher Häuser frei; doch erkannte er sie noch nicht als die Unterstadt von Troja. Noch schlummerte ein Geheimnis in der Erde: Troja selbst lag unentdeckt am Fuße des Berges, und alle jene Reste, die Schliemann bisher ausgegraben hatte, gehörten allesamt zur Burg.

Schliemann blieb zurück, als Virchow sich verabschiedete, um über Athen den Heimweg anzutreten. Auf seinem Arbeitsplan stand noch die Erforschung von zwölf Heroenhügeln in der Troas, unter denen er — fälschlicherweise, wie sich bald herausstellen sollte – Heldengräber vermutete. Virchow hatte dem neugewonnenen Freund das Versprechen abgerungen, den Schatz des Priamos, der nach der Ausstellung in London auf den Abtransport wartete, seiner Heimat und dem deutschen Volk zum Geschenk zu machen.

Professor Virchow überbrachte Sophia Schliemann in Athen einen Brief ihres Gatten, in dem es hieß: ». . . Ich begleite heute Professor Rudolf Virchow zu den Dardanellen zurück. Bitte empfange ihn mit großen Ehren und lade ihn zum Souper, wenigstens aber zum Mittagessen, aber keine Damen! Zeige Virchow unseren Garten und unser Haus und laß Dir von Ziller die Pläne des neuen Hauses für ihn geben . . . Virchow war genau drei Wochen hier, und ich glaube, daß er von seinem Aufenthalt entzückt ist. Wir kommen eben von einem fünftägigen Ausflug von den Skamanderquellen, Assos, Alexandria, Troas zurück. Du kannst Virchow sagen, daß mich die Leichtigkeit, mit der er die Anstrengungen der langen Reise in Regen und Sturm und die elenden Nachtquartiere, entweder auf bloßer Erde oder im offenen Boot auf stürmischem Meer ertrug, wirklich verblüfften . . . Sag Virchow, ich hätte Dir geschrieben, wie er mit unüberbietbarem Eifer und Wohlwollen die Tausenden von Kranken geheilt habe, die ihn aufgesucht haben. Sprich nicht deutsch mit ihm, sondern sprich nur englisch oder französisch, denn in beiden Sprachen bist Du ihm überlegen.«

Schliemann hatte Virchow gebeten, seine stets kränkelnde Frau einmal zu untersuchen, und der Professor teilte ihm mit, sie sei durchaus gesund, sie fühle sich nur in der Umgebung ihrer zahlreichen nervösen und kranken Familienmitglieder, gemeint waren vor allem die Mutter und der Bruder, einsam und verlassen. Sie brauche dringend eine Kur, am besten in Bad Kissingen. Er müsse sich mehr um sie kümmern.

Im Juli 1879 schloß Schliemann die zweite Grabungsperiode ab, ohne daß Sophia ihren Mann auch nur ein einziges Mal besucht hätte. Heinrich wollte es nicht. Er hatte in der Zeit die gesamte Umfassungsmauer freigelegt, und obwohl sich daraus kaum neue Erkenntnisse ableiten ließen, gab sich der Ausgräber zufrieden. Nun beschloß er, ein neues Buch über Troja zu schreiben mit dem Titel »Ilios«. Er wollte die ersten überschwenglichen Grabungsberichte und die vorschnellen Schlüsse in seinem Werk »Trojanische Altertümer« korrigieren und neue Entdeckungen präzisieren. Rudolf Virchow bat er, ein Vorwort zu schreiben. Der verstand, worauf es dem Freund ankam, und er schrieb in seiner Vorrede: »Jetzt ist aus dem Schatzgräber ein gelehrter Mann geworden, der seine Erfahrungen in langem und ernstem Studium an den Aufzeichnungen der Historiker und Geographen mit den sagenhaften Überlieferungen der Dichter und Mythologen verglichen hat.«

Schliemann revanchierte sich mit Einladungen und Geschenken. Er sandte Virchows Tochter zu deren Verlobung ein so teures Schmuckstück, daß sich der Brautvater beschämt fühlte. Selbst schlug er Einladungen ab, weil er, wie er meinte, zwar kein reicher Mann sei, sich aber durchaus gewisse Dinge leisten könne. Dafür nahm der Ausgräber den Professor in endlosen Briefen in Beschlag, forderte Aufklärung und Therapie für allerlei Leute in der Familie, Stellungnahme in wissenschaftlichen Fragen und höchst private Besorgungen.

Professor Rudolf Virchows Antwort auf zwei dieser Briefe: »Eben habe ich Ihre Briefe erhalten, ich meine den aus Paris, gestern den aus Neapel. In größter Bedrängnis an Zeit antworte ich Ihnen auf die Hauptpunkte: 1. Geben Sie Agamemnon keine Milch für einige Zeit, sondern Suppen oder Tee zum Abendbrot. Nach jeder Mahlzeit eine Messerspitze voll Natron bicarbonicum, keine Früchte; hoffentlich geht es bald vorüber. Das fremde Wasser wird auch etwas einwirken. 2. An Frau Schliemann meine herzlichsten Grüße. Ich bestehe nicht auf Kissingen . . . Sie scheinen Kissingen auch als außerordentlich abführend zu betrachten. Dies ist irrig. 3. Ihre ›Times‹ konnte ich noch nicht lesen. Ich habe soviel zu tun, daß ich nur das Dringendste entwirren kann. Seien Sie nicht böse, aber was nicht möglich ist, ist nicht möglich . . . 4. Den Vortrag über Troja in Straßburg müßten Sie allerdings in deutsch halten, wenigstens nicht ganz verlesen... Wegen der Erzieherin schreibe ich Ihnen sofort, wenn ich meine Ratgeberin gehört.«

Bedroht wurde die Freundschaft, als Schliemann auf Umwegen erfuhr, sein Freund Virchow plane die Herausgabe einer Arbeit über Hanai-Tepe, einen der Heldenhügel in der Nähe von Hissarlik, und wolle dabei nicht nur über Knochen- und Schädelfunde berichten, wie es ihm zustand, sondern auch über andere Ausgrabungen. Wutschnaubend sandte er eine Depesche ab: »Nichts über Hanai-Tepe veröffentlichen. Sonst Freundschaft ruiniert und Liebe zu Deutschland.«

Darauf folgte ein Brief, in dem er sich beklagte, er habe 400 000 Drachmen für die Grabungen ausgegeben und Virchows Anwesenheit in Troja als Freundschaftsdienst angesehen, und jetzt wolle dieser ihn hintergehen. Schliemann schwor feierlich, wenn eine Publikation über Troja erscheine, betrachte er ihre Freundschaft als beendet, und seine Sammlungen würden nie in den Besitz der Berliner Museen gelangen. Das blieb nicht ohne Wirkung: Obwohl die Berliner Akademie einen Bericht von Virchows Exkursionen anforderte, wagte der berühmte Professor zwei Jahre nicht, die Arbeit zu veröffentlichen.

In der Zwischenzeit stand Schliemann täglich bis zu vierzehn Stunden an seinem Werk, einem beinahe Tausend-Seiten-Wälzer; aber noch während dieser Arbeit faßte er einen neuen Plan: Homer sprach von insgesamt drei Städten, in denen es Gold im Überfluß gab. In Troja und Mykene hatten sich diese Berichte bestätigt, für Heinrich Schliemann war es daher überhaupt keine Frage, daß er auch in der dritten Stadt erfolgreich sein würde. Sie lag in Böotien und hieß Orchomenos.

Ungeduldig wartete Carl Humann auf Antwort, aber die Grabungsleitung in Berlin antwortete nicht. Humanns deutliche Worte, die Pergamon-Reliefs bei Nacht und Nebel außer Landes zu schaffen, hatten Professor Conze die Sprache verschlagen. Vielleicht wollte er Humann aber auch auf eigene Faust gewähren lassen, um für den Fall, daß etwas schiefging, die Tat als Plan eines Einzelgängers hinzustellen. Natürlich wünschte sich der Direktor der Skulpturensammlung nichts mehr als die Verfrachtung der kostbaren Funde nach Berlin, aber wichtiger erschien es in diesem Augenblick, die Versuchsgrabungen fortzuführen. 3000 Mark hatte der Ansatz für die ersten vier Wochen betragen. Jetzt bewilligte der Kaiser 50 000 Mark aus seinem Dispositionsfonds und der Finanzminister noch einmal die gleiche Summe.

In geschickten Verhandlungen mit dem Wali von Smyrna gelang es Humann, einen 2:1-Teilungsmodus zu seinen Gunsten durchzusetzen. Er akzeptierte Diran Effendi, einen Beamten des Gouverneurs, als Teilungskommissar und den deutschen Direktor der Ottomanischen Bank als Unparteiischen.

Die ersten Winterregen beeindruckten Humann nicht, er grub weiter, und am 30. Dezember 1878 registrierte er das 39. Monumentalrelief, herausgeschält aus bisher 850 Kubikmeter Mauerwerk. Doch Humann hatte erst ein Zehntel der etwa 300 Meter langen Mauer abgetragen. Ein Zimmermann wurde engagiert, um Holzkisten für die Schätze zu bauen, ein Wagnermeister konstruierte einen tragfähigen Schlitten; denn Wagen sanken auf dem unbefestigten Weg talwärts zu sehr ein. Humann ließ vier Wasserbüffel anspannen.

Es dauerte mehrere Tage, bis alle Reliefs zu Tal gebracht waren, und der Transport von Bergama zum Meer nach Dikeli nahm gar Wochen in Anspruch. Inzwischen verhandelte Carl Humann erneut mit dem Wali von Smyrna – um den letzten Anteil der Regierung. Humann versuchte den Wali zu überreden, er möge dem Großwesir vorschlagen, den Deutschen das verbleibende Drittel großmütig zu schenken. Inschallah, natürlich nicht ohne Gegenleistung! Der deutsche Kaiser würde sich gewiß erkenntlich zeigen, sagen wir: 1000 türkische Pfund, was etwa 20 000 Mark entsprach.

Die Aussicht auf so kostbare Schätze setzte in Berlin ungeahnte diplomatische Aktivitäten in Gang, und ehe Humann sich versah, ankerte vor Dikeli das deutsche Kanonenboot »Comet«, ausgestattet mit vier Kanonen und 64 Mann Besatzung. Doch die antike Fracht erwies sich als zu schwergewichtig, und die »Comet« mußte viermal die 60 Seemeilen nach Smyrna bewältigen, bevor die ersten zehn Kisten mit den Fragmenten des Weltwunders auf einen Dampfer des Österreichischen Lloyd verfrachtet und nach Triest verschifft werden konnten. Im Februar wurden die ersten Reliefs in Berlin ausgeladen.

1. Mai 1879. Conze traf in Begleitung des Malers Christian Wilberg ein. Nach dreiwöchiger Krankheit – war's die Galle, war's die Leber? – hatte Humann sich mühsam hochgerappelt und die Grabungen nach kurzer Winterpause wieder aufgenomen. Und die Götter waren weiterhin auf seiner Seite: Wo immer seine Leute die Spitzhacken ansetzten, quollen Teile des großen Altars von Pergamon hervor.

»Wann soll das bloß enden?« rief Professor Conze, als er sah, was die Mauer Tag für Tag hergab.

»Das will ich Ihnen sagen!« erwiderte Humann und deutete auf das Ende der Mauer. »Nicht, bevor wir dort angelangt sind.«

»Und wie viele Reliefplatten haben wir bis heute?«

»Moment!« Carl Humann blätterte in seinem Skizzenblock, den er ständig bei sich trug. Dann sagte er: »Heute, am 1. Mai, beläuft sich die Ausbeute . . .«

»Sagen wir das Inventar!« unterbrach Conze.

»Also gut. Bis zum heutigen Tage beläuft sich unser Inventar auf 66 Reliefplatten mit Darstellungen des Gigantenkampfes, 23 Platten des kleineren Frieses, 37 Skulpturen und 67 Inschriften.«

Wilberg, der in der Nähe aquarellierte und die Unterhaltung verfolgt hatte, ließ seine Staffelei im Stich und trat auf die beiden Männer zu. »Ich beneide Sie nicht«, meinte er.

Humann und der Professor sahen ihn fragend an.

»Nun ja, irgendwann muß ja wohl irgend jemand darangehen und versuchen, alle diese herrlichen Bruchstücke wieder zusammenzusetzen.

Conze und Humann schwiegen. Vorläufig mochte keiner von ihnen daran denken.

Noch immer hatte der Großwesir nicht zu erkennen gegeben, ob er bereit war, großzügig auf sein anteiliges Drittel zu verzichten. Deshalb reiste Alexander Conze nach Konstantinopel, um beim neuen deutschen Botschafter Graf Hatzfeld zu intervenieren. Vom Hofe des Sultans kam der Bescheid, Hoheit seien durchaus geneigt, dem Wunsch zu entsprechen. Inschallah, man werde sehen

Der 6. August, der Tag, an dem die Grabungslizenz auslief, rückte näher und näher, aber die byzantinische Mauer schien immer länger zu werden. Humann hatte nun oberhalb der Mauer auch das gewaltige Fundament des Altares entdeckt, einen schmucklosen Unterbau, beinahe quadratisch, 36 mal 34 Meter. Versatzmarken lieferten die ersten Hinweise für eine mögliche Rekonstruktion.

Carl Humann mobilisierte den deutschen Botschafter und Professor Conze, sich für die Verlängerung des Firmans einzusetzen – vergeblich. Am 6. August brach Humann die Ausgrabungen ab. Doch die Arbeiten gingen weiter, galt es doch Tonnen von Marmorfragmenten transportfertig zu machen. Der Ausgräber war bemüht, möglichst wenig Aufsehen zu erregen; denn solange er noch teilen mußte, konnte schon ein einziger Zeitungsbericht alle Pläne zunichte machen. Zwei Wochen vergingen mit Sortieren, Verpacken, Transportieren, und der Tag der Teilung rückte immer näher, da telegraphierte Graf Hatzfeld aus Konstantinopel: »Firman um vier Monate verlängert. Gratuliere!« Und wenig später eine zweite Depesche: »Sultan unterzeichnet Jradé.« Das bedeutete: Der türkische Sultan, nach dem Staatsbankrott von 1875 für jedes Almosen empfänglich, hatte den Deutschen seinen Anteil aus den Funden von Pergamon für 20 000 Mark verkauft.

Humann tanzte wie ein Derwisch auf der Mauer und rief: »Männer, es geht weiter!«

»Es geht weiter, es geht weiter!« antworteten die Ausgräber und griffen zu Brechstangen, Hacken und Schaufeln. Humann hatte sparsam gewirtschaftet und von seinem Etat beinahe 28 000 Mark übrig, so daß er die Arbeiten von einem Tag auf den anderen fortsetzen konnte.

Ein Bericht der Berliner »Nationalzeitung« versetzte die Deutschen in einen Taumel der Begeisterung, andere Zeitungen zogen nach, und alle Welt sprach auf einmal von Pergamon. Humann setzte seine Arbeit bis Ende des Jahres fort. Die nüchterne Bilanz des Straßenbauingenieurs: 97 Reliefplatten der Gigantenschlacht (120 Quadratmeter), 35 Platten eines weiteren Frieses, 2000 Skulpturen und Fragmente, 130 Inschriften.

Die Räder der schweren Wagen, die Humann eigens hatte konstruieren lassen, versanken im Morast, als er die letzten Transportkisten zum Hafen von Dikeli begleitete. Kalter Regen peitschte ihm ins Gesicht; aber Carl Humann war glücklich. Nur ein Gedanke ließ ihn nicht los. Wilberg, der Maler, hatte ihn in sein Bewußtsein gebracht: Jetzt mußte jemand versuchen, all diese herrlichen Bruchstücke zusammenzusetzen.

Im Frühjahr 1880 ging die Frist zu Ende, die das Deutsche Reich für die Ausgrabungen in Olympia gesetzt hatte. 280 Arbeiter waren ständig im Einsatz, bis zu 50 Pferdekarren beseitigten das überflüssige Erdreich, und zwei junge Baumeister verdienten sich in der Altis ihre Sporen als Ausgräber, Richard Bohn und Wilhelm Dörpfeld. Vor allem Dörpfeld werden wir später und an anderen Stellen begegnen. Er hatte bei Friedrich Adler studiert und als 24jähriger erstmals olympischen Boden betreten, was bei ihm einen so nachhaltigen Eindruck hinterließ, daß der Absolvent der Technischen Hochschule sich schon bald mit griechischen Sprachstudien beschäftigte.

Mit Hilfe von Pausanias' Beschreibung und der freigelegten Bauwerke versuchte Professor Curtius einen ersten Plan von Olympia herzustellen; aber dieses Kartenwerk wies noch zu viele Fragezeichen und weiße Stellen auf. Unmöglich, die Grabungen jetzt einzustellen, also bemühte er sich bei der Reichsregierung um neue Geldmittel. Aber die hohen Herren zeigten sich knausrig, vor allem Reichskanzler Bismarck, der dem Olympia-Projekt stets nur Unmut entgegengebracht hatte. »Pergamon«, beklagte sich Curtius, »ist jetzt in aller Munde. Man schwelgt in dieser unabsehlichen Masse von Originalen und fühlt sich auf einmal London ebenbürtig. Ein ganzes Stück alter Kunstgeschichte ist neu erobert. Es ist nicht mehr der alte Glaube, nicht mehr die Poesie und das edle Maß in diesen Werken, es ist die Rhetorik der alexandrinischen Periode – aber es ist eine Kühnheit, eine Bravour der Technik, die man bewundern muß.«

Dem konnte Curtius nur Grabungsberichte entgegensetzen, die Funde selbst verblieben in Griechenland. Und doch war *seine* Arbeit für die Wissenschaft und die Erkenntnis der Geschichte von größter Bedeutung. »Wir haben«, meinte der Professor, »den Boden der Altis nicht in *der* Absicht geöffnet, lauter mustergültige Kunstwerke zu heben, die nach Idee und Ausführung gleiche Bewunderung in Anspruch nehmen. Ein Archiv der *Geschichte* wollten wir aufschließen und uns gerade davon überzeugen, wie man außerhalb Athens gebaut und gebildet hat. Unsere Kenntnis griechischer Kunst war zu einseitig auf athenische Denkmäler gegründet. Ist es nicht ein Fortschritt der Erkenntnis, wenn wir sehen, wie dort gearbeitet wurde, wo so ausnahmsweise glückliche Verhältnisse, wie die des perikleischen Athen, nicht vorhanden waren?«

Was unter den Schaufeln der deutschen Ausgräber ans Tageslicht kam, erwies sich in der Tat als eine grandiose Ansammlung verschiedenster Qualitätsstufen, Stile und Epochen, wie sie bis dahin nie in solcher Menge und auf so engem Raum angetroffen worden war. Allein der Zeus-Tempel stellte ein Stück Kunstgeschichte dar. Von einheimischen Meistern errichtet, im strengen dorischen Stil, präsentierte er sich als Forschungsobjekt, weil verschiedene Meister und verschiedene Kunstschulen des 5. Jahrhunderts in der Ausstattung des Tempels gewetteifert hatten. Kaum eine Woche verging, in der nicht an irgendeiner Stelle der Grabungen ein wichtiges Bruchstück der Giebelfiguren entdeckt wurde, bis sich je 21 Marmorkolosse puzzleartig zusammenfügen ließen, in Stil und Qualität deutlich zu unterscheiden als dem niveauvolleren Ostgiebel oder dem anspruchsloseren Westgiebel zugehörig. Ja, sogar in den einzelnen Giebelfeldern konnte man die unterschiedliche Handschrift von Meistern und Gesellen erkennen, etwa die hervorragende Darstellung nackter Körperteile und die schülerhafte Bearbeitung der Gewänder.

Außer dem Zeus-Tempel hatten die deutschen Ausgräber nun auch den Hera-Tempel freigelegt und das kleine Metroon, eigenartig und in ansehnlichen Resten erhalten. Pausanias beschrieb das Heiligtum der Göttermutter als »nicht großen Tempel dorischen Stils«, fand darin aber kein Götterbild mehr vor, sondern Statuen römischer Kaiser. Im Laufe der Ausgrabungen wurden hier sieben Statuen von Kaisern und Kaiserinnen gefunden, ein Koloß des Kaisers Augustus in dreieinhalbfacher Lebensgröße und sechs etwa gleich große, darunter Claudius, Titus und Domitian. Eine Inschrift erklärte das Seltsame: Augustus hatte den alten Tempel der vergessenen Gottheit für den allgemeinen Kaiserkult erwählt.

Namen und Beschreibung vieler Bauwerke waren bekannt; doch nun tauchten sie aus dem Schutt der Jahrtausende auf, durch Zufall bisweilen, aber auch in gezielten Grabungen: Das Prytanaion, gleich hinter dem Hera-Tempel, das Rathaus mit Küche und Speisesaal, das Gymnasion mit Ringplatz und Wohnräumen, dreizehn Schatzhäuser nebeneinander am Fuße des Kronos-Hügels und davor in einer Reihe zunächst fünf leere Sockel.

Die Bestimmung dieser Statuensockel bereitete den Ausgräbern kaum Schwierigkeiten, wußte Pausanias doch zu vermelden: »Geht man nämlich den Weg vom Metroon zum Stadion, befindet sich links am Fuß des Berges Kronion am Berge selbst eine Stützmauer aus Stein und Stufen dahinauf. An dieser Stützmauer stehen bronzene Zeus-Statuen. Diese wurden gemacht aus den Strafgeldern, die Athleten auferlegt wurden, die sich gegen den Wettkampf vergangen hatten, und heißen bei den Einheimischen Zanes. Zuerst stellten sie sechs während der 98. Olympiade auf. Denn der Thessaler Eupolos bestach die Faustkämpfer, die gekommen waren, mit Geld, außerdem den Arkader Agetor und den Kyzikener Prytanis und mit ihnen Phormion, der aus Halikarnaß stammte und in der Olympiade vorher gesiegt hatte. Das soll das erste Vergehen von Athleten gegen die Spiele gewesen sein, und als erste wurden Eupolos, und die von ihm Geschenke angenommen hatten, von den Eleern mit Geldstrafen belegt. Zwei Statuen sind Werke des Sikyoniers Kleon; wer die andern vier gemacht hat, weiß ich nicht.«

Die Statuen aus Erz hatten allesamt in einem Schmelzofen geendet, nicht ein Bruchstück konnte entdeckt werden. Viel wichtiger war in diesem Zusammenhang die Ortsbeschreibung des Pausanias. Mit dem Statuensockel als Fixpunkt hatten die Forscher endlich einen konkreten Hinweis auf das Stadion von Olympia, in dem jahrhundertelang um nichts als einen Lorbeerzweig gekämpft wurde.

Aber während sich das Grabungsareal immer weiter ausdehnte, während der Bedarf an Arbeitskräften stieg, zog Bismarck das von Curtius erbetene neue Budget von 90 000 Mark, dem er bereits zugestimmt hatte, zurück. Im April, meldete Professor Curtius, werde er abbrechen müssen, und entfesselte damit einen Sturm der Empörung in Gelehrtenkreisen, so daß sich der Kaiser höchstpersönlich einsetzte. Man dürfe Olympia jetzt nicht fallenlassen, ließ er vernehmen, das große Werk müsse zu Ende gebracht werden. Auf kaiserliche Intervention genehmigte der Bundesrat schließlich weitere Mittel in Höhe von 80 000 Mark, und Curtius reiste nach Griechenland, um die Grabungen selbst zu Ende zu bringen.

Noch wehte die deutsche Flagge auf dem Grabungshaus. In der Altis sprossen die Platanen- und Feigenblätter hervor, der Ginster legte einen gelben Schimmer über die Höhen, vermischt mit hellgrünem Weinlaub, und dazwischen hier und da die ersten Oleanderblüten. Grabungsaufseher Charalampos stieg bei Curtius' Ankunft auf den Tisch und hielt eine Rede, die mit einem Hochruf auf den deutschen Kaiser endete.

»Choch, choch!« schallte es aus mehreren hundert griechischen Kehlen.

Es waren dies die schönsten Tage, die Ernst Curtius als Ausgräber verbrachte. »Das Wetter ist herrlich, jeder Atemzug Wonne!« schrieb er an seine Frau. »Die altberühmte Rennbahn ist jetzt vor allem anderen, was mein Interesse in Spannung hält. Es sind die Steine an Ort und Stelle wieder freigelegt, von denen die Läufer ausliefen und wohin sie schweißbedeckt anlangten. Zwanzig in einer Reihe konnten zusammen laufen. Man sieht noch die Löcher, in denen die Pfeiler standen, welche die vier Fuß breiten Standplätze voneinander trennten.«

Die Grabungen begannen morgens um sieben und endeten abends mit dem Dunkelwerden. Dazwischen lagen lange erkundungsgänge, Diskussionen mit den Ausgräbern, das Skizzieren von Funden und das Studium der antiken Schriftsteller. 450 Grabungsarbeiter brachten die Forschungen schnell voran. Die Aufdeckung neuer großer Gebäude wechselte mit ergänzenden Kleinpfunden, und beide waren von Wichtigkeit: Südwestlich des Zeus-Tempels tauchte aus dem Schwemmland ein beinahe quadratisches Gebäude von 80 Meter Seitenlänge hervor, das bei Pausanias den Namen Leonidaion führt, eine Halle von 140 ionischen Säulen getragen, mit vielen kleinen Zimmern, die allesamt auf einen Innenhof ausgerichtet waren, ein Gästehaus, das den Namen seines Stifters, des Architekten Leonidas von Naxos, trug. Wenig spektakulär dagegen ein Marmorbruchstück an der Nordseite des Hera-Tempels, ein menschlicher Fuß, umschnürt von den Lederriemen einer Sandale. Die Feinheit der Darstellung legte sofort die Vermutung nahe, es könnte sich um ein Fragment des Hermes von Praxiteles handeln. Die Vermutung wurde zur Gewißheit, und die Ausgräber nahmen diese Entdeckung zum Anlaß für eine Nachgrabung im Umkreis dieser Stelle. Zunächst ohne Erfolg, doch als sie schon aufgeben wollten, stieß ein Arbeiter ziemlich weit abseits auf einen kleinen Kopf aus Marmor. Es war dies das wichtigste fehlende Stück der Figurengruppe des Praxiteles, der Kopf des Dionysosknaben auf dem Arm des Hermes. Details hatten sich in ein Ganzes gefügt.

Überhaupt liegt gerade darin die Bedeutung der Ausgrabungen von Olympia. Curtius war bestrebt, *ganz* Olympia der Vergangenheit zu entreißen; denn Geschichte ebenso wie Kunstgeschichte ist ein Mosaik aus Informationen einer Epoche. Und je zahlreicher die Steinchen in diesem Mosaik sind, desto schärfer ist das Bild. Eine Statue des großen Praxiteles mag Aufsehen erregen und Bewunderung, für die Kunstgeschichte ist sie jedoch nur eine einzige Information.

Allein die 400 Inschriften, die während der deutschen Grabungen zutage kamen, stellten für die Forschung einen unschätzbaren Wert dar. Inschriften in Erz, Stein und Ton, auf Steinsockeln, Architraven und Säulen, auf Helmen, Schilden und Lanzen, auf Baumarken und Ziegelstempeln geben Zeugnis ihrer Entstehungszeit; darüber hinaus sind sie eine Musterkarte der griechischen Schrift; vor allem aber geben sie Einblick in die verschiedenen Dialekte Griechenlands. Argiver und Chalkidier, Eretrier, Korinther und Korkyräer versammelten sich über Jahrhunderte in Olympia, und sie verwendeten eigene Schreibweisen. Curtius entdeckte Inschriften, in denen der Zetazismus vorherrscht, der Gebrauch des griechischen Z für D, und er fand bei anderen Dialekten einen Rhotazismus, wobei R für S steht. Daneben traten Wörter und Wortformen zutage, für die es bis dahin keine Überlieferung gab. Und in der Auswertung aller Schriftenfunde konnte Ernst Curtius eine exakte Liste des Tempel- und Beamtenpersonals vorlegen, von der Zeit an, da nur *ein* Hellanodike Kampfrichter war, bis zum Beginn christlicher Zeitrechnung.

Die Ausgrabung der Tempel von Olympia war für die Forschung allein deshalb von übergroßem Interesse, weil diese Bauwerke nicht aus einem Guß waren, wie etwa der Parthenon auf der Athener Akropolis, sondern Um- und Anbauten erhielten. Ein doppelter Fußboden und Versatzmarken im Marmorgebälk des Zeus-Tempels zeigten verschiedene Bauepochen an. Am Hera-Tempel konnte nachgewiesen werden, wie die alten

Holzsäulen nach und nach gruppenweise in Stein ersetzt wurden – bis auf eine. Und neben den Tempeln fand man zum ersten Mal antike Stadthäuser, Senatsgebäude, Palastbauten, Schatzhäuser und ein Gymnasion oder zumindest deren Überreste, die es erlaubten, ihr ursprüngliches Aussehen zu rekonstruieren.

Voraussetzung für all dies war die Arbeitsteilung: Eine Gruppe qualifizierter Baufachleute vor Ort lenkte die Grabungen und lieferte Aufzeichnungen, dirigiert und analysiert wurde das Unternehmen von der Zentrale in Berlin. Schliemann war ein Schatzgräber, der die Spuren der Antike sehen, die Luft von Hellas einatmen mußte, um erfolgreich zu sein. Curtius machte seine Entdeckungen am Schreibtisch in nächtelanger Geistesarbeit.

»Nichts«, meinte Ernst Curtius am Ende des Unternehmens Olympia, »nichts soll uns ferner liegen, als durch Seitenblicke auf andere Untersuchungen unser deutsches Werk rühmend erheben zu wollen. Jedes umfangreichere Unternehmen dieser Art ist ein Wagnis, dessen Erfolg sich weder berechnen noch erzwingen läßt. Nur zum Dank soll es uns stimmen, wenn wir uns vergegenwärtigen, wie ungewöhnlich reich der Segen ist, der die deutsche Forschung begleitet hat. In Ephesos ist der lange gesuchte Tempel mit seiner Umgebung noch heute ein Rätsel für uns. Nach wiederholter Durchforschung von Halikarnaß sind wir auch über das eine Mausoleum nicht ins klare gekommen. Die Frage nach der Lage von Ilion, die seit 2000 Jahren die Gelehrten beschäftigt, ist auch nicht zur Entscheidung gebracht, und was die so überaus denkwürdigen Funde von Mykene betrifft, so müssen wir, wenn wir ehrlich sind, gestehen, daß wir noch heute nicht wissen, welchem Jahrtausend die Burggräber angehören. Hier sind überall mehr Rätsel gegeben als gelöst.«

Im Überschwang der Gefühle vergaß oder verdrängte der 65jährige Professor, daß auch das ausgegrabene Olympia noch genügend Rätsel und Fragen offen ließ. Doch für ihn hatte sich der Traum erfüllt, den er vor über vierzig Jahren zum ersten

Mal geträumt hatte, damals, als Hauslehrer bei Brandis. Curtius ahnte wohl, daß dies sein letzter Aufenthalt in Olympia sein würde, in seinem Olympia. Und während sich der Abend über das Alpheios-Tal senkte, während die Zikaden zirpten, daß es in den Ohren schmerzte, ging der weißhaarige Professor ein letztes Mal durch die Ruinen der uralten heiligen Stätte. Jede Mauer, jede Säule, ja jeder einzelne Stein sagte ihm mehr als jedem anderen, der je diesen Boden betrat. Er spürte wohl, daß er etwas Endgültiges vollbracht hatte.

Am anderen Tag geleiteten die jungen Archäologen, die mit der Abwicklung der letzten Grabungen betraut waren, ihren Professor nach Pyrgos. Von dort nahm Curtius ein Schiff nach Patras, wo er eine letzte Nacht auf griechischem Boden verbrachte. Aber er fand keinen Schlaf. Curtius entzündete eine Kerze, stellte sie vor sich auf den kleinen Holztisch, zog Papier und Feder aus seinem Gepäck und schrieb einen Brief.

Patras, 9. Mai 1880

»Meine geliebte Clara!

So bin ich wieder hier, wo ich am 7. März 1837 zum ersten Mal griechischen Boden betreten habe. Donnerstag abend fanden wir noch den Kopf der Hippodameia, und am Abend gaben uns die jungen Leute ein Zauberfest mit bunten Lampen in der Gartenlaube. Mein Herz ist voll von Freude und Dank. Die letzten Ausgrabungen waren an Einzelfunden nicht reich, aber ich habe die frohe Überzeugung gewonnen, daß wir würdig abschließen können. Dazu werden Zeit und Mittel noch ausreichen. Die jungen Leute haben alle ihre volle Pflicht getan, und wir können mit gerechtem Stolz auf das Geleistete sehen. Es wird von allen Sachverständigen in der ganzen Welt anerkannt werden als ein Werk, das den Deutschen Ehre macht und Licht schafft nach allen Seiten. Ich selbst habe in der täglichen Berührung mit den Altertümern von Olympia viel gelernt und ganz neue Anschauungen gewonnen. Ich bin in stillem Herzen dankbar für das Gelingen unseres Werkes und weiß, daß ein reicher Segen darauf ruht, der sich immer mehr geltend machen wird. Mancher Lücken ungeachtet habe ich das sichere

Gefühl, daß wir jetzt abschließen müßten, wenn wir auch noch Tausende haben könnten.«

Dann faltete Ernst Curtius den Brief und steckte ihn zu seinem Reisegepäck.

VI. Für Ehre und Vaterland

Der Menschen Liebstes ist das Vaterland.
Wie lieb es ist, kann keine Rede fassen.

Euripides

Es würde mir eine große Ehre und ein besonderes Vergnügen sein, wenn ich einmal als Architekt Ihren Ausgrabungen beizuwohnen oder archäologische Arbeiten in Ihrem Auftrag zu machen Gelegenheit hätte.«
Die Bewerbung war knapp und sachlich, und Schliemann wollte sich eigentlich höflich bedanken, er habe bereits einen Architekten engagiert, der Herrn Höfler aus Wien, empfohlen mit einem Preis seiner heimischen Akademie, da las er den Absender: Wilhelm Dörpfeld, Deutsches Archäologisches Institut, Athen. War das nicht jener Dörpfeld, der für Curtius in Olympia gegraben hatte?
Schliemann antwortete: Er möge kommen.
Wilhelm Dörpfeld war ein schlaksiger, hochgewachsener Mann von 28 Jahren, doch im Anblick des Palastes in der Panepistimioustraße wurde er kleiner und kleiner. »Iliou Melathron« stand in großen goldenen griechischen Buchstaben an der Stirnseite des Prachthauses, »Palast von Ilion«. Marmorstufen wie vor dem Parthenontempel auf der Akropolis führten zum zweiflügeligen Eingangsportal, das im Schatten säulengetragener Rundbogen lag. Der griechisch gewandete Diener Bellerophon öffnete.
Die Eingangshalle strahlte in weißem Marmor, auf dem Boden Mosaiken wie in Mykene, und eine breite Treppe führte in weitem Bogen zum Obergeschoß. An den Wänden große

Vasen und antike Skulpturen auf mannshohen Sockeln. Dörpfeld staunte. Ein König konnte nicht prunkvoller wohnen. Aber während er die kostbare Architektur, den erlesenen Geschmack des Hausherrn bewunderte, fiel ihm auf, daß es in diesem Palast fast überhaupt keine Möbel gab, nur hier ein Tischchen, dort einen Hocker, da ein kunstvolles Kommödchen. »So, es gefällt Ihnen also!« sagte Schliemann, und ein kleines verschmitztes Lächeln huschte über sein Gesicht, als Dörpfeld seiner Bewunderung über das Haus Ausdruck verlieh. Und während der junge Architekt in dem weiträumigen Arbeitszimmer vergeblich nach einem Sofa, Vorhängen und ein bißchen Gemütlichkeit suchte, kam Schliemann ohne Umschweife zur Sache.

»Baumeister sind Sie, Herr Dörpfeld?«

»Jawohl, Herr Doktor, bei Professor Adler studiert.«

»Und Sie haben für Curtius in Olympia gegraben?«

»Jawohl, Herr Doktor.«

»Berliner?«

»Nein, Herr Doktor. Geboren in Barmen.«

»Alter?«

»Achtundzwanzig, Herr Doktor.

»In Ihrem Alter verdiente ich mein erstes Geld in Amerika, als Goldgräber.« Er machte eine lange Pause. »Und nun wollen Sie für mich arbeiten . . .«

»Ich glaube, ich könnte Ihnen von Nutzen sein.«

»So. Glauben Sie. Sie haben die Diskussion um Troja verfolgt?«

»Jawohl, Herr Doktor Schliemann.«

Schliemann hörte es nicht ungerne, wenn man ihn mit »Herr Doktor« anredete. Die Universität Rostock hatte ihm 1869 diese Würde verliehen, und er war stolz darauf. »Und wie denken Sie über Troja?«

»Nun ja. Viele zweifeln, ob die kleinen Hütten der dritten Schicht, die Sie in Ihrem Buch ›Ilios‹ als das homerische Troja beschrieben haben, wirklich die Häuser des Königs Priamos und seiner Söhne sein können.«

Schliemann nickte nachdenklich. »Wissen Sie was, Dörpfeld,

ich habe da inzwischen auch so meine Bedenken. Je länger ich darüber nachgedacht habe, desto unmöglicher erscheint es mir, daß Homer Ilion als eine große gutgebaute Stadt mit breiten Straßen schildert, wenn sie in Wirklichkeit nur ein ganz kleines Städtchen war. Deshalb habe ich eine neue Grabungslizenz beantragt.«

»Es würde mir eine Ehre sein, Ihnen zur Seite zu stehen.«

Schliemann und Dörpfeld wurden sich schnell einig. Der junge, begeisterungsfähige Baumeister aus Barmen und Höfler aus Wien schienen genau richtig für die bevorstehende Aufgabe. Es gab wohl kaum noch Schätze, die in Troja zu heben waren; aber die verschiedenen Gemäuer bedurften einer genauen Untersuchung. Neue Grabungen waren vonnöten.

Zum ersten Mal war Heinrich Schliemanns Glaube an Homer ins Wanken geraten, als er im Jahr zuvor in der reichberühmten böotischen Stadt Orchomenos gegraben, aber außer Scherben kaum Nennenswertes zutage gefördert hatte.

Im März 1882, als die Störche zurückkehrten und die Kraniche wie Pfeilspitzen über die Troas zogen, begann die dritte Grabungskampagne in Troja, und schon nach wenigen Tagen entdeckte der Neuling Dörpfeld, daß die ungeheure trojanische Ziegelmauer sich nach Nordosten fortsetzte, also ein weit größeres Gebiet als angenommen einschloß. Dörpfeld am 1. April 1882 an seinen Ausgräberkollegen Georg Treu aus Olympia: »Obgleich unsere Wohnung und Lebensweise hier noch viel primitiver als in Olympia ist, so fühle ich mich doch recht wohl hier, da die Ausgrabungen in höchstem Maße interessant sind. Solche Schuttanhäufungen, wie sie bisher von Schliemann aufgedeckt sind, hätte ich in der Tat für unmöglich gehalten; 50 Fuß hoch liegt der Schutt in horizontalen Schichten übereinander. Für mich als Architekt sind besonders die Haus- und Festungsmauern der einzelnen Städte von höchstem Interesse, weil sie, in den verschiedensten Bauweisen und zum Teil mit Luftziegeln errichtet, noch jetzt stückweise erhalten sind.«

Schliemann und Dörpfeld waren grundverschieden. Dem einen

war kein Hügel zu hoch, kein Graben zu tief, um ihn nicht aufzugraben, damit er sah, was das Erdreich verbarg, der andere hatte in Olympia gelernt, ein Areal mit Suchgräben zu überziehen, sich ein ungefähres Bild zu machen und dann behutsam ins Detail zu gehen. Dörpfeld war überhaupt ein Mann des Details.

Mit unglaublicher Geduld musterte er Stein für Stein in jedem Mauerwerk, registrierte Farbunterschiede, skizzierte er Pläne und stellte Kombinationen an. Er arbeitete meist abseits und allein und nahm nur selten ein paar der 120 Arbeiter in Anspruch. Der Erfolg blieb nicht aus. Schon nach wenigen Tagen erkannte Dörpfeld, daß die von Schliemann mit I und II bezeichneten Schichten zu ein und derselben Stadt gehörten. Für das Labyrinth der kreuz und quer verlaufenden Fundamentmauern hatte Dörpfeld ein geschultes Auge, das räumlich und zeitlich aufeinanderfolgende Bauschichten voneinander zu trennen vermochte. Der eigentliche Königspalast lag *unter* den kleinräumigen Mauerresten, die Schliemann für das Haus des Priamos gehalten hatte. Und dieser Palast nahm den *ganzen* Burgberg ein. Wo aber lebte das Volk der Trojaner?

Die Antwort bedurfte keiner langen Überlegungen: Die Stadt Troja mit ihren breiten Straßen mußte am *Ende* des Burgberges gelegen haben, dort, wo Schliemann bisher überhaupt nicht gesucht hatte! Vierzig zusätzliche Arbeiter wurden eingestellt, Suchgräben gezogen, in die Breite gegraben – nichts. Uralte Scherben zwar in großen Mengen, aber keine Häuserreste. Verfolgten sie einen Irrweg?

Nein. Die Erklärung dieses Phänomens war relativ einfach: Trojas Einwohner lebten in schlichten Holzhäusern, und der Pflug, der in der Ebene jahrtausendelang über den Boden ging, mag ein Übriges getan haben. Aber Tonscherben, die untrüglichen Siedlungsreste, blieben.

Anders auf der Burg von Troja: Als die kleinen Häuser der dritten Schicht abgetragen waren, kamen darunter so mächtige Quader zum Vorschein, daß Dörpfeld die neu entstehenden Grundrisse zunächst für mehrere Tempel hielt. In der Rekon-

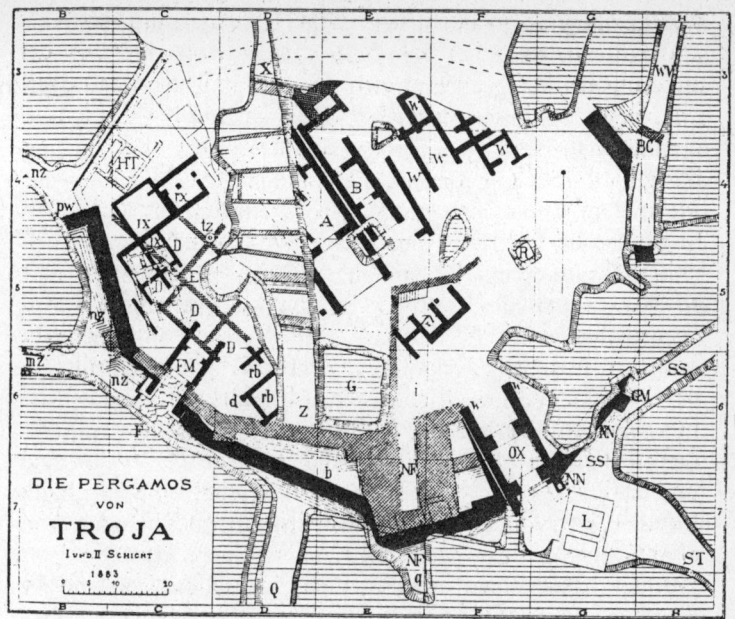

Plan der Troja-Ausgrabungen im Jahre 1882.

struktion auf dem Reißbrett erkannten die Ausgräber jedoch bald den ausgedehnten Palast eines Herrschers.

Diese Zeichenarbeiten mußten nachts heimlich in Schliemanns Haus vonstatten gehen, wenn Eddim Effendi, der Aufsichtsbeamte der Regierung, schlief. Der Grund: Sechs Kilometer entfernt lag das Festungswerk Kumkale, und ein Großmeister der türkischen Artillerie hatte den Verdacht geäußert, Schliemann, dem ohnehin nicht zu trauen sei, wolle gar nicht Troja ausgraben, sondern nur die Dardanellenfestung auskundschaften. Deshalb war der Firman nur unter der Bedingung erteilt worden, daß bei den Grabungen in Troja weder Meßinstrumente zum Einsatz gebracht noch Zeichnungen oder Notizen angefertigt würden. Schliemann schrieb wütende Briefe an die türkische und deutsche Regierung, die Auflagen seien lachhaft

215

– vergebens. Erst dem neuen deutschen Botschafter Joseph von Radowitz gelang es, den Sultan höchstpersönlich von der Integrität der Ausgräber und der Notwendigkeit zu überzeugen, einen Stadtplan des alten Troja anzufertigen. Und so beobachteten denn zwei türkische Offiziere eine Woche lang jede Handbewegung, jede Messung und jede Aufzeichnung des jungen Dörpfeld. Doch damit gab es zum ersten Mal einen authentischen Plan der Palastanlage von Troja.

Bis zur Sommerpause legten Schliemann, Dörpfeld und Höfler die Ringmauer der zweiten Burganlage auf einer langen Strecke frei, so daß Dörpfeld den Versuch unternehmen konnte, den ganzen Verlauf der Burgmauer zu rekonstruieren. Neben dem Westtor stießen die Ausgräber im Süden und Südosten auf zwei weitere Burgtore, von denen das eine der älteren Periode der zweiten Schicht angehörte. Dörpfeld ergänzte mehrere Grundrisse von Bauten, die von Schliemann während seiner ersten Grabungen durchschnitten oder zum Teil abgetragen worden waren. Neuere Entdeckungen innerhalb der Palastanlage gaben zunächst Rätsel auf, weil sie die klassische Architektur griechischer Tempel mit Cella und Pronaos aufwiesen.

»Erst später«, schrieb Wilhelm Dörpfeld in seinem Grabungsbericht, »als das Megaron der Burg von Tiryns ausgegraben und so die Gestalt und Lage des Herrscherhauses der heroischen Zeit bekanntgeworden war, durften die trojanischen Gebäude mit Bestimmtheit für Wohnhäuser erklärt werden. Bei anderen Gebäuden war wegen der großen Zerstörung eine Ergänzung und Bestimmung nicht möglich. Daß an den Bauwerken im Innern der Burg ebenso umfangreiche Umbauten stattgefunden hatten wie bei der Burgmauer und den Toren und daß also auch bei ihnen mindestens zwei Perioden unterschieden werden mußten, war an den vorhandenen Ruinen sicher festzustellen.«

Aber selbst vor einem starrköpfigen Autodidakten wie Schliemann machte die Einsicht des Alters nicht halt. Ein Satz, der noch nie im Leben über seine Lippen gekommen war, wurde nun öfter laut. »Da habe ich mich geirrt!« pflegte er jetzt bisweilen einzuräumen, und niemand machte ihm daraus einen Vorwurf. Dörpfeld konnte den Alten, der sich noch in Mykene angewidert von allen spätgriechischen und römischen Funden abgewendet hatte, überreden, auch jüngeren Bauresten Beachtung zu schenken. Dörpfeld erinnert sich: »Wir sammelten und zeichneten die Bauglieder des großen Tempels der Athene und einiger anderer Bauten, deren Reste teils in Hissarlik selbst, teils auf den verschiedenen türkischen Friedhöfen der Umgebung gefunden wurden, erkannten das Torgebäude des heiligen Bezirkes der Athene und konnten seinen Grundriß und Aufriß in der Zeichnung ergänzen. Durch eine kleine Grabung suchten wir Aufschluß über das Bühnengebäude des großen, außerhalb der Burg gelegenen Theaters zu bekommen.«

Eines Morgens Ende Juli sah Dörpfeld Heinrich Schliemann fragend an: »Was ist mit Ihnen, Doktor?«

»Ach nichts!« entgegnete der Gefragte und wischte sich den Schweiß von der Stirne. »Die Hitze ist kaum auszuhalten. Wenn der Mohn blüht, sollte man aus der Troas fliehen.«

Dörpfeld erkannte, daß Schliemann am ganzen Körper zitterte: »Doktor, Sie haben Fieber. Wenn das nicht Malaria ist!«

»Malaria? Wo denken Sie hin! Ich nehme jeden Tag vier Gran Chinin. Ich bekomme keine Malaria.«

Als Schliemann nach der mittäglichen Siesta nicht bei den Grabungen am Theater erschien, ging Dörpfeld zu Schliemanns Haus. Der Chef lag auf dem Bett, und sein Körper bebte unter Fieberanfällen. »Hier«, stammelte er und preßte die flache Hand gegen den Bauch, »hier sind die Schmerzen!«

Von den Grabungen in Olympia kannte Dörpfeld die Symptome der Malaria genau: Schliemann hatte sich infiziert. »Wir müssen abbrechen!« meinte Dörpfeld.

Schliemann protestierte: »Kommt nicht in Frage. *Ich* bestimme, wann die Arbeiten eingestellt werden!« Als das Fieber am folgenden Tag nach kurzer Besserung noch schlimmer wurde, als Chinin auch in größerer Dosis keine Wirkung zeigte, stimmte Schliemann zu, die Grabungen einzustellen.

Dörpfeld begleitete ihn zum Schiff nach Athen.

»Glauben Sie, daß jetzt die Troja-Frage endlich gelöst ist?« fragte er auf der Überfahrt von Çannakale nach Athen.

Der junge Assistent nickte, und Schliemann gab sich zufrieden. Schätze waren es nicht, die Schliemann diesmal nach Hause brachte: Nach Teilung der Funde sandte ihm die deutsche Botschaft in Konstantinopel fünfzehn Kisten mit Scherben, Knochen, Hausgeräten und sieben Figurenfragmente nach Athen. Der Gewinn dieser Grabung lag in den wissenschaftlichen Aufzeichnungen. Es war wirklich so, wie Virchow gesagt hatte: Aus dem Schatzgräber war ein Forscher geworden.

Gut zwei Tage fuhr das Dampfschiff von Piräus nach Kreta, und ein Segler brauchte bei widrigem Wind noch länger. Kreta war weit und vergessen; aber auch Kreta war Hellas!

Als die Araber 826 die Insel eroberten, war hier das Altertum zu Ende. 1204 im Vierten, dem Lateinischen Kreuzzug erhob Venedig Besitzansprüche, weil es einen Stützpunkt für die Handelsschiffahrt in der Levante brauchte. Mitte des 17. Jahrhunderts kamen die Türken, und der Bruderkrieg der kretischen Städte des Altertums lebte nun zwischen den Dörfern der Christen und denen der Mohammedaner wieder auf. Zehn Jahre, 1830—1840, gehörte Kreta sogar zu Ägypten, und es gab immer wieder neue Aufstände unter den Bewohnern der geplagten Insel, um das fremde Joch abzuschütteln, zuletzt 1864, als die westgriechischen Inseln zu Griechenland zurückkehrten.

Diese wechselvolle Geschichte der Insel mit ihren Eroberungen, Zerstörungen, Befestigungen und Neubauten hatte alle Reste des antiken Hellas zugeschüttet und in Vergessenheit geraten lassen. Ja, man zweifelte, ob es überhaupt solche Reste gab; denn die größte griechische Insel lag abseits der Zentren griechischer Geschichte. Weder an den Perserkriegen noch am Peloponnesischen Krieg hatte sich Kreta beteiligt, und schon im 1. Jahrhundert vor der Zeitwende hausten hier Seeräuber.

Wenn die Zeit überhaupt Reste der Vergangenheit hinterlassen hatte, dann mußten sie sehr alt sein.

Der erste, der sich mit diesem Problem beschäftigte, war der Kaufmann Minos Kalokairinos aus Heraklion, ein reicher Kaufmann, der Spanien als Wahlkonsul vertrat. Kalokairinos war von erlesener Bildung, und die immer wieder behauptete Geschichtslosigkeit seiner Heimat schmerzte ihn. Denn daß Kreta eine ruhmreiche Vergangenheit hatte, stand für ihn außer Zweifel. In Homers »Odyssee«, zum Beispiel, war zu lesen:

»Kreta ist ein Land im dunkelwogenden Meere,
Fruchtbar und anmutsvoll und rings umflossen. Es wohnen
Dort unzählige Menschen, und ihrer Städte sind neunzig,
Völker von mancherlei Stamm und mancherlei Sprachen.

Es wohnen
Dort Achäer, Kydonen und eingeborene Kreter,
Dorier, welche sich dreifach verteilet, und edle Pelasger.
Ihrer Könige Stadt ist Knossos, wo Minos geherrscht hat,
Der neunjährig mit Zeus, dem großen Gotte, geredet.«

Von Heinrich Schliemanns Erfolgen ermutigt, hatte sich Minos Kalokairinos schon 1877 darangemacht, den legendären Palast von Knossos zu suchen. Zu Pferd nahm er den schmalen Pfad nach Süden, auf dem die Bauern die Ernte einbrachten. Straßen gab es noch nicht auf Kreta. Kalokairinos brauchte nicht weit zu reiten: Zwei Stunden vom Meer entfernt stach ihm die flache Kuppe eines Hügels ins Auge, der leicht zum Bett eines Flüßchens abfiel und ganz eigenartige, ruinenhafte Erdformationen aufwies.

Der Kaufmann aus Heraklion rief ein paar Landarbeiter zu Hilfe und begann hier, inmitten blumenübersäter Einsamkeit, zu graben. Dabei dachte er wohl eher an Goldschätze, wie sie Schliemann in Troja und Mykene entdeckt hatte, und deren Ruf auch auf die Insel gedrungen war, als an die historische Erforschung der Burg des Königs Minos.

Bereits zwei Spaten tief kamen die ersten Mauerreste zum Vorschein. Kalikairinos ließ einen zwanzig Meter langen Graben ziehen und ging den entdeckten Mauern bis auf den Grund nach. Dabei stieß er auf eine ganze Reihe großer Tongefäße, die jedoch nichts weiter enthielten als versteinerte Bohnen. Kalikairinos hatte sich die Ausgräberei wohl anders vorgestellt, er kehrte nach einigen Tagen ins heimische Kontor zurück.

Der dürftige Erfolg hinderte ihn nicht daran, sich in verschiedenen Zeitungen als Entdecker von Knossos feiern zu lassen, aber die Resonanz blieb aus, man glaubte ihm nicht, und so geriet die ganze Grabung schnell in Vergessenheit.

Nur ein Mann nahm die Gerüchte um das Labyrinth des Minos sehr ernst, ein Mann, für den es Worte wie unmöglich oder undenkbar nicht gab: Heinrich Schliemann. Er wandte sich an den Provinzgouverneur von Kreta, Photiades Pascha, und suchte um einen Firman für Grabungen auf dem Ruinenfeld nach, das er noch nie gesehen hatte. Der Pascha lehnte zunächst einmal ab, die Kreter seien gegen jede Veräußerung ihrer Schätze, er empfahl dem Antragsteller jedoch, sich an das Provinzparlament zu wenden und die Übernahme aller Kosten unter Bedingungen wie in Olympia anzubieten. Brief folgte auf Brief, aber zu einer Einigung kam es nicht. Schliemann in einem Schreiben an seinen Freund Rudolf Virchow: »Meine Tage sind gezählt, und ich möchte so gerne noch Kreta explorieren, ehe es zu Ende geht.«

Obwohl er erst sechzig Jahre alt war, fühlte sich Heinrich Schliemann alt und verbraucht. Rudolf Virchow drängte ihn nach wie vor, den Schatz des Priamos, der noch immer in London lagerte, nach Berlin zu geben.

Virchow zuliebe willigte Schliemann schließlich ein, doch er stellte Bedingungen.

Erstens sollte die Sammlung und das zu errichtende Museum »auf ewig den Namen Schliemann tragen«. Zweitens erbat er sich das Ehrenbürgerrecht der Stadt Berlin. Drittens forderte er vom Kaiser einen Orden. Und viertens wollte er Mitglied der Berliner Akademie der Wissenschaften werden.

»Ihre Idee mit dem Ehrenbürgerrecht ist vortrefflich«, antwortete Virchow. »Die Sache läßt sich nur nicht so eilig machen ... Vergessen Sie auch nicht, daß Magistrat und Stadtverordnete etwas schwerfällige Körper sind, bei denen solche Hauptaktionen etwas Zeit kosten. Ehrenbürger macht man nicht alle Jahre, und ich würde doch gerne etwas Zeit haben, um die Gemüter warm zu machen und alles vorzubereiten.«

Professor Virchow blieb gegenüber den Forderungen des Freundes zurückhaltend. Als entschiedener Liberaler, Mitglied des preußischen Abgeordnetenhauses, des deutschen Reichstages und Vorsitzender der Fortschrittspartei war er einer der einflußreichsten Männer im Land und scheute auch die Auseinandersetzung mit Bismarck nicht, aber die sich aus Schliemanns Forderungen ergebenden Probleme konnte auch er nicht über Nacht beseitigen. Daß er Schliemann mit dem Ehrenbürgerrecht auf später zu vertrösten suchte, war nicht ohne Grund. Seit der Reichsgründung hatten nur zwei Persönlichkeiten die hohe Ehre erlangt: Bismarck, der nichts für Schliemann übrig, und Moltke, der Schliemann mit seiner Bunarbaschi-Theorie ins Abseits gedrängt hatte.

Daß Heinrich Schliemann von den Schwierigkeiten wußte, kann nicht ausgeschlossen werden. Jedenfalls schien es, als wollte er sich mit seinen beinahe unerfüllbaren Forderungen für alle Geringschätzung rächen, mit der ihn die deutschen Altertumswissenschaftler behandelt hatte.

»Wenn ich Sie recht verstehe«, antwortete Virchow, »so haben Sie Ihre Gedanken auf den Orden *Pour le mérite* gerichtet. Das ist nun freilich eine Art von Würfelspiel. Es gibt nur eine bestimmte Zahl von Stellen in diesem Orden, und man kann nur dazu kommen, wenn eine Vakanz eintritt. Die Vakanzen werden durch Wahl, aber immer nur in derselben Richtung wie vorher besetzt, die Stelle eines Physikers durch einen Physiker, eines Dichters durch einen Dichter, eines Arztes durch einen

Arzt. Man kann daher sterben, ehe die Vakanz da ist, in die man einrücken könnte. Ich habe mich daher auch längst dareingefunden, ohne diese Dekoration zu sterben. Vielleicht werden Sie glücklicher sein, aber vorläufig kann ich nichts dazutun . . .«

Schließlich gelang es Rudolf Virchow, seinem Freund die Mitgliedschaft in der Akademie und den Orden *Pour le mérite* vorerst auszureden, er mußte ihm aber versprechen, sich weiterhin darum zu bemühen. Ende des Jahres reiste Heinrich Schliemann nach London, um den Versand der vierzig Schatzkisten persönlich zu überwachen, »spesen- und assekuranzfrei« – wie er betonte. Adressat: Reichsbank Berlin. Dann kehrte er eilends nach Athen zurück, denn Anfang Februar sollte der Palast an der Panepistimioustraße eingeweiht werden.

Kaiser Wilhelm sandte Schliemann höchstpersönlich ein Dankschreiben im Namen des deutschen Volkes, als die mit 80 000 Reichsmark versicherten Troja-Schätze in Berlin eingetroffen waren. Nun, sogar vom Kaiser bedankt, erwuchs in Schliemann ein bis dahin nie gekanntes deutsches Nationalbewußtsein. Mit Frau Sophia und den Kindern Andromache und Agamemnon reiste er nach Berlin, um das Auspacken und den Aufbau seiner Sammlung im Museum zu überwachen und – so hatte Virchow angedeutet – die Ehrenbürgerschaft der Reichshauptstadt anzunehmen.

Essenseinladungen in illustren Kreisen, Empfänge bei wissenschaftlichen Gesellschaften wechselten sich ab. Schliemann, der Schnapsverkäufer aus dem Mecklenburgischen, er war auf einmal wer, und er genoß diese Anerkennung.

Exotische Bäumchen und Sträucher zierten die Freitreppe und Eingangshalle des Berliner Rathauses, als Schliemann am 7. Juli 1881 die Ehrenbürgerschaft verliehen wurde. Alles, was Rang und Namen hatte, fand sich zu dem Festakt ein. Und Rudolf Virchow ließ es sich nicht nehmen, selbst das Wort zu ergreifen: »Sie, verehrter Freund, sind heimgekehrt, nachdem Sie länger als ein Menschenalter hindurch draußen in der Fremde in harter Arbeit beschäftigt waren. Nachdem Sie das

Vaterland verlassen hatten als ein armer, schwacher und fast hilfloser Junge, kehren Sie zurück als ein fertiger Mann, gesegnet mit Weib und Kindern, mit reichen Glücksgütern und vielen Ehren, und überdies im Besitz eines der seltensten Schätze, welche Sie mit eigener Hand dem dunklen Schoß der Erde entrissen habe. Was der Knabe in schwärmerischem Enthusiasmus versprochen hatte, das hat der Mann gehalten . . .«

Virchow, der Schliemanns wunde Stellen sehr wohl kannte, versäumte auch nicht, die Gegner des Ausgräbers zu erwähnen. »Die Kritiker«, sagte Virchow, »werden nicht müde zu warnen, daß niemand wisse, ob das wirklich Troja war. Uns kümmert das wenig. Das ist sicher, daß es der einzige Ort in der Troas ist, auf dem jemals die Burg eines goldreichen Fürsten stand, welche in so ferne Zeit zurückreicht.«

Die Gelehrten applaudierten, nur einer rührte keine Hand: Ernst Curtius. Er fühlte, daß diese Worte gegen ihn gerichtet waren und daß er an diesem Tag nur schweigen konnte.

Drei alte Damen am äußeren Rand der ersten Reihe erregten Aufsehen, weil sie zu dem illustren Kreis nicht dazuzugehören schienen. Es waren Schliemanns Schwestern, die er sein ganzes Leben nie aus den Augen verloren und oft in Briefen an alle drei wie ein Vater gemaßregelt hatte. Schüchtern und schlicht gekleidet saßen sie da, und nur der Stolz über den eigenen Bruder ließ sie ausharren.

Im Alter von sechzig Jahren besann sich Schliemann auf seine Heimat und ihre Bewohner. Menschen, die in den jungen Jahren des Ausgräbers eine Rolle gespielt hatten, fanden nun nach vierzig, fünfzig Jahren bei ihm erneute Beachtung: Niedenhöffer, der ihm in Hückstädts Kontor gegen Schnaps homerische Verse vorgetragen hatte, oder der Kaufmann Schröder, der ihm statt der avisierten 600 Gulden Jahresgehalt bereits nach wenigen Wochen 1000 Gulden zu zahlen bereit war, oder sein alter Lateinlehrer Carl Andreß, den er, nachdem er von seiner Verarmung erfahren hatte, finanziell unterstützte.

Auch als er seinem Buch »Ilios« seine Lebensgeschichte voranstellte, entsann er sich seiner Vergangenheit. Da tauchte die kleine Welt von Ankershagen wieder auf mit ihren phantastischen Geschichten, die mitternächtliche Erscheinung einer Jungfrau aus dem Wasser des »Silberschälchens« hinter dem Pfarrhaus und natürlich Minna, die Tochter des Pächters, die er nie aufgehört hatte zu lieben. Über Umwege fand er ihre Adresse. Minna trug nun den Namen Richers und lebte als Bauersfrau in Friedland.

»Solltest Du finden«, schrieb er mit Blick auf seine Autobiographie, »solltest Du finden, daß ich unsere Freundschaft vor 50 Jahren übertrieben habe, so mußt Du es nicht übelnehmen und lediglich meiner alten Anhänglichkeit zuschreiben. Wie sich die Umstände gestaltet haben, können Dir ja alle meine Ausführungen nur zur allerhöchsten Ehre gereichen, und alle deutschen Frauen möchten auf ähnliche Weise unsterblich gemacht werden . . .«

Wieviel er zu kompensieren hatte, wird deutlich, wenn er fortfuhr: »Du wirst bald in Frankreich und in allen französischen Kolonien ebenso bekannt werden, wie Du es in Deutschland bist. Besuchst Du uns nicht einmal in Athen oder noch besser in Troja? Du findest, um das Kleine mit dem Großen zu vergleichen, einen ebenso herzlichen, aber nicht so glänzenden Empfang wie Kleopatra bei Julius Cäsar in Rom, und ich schicke Dir gern das Reisegeld. Du siehst in der Troas manchmal zwölf Storchennester auf einem Dorfhaus.«

Jetzt wurde auch der Wunsch wach, das alte Ankershagen zu besuchen, »auszuruhen in der Heimat«. Heinrich Schliemann wandte sich, da Ankershagen über keinen Gasthof verfügte, an Pastor Becker, ob er ihm nicht das Pfarrhaus für ein paar Wochen vermieten wolle, das Haus seiner Kindheit. Pastor Becker zögerte keinen Augenblick, als er die respektable Mietzahlung erfuhr, und quartierte sich samt Familie bei einem seiner Gemeindeschäfchen ein. Im Juni 1883 traf Schliemann mit Frau Sophia und den Kindern in Ankershagen ein. Das ganze Dorf stand kopf.

Frühmorgens ritt der Herr Doktor zum Bornhofsee, um zu

schwimmen, mittags saß er mit seinem ehemaligen Lehrer Carl Andreß unter der alten Linde und plauderte in der Sprache des Dichters über Homer. Sein Blick fiel dabei auf den Stamm der Linde, wo wulstig verwachsen noch sein Monogramm HS erkennbar war. Ein halbes Jahrhundert war es her, seit er die Buchstaben in den Stamm geschnitten hatte.

Alte Freunde wurden eingeladen, von denen es nicht viele gab, und zahlreiche alte Bekannte, Schulkameraden, die es zu nicht mehr als zum Tagelöhner gebracht hatten und die verlegen den Blick senkten, Bauern, deren Äpfel er von den Bäumen und deren Rettiche er von den Feldern stibitzt hatte, die jüngere Schwester Luise aus Güstrow, die er in vielen seiner Briefe getadelt hatte.

Und dann auf einmal stand sie vor ihm: Minna, in einem unvorteilhaften, dunklen Kleid, das ergraute Haar zu einem strengen Knoten gebunden, kummervolle Falten um die Mundwinkel, Schliemann wagte es nicht zu denken: eine alte Frau. Aber da waren noch ihre lustig-lebendigen Augen, der sanfte Augenaufschlag, wie er ihn von dem jungen Mädchen in Erinnerung hatte; aber dazwischen lag ein ganzes Leben, das Leben der Gutspächtersgattin Minna Richers geb. Meincke aus Friedland und das des weltberühmten, millionenschweren Kaufmanns und Forschers Heinrich Schliemann. Hier die abgearbeitete Frau, die nie aus dem Friedländischen herausgekommen war, dort der weitgereiste Mann von Welt mit einer schönen jungen Frau an seiner Seite.

»Minna!« sagte Schliemann.

Und Minna antwortete: »Heinrich!« Sonst nichts.

Für Minna war die Begegnung mit Schliemann eine Demütigung. Sie verhehlte nicht ihre Armut, ihre Unzufriedenheit mit dem eigenen Schicksal. Und Schliemann? Gewiß wollte er ihr nicht weh tun, aber irgend etwas in ihm forderte Genugtuung. *Sie* war es, die ihn enttäuscht hatte, die ihm, entgegen ihrer Abmachung, als sie noch halbe Kinder waren, einen anderen vorgezogen hatte! Nun konnte er es sich nicht versagen, mit seinem Ruhm und mit seinem Vermögen zu protzen, als sie die alten Wege gingen. Am anderen Tag reiste Minna ab.

Heinrich Schliemann hatte Verständnis dafür. Er war ihr nicht böse, wie Minna umgekehrt Heinrich nichts nachtrug. Die beiden sind sich nie mehr im Leben begegnet, und vielleicht wäre es klüger gewesen, sie hätten sich so in Erinnerung behalten, wie sie vor fünfzig Jahren auseinandergegangen waren. Schliemann setzte für Minna eine Jahresrente in Höhe von 300 Mark ein, ein Almosen für den reichen Mann. Aber Minna bedankte sich herzlich: Anstatt das Geld zu sparen, habe sie eine Reise nach Rügen und Heringsdorf gemacht.

Smyrna, 15. Juli 1880. »Carl ist seit vier Monaten von hier fort«, beklagte sich Louise Humann in einem Brief an ihre Kusine Marie Pöppinghaus, »ich erwarte mit Sehnsucht seine Rückkehr. Ich weiß, daß er nur drei Tage zu Hause gewesen ist, er mußte sofort nach Berlin.«

Das Deutsche Reich sparte nicht mit Orden, und da Humann bereits den Kronenorden IV. Klasse besaß, stand nun das Kreuz der Ritter des königlichen Hausordens von Hohenzollern ins Haus. Mehr noch, Richard Schoene, neuernannter Generaldirektor der Königlichen Museen, überlegte, wie man den Eifer Carl Humanns noch fördern könnte, damit er in Pergamon weiter grabe. Denn Pergamon war nicht nur die einzige Grabungsstelle, die noch reichlich Funde versprach, es war auch der letzte Ort, wo Funde legal ausgeführt werden durften.

Schoene versuchte Humann die Ernennung zum deutschen Konsul in Smyrna zuzuschanzen, was nicht nur einen schönen Titel, sondern vor allem ein sicheres Einkommen auf Lebenszeit garantiert hätte; doch Bismarck lehnte ab. Also reiste Humann vielgeehrt, aber brotlos zurück nach Smyrna.

»Der Ehre ist genug geschehen«, meinte Louise und hoffte, ihr Mann würde den Sommer zu Hause verbringen; aber eine

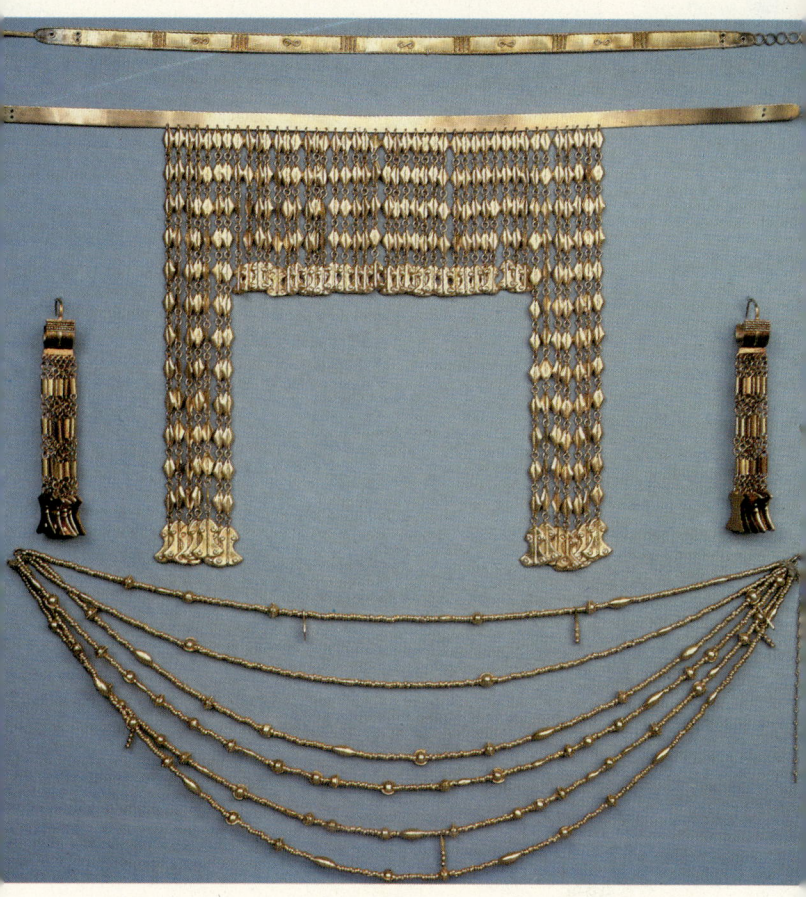

(7) Diadem, Ohrgehänge und Halskette aus dem verlorengegangenen
»Schatz des Priamos«, hier in einem modernen Replikat.

(8) Die Burg der Achäerkönige von Tiryns, Kyklopenmauer und Palast.

Woche nach seiner Rückkehr traf der Firman des Sultans ein: Eine neue Grabungskampagne in Pergamon wurde bewilligt.

Louise schimpfte: »Vier Monate bist du fortgewesen, und nun willst du schon wieder nach Pergamon!«

»Weißt du was«, erwiderte Humann, »du nimmst die Kinder und kommst einfach mit!«

»Unmöglich, der kleine Hans muß noch gestillt werden, im Sommer darf man nicht aufhören mit dem Stillen.«

»Aber der Junge ist 22 Monate!«

Louise hob die Schultern.

Also reiste Carl Humann erneut nach Bergama, engagierte seine bewährten griechischen Vorarbeiter Jani den Großen und Jani den Kleinen, einen türkischen Kommissar namens Husni Effendi und zunächst sechzig Arbeiter.

Humanns erster Auftrag lautete, weitere Bruchstücke des großen Altars ausfindig zu machen; denn die bisherige Bilanz wies nur etwa zwei Fünftel des Gesamtbauwerkes auf. Zwei italienische Steinbrucharbeiter waren in Berlin ganztägig beschäftigt, Fragmente aus Pergamon aneinanderzureihen oder ineinanderzupassen. Nachdem Humann die byzantinische Mauer zur Gänze abgetragen hatte, versprach er sich weitere Funde an der Stelle des ursprünglichen Altarplatzes und weiteren Aufschluß darüber, wie dieser Altar überhaupt ausgesehen haben könnte.

Gnadenlos brannte die Sonne vom Himmel, jeder Stich des Spatens, jeder Schlag der Hacke verursachte eine Staubwolke. Eine trostlose Arbeit, weil auch die erwarteten Funde ausblieben. Doch dann, am 30. September, neue Hoffnung, eine erste Spur: Säulenstümpfe verwiesen auf eine Säulenhalle, dicht daneben drei weitere Marmorreliefs mit Kampfszenen und weitere kleinere Säulen im ionischen Stil, deren Sockelstücke auf die Oberseite der Reliefs passen. Ein erster Anhaltspunkt, der den Versuch einer Rekonstruktion erlaubte. In den nächsten Tagen stieß Humann auf 13 weitere Reliefs, Bruchstücke von Inschriften, und Ende Oktober auf nicht weniger als 55.

»Wir müssen tiefer graben!« beschloß Carl Humann, angeregt

durch diese unerwarteten Entdeckungen, und der Erfolg ließ nicht auf sich warten. Es begann mit dem Torso einer weiblichen Skulptur, wenig später folgte eine Athene-Statue, deren Einzelteile allmählich ein Ganzes ergaben, ein paar riesige Armstücke, die in ihrer Größe aber nirgends paßten.

Eines Morgens große Aufregung: Ein behelmter Kopf von monumentaler Größe ragte aus dem Schutt hervor, eine Athene? Die folgenden Tage blieben ohne Ergebnis. Humann grub nun im Nordosten des Platzes.

»Kirie Chumann!« Jani der Große kam aufgeregt gelaufen, eine Kolossalfigur sei entdeckt. Ein gutes Dutzend Männer war notwendig, um den Koloß zu bergen, ziemlich beschädigt, zweieinhalb Meter hoch. Die Aigis, die schildartige Wunderwaffe auf dem Brustpanzer, ließ keinen Zweifel daran, daß es sich um eine Athene handelte. Gehörten Kopf und Arme, die man vorher gefunden hatte, zu dieser Kolossalfigur? Zu groß waren die Beschädigungen, Bruchstücke fehlten, um die Athene wirklich zusammensetzen zu können.

Humann meldete den Fund nach Berlin. Von dort gelangte die Nachricht nach Athen, worauf der deutsche Gesandte in Athen von Radowitz eine Fotografie nach Bergama sandte: »Könnte Ihre Statue vielleicht *so* aussehen?« Und tatsächlich: Nach diesem Vorbild ließ sich die Athene-Statue zusammensetzen.

Des Rätsels Lösung: In Athen war im Jahr zuvor eine Nachbildung der berühmten Athena Parthenos des Phidias gefunden worden, ein Kunstwerk, dessen Original ebenso wie der Zeus von Olympia verschollen ist. Warum sollte es nicht mehrere Nachbildungen dieses Wunderwerkes gegeben haben?

Während Humann auf dem Burgberg von Pergamon gegen den einsetzenden Regen kämpfte, beschloß die Philosophische Fakultät der Universität Greifswald am 4. November 1880, Humann zum Doctor philosophiae honoris causa zu ernennen.

»Seit Jahren«, hieß es in der von Professor Ulrich von Wilamowitz vorgetragenen Begründung, »hat er mit großen Opfern und Anstrengungen zuerst in seinem praktischen Berufe, seit drei Jahren im Auftrag der Königlichen Museen die Interessen der Wissenschaft und des Vaterlandes vertreten. Der Erfolg seiner Entdeckungen in Pergamon ist in aller Munde; nicht minder hoch sind seine topographischen und geographischen Entdeckungen anzuschlagen, welche er neidlos den Herren Ernst Curtius und Kiepert zur Verfügung gestellt hat ...«

Und die in lateinischer Sprache abgefaßte Ehrendoktor-Urkunde lautet: »Indem er die Städte Asiens und die Gefilde Phrygiens den freien Wissenschaften und schönen Künsten wieder erschloß, ließ er sich in der Fremde weder durch die Ungunst der zeitlichen und örtlichen Verhältnisse noch durch die Mißgunst der Menschen abschrecken. Vielmehr bemühte er sich, den Ruhm des Vaterlandes zu vermehren, und verband er das eigene Glück mit echt griechischer Kühnheit, römischer Beharrlichkeit und deutscher Treue.«

Humanns Kommentar zu seiner Frau: »Du kannst dich jetzt Frau Doktor nennen lassen, Louise.«

Ein wenig stolz war Carl Humann dennoch über den Ehrendoktor, im Gegensatz übrigens zu den Orden, die man ihm verlieh. Diese, meinte er bei seinem letzten Berlin-Besuch, könne man ruhig behalten. Aber den Doktor setze er gern vor seinen Namen, und Freude über die Anerkennung sprach auch aus seinem Dankesbrief an den Dekan der Fakultät in Greifswald:

»28. November 1880, Pergamon
Hochgeehrter Herr Dekan!
Ein Schatzgräber, zumal ein vom Glück begünstigter, ist zwar an manche Überraschung gewöhnt, daß aber die Pergamenischen Ausgrabungen mir die Ehre bringen sollten, von Ihrer hochgeehrten Fakultät zum Doktor der Philosophie ernannt, Ihrer altehrwürdigen Alma mater Adoptiv-Sohn zu werden, das konnte ich wahrlich nicht erwarten ...

Der Doktortitel ist kein bescheidener, wie Sie in Ihrer Güte sagen; ich wenigstens will ihn mit Stolz führen. Sie haben mich damit in Ihre Tafelrunde gezogen, und ich will mit dem Rechte des Gastes fröhlich daran Platz nehmen, obgleich ich weiß, daß ich nicht ebenbürtig bin. Es ist eine gute deutsche, von Achtung für die Wissenschaft zeugende Sitte, den Doktortitel dem Namen als feste Zugabe anzuheften und ihn fast zum Rufnamen zu machen, mehr als irgendeinen anderen Titel.

Dank, herzlichen Dank Ihnen allen!

Seit drei Monaten arbeiten wir wieder in Pergamon. Auf der Höhe der Burg habe ich einen großen ebenen Platz bloß gelegt, den einst eine Menge von Denkmälern geziert hat. An 70 griechische Inschriften, zum Teil von großer historischer und topographischer Wichtigkeit, sind gefunden — 18 Marmorreliefs, die zwischen eine Reihe von Säulen balustradenartig eingespannt waren und Kriegstrophäen jeder Art darstellen (im Ganzen etwa 60 Fuß Länge) — drei Statuen, wovon zwei Athena — an 40 Fragmente der Gigantomachie, vieles sehr schätzenswerte architektonische Material — und ein tüchtiger Schritt ist geschehen zur Erkenntnis der einstigen Gesamtanlage der Burg.

Diese Mitteilung wird auch Ihnen eine Freude sein und würde es wohl manchem sein, wenn wir sie in die Zeitungen dürften bringen lassen. Indes ist noch nichts mit den Türken in Betreff des Erwerbes ausgemacht, und so müssen wir wie früher im Interesse der Sache alles Aufsehen vermeiden.

Nun nochmals! Bitte, sagen Sie Ihren Herren Kollegen, wie sehr ich Ihnen allen danke, und genehmigen Sie die Versicherung der vorzüglichsten Hochachtung, in der ich verbleibe Ihr ergebenster

Dr. Carl Humann«

Unter den Helfern, die das Berliner Museum nach Bergama schickte, befand sich auch der junge Regierungsbaumeister Richard Bohn. Anfang 1881 entdeckte der Dreiunddreißigjährige das Fundament des Athene-Tempels auf der Burg, und Humann war Feuer und Flamme, dort weiterzugraben; aber aus Berlin kam ein Veto, Conze bat dringend, nach weiteren Teilen des Gigantenkampfes zu suchen.

Doch wo sollte er graben? Es gab eigentlich nur noch *eine*

Stelle, die Erfolg versprach, jener Teil des westlichen Abhanges unterhalb des Altarplatzes. Und gerade dort hatte Humann den Schutt der ersten Grabungen abgelagert – 12 000 Kubikmeter, schätzte Baumeister Bohn. Ein Versuchsgraben von West nach Ost sollte Klarheit bringen, ob der Aufwand überhaupt gerechtfertigt war. Das Ergebnis: sechs kleine Bruchstücke, zweifellos dem Altar zugehörig, aber mehr nicht. Humann plädierte für Aufhören, Conze lehnte ab: Weitergraben!

Nach einem langen häßlichen Winter hielt der Mai Einzug, die angenehmste Grabungszeit, weil der Boden noch nicht so gnadenlos trocken und staubig, die Hitze des Tages und die Mückenplage noch erträglich, die Seuchengefahr noch gering war. Bergama war jetzt geradezu ein Ort der Erholung mit ständig vom Meer her fächelndem Wind, mit grünenden Bäumen und rotleuchtenden Mohnblumen.

»Nimm die Kinder und komm!« schrieb Carl Humann an Louise, nachdem er schon seit Wochen nicht mehr zu Hause in Smyrna gewesen war. Zudem hatte sich Professor Conze angesagt, und Humann meinte, Louise könnte in Bergama von Nutzen sein.

»Du bringst uns Glück!« sagte Humann, als er Louise und die Kinder am Hafen von Dikeli abholte.

»Warum?« fragte Louise lachend.

»Zwei Wochen haben wir ohne nennenswerten Erfolg im Schutt herumgewühlt, und kaum bist du da, schon tauchen die ersten Altarfragmente auf!«

In den folgenden Monaten, bis die Glut des Sommers den Arbeiten ein Ende setzte, wurde Louise zu einer wichtigen Stütze des Unternehmens. In einem Brief an die Kusine Maria, bei der sie sich sonst immer nur beklagte, »Wenn Carl nur nicht immer in Bergama wäre!«, schrieb Louise nun: »Wir bilden hier einen großen Haushalt, denn außer meinem Mann ist auch noch seit 3 Monaten der Direktor des Berliner Museums, Professor Dr. Alexander Conze, und ein Regierungs-Baumeister, Herr Bohn aus Berlin hier, und zudem haben wir viel Besuch, aus Smyrna, aus Konstantinopel und auch aus

Deutschland — auch Engländer und sogar Franzosen, die die Neugierde hertreibt, sind nicht selten. Das Ausgrabungsjahr ist Gott Dank wieder ein recht reiches gewesen — Carl hat noch sehr viel zur Vervollständigung der vor 2 Jahren gefundenen Gigantomachie gefunden, und auch noch viele andere Sachen, so daß der Direktor bei seinem Kommen einmal über das andere sagt: ›Ach, Humann, das ist doch mal wieder eine reiche Ernte.‹ Anfang August gehe ich wieder mit den Kindern nach Smyrna — Carl hat mit den Ausgrabungen selbst, Karten machen und Transport der Sachen noch wohl bis Ende September zu tun.«

Die Teilung der Funde, die für diese Grabungskampagne wieder vorgesehen war — nicht weniger als 120 Kisten warteten auf den Transport —, erwies sich trotz zahlreicher Schiedsrichter und Beobachter als unproblematisch. Auf das Wichtigste, eine Eckplatte aus dem Gigantenfries und insgesamt tausend einzelne Bruchstücke, erhob der Abgesandte des Museums in Konstantinopel, Kadri Bey, keinen Anspruch. Aber ein anderes Problem tauchte auf: Der Firman war abgelaufen, der Etat erschöpft, Humann war wieder einmal brotlos.

Und während in Berlin an dem Puzzle des Pergamon-Altars weitergearbeitet wurde, erreichten Conze und Schoene mit Mühe beim Kronprinzen ein Überbrückungsgeld für Humann in Höhe von 7500 Mark, das waren 625 Mark im Monat. Zunächst sollte Humann im Auftrag der Reichsregierung eine Expedition nach Boghazköi unternehmen. In der Zwischenzeit, hoffte man, würde der Pergamon-Altar vielleicht schon Gestalt angenommen haben.

Das Ottomanische Museum in Konstantinopel hatte inzwischen einen neuen Direktor bekommen, einen jungen, europäisch erzogenen Künstler namens Osman Hamdi Bey, von dem es hieß, er lehne jeden Antrag auf eine Grabungslizenz rundweg ab, weil er die Meinung vertrete, türkische Schätze auf türkischem Boden gehörten den Türken. Das konnte das Ende des Abenteuers von Pergamon bedeuten.

Carl Humann trat die Flucht nach vorne an und lud den

neuernannten Museumsdirektor nach Smyrna ein, um Hamdi Bey über die bisherigen Ausgrabungen zu unterrichten. Osman Hamdi Bey war ein Türke von der Insel Chios. Sein Vater Edhem Pascha hatte ihn, als er fünfzehn war, zum Studium der Rechtswissenschaft und Kunstgeschichte nach Paris geschickt, und Osman bestach durch große Fähigkeit und hohe Intelligenz. Mit Sechsundzwanzig ging er als Gouverneur nach Bagdad, aber Politik war nicht seine Sache, und schon nach ein paar Jahren fand man Osman wieder in Paris, wo er aus Privatvergnügen den schönen Künsten nachging. Doch Männer vom Schlage Hamdi Beys gab es nicht gerade viele im Osmanischen Reich, und deshalb drängte ihn der Sultan, ein Staatsamt zu übernehmen und entweder Admiral der Kriegsmarine zu werden oder Direktor des Ottomanischen Museums.

»Da habe ich mich eben für das Museum entschieden«, meinte Hamdi Bey und lachte, »zum Schießen tauge ich nicht!«

Humann fand die Begründung amüsant und erwiderte: »Dann hätten wir beide uns wohl nie als Gegner gegenübergestanden.«

»Gegner?« Osman Hamdi Bey schüttelte den Kopf. »Ich sehe Sie nicht als Gegner an, Humann Effendi. *Ihre* Interessen sind auch *meine* Interessen. Nur meine ich, und das gilt für alle Zukunft: Für das Deutsche Reich die Ehre, für das Ottomanische Reich die Funde!«

»Hamdi Bey!« entrüstete sich der Deutsche, »haben Sie schon einmal schlechte Erfahrungen gemacht? Ich bin ein ehrlicher Mensch, und jede Kiste, die nach Berlin verschifft wurde, ging mit dem Segen Ihrer Behörden auf die Reise.«

Der Türke wehrte ab: »Ich mache Ihnen keine Vorwürfe wegen irgendwelcher Unregelmäßigkeiten, Humann Effendi. Ich will nur, daß sich unser Volk auf seine eigene Kultur und die seiner Vorgänger besinnt. Und dazu gehört, daß Ausgrabungen stattfinden; dazu gehört aber auch, daß nicht jeder bessere Fund ins Ausland transportiert und dort in irgendeinem Museum ausgestellt wird.«

Humann machte ein betroffenes Gesicht: »Der Sultan hat dem

Deutschen Reich *seinen* Anteil an Pergamon zum Geschenk gemacht . . .«

»Ich weiß!« unterbrach Hamdi Bey. »Der Sultan versteht von Kunst soviel wie ein Ungläubiger von den Worten Mohammeds.«

»Allah erhalte seine Gesundheit. Aber glauben Sie mir, Hamdi Bey, was uns an Pergamon interessiert, sind keine kostbaren Schätze, die liegen in diesem Boden ohnehin nicht verborgen, ich möchte die Ausgrabungen unter rein wissenschaftlichen Aspekten beenden, und wenn vielleicht hier und da ein Bruchstein des großen Altares zum Vorschein käme, dann würden wir ihn gerne einfügen.«

Hamdi Bey schmunzelte wie ein anatolischer Teppichhändler, der genau weiß, daß auch der halbe Preis für ihn noch ein Geschäft ist, und wenige Wochen später erhielt der deutsche Gesandte von Radowitz den Firman für eine dritte Grabungskampagne in Pergamon überreicht, so daß im Mai 1883 mit neuen Grabungen begonnen werden konnte.

Carl Humann beteiligte sich an einer deutschen Expedition nach Mesopotamien, und Richard Bohn übernahm für diese Zeit die Grabungsleitung. Der beamtete Regierungsbaumeister mit Pensionsberechtigung war vom Glück geradezu verfolgt: 65 Bruchstücke des Gigantenkampfes waren die Ausbeute der ersten Woche, dazu Inschriften und das Fragment einer Reliefplatte.

Und wenn Humann vor seiner Expedition gezweifelt haben mochte, ob der Boden von Pergamon noch etwas hergab, so hatte Bohn ihn überzeugt.

»Wir *müssen* weitermachen, Bohn, wir *müssen*.«

Der junge Ausgräber nickte begeistert. Der unerwartete Erfolg hatte ihn in einen wahren Rausch versetzt. »Mit Ihnen zusammen, immer!«

Humanns Gehalt war zu dieser Zeit nur von einer Saison bis zur nächsten gesichert, es reichte kaum für zwei getrennte Haushalte, eine Frau und zwei Kinder, und Humann lebte mit dem ständigen Risiko, daß Arbeiten und Gehaltszahlungen eines Tages eingestellt werden könnte. Er war gewiß nicht der Mann, der dabei zugrunde gegangen wäre; aber angenehm war es für den 45jährigen auch nicht, ständig von der Hand in den Mund zu leben. Deshalb drang Alexander Conze darauf, Humann endlich eine staatliche Anstellung zu verschaffen. Alle Versuche, ihn zum Konsul zu machen, hatten sich als erfolglos erwiesen, alle Museumsposten waren besetzt, so schuf der Finanzminister einen neuen Etatposten, Humann wurde Direktor am Königlichen Museum mit Sitz in Smyrna und – mit Pensionsberechtigung, wie er glaubte.

14. Dezember 1886. Osman Hamdi Bey verlängerte die Grabungslizenz um eine weitere Saison, und auch der deutsche Kaiser machte nochmals 60 000 Mark aus seinem Dispositionsfonds locker. Die Ausbeute nach legaler Teilung: 26 Kisten Altertümer, die von der »Loreley« Ende Oktober vor Dikeli übernommen wurden, und 21 weitere, die der holländische Dampfer »Stella« nach Hamburg bringen sollte. Conze und Schuchardt hatten Humann in den letzten Wochen zur Seite gestanden, und zusammen waren sie zu der Auffassung gelangt, daß nun alle Reste des Weltwunders, die der Hügel von Pergamon barg, aufgefunden seien. Die letzten Tage vergingen mit Aufräumungsarbeiten, kartographischen Zeichnungen und Detailplänen. Die noch so geringfügige Einzelheit, eine Mauermarkierung, die Spur einer Hohlkehle, konnte später bei der Zusammensetzung der Funde von größter Wichtigkeit sein.

Am Abend des 12. Dezember saßen sie noch einmal zusammen, Humann, Bohn, Conze, Schuchardt, der Architekt Wilhelm Senz, Jani der Große und Jani der Kleine. Sie tranken Gigantenwein vom Faß – so hatten sie den süffigen Inselwein getauft – und versuchten fröhlich zu sein, vor allem Carl Humann. Das aber wollte nicht so recht gelingen; denn so erfolgreich der Abschluß des Unternehmens Pergamon auch sein mochte, Wehmut machte sich breit, weil man eine liebgewordene Gewohnheit aufgeben mußte.

Die Deutschen reisten am nächsten Tag ab, nur Humann blieb

noch. Er brauchte noch einen Tag allein, um Abschied zu nehmen. Und so kletterte er noch einmal über all die Pfade, auf denen er jeden Schritt kannte, strich zärtlich über Mauern und Säulenstümpfe und blickte zum letzten Mal in die Gräben und Täler, die er aufgeworfen hatte.

Alt war er geworden in Pergamon, trotz seiner erst 47 Jahre. Die Malaria hatte ihn ein paarmal heimgesucht, vor allem im vergangenen Jahr, und er hustete stark – ein Lungenleiden. »Du mußt Dich mehr schonen, Carl!« In jedem Brief hatte Louise diese Sorge bekundet, und er mußte ein um das andere Mal beteuern, daß er ihre Worte nicht in den Wind schlage. Jetzt hatte er Louise versprochen, zur Kur nach Deutschland zu fahren.

Und während er traurig den Berg hinabstieg, brach noch einmal die Sonne durch die dunklen Wolken, und ein gebündelter Strahl fiel auf den Graben der byzantinischen Mauer, als wollte Zeus selbst Licht in das Dunkel bringen, das seinen Altar noch immer umgab.

VII. Die Einsamkeit des Ausgräbers

Trotz aller Mißhelligkeiten, wenn Windstille oder Gegenwind das Fortkommen hindert, ist mein einziger Kummer
die Eile der Zeit. Wahrlich niemals ist mir die Zeit so
schnell vergangen als jetzt, wo ich allein bin.

Heinrich Schliemann

Ein Tag begann wie der andere: Aufstehen 3.45 Uhr, ein
Löffel Chinin, ein kurzer Lauf zum nahen Hafen, wo der
Bootsmann schon wartete. Jeden Morgen um vier ließ sich
Heinrich Schliemann von einem Fischer aufs Meer hinausru-
dern, um zehn Minuten zu schwimmen. Und da das Boot keine
Leiter zum Einsteigen hatte, kletterte der alte Schliemann wie
ein Frosch am Ruder hoch.
Dann bekam der Fischer ein paar Münzen, und Schliemann
trabte zum Kaphinion »Agamemnon«, wo es um diese Zeit
bereits einen bitteren schwarzen Kaffee gab, der hier in Nauplia noch immer nur zehn Lepta kostete, etwa acht Pfennige.
Und während er den heißen Kaffee schlürfte, brachte ein
Knecht das Pferd, mit dem der Ausgräber dann in 25 Minuten
die sieben Kilometer nach Tiryns ritt.
Schliemann hatte alles bestens organisiert; in Tiryns angekommen, wartete bereits ein zweiter Knecht, um mit dem Pferd
zurück nach Nauplia zu reiten und das Tier vor dem Gasthaus
festzumachen, in dem Wilhelm Dörpfeld zusammen mit dem
Meister logierte. Der kam jedesmal, obwohl es nun schon auf
sechs Uhr zuging, verschlafen aus der Tür, ließ sich auf das
Pferd helfen und trottete dann gemütlich vor sich hindösend
stadtauswärts nach Norden, wo Tiryns lag.

Tiryns galt im Altertum als ein Wunderwerk der Kyklopen. Die Burg war so groß und wuchtig, daß nur einäugige Riesen sie erbaut haben konnten. Ihre behauenen Steine, meinte Pausanias nach einer Ortsbesichtigung, seien so groß, daß ein Maultiergespann nicht in der Lage sei, auch nur den kleinsten von ihnen zu transportieren. Eine Herausforderung an Heinrich Schliemann.

Gewiß, Schliemann war nicht mehr der alte, und seine zur Schau getragene Sportlichkeit sollte wohl darüber hinwegtäuschen, daß ihn sein hektisches Leben längst überforderte. Aber Schliemann hatte seinen Kronprinzen gefunden: Dörpfeld war dreißig, jung und tatendurstig und bereit, den Meister in seinen Schwächen zu akzeptieren und in seinen Stärken zu bewundern. Auf dieser Basis entwickelte sich zwischen beiden eine distanzierte, vom gegenseitigen Respekt getragene Freundschaft.

Gefrühstückt wurde regelmäßig um acht Uhr auf einer Säulenbasis des alten Palastes von Tiryns, über die der Diener eine Tischdecke breitete, bevor er Chicago Corned beef, Brot, frischen Schafskäse, Orangen und geharzten Retsina auftrug. Das Corned beef hatte Schliemann bei einer Zweigstelle seiner alten Firma Schröder & Co. in London in großen Posten günstig erworben. Der bittere Retsina, meinte er, vertrage sich besonders gut mit Chinin.

So gerüstet begannen sie im März 1884 mit 60 bis 70 Arbeitern, dem Aufseher Georgios Basilopoulos und 15 Griechen aus dem Dorf Charvati, die sich schon in Mykene durch besonderen Fleiß hervorgetan hatten. Ein bis eineinhalb Meter Schutt lagen auf der oberen Terrasse des Felsenhügels, unterbrochen von Mauerresten, die hier und da aus dem Boden ragten. Im Vergleich zu Troja oder Mykene waren die Grabungen unkompliziert, weil der Schutt nur von oben abgetragen werden mußte. Auch Ortung und Zuschreibung der freigelegten Mauern legten aufgrund ihrer rechtwinkeligen Raumgestaltung und des gleichmäßigen Erhaltungszustandes nicht allzugroße Rätsel auf. Außerdem erkannte Dörpfelds geschulter

Blick sofort die Palastanlage, die weitgehend der allgemeinen Schilderung homerischer Paläste entsprach, mit einem Männersaal, dahinter einem kleineren Frauengemach samt angrenzendem Badezimmer – die Badewanne, eineinhalb Meter lang mit Innenverzierung und Seitengriffen, lud noch zum Bade.

Wilhelm Dörpfeld an seinen Lehrmeister und Schwiegervater Friedrich Adler:

»Ich sitze auf den alten Mauern von Tiryns . . . wo ich jetzt eifrig arbeite. Zahlreiche Mauern, Pfeiler und Säulenbasen sind noch in situ . . . Du wirst über die Regelmäßigkeit der Grundrisse erstaunt sein und dann wird man noch mehr staunen. Die Wände bestehen in ihren Unterteilen aus Bruchsteinen mit Lehm, oben bestanden sie aus Luftziegeln. Die Gemächer sind ganz angefüllt mit teils gebrannten, teils ungebrannten, teils nur leicht angebrannten Lehmziegeln. Die Parastaden und Ecken bestehen aus großen regelmäßigen Blöcken, von den Säulen sind nur die großen Fundamentsteine erhalten mit einem angearbeiteten Kreise . . . Die noch in situ befindlichen Pfeiler aus je einem großen Stein . . . sind meist mit einer bogenförmigen Säge geschnitten und etwas windschief (ebenso wie viele Blöcke in Mykene). Alle Wände waren mit einem Kalkputz von 1–2 cm Stärke überzogen, der an einigen Stellen noch erhalten ist. Hunderte Stücke haben wir lose (von der Wand abgefallen) gefunden und zwar mit schöner Malerei in Rot, Blau, Gelb, Weiß und Schwarz. Dargestellt sind alte Ornamente (z. B. eine fast genaue Kopie der Decke von Orchomenos mit Spiralen und Rosetten) . . . Am wichtigsten ist aber ein Fries, der dem in Mykene gefundenen Fries aus Porphyr sehr ähnlich ist. Es ist ein großes Glück, daß fast alle Mauern noch etwa 0,50 m hoch erhalten sind und daß an allen Ecken große rechtwinklige Blöcke stehen . . . Jetzt läßt sich der wichtige Grundriß aber mit großer Sicherheit herstellen.«

Nicht weniger stolz Heinrich Schliemann an Rudolf Virchow:

»Hoch lebe Pallas Athene, unter deren Schutz ich hier einen die ganze obere Burg einnehmenden vorhistorischen Palast aufgedeckt habe . . .«

Und Virchows Antwort an Schliemann: »Heil, dreimal Heil!« Wenngleich ihn das archäologische Ergebnis der Grabungen mit Stolz erfüllte, so scheint es doch, als habe sich Schliemann von Tiryns mehr versprochen: Gräber vielleicht, mit ähnlichen Schätzen wie in Mykene; doch das blieb ein Wunschtraum. Und deshalb tat Schliemann etwas, was er bisher noch nie getan hatte, er stellte das Geld zur Fortsetzung der Grabungen zur Verfügung und übertrug Wilhelm Dörpfeld die Leitung. Für zwei Monate unterhielt Schliemann ein Team von 30 bis 40 Arbeitern, ja, er engagierte sogar einen alten Freund Dörpfelds, den Architekten und Zeichner Georg Kawerau, Kawerau war zwei Jahre jünger als Dörpfeld und hatte seine Ausbildung zusammen mit ihm an der Berliner Akademie erfahren. Die beiden bewohnten in Athen zusammen eine Wohnung.

Unter der Bedingung, ihn von jeder Entdeckung sofort in Kenntnis zu setzen, ließ Heinrich Schliemann Dörpfeld freie Hand. Er selbst reiste nach London, um von Queen Victoria eine Goldmedaille der Architektenvereinigung in Empfang zu nehmen.

Dörpfeld und seine Männer stießen auf unterirdische Gewölbe, zum Teil waren sie eingestürzt, und die riesigen Steine konnten nur unter größter Kraftanstrengung beseitigt werden, zum Teil waren die Deckengewölbe erhalten, jedoch in einem Zustand, daß sie schon bei behutsamer Berührung einzustürzen drohten – ein lebensgefährliches Unternehmen. Wollte er die Ausgrabungen nicht abbrechen, mußte Dörpfeld die Gewölbe absichern.

Als Architekt fand er eine einfache Lösung, er verwendete Zement, fixierte lockere Blöcke und goß fehlende aus. So konnte er *in* den Gewölben graben. Die Vielzahl von Topfscherben, erhaltenen Tongefäßen, Bechern und Bügelkannen hielt Dörpfeld aufgrund seiner Beobachtungen in Hissarlik für vortrojanisch, genauer, er glaubte, die Palastanlage von Tiryns sei *vor* dem Trojanischen Krieg errichtet worden und der mykenischen Kultur zugehörig.

Am 19. Juni 1885 mußten Dörpfeld und Kawerau die Grabungen von Tiryns einstellen, ohne sich an der Unterburg versucht zu habe. Der Etat war verbraucht, die Hitze unerträglich. Dörpfeld hätte gerne noch weitergegraben. Die Zusammenhänge zwischen Tiryns, Mykene, Troja, vielleicht sogar mit Kreta, die ganz allmählich deutlich wurden, erschienen faszinierend. Denn diese Kultur an den Küsten Griechenlands und auf den Inseln des östlichen Mittelmeers mußte wohl auf die Zeit der homerischen Kämpfe zurückgehen, mußte also die Vorzeit der griechischen Geschichte sein. Unverkennbar waren die Einflüsse aus dem Osten. Allein das Gold und Edelmetall der Geräte, Geschirre und Schmuckstücke verwies nach Kleinasien. Glas und Steingut waren phönizische und ägyptische Erfindungen, Katzendarstellungen hatten ihren Ursprung in Ägypten.

»Dörpfeld«, meinte Schliemann eines Tages, »ich möchte nach Kreta gehen.«

Dörpfeld lachte.

»Warum lachen Sie?«

»Ich habe nichts anderes erwartet. Es ist nur die logische Fortsetzung unserer Arbeit.«

»Wollen Sie mit mir Kreta ausgraben, Dörpfeld?«

Wilhelm Dörpfeld zögerte keinen Augenblick: »Natürlich, Doktor. Ich komme mit!«

Mit großen Erwartungen reisten Schliemann und Dörpfeld Anfang 1886 nach Kreta. Kreta sollte die Krönung seines Lebens werden. Aber es kam anders. In Kreta erlitt Schliemann seine größte Niederlage als Ausgräber.

Schon bei ihrem ersten Erkundungsgang entdeckten Schliemann und Dörpfeld »Fragmente vom Altar und Muster der mykenischen Königsgräber«, und Schliemann stellte die Frage, was in Knossos erst bei systematischen Grabungen zum Vorschein kommen würde. Schliemann vermutete hier wie in Troja mehrere Siedlungsschichten.

»Am 15. Oktober«, verkündete er selbstbewußt, »fangen wir an.« Doch noch immer stand die Grabungserlaubnis aus. Schließlich schaltete man den Arzt Dr. Joseph Chatzidakis ein, einen Kreter, der auch Direktor des Museums in Heraklion und Vorsitzender des Altertumsvereins war. Er versprach Hilfe. Vorläufig konnten Dörpfeld und Schliemann nichts weiter tun. Enttäuscht kehrten sie nach Athen zurück. Schliemann schlug in Erwartung der kretischen Grabungen ein Angebot des bayerischen Anthropologen Johannes Ranke aus, für Prinz Arnulf von Bayern in Dioklea zu graben. Dörpfeld hingegen, der noch immer als Architekt beim Deutschen Archäologischen Institut arbeitete, unterzeichnete einen Vertrag mit dem griechischen Kultusministerium, der ihm ein monatliches Zubrot von 300 Drachmen versprach. In der Freizeit, die ihm seine Anstellung beim Institut ließ, sollte Dörpfeld seine Kenntnisse als Bauforscher bei Grabungen auf der Akropolis einbringen. Der Kontrakt hatte folgenden Wortlaut:

»Herr Dr. Dörpfeld übernimmt die Stelle eines architektonischen Beraters bei der archäologischen Abteilung des Kultusministeriums. Die mit diesem Amt verbundenen Arbeiten bestehen in:

a) der Vermessung und Zeichnung der von der griechischen Regierung und der griechischen archäologischen Gesellschaft ausgegrabenenen und auszugrabenden alten Bauwerke.

b) der Erteilung von Ratschlägen und der Anfertigung von Plänen zur Erhaltung oder Restaurierung antiker Bauten und einzelner Kunstwerke.

c) der Unterstützung des Generalphoros der Altertümer in allen architektonischen Fragen.

Da Herr Dörpfeld in erster Linie Architekt des deutschen Instituts ist, wird er diese Arbeiten in der Zeit ausführen, welche ihm seine Amtspflicht übrigläßt. Ein von der deutschen Regierung Herrn Dörpfeld erteilter Urlaub entbindet denselben für dessen ganze Dauer auch von den durch diese Vereinbarung übernommenen Pflichten.

Die griechische Regierung verpflichtet sich, Herrn Dr. Dörpfeld für diese Arbeit monatlich 300 Drachmen zu zahlen.«

Die Akropolis von Athen zeigte sich 1886 noch keineswegs in ihrem heutigen Zustand, obwohl seit Beginn des Jahrhunderts

Grabungen und Restaurierungen stattfanden. Zu tief waren die Spuren, die eineinhalb Jahrtausende seit Marc Aurel Interesselosigkeit hinterlassen hatte. Der Parthenon genannte Athene-Tempel war zunächst in eine christliche Kirche umgewandelt worden und erhielt an der Ostseite eine Apsis, was dem antiken Bauwerk jedoch nichts anhaben konnte. So vergingen tausend Jahren, und nicht einmal die Eroberung durch die Türken 1458 brachte seine dorischen Säulen ins Wanken. Der Parthenon diente jetzt als Pulverlager.

Dem Bauwerk selbst konnte die Zweckentfremdung wenig anhaben, und gewiß wäre es Wilhelm Dörpfeld durch Herausreißen einiger Anbauten und mit wenigen Ergänzungen gelungen, den ursprünglichen Zustand des Parthenons wiederherzustellen, doch vorher vollbrachte ein Venezianer namens Francesco Moosini eine herostratische Tat.

Francesco Morosini, »der Peloponnesier« — wie man ihn seit der Einnahme von Patras nannte, hatte im August 1687 Korinth erobert, am 13. September Ägina, und tags darauf beschloß er, Athen einzunehmen. Zur Seite standen ihm dabei auch deutsche Soldaten. 1683 waren die Türken bei der Belagerung Wiens gescheitert, als polnische und deutsche Hilfstruppen heranrückten. Zur Niederwerfung der Osmanenherrschaft hatte sich nun eine mächtige Koalition gebildet, Deutsche und Polen vereinten sich mit den Venezianern, denen die Türkenherrschaft im Mittelmeer stets ein Dorn im Auge war.

Das Landheer stand unter dem Befehl des westfälischen Grafen Otto Wilhelm von Königsmark und hielt Hannoveraner, Braunschweiger, Hessen, Sachsen und Württemberger in seinen Reihen. Graf Königsmark nahm Athen am 21. September kampflos, die Türken zogen sich auf die Akropolis zurück.

Morosini gab den Befehl, Mörser und Kanonen auf dem Areopag und der Pnyx aufzufahren. Obwohl ein türkischer Überläufer meldete, die gesamten Pulvervorräte befänden sich im Parthenon, eröffneten die vereinigten Truppen am 22. September das Feuer.

Der einzige Augenzeugenbericht dieses Ereignisses stammt von dem hessischen Major H. Sobiewolsky: »Hierauf sind unterschiedliche Mörser auf den Tempel gerichtet worden, keine Bombe hat aber schaden können, sonderlich weil das Oberdach des Tempels etwas abhängig mit Marmor bedeckt und wohl verwahrt war. Ein lüneburgischer Leutnant aber, derselbe erbot sich, in den Tempel Bomben einzuwerfen, welches auch geschehen, indem eine davon in den Tempel gefallen und eben in den Pulvervorrat der Türken. Da ist dann die Mitte des Tempels in die Luft geflogen und alles, was darin gewesen ist, wurde mit Steinen bedeckt, und bei den Türken herrschte große Bestürzung. Sie gaben unterschiedliche Feuerzeichen für ihre Armee, die zu dieser Zeit bei Theben stand.«

Ein infernalisches Feuer wütete zwei Tage und zwei Nächte. Schreiende Menschen versuchten, auf der zerstörten Akropolis eng zusammengedrängt, das nackte Leben zu rette. Aber erst als die Kunde vom Tod des Paschas die Runde machte, zogen die Türken die weiße Fahne auf.

Francesco Morosini aber wollte den Venezianern zum Gedächtnis seines Sieges ein Geschenk machen, so wie einst die Seefahrer jene vier vor San Marco postierten Bronzepferde aus dem geplünderten Konstantinopel heimgebracht hatten. Noch stand der Westgiebel des Parthenon mit seinen prachtvollen Skulpturen. Die beiden Pferde von Athenas Wagen und Poseidon, entschied Morosini, sollten es sein! Doch der Versuch, sie wohlbehalten zu bergen, mißlang: Sie stürzten zu Boden und zerbrachen.

Die Explosion hatte die Mauern der Cella zerstört, bei deren Einsturz die äußeren Säulen zu Fall gebracht wurden. Die Ostwand und die Säulen des Pronaos waren niedergestürzt. Im Westen blieben sechs, an der Südseite fünf, an der Nordseite drei Säulen stehen. Der Parthenon erschien wie in zwei ungleiche Hälften zerrissen, eine gigantische Ruine, willkommener Steinbruch für türkische Bauarbeiter und griechische Kalkbrenner.

Thomas Bruce, der siebte Earl of Elgin und elfte Earl of

Kincardine, wurde 1799 britischer Botschafter in Konstantinopel. Seine Lordschaft, in Harrow, Westminster, St. Andrews
und Paris erzogen, galt als Kunstfreund, und als solcher setzte
er bei seiner Regierung die Entsendung einer kleinen Expedition nach Griechenland durch mit dem Ziel, die Kunstdenkmä-
ler Athens kartographisch aufzunehmen, zu zeichnen und zu
malen. Unter den Teilnehmern befanden sich der 24jährige
Maler William Turner und Giovanni Battista Lusieri, ein Land-
schaftsmaler aus Neapel. Sie erreichten Athen im Juli 1800 und
stießen auf Ablehnung von allen Seiten bei den inzwischen
wieder in Athen etablierten Türken. Das Tun der Christen
schien verdächtig, und als sie die Akropolis zu besteigen
trachteten, verlangte der türkische Militärkommandant
schlichtweg Eintritt, fünf Guineas, eine Riesensumme.
Nach Entrichtung dieser Gebühr durften die Fremden nun
zwar die Zitadelle betreten, aber an Zeichnen oder das Abfor-
men von Skulpturen oder das Aufstellen eines Gerüstes war
nicht zu denken; der Militärkommandant ließ jeden ihrer
Schritte bewachen, denn, so argwöhnte er, nicht auf die alten
Steine der Akropolis hätten sie es abgesehen, sondern auf ihre
jungen Frauen, die sich in den Gärten der umliegenden türkischen Häuser sonnten. Allah solle jeden des Todes strafen, der
sich von ihnen ein Bild machte.
Ein Firman der Regierung, den Lord Elgin schickte, kam nie
an, und der zum Vermitteln entsandte Kaplan des Botschafters
Philip Hunt kehrte unverrichteterdinge zurück. Hunt war es
schließlich, der Elgin überzeugte, man müsse in Athen retten,
was noch zu retten sei. Mit den wenigen erhaltenen antiken
Resten werde umgegangen wie mit wertlosem Gestein, das
meiste befinde sich in beklagenswertem Zustand.
Die Zeit war denkbar günstig: Die Engländer hatten gerade die
Franzosen aus Ägypten vertrieben, und der türkische Sultan
hoffte, seinen Einfluß am Nil zurückzugewinnen; deshalb
erhielt der britische Botschafter im Juli 1801 jenen umstritte-
nen Firman, in dem es wörtlich heißt:

»Es ist unser Wunsch, daß Sie bei Eintreffen dieses Schreibens dafür Sorge tragen, daß dem Botschafter und den fünf in Athen weilenden Künstlern die Möglichkeit gegeben wird, die Zitadelle von Athen, den Ort ihrer Arbeit, zu betreten; oder Gerüste zu bauen, um den alten Tempel der Idole oder die daran sichtbaren Figuren mit Kalk oder Gips zu modellieren; oder Bruchstücke und Spuren anderer Bauwerke zu vermessen; oder die Fundamente auszugraben, wenn nötig, um Inschriften unter dem Schutt zu erforschen; daß sie nicht vom Disdar oder anderen Personen oder von Ihnen belästigt werden; und daß niemand ihre Gerüste und Werkzeuge nimmt oder sie daran hindert, Steine mit Inschriften oder Figuren zu entfernen . . .

Seged Abdullah Kamaican«

Vor allem der letzte Punkt eröffnete den Engländern alle Möglichkeiten, und Lusieri beschäftigte sich von Juli 1801 bis Anfang 1804 mit nichts anderem als dem Einsammeln von Skulpturen. Doch er beschränkte sich nicht nur auf die zu Boden gestürzten Skulpturen, die Mehrzahl holte er vom Tempel, alles, was er abnehmen konnte, ohne das Gebäude zu gefährden. Sogar eine der Koren-Skulpturen des Erechtheions blieb nicht von ihm verschont. Nur einmal betrat während dieser Zeit Lord Elgin selbst griechischen Boden.

Bereits im Dezember 1801 ging die erste Lieferung von Piräus nach London. Ein Segler aus Ragusa nahm den seltsamen Umweg über Alexandria, und schon einen Monat später folgte die »Mentor«, ein Schiff, das Lord Elgin eigens für diesen Transport gekauft hatte. Diese eine Fahrt, meinte Lord Elgin, würde die alte Schaluppe schon überstehen. Doch inzwischen hatten sich in Athen neue Schätze angesammelt, und der Botschafter dirigierte das Schiff noch einmal nach Athen zurück. Am 15. September 1802 verließ die »Mentor« Piräus mit neuer kostbarer Fracht. Zwei Tage später erlitt der Seelenverkäufer vor Kythera Schiffbruch. Siebzehn Kisten mit Skulpturen sanken auf den Meeresgrund. Lord Nelson sandte Taucher. Sie orteten die versunkene Fracht; aber es dauerte vier Jahre und kostete 5000 Pfund, bis die Kisten geborgen waren — mehr als das ganze Schiff.

Ohne auch nur einen Stein zu entfernen, betrieb von 1810 an eine internationale Gesellschaft die Erforschung der Akropolis, unter ihnen der englische Architekt Charles Robert Cockerell und der dänische Gelehrte Brönsted. Cockerell bereiste sechs Jahre den Mittelmeerraum und schuf Rekonstruktionszeichnungen des Parthenon, wobei er eine merkwürdige Entdeckung machte: Alle Geraden des Athene-Tempels waren in Wirklichkeit leicht gewölbt! Die Griechen mit ihrem ausgeprägten Sinn für das Ästhetische hatten erkannt, daß selbst schnurgerade Linien aufgrund der Unzulänglichkeit des menschlichen Auges leicht konkav erscheinen. Um diese Disharmonie zu beseitigen, wölbten die Architekten der griechischen Klassik die Geraden leicht nach außen — in der Waagerechten wie in der Senkrechten. Sie kannten dafür keine Formel und handelten offenbar nur nach dem Augenmaß oder Gefühl. Aber bei den dorischen Säulen des Parthenon beträgt die Abweichung, also die Verdickung in der Mitte, exakt 1,7 Zentimeter. Entasis ist der Fachausdruck für diese Erscheinung.

Noch mußte die Akropolis als türkische Zitadelle herhalten, und während der griechischen Freiheitskämpfe, als die Türken sich auf die Festung zurückzogen, wurden die letzten erhaltenen Reste zerstört. Über den damaligen Zustand der Akropolis berichtete im April 1833 ein bayrischer Soldat namens Predl, der im Gefolge König Ottos nach Griechenland gekommen war, überaus anschaulich — über Ungenauigkeiten mag man hinwegsehen:

»Am 12. morgens 10 Uhr begaben sich der Oberst von Baligand in Begleitung des Herrn Kommandanten unseres Bataillons, Obristleutnant Herbst, und des Offizierskorps . . . auf die Akropolis, wo sich bereits der bisherige Gouverneur Osman Effendi mit seinen Offizieren, die anwesenden Konsuln und viele Fremde eingefunden hatte.

Die Akropolis von Athen, in der Mitte der von Schliemann abgetragene venezianische Turm (nach einer Zeichnung von K. Sprosse von 1868).

Die verschiedenen Posten wurden nun von uns besetzt und der Pavillon des Königs auf eine hohe Stange mit einer Krone auf der Spitze an einer Stelle aufgepflanzt, wo er über die Stadt hinweg weit gesehen werden konnte. Die Türken zogen ruhig ab und niemand von den zahlreichen Griechen legte ihnen etwas in den Weg. Osman-Effendi mit Ali-Alendar und Dervend-Aga blieben zurück, um dem Déjeuner à la Fourchette beizuwohnen, welches der Oberst nach dieser Feierlichkeit veranstaltete. Dieses Déjeuner war originell, sowohl wegen seiner Zusammensetzung, als des Ortes wegen, wo es gehalten wurde. Die Tafel war nämlich im großen Minerva-Tempel aufgestellt und von Bayern, Griechen, Engländern, Franzosen, Russen, Türken, Arabern, Amerikanern und vielen Künstlern und Gelehrten umstanden. Ein dreimaliges Lebehoch dem Könige wirbelte mit Exaltation in die Luft; der Türke strich sich den Bart, hob das Glas mit dem Feuerweine und mischte sein ›Allah Kerim‹ unter den allgemeinen Jubel der Freude und Begeisterung. Das atheniensische Volk war wie toll, die gefährlichsten Stellen des Parthenon wurden erklettert, und ein langgedehntes ›Sito o Vasilévs!‹ wälzte sich über die Stadt in die Gebirge und zu den Häfen . . .

Von den Propyläen am Eingang gegen Westen stehen noch einige Säulen mit Zwischenmauern verbunden, da die Akropolis bisher als Festung betrachtet wurde. Die hier gestandenen Tempel der Siegesgöttin, des Aesculap, der Venus und das Grabmal des Talos sind bis auf die letzte Spur verschwunden, sowie die Statuen, z. B. des Hermes, der Grazien etc. Vor dreihundert Jahren wurden diese Propyläen durch ein türkisches Pulvermagazin zerstört, welches ein Blitz entzündete. Innerhalb der Propyläen stand das Hieron der Athene, der Tempel der Athena Polias, und der Parthenon.

Von allen diesen Herrlichkeiten sind nur noch wenige Trümmer übrig, welche aber von der ausnehmend schönen und künstlichen Bearbeitung des pentelischen Marmors noch genügend Zeugnis geben.

Der Parthenon wurde durch ein Pulvermagazin, in welches eine genuesische Bombe fiel, in der Mitte auseinandergesprengt, und nur im Vorder- und Hintergrund stehen noch die gewaltigen Säulen, auf eine gräßliche Weise durch Kugeln verstümmelt. In den leeren Raum hatten die Türken eine Moschee gesetzt, von uns nun als Kaserne benutzt. Trümmer der alten Herrlichkeit und Größe lagen im Masse umher, unter ihnen gebleichte Schädel, und der Vogel der Göttin klagte in den Nächten über die Zerstörung des Heiligtums. Disteln verwundeten den Fuß und eine verpestete Zisterne hauchte ihr Gift aus. Furchtbar war diese Zerstörung! Blickte man gegen Norden über die Mauer, so traf am Fuß des Berges das Auge auf ein Meer von Schutt, gestürzten Mauern, Trümmern gebrochener Säulen, unter welchen hie und da ein ganzes Gebäude auftauchte, wodurch aber das Gräßliche dieses Anblickes nur um so schauderhafter hervortrat . . .

Die noch stehenden Säulen des Parthenon mögen eine Höhe von 40 Fuß haben. Der viele Schutt ließ mich dies nicht genau bestimmen. Jede Säule bestand aus 9 Stücken über dem Schutte; diese Stücke selbst hatten 4 Fuß Höhe und 6 Fuß im Durchmesser, und sind so genau auf einander gefügt, daß man selbst da, wo Kanonenkugeln angeschlagen haben, nicht immer mit Bestimmtheit angeben kann, wo sie aufeinanderliegen. Ich untersuchte die umliegenden und fand diese Stücke in der Mitte, in einem Quadrate von 16 Zoll durchgemeißelt. Durch die Mitte der ganzen Säule soll Blei gelaufen sein, und diese Entdeckung soll, wie mir der griechische Herr Konservator versicherte, zum großen Nachteile für den Parthenon gewesen sein, indem sowohl Türken wie Griechen alles zertrümmert hätten, um das Blei zu gewinnen, woraus sie Kugeln gossen.

Am Eingange in die Akropolis, innerhalb der Propyläen, steht ein hoher viereckiger Turm, der nur von außen mit einer Strickleiter erstiegen werden kann.«

Heinrich Schliemann hatte diesen Turm abtragen lassen. Damals, 1834, organisierte Ludwig Ross die griechische Altertümerverwaltung mit dem Ziel, Relikte der Vergangenheit auszugraben und zu erhalten. Eines der ersten Projekte, der Wiederaufbau der Akropolis aus den Bauresten, nahm unter dem bayrischen Hofarchitekten Leo von Klenze seinen pompösen Anfang – König Otto wohnte dem ersten Spatenstich bei –, wurde aber bald wieder aufgegeben, nachdem man die Geschmacklosigkeit des Unternehmens erkannt hatte. Statt dessen versuchten sich Klenze und Ross an der Ausgrabung und Rekonstruktion des Nike-Tempels.

Ross beseitigte auch einen Erdwall vor der Westfassade des Parthenon, der den Türken als Schutz und ihren Kanonen als Basis gedient hatte. Dabei tauchten zahlreiche Bruchstücke aus dem Giebelfeld auf, eine Tempelfriesplatte der Nordseite und das Fundament sowie beinahe alle Bauteile des Nike-Tempels. In diese Zeit fielen Pläne des preußischen Baumeisters Friedrich Schinkel, für König Otto ein Schloß auf der Akropolis zu errichten, die jedoch über die Planung nicht hinauskamen.

Als die griechische Regierung 1863 beschloß, südöstlich des Parthenon ein Museum für alle Akropolis-Funde zu errichten, wurde die Aufgabe dem neuernannten Generalephoros P. Eustratiadis übertragen. Bei der Aushebung der Fundamente stieß Eustratiadis auf bemerkenswerte Skulpturenfragmente, unter anderem fand er den Kopf der Athene von dem nahen Giebelfries kaum knietief unter der Erde, was ihn zur Aufgabe der Museumspläne an dieser Stelle veranlaßte. Nordöstlich der Propyläen erschien der Platz günstiger, und so nahm er die Forschungen an dieser Stelle auf. Völlig unerwartet traten jedoch gerade dort noch ältere Fundstücke zutage, so daß Eustratiadis 1865 mit seinen Arbeiten für das Museum wieder an die alte Stelle zurückkehrte. Doch vor dem Bau galt es, den Grund bis auf den gewachsenen Fels hinab zu erforschen, und dabei maßen die Ausgräber im Durchschnitt eine Erd- und Schuttschicht von 2,5 Meter Dicke.

Weite Teile der östlichen Akropolis waren nun bereits freigelegt, und 1882 ging die griechische Archäologische Gesellschaft daran, nun das gesamte Gebiet von Grund auf zu erforschen. Genaugenommen waren es nur Reste, welche Perser, Römer, Kreuzfahrer, Venezianer, Türken und Lord Elgin zurückgelassen hatten, aber dennoch quollen jetzt hier die großartigsten Funde aus dem Boden. Türkische Bauwerke hatten sie unter ihren Grundmauern jahrhundertelang verborgen.

Eine von nationalem Eifer getragene Entscheidung, die Akropolis von *griechischen* Forschern ausgraben zu lassen, erwies sich bald als wenig glücklich; denn dem Eifer fehlte es an Erfahrung, so daß Archäologen später noch jahrelang rätselten, wo welche Objekte gefunden worden waren. Konzeptionslosigkeit bei den Grabungen und unsachgemäße Behandlung der Funde waren der Grund, daß die Archäologische Gesellschaft die Grabungen im April 1883 einstellte, worauf Eustratiadis indigniert um seine Entlassung bat.

Der neue Leiter der Altertümer hieß Kavvadias und begann am 11. November 1885 mit den Grabungen. Er war klug genug, einen erfahrenen Ausgräber und Bauforscher zu Hilfe zu rufen, der für exakte Arfzeichnungen bekannt war und sie garantierte: Wilhelm Dörpfeld.

Groß war die Hoffnung des Altertümerdirektors nicht, jetzt noch bedeutsame Entdeckungen zu machen, und deshalb begnügte er sich mit sechs Grabungsarbeitern. Und in der Tat waren die Funde bis zum 24. Januar des Jahres 1886 zahlreich, aber nicht überwältigend. Dann entdeckten Arbeiter östlich des Parthenon ein Bruchstück mit Gewandfalten. Zuerst schien es nichts Besonderes, aber im Laufe des Tages gab das Erdreich weitere Gewandteile gleichen Stils frei, und am folgenden Tag fand Kavvadias insgesamt neun Koren, Jungmädchenstatuen, die zum Schönsten gehören, was attische Bildhauerkunst hervorgebracht hat. Die Weihegaben waren wohl von den Persern 480 v. Chr. zerschlagen und später von den Griechen vergraben worden.

Dörpfeld entging diese Entdeckung, er leitete gerade Grabungen im Tempel von Korinth, wohl eher Sondierungen, denn sie wurden Mitte Februar bereits wieder eingestellt, und erst 1892 nahmen sich griechische und 1896 in größerem Umfang auch amerikanische Archäologen der einst blühenden Stadt am Isthmos an. Noch hatte Dörpfeld die Hoffnung, zusammen mit Schliemann Knossos auszugraben.

Der Sommer verstrich, und Schliemann hatte weder eine Grabungslizenz erhalten noch die Grundbesitzer ermittelt, denen er das Land hätte abkaufen können. Kreta stand noch immer unter türkischer Herrschaft, aber man sprach offen von Revolution, und mögliche Schätze *unter* der Erde erschienen allen Beteiligten sicherer als geborgene Schätze, die ebenso leicht nach Athen wie nach Konstantinopel verschleppt werden konnten. Da erreichte Heinrich Schliemann Anfang 1887 die Nachricht, das Areal, unter dem er den Palast Knossos vermute, sei Erbgut zweier türkischer Kinder. Und da Ölbäume auf dem Grundstück einen hohen Wert darstellten, forderte deren gesetzlicher Vertreter 100 000 Francs. Der Arzt Dr. Chatzidakis berichtete jedoch, er habe die Forderung bereits auf 75 000 Francs heruntergehandelt, erbitte eine Vollmacht und 5000 bis 8000 Francs Anzahlung. Von einem weiteren Besuch möge er, Schliemann, möglichst Abstand nehmen, das würde den Preis nur in die Höhe treiben.

Die Forderung war überhöht, gewiß, doch sie traf keinen Armen, und wenig später sollte das Land gar nur noch 40 000 Francs kosten; aber Schliemann, der es haßte, übervorteilt zu werden, lehnte ab. Bei schwerem Sturm in der Ägäis reiste er mit seinem Gärtner als fachkundigem Zeugen nach Heraklion, zählte 888 Ölbäume statt 2500 und zitierte Paulus: »Alle Kreter sind Lügner!«

Ganz schien er den Plan, Knossos auszugraben, jedoch nicht aufgegeben zu haben; denn in einer letzten Initiative wandte er sich an den neuen kretischen Gouverneur Sartinsky Pascha und bot dem Museum der Hauptstadt alle zu erwartenden Grabungsfunde an. Doch der Gouverneur legte den Antrag zu den Akten – und dort blieb er.

Allein fuhr Heinrich Schliemann im Winter 1886/87 mit einem gecharterten Segelschiff nilaufwärts, um ein Lungenleiden auszukurieren. Er kannte das Land bereits von einem Besuch vor nunmehr beinahe dreißig Jahren. Damals hatte ihn ein Schiffs-eigner aufgrund von Sprachschwierigkeiten übers Ohr gehauen, was Schliemann sofort zum Anlaß nahm, Arabisch zu lernen. Nun beherrschte er die Sprache und die Mannschaft auf der Barke. Eine Seite aus seinem Tagebuch verrät, daß er sich auf dieser dreimonatigen Reise nicht nur körperlich, sondern auch geistig regenerierte: »Trotz aller Mißhelligkeiten, wenn Windstille oder Gegenwind das Fortkommen hindert, ist mein einziger Kummer die Eile der Zeit. Wahrscheinlich niemals ist mir die Zeit so schnell vergangen als jetzt, wo ich allein bin. Das macht, wie mir scheint, die Mannigfaltigkeit meiner Beschäftigungen. Um sieben Uhr stehe ich auf und wandle eine halbe Stunde auf dem Verdeck auf und ab, trinke Tee, esse drei Eier und gehe noch eine Stunde umher, indem ich rauche. Sogleich danach nehme ich eine Stunde ein arabisches Buch vor, und zwei Stunden den Euripides. Darauf frühstücke ich,

gehe wieder eine Stunde und lese weiter wissenschaftliche
Bücher bis ½ 5 Uhr. Später gehe ich bis sechs, diniere und
wandle noch eineinhalb Stunden, den erquickenden Luftzug
der Wüste genießend. Bevor ich mich niederlege, schreibe ich
mein Tagebuch.«

Schliemann schwärmte vom Land der Pharaonen so sehr, daß
er die Keuzfahrt im folgenden Jahr zusammen mit Rudolf
Virchow wiederholte. Es mag verwundern, daß Schliemann nie
auf den Gedanken kam, in Ägypten zu graben. Schätze gab es
hier genug, erst vor wenigen Jahren hatte der Berliner Emil
Brugsch ein Versteck mit vierzig Pharaonenmumien entdeckt!
Aber da war eben doch Homer, jene Leitfigur seines Lebens,
die keine fremden Götter neben sich duldete.

Carl Humann, unser Mann in Kleinasien, hatte alle Hände voll
zu tun. Keine Ausgrabung, keine Expedition auf asiatischem
Boden, die nicht den Weg über Smyrna und das einladende
Humann-Haus in der Altstadt nahm. Schon 1882 geleitete
Humann eine Expedition zu der Hethiter-Hauptstadt Boghaz-
köi, das heißt, von Hethiter-Hauptstadt war damals noch nicht
die Rede, und die Abgüsse, die Humann von den zahlreichen
Felsenreliefs der Gegend anfertigte, fanden den Weg in die
Ägyptische Abteilung der Königlichen Museen in Berlin, weil
die Wissenschaft sie diesem Kulturkreis zugehörig erachtete.
Zwar äußerte Humann schon damals die Vermutung, »die
Riesenstadt, an der Jahrhunderte gebaut haben mögen«,
könnte den Hethitern zugeschrieben werden, aber irgendein
Beweis fand sich nicht, und neue Rätsel einer Stadt in Nordsy-
rien lenkten von diesem Thema ab: Sendschirli. Da lag zehn
Kilometer nördlich von Islahiye ein Ruinenhügel. Überlebens-
große Götterdarstellungen, hieß es, ragten dort aus der Erde.
Versunkene Stadt eines versunkenen Reiches?
Ein 1888 in Berlin gegründetes Orientkomitee nahm diese
Aufgabe in Angriff. Im März trafen der Archäologe Otto
Puchstein, der Expeditionsarzt Dr. Felix von Luschau und der

Assistent Franz Winter bei Humann in Smyrna ein. Humanns Organisation für die viermonatige Expedition war perfekt: Louise kümmerte sich um Diener und Koch, Küche, Wäsche, Lampen, Lebensmittel und Getränke, Carl besorgte die Technik, Zelte, Feldbetten und Werkzeug, darunter 20 Spitzhakken, 12 Platthacken, 100 Reservestiele, 55 Schaufeln, 12 Schubkarren, 57 Tragkörbe, zwei Winden, zwei eiserne Hebebäume, einen Flaschenzug, einen schweren Wagen mit Eisenachse, eine Feldschmiede und Meißel, Nägel und Stricke. Ein Aufseher, zwei Steinmetzen, ein Zimmermann und ein Schmied wurden engagiert. Die Pferde nicht zu vergessen. Am 31. März 1888 verabschiedete sich Humann von Louise.

Der mächtige Hügel von Sendschirli, den sie nach acht Tagen erreichten, blühte voller gelber hochstengeliger Asphodelus-Lilien. Die Unterweltblume schien nicht sehr verheißungsvoll, und die rätselhaften Reliefs waren zum Teil schon wieder verschüttet. Aber neue Bruchsteine mit überlebensgroßen Details versetzten die Ausgräber in Aufregung. »Das oberste oben abgerundete Stück«, notierte Humann in sein Tagebuch, »zeigte einen prachtvoll gearbeiteten assyrischen Kopf mit der Mitra und daneben verschiedene kleine Götterembleme in Flachrelief. Als das Stück vom Lehm gereinigt war, sahen wir zu unserer freudigen Überraschung, daß die Rückseite mit Keilschrift bedeckt war, die sich auf den unteren Stücken fortsetzte. Bald war alles herausgeholt, zusammengestellt, und wir hatten nun eine herrliche, fast intakte 3,45 Meter hohe assyrische Königsstele vor uns – nur daß keiner von uns sagen konnte, wen sie darstellte. Als die Stele stürzte, lag schon etwa ein Meter Schutt auf dem Pflaster des Hofes, vielfach mit Holzkohle und rot gebranntem Lehm durchsetzt. Eine Feuerbrunst wird das Dach und die übrige Holzkonstruktion der Toranlage zerstört haben; im Sturz rissen sie einen Teil der Lehmwände mit; dann sprengte die Glut der unten weiterbrennenden Trümmer die Stele, sie stürzte auf den Aschenhaufen, und weitere Sturzmassen sowie der allmählich wachsende Humus bedeckten sie . . .«

Weststurm tobte. Das Thermometer zeigte 7 Grad. Zelte waren der einzige Schutz vor Wind und Kälte, aber der Sturm riß tiefe Fetzen, die nur mühsam geflickt werden konnten. Es regnete durch. Humann schlief im Zelt unter einem Regenschirm. Es dauerte Wochen, bis Bretterbaracken errichtet waren, dann besserte sich auch das Wetter. Aber nun kamen Schlangen, Skorpione, Taranteln, Stechmücken und anderes Ungeziefer hervor.

Ende April war Humann und allen Beteiligen klar, daß unter dem Meer gelber Lilien ein alter Herrschersitz verborgen lag, ein Palast mit Toranlagen; aber niemand konnte sagen, wie tief man graben mußte, um ans Ziel zu gelangen. War es erst die Kälte, so machte den Ausgräbern nun die Hitze zu schaffen: frühmorgens 30 Grad gegen neun Uhr, mittags 40 Grad, bis zu 45 Grad am Nachmittag.

Die Strapazen verursachten erste Ausfälle. Humann zog sich eine Lungenentzündung zu, die, kaum hatte er sie halbwegs auskuriert, zu einem Rückfall führte. Der älteste Aufseher lag mit 40 Grad Fieber darnieder. Am 13. Juni waren – außer Dr. von Luschau – alle krank. Die Stimmung sank auf den Nullpunkt. Abbrechen! Abbrechen und nach Hause! war die einhellige Meinung. Humann an Professor Conze: »Wenn ich nur die Existens eines alten Palastes konstruieren kann, wird wohl für dieses Mal das Erreichbare erreicht sein, und man kann dann mit einer mehr gesicherten Rechnung an die zweite Kampagne denken.«

Auch der Arzt äußerte Bedenken, eine Fortsetzung der Arbeiten sei unter diesen Bedingungen nicht zu vertreten. Aber an die hundert Arbeiter, mit vorderasiatischen Klimaverhältnissen vertraut, harrten aus, und auch Humann gab sich schließlich erst zufrieden, als sie mit ihren Schaufeln und Hacken auf hethitisches Mauerwerk gestoßen waren.

23. Juli 1888. Die Nachricht von der Einstellung der Grabungen mobilisierte letzte Kräfte. Bis auf zwei fühlten sich alle gesund und reisefähig. Fünfzig Skulpturen, Inschriften, Vasen und Terrakotten wurden in 82 Kisten verpackt und auf die

Wagen verladen. Doch die schmalen Räder versanken auf den unbefestigten Wegen. Unter größten Strapazen kehrte die Expedition schließlich in die Zivilisation zurück, und als sechs Kilometer vor Alexandrette das Meer am Horizont erschien, sanken alle erschöpft zu Boden und schlugen ihre Zelte auf.

Tags darauf ging ein Telegramm nach Berlin: »Alle Mann eingeschifft. Leidlich und gesund. 82 Kisten an Bord.«

Louise Humann in einem Brief an die Kusine: »Wie sie alle aussahen bei ihrer Rückkehr, kann ich nicht beschreiben. Und die Sachen! Vier Monate keine Frauenhand, das Leinenzeug nicht gewaschen! Es war entsetzlich! Übrigens ist das bereits die dritte große Expedition, die mein Mann machte, außer seinen Ausgrabungen in Bergama, und so bin ich es teilweise gewöhnt. Aber so schlimm war es noch nie!«

Bleibt nachzutragen: Sendschirli wurde später als die Hauptstadt Sam'al des Aramäerstaates von Ja'udi erkannt. Der Hügel barg eine Palastanlage mit mehrfach gestaffelten Mauern, ein doppelter Mauerring schützte die Stadt. Statuen und Inschriften der Herrscher Kilamuwa, Panammu und Asarkaddon gaben Einblick in die Geschichte der nordsyrischen Staatenwelt in der ersten Hälfte des ersten vorchristlichen Jahrtausends.

Carl Humann war nun in einem Alter, in dem Männer daran denken, etwas leiser zu treten. Nicht so er. Die späte Anerkennung, die ihm mit der Verleihung des Museumsdirektorenpostens in Smyrna zuteil geworden war, stachelte ihn zu immer neuen Taten an. Und wenngleich Louise größtmögliches Verständnis für Carl aufzubringen versuchte, zweifelte sie oft, ob sie sich ihr Leben so vorgestellt hatte. Da waren die Kinder Maria, Hans und Carl-Aki, die versorgt werden mußten. Besucher aus ganz Europa gingen bei Humanns ein und aus, mußten betreut und bewirtet werden – unentgeltlich, versteht sich. Humanns Beamtengehalt setzte da feste Grenzen, so daß Louise sogar ihr ererbtes kleines Vermögen mit einbringen mußte.

Was aber trieb einen Fünfzigjährigen, der seine Familie über alles liebte, dazu an, Hitze, Kälte, Dreck und Seuchengefahr dem Leben am heimischen Schreibtisch vorzuziehen, seinen Beruf aufzugeben und gegen bescheidenes Salär, das keinen reich machte, nach Spuren der Vergangenheit zu forschen?

»Am 8. August«, klagte Louise Humann ihrer Kusine Marie, »kam Carl zurück, am 9. schon mußte er weiter nach Konstantinopel, um dort mit der türkischen Regierung zu teilen, blieb 14 Tage, kam dann für sechs Tage nach Hause zurück, reiste wieder für zehn Tage nach Konstantinopel und ist jetzt in Tralles und macht dort Versuchsausgrabungen; Tralles ist von Smyrna fünf Stunden mit der Eisenbahn – also ist er seit Anfang April nur 14 Tage zu Hause gewesen. Ich besorge dann alles, was in seiner Abwesenheit an Briefen, Telegrammen, Paketen usw. von Berlin hier ankommt, und muß ihm vieles durch einen Kurier schicken, da es im Innern an vielen Orten keine oder sehr mangelhafte Poststationen gibt, die auch durchaus für verlorene Briefe und Sachen keine Verantwortung übernehmen. Da hast Du unseren Sommer, liebe Marie, und so habe ich vieles durchlebt, nicht wahr, das ist nicht immer sehr schön.«

Tralles hieß jetzt Aidin. Im Museum von Konstantinopel befand sich der Kolossalkopf eines Dionysos, der im Jahr zuvor von Arbeitern in Aidin gefunden worden war. Die Museumsverwaltung suchte nun, auch den zugehörigen Torso zu finden, und stellte Humann acht bis zehn Mann zur Verfügung. Doch die Suche blieb erfolglos, sie mußte es, weil, wie später herauskam, der Torso zugleich mit dem Kopf gefunden, aber versteckt worden war, um einen höheren Preis zu erzielen.

Ende Oktober reiste Wilhelm Dörpfeld von Athen nach Aidin, um Humann bei der Aufnahme von Plänen und Grundrissen zu unterstützen. Die beiden verstanden sich prächtig, wohl allein deshalb, weil sie keine gelernten Archäologen oder Philologen waren – wie Humann immer etwas verächtlich meinte –, sondern »Artfremde«, die sich als Ausgräber berufen fühlten. Dörpfeld fertigte Grundrisse und Zeichnungen der einst so bedeutenden Stadt Tralles, die über ein Gymnasium aus römischer Zeit und ein Theater, ähnlich dem des Dionysos in Athen, verfügte, das 30 000 Besuchern Platz bot. Dörpfeld erzählte Humann auch von seinen Grabungen mit Schliemann und einem Streit um die Identität von Troja, die ein pensionierter Hauptmann der Artillerie mit großer Publizität angezettelt hatte.

Ohne je den Boden von Hissarlik betreten zu haben, behaupte Hauptmann a. D. Ernst Boetticher, bei Schliemanns Entdeckung in der Troas handle es sich keineswegs um das homerische Ilion, sondern um eine Feuernekropole, in der die Toten verbrannt und bestattet wurden. Schliemann und Dörpfeld würden schlicht als Scharlatane gescholten. Für sein Pamphlet verstehe es Boetticher geschickt, Zeitungen wie die »Kölnische Zeitung« und Zeitschriften wie das »Correspondenzblatt der Deutschen Anthropologischen Gesellschaft« und das »Deutsche Philologenblatt« einzuspannen. Beharrlich reise er zu wissenschaftlichen Kongressen in Paris und Wien, um seine Theorien vorzutragen, und ernte überall große Aufmerksamkeit.

Schliemann sah sich in die Enge getrieben, er bat Virchow, Dörpfeld, ja sogar Humann um Hilfe, dem er bis dahin eher gleichgültig gegenübergestanden war. In Paris, wo anläßlich der Weltausstellung der Eifelturm eingeweiht wurde, traf er sich mit Rudolf Virchow, dem alten Freund; aber er wollte trostreiche Worte, dieser Boetticher sei nicht mehr als ein Spinner, nicht gelten lassen, zermarterte sein Gehirn, wie den Angriffen des Hauptmanns beizukommen sei, und hatte in der Nacht zum 13. September den rettenden Einfall – dank Pallas Athene, wie er sagte: Die Grabungen von Troja müßten in gigantischem Rahmen und in Anwesenheit von hochkarätigen Naturforschern, Architekten und Archäologen fortgesetzt werden. Geleise für eine Tramway sollten gelegt und zu guter Letzt dieser Boetticher eingeladen werden. Dann wollte er, Schliemann, für die nötige Publizität sorgen und die Ansichten der Fachleute über Troja verbreiten. Nur schnell mußte alles gehen, bevor der pensionierte Offizier noch größeren Schaden anrichten konnte.

Heinrich Schliemann brauchte die besten Leute, die in Kleinasien für Grabungen verfügbar waren. Hilfesuchend wandte er sich an Humann, schilderte seine Lage und den Plan neuer Grabungen, ob er bereit sei, ihn zu unterstützen.

Humann antwortete:

>>Smyrna, 6. Oktober 1889

Hochverehrter Herr Dr. Schliemann!

Ihre freundliche Zuschrift vom 25. Sept. hat mich sehr erfreut, indem ich daraus zunächst Ihre glückliche Heimkehr (aus ›Europa‹) ersah und dann, daß Ihre Arbeitskraft und Ihr Unternehmungsgeist so frisch wie je sind. Mögen beide noch lange lange vorhalten zum Heile der Wissenschaft, die Ihnen so unendlich Großes verdankt. Mit 67 Jahren ist man kein Jüngling mehr und es ist wahrlich erstaunlich, wie die Götter Ihnen wohlwollen, die Ihnen ewige Jugend verliehen zu haben scheinen. Sie dürfen den Göttern nur nicht entgegen arbeiten, indem sie sich unnützerweise über den Pyro-Nekropolomanen Boetticher ärgern. Der Herr ist in seinen Ideen offenbar verritten und versessen und wird Ihrer wie anderer Belehrung schwerlich zugänglich sein. Jetzt hat der Mann aber ein kolossales Verdienst dadurch, daß er die Ursache geworden, daß Sie Ihre Forschungen in Troja fortsetzen wollen. Dafür wird ihm viel vergeben werden!

Nun wollen Sie also schon bald wieder beginnen und sich erst Baracken etc. bauen, und suchen einen ehrlichen Aufseher, der griechisch und türkisch spricht.

Da kann ich Ihnen allein unseren ersten Aufseher, der uns die ganze Zeit in Pergamon gedient und mich auch nach Angora und zweimal nach Syrien begleitet hat, empfehlen. Derselbe, Jannis Laloudis mit Namen, ist immer ehrlich befunden worden, hat viel Autorität bei Arbeitern, weiß dieselben gut zu disponieren, hat ein gutes Auge für den Wert der einzelnen und die demnach ihnen zukommende Bezahlung, führt die Listen, macht verständliche Zeichnungen, greift überall selbst mit an, macht Gipsabgüsse, versteht zu zimmern und ist von Hause aus Steinmetz aus Tinos. Mir war er auch durchaus wertvoll,

260

daß er mit den größten Marmorblöcken umzugehen verstand, ohne etwas daran zu beschädigen, eventuell sie richtig zu spalten und zu verkleinern.

In Pergamon hatte er 10 Türk. Lira Monatsgehalt und hatte seine Familie dort bei sich wohnen. Auf den 3-4 monatlichen Expeditionen nach Syrien, die ja am Ende mit außergewöhnlichen Anstrengungen verknüpft waren, bekam er 15 Lira. Wenn Sie ihm 10 Lira geben und die Beköstigung, oder ein Äquivalent dafür, so wäre das gut bezahlt, meine ich, zumal Ihre Arbeit von längerer Dauer ist. Sein größter Fehler ist, daß er, wie die meisten Griechen aus angeborener Eitelkeit seine Autorität mehr geltend machen will, als ihm zukommt, und sich dann mit den übrigen Angestellten zankt. Da muß man ihn eben kurz halten.

Ich hatte die Absicht, ihn Anfang Januar wieder mit nach Syrien zu nehmen, doch habe ich mir mehrere jüngere Aufseher herangezogen und kann ihn entbehren.

Wenn Sie sich vorher den Mann einmal ansehen wollen, so kann ich Ihnen denselben leicht nach dort senden: Das kostet Sie 20-30 Franc Reisespesen. Wenn Sie sonst Leute brauchen, die Türkisch und Griechisch sprechen, so kann ich sie Ihnen leicht beschaffen, Handwerker durchweg einen Madjurie (Madjedig, 20 Piaster) pro Tag.

Sie gehen schönen Festen entgegen und werden natürlich den Kaiser sprechen. Leider kann ich nicht hinüber kommen, muß aber doch bald Athen mal wiedersehen. Bitte empfehlen Sie mich ganz gehorsamst Ihrer hochverehrten Frau Gemahlin und seien Sie herzlichst gegrüßt auch von meiner Frau von Ihrem Sie ganz besonders hochschätzenden

Carl Humann«

Darauf antwortete Schliemann unter dem 10. Oktober aus Athen:

»Hochverehrter Herr Dr. Humann!
Soeben bei Postschluß trifft Ihr sehr freundliches Schreiben
ein, worauf ich nur einige Zeilen antworten kann. Es ist
übrigens gütig von Ihnen, daß Sie mir aus der Not helfen und
mich mit tüchtigen Leuten unterstützen wollen. Tausendmal
herzlichen Dank dafür. Leider fehlt noch die Erlaubnis und
schreibe ich daher heute an Schoene, meinen Brief dem Staats-
minister persönlich überreichen und diesen dringend bitten zu
wollen, Herrn von Radowitz zu telegraphieren und offizielle
Instruktion zu geben, die Erlaubnis schleunigst zu erlangen.
Ich schreibe Ihnen mit nächster Post und telegraphiere bei
Erhalt der Erlaubnis. Inzwischen verbleibe ich mit ausgezeich-
neter Verehrung
Ihr ergebenster
H. S.«

Aufgrund seiner guten Kontakte zu Hamdi Bey versprach
Humann, sich für eine neue Lizenz in Troja zu verwenden, und
Schliemann lud Boetticher nach Hissarlik ein. Der Hauptmann
kam in Begleitung von zwei unabhängigen Zeugen, dem Wiener Bauforscher Professor Niemann und dem als Kartographen
bekannten Major Steffen. Fünf Tage lang führte Wilhelm Dörpfeld die Besucher durch die Ruinenstadt. Er nahm in ihrer
Gegenwart ein Protokoll auf, das bestätigte, daß die in dem
Buch »Troja« veröffentlichten Zeichnungen und Beschreibungen der Wahrheit entsprachen.
Aber Boetticher war nur in einigen Streitpunkten zu überzeugen. Dörpfeld: »Wenn Sie nicht einmal bereit sind, das zu
glauben, was ich Ihnen vor Augen führe, dann vergeuden wir
alle hier nur unsere Zeit.«
Boetticher: »Ja, wenn Sie meinen . . .«
Dörpfeld: »Sie haben Herrn Schliemann und mich öffentlich
beschuldigt, wir hätten unsere Pläne gefälscht und sogar Mauerreste beseitigt.«
»Das«, unterbrach der alte Hauptmann, »habe ich nur im

Interesse der Aufhellung einer wissenschaftlichen Kontroverse gesagt. Ich sehe darin keine Beleidigung. Jedenfalls wollte ich weder Sie noch Schliemann beleidigen.«

Schliemann war zu erregt, um sich an dieser Diskussion zu beteiligen. Doch nun trat er hinzu und sagte mit bewegten Worten: »Herr Boetticher, ich verlange, daß Sie die Beschuldigungen öffentlich zurücknehmen und um Verzeihung bitten. So öffentlich, wie Sie mich einen Lügner genannt haben!«

Die Antwort des alten Hauptmanns war ein knappes Nein.

Darauf Schliemann: »Die Pferde stehen zur Abreise bereit!«

Boetticher zögerte keinen Augenblick, er drehte sich um und verschwand grußlos.

An neue Grabungen war aufgrund der schlechten Witterung nicht mehr zu denken. Schliemann wollte den Winter abwarten, doch inzwischen traf der ersehnte Firman ein. Der streitbare Hauptmann polemisierte weiter gegen Schliemanns Troja-Theorie und stieß dabei nicht nur auf Ablehnung. Der deutsche Botschafter in Konstantinopel an Humann: »Schliemann ist, wie Sie wissen, halb verdreht und, bei allem großen Verdienst, das er sich um die Wissenschaft und um deutsche Interessen erwirbt, höchst unbequem für die hiesige Vertretung.« Und der Chef der Rechtsabteilung des Auswärtigen Amtes der Hohen Pforte, Alfred von Gescher: »Schliemann war ein merkwürdiges Gemisch von hohem Idealismus und reicher Phantasie mit praktischer Schlauheit. Manches an ihm war trottelhaft.«

Am Fuße des Hügels vor Hissarlik wurden während des Winters Baracken gebaut, nicht unkomfortabel, ein richtiges kleines Dorf, das schon bald »Schliemannopolis« genannt wurde. War Boetticher nicht mit Argumenten zu überzeugen, so mußte Schliemann andere Geschütze auffahren: Vom 25. bis 31. März 1890 trat in Hissarlik eine »Internationale Trojanische Konferenz« zusammen. Anerkannte Fachleute aus Deutschland, Frankreich, Amerika und der Türkei sollten sich unabhängig eine Meinung bilden, ob Boetticher im Recht war mit seiner Theorie oder Schliemann. Am 25. März trafen ein: Archäologieprofessor F. von Duhn aus Heidelberg, Geheimer

Sanitätsrat und Vorsitzender des Vereins für Schlesische Altertümer Dr. W. Grempler, Carl Humann, Direktor an den Königlichen Museen, der Ingenieur, Ausgräber und Delegierte der Académie des Inscriptions et Belles-Lettres in Paris C. Babin mit seiner rundlichen Gemahlin, tags darauf Dr. Charles Waldstein, Direktor des amerikanischen Archäologischen Instituts in Athen und Delegierter der Smithsonian Institution in Washington, und schließlich Frank Calvert, Konsularagent der Vereinigten Staaten von Amerika mit seiner hübschen Frau Edith, der Generaldirektor des Kaiserlichen Museums in Konstantinopel Osman Hamdi Bey und Schliemanns alter Freund Rudolf Virchow, Mitglied der Königlichen Akademie der Wissenschaften in Berlin.

Heinrich Schliemann hatte mit viel Geschick eine hochkarätige Auswahl unterschiedlicher Wissenschaftler getroffen, von denen er von vornherein annehmen durfte, daß sie nicht gegen ihn votieren würden. Mühe und Kosten, die Schliemann und Dörpfeld aufwendeten, waren nicht umsonst. Am 30. März 1890 unterzeichneten die Wissenschaftler das folgende Protokoll über die »Trojanische Conferenz«:

»Die Unterzeichneten, von den Herren Dr. H. Schliemann und Dr. W. Dörpfeld zur Besichtigung der Ausgrabungen von Hissarlik eingeladen, haben während mehrerer Tage die Ruinen einer sorgfältigen Untersuchung unterzogen, nachdem sie sich vorher mit den Schriften des Herrn Hauptmann Boetticher über die Bestimmung der aufgedeckten Bauwerke und insbesondere mit dem Buche ›La Troie de Schliemann une nécropole à incinération‹ bekannt gemacht hatten. Die Ergebnisse dieser Untersuchung sind in den folgenden Sätzen niedergelegt:

I) Die Ruinen von Hissarlik liegen auf der äußersten Spitze eines von Osten nach Westen streichenden Höhenzuges, der sich in die Skamanderebene vorschiebt. Dieser Punkt, von dem man die Ebene und jenseits derselben die Einfahrt in den Hellespont übersieht, erscheint vollkommen geeignet zur Anlage eines befestigten Platzes.

2) Man sieht dort Mauern, Türme und Tore, welche Befestigungswerke aus verschiedenen Epochen darstellen.

3) Die im Buch ›Troja‹, Plan VII, und in ›Ilios‹ (Französische Ausgabe), Plan VII, mit roter Farbe bezeichnete Umfassungsmauer der zweiten Ansiedlung besteht aus einem Unterbau von Kalksteinen, der meist mit Böschung angelegt ist; darüber erhebt sich eine senkrechte Mauer aus ungebrannten Ziegeln. An einigen Stellen der Umfassungsmauer ist sogar noch der Verputz auf diesem Lehmziegelbau erhalten. Kürzlich hat man drei Türme dieser Mauer aufgedeckt, die noch den Oberbau in Lehmziegeln tragen; dieselben liegen im Osten an einer Stelle, wo der Steinunterbau die geringste Höhe hat und es folglich am wenigsten nötig war, die Mauer durch Strebpfeiler zu verstärken.

4) Ein Querschnitt durch dieselbe Mauer, in der Verlängerung des Grabens XZ ausgeführt, bewies das Nichtvorhandensein von »Korridoren«, deren Existenz man behauptet hatte. Was die Ziegelmauer anbelangt, so ist das einzige Beispiel, das für die Annahme von Korridoren in den Mauern angerufen werden konnte, dasjenige an den dicht nebeneinander liegenden Mauern der Gebäude A und B. Aber hier gehören die beiden Mauern zu zwei verschiedenen Gebäuden.

5) Der Hügel Hissarlik hat niemals einen Terrassenaufbau dargestellt, bei dem sich die einzelnen Absätze nach oben hin verkleinern, sondern es nimmt im Gegenteil jede höhere Bauschicht einen größeren Raum ein, als die unmittelbar darunter liegende.

6) Die Untersuchung der einzelnen Schuttschichten hat zu folgenden Beobachtungen geführt: In der untersten Schicht sieht man nur einige parallele Mauern und findet darin nichts, was auf die Verbrennung von Leichen schließen ließe. Die zweite Schicht, die am meisten Interesse bietet, enthält Ruinen von Bauwerken, deren größte den Palästen von Tiryns und Mykene in jeder Beziehung gleichen. Die unmittelbar darauf folgenden Schichten bestehen aus Wohnungen, die in verschiedenen Zeiträumen übereinander gebaut wurden; eine große

Anzahl von ihnen enthielt umfangreiche Krüge (Pithoi). In der obersten Schicht endlich sieht man die Fundamente griechisch-römischer Gebäude und zahlreicher Bauglieder dieser Zeit.

7) Die zahlreichen Pithoi, die wir in derer dritten Schicht haben hervorkommen sehen, waren noch in ihrer ursprünglichen aufrechten Stellung, bald einzeln, bald in Gruppen. Mehrere enthielten größere Mengen von mehr oder minder verkohltem Weizen, Erbsen oder Ölsamen, aber niemals menschliche Gebeine, weder gebrannte noch ungebrannte. Die Wände dieser Pithoi tragen keinerlei Merkmale einer außergewöhnlichen Feuereinwirkung.

8) Im allgemeinen erklären wir, in keinem Teile der Ruinen irgendwelche Anzeichen gefunden zu haben, die auf Leichenverbrennung schließen lassen. Die Feuerspuren, die man in den verschiedenen Schichten, am stärksten aber in der zweiten, der ›verbrannten Stadt‹ findet, rühren meistens von Feuersbrünsten her. Die Gewalt des Brandes in der zweiten Schicht war so groß, daß die rohen Lehmziegel zum Teil gebacken und an den Außenflächen selbst verglast sind. Auch sollen wir schließlich noch bezeugen, daß in den Werken ›Troja‹ enthaltene Pläne vollständig dem Tatbestande entsprechen und daß wir ganz und gar die Ansichten der Herren Niemann und Steffen teilen, wie dieselben in dem Protokoll der Conferenz vom 1.-6. Dezember 1889 wiedergegeben sind.

Gez. Babin
     Calvert
     Duhn
     Grempler
     Hamdi
     Humann
     Virchow
     Waldstein«

Schon am folgenden Tag sandte Schliemann das Protokoll an die Redaktion der Londoner »Times« und an den Verlag Brockhaus in Leipzig.

Die gelehrten Herren reisten ab, bis auf Virchow. Gelb lag die Troas unter blühenden Blumen, in den sumpfigen Niederungen gurgelte das Wasser, und die beiden alten Freunde beschlossen, das vielleicht letzte große Abenteuer ihres Lebens zu wagen.

1767 Meter hoch ragt der Ida mit seinen Gipfeln Gargaros und Sarikis über die Ebene von Troas, ein quellen- und waldreicher Gebirgsstock, einst von Kultstätten des Zeus und der Kybele überzogen. Diesen Ida wollten die beiden 68jährigen besteigen. Sie hatten schon einmal gemeinsam das Gebirge erklommen, doch das war zehn Jahre her und schon damals sehr anstrengend gewesen.

»Aber da oben wird es noch ziemlich kalt sein!« bemerkte Virchow. Schließlich war es erst Anfang April, und selbst die abgehärteten Viehhirten suchten die Hänge des Ida erst im Juni auf. Schliemann antwortete nicht.

»Ich habe gesagt, daß es da oben noch ziemlich kalt sein wird!« wiederholte Virchow. »Hast du mich nicht verstanden?«

»Doch, doch!« bedauerte Schliemann und versuchte den Vorfall zu übergehen. Aber Virchow ließ nicht locker: »Ich habe den Eindruck, Heinrich, dein Gehör läßt nach in letzter Zeit.«

»Ich höre noch ganz gut«, suchte Schliemann abzuwiegeln. Virchow faßte den Freund mit beiden Händen am Kopf: »Laß mal sehen!«

Nur widerwillig ließ Schliemann die sich daran anschließende Untersuchung über sich ergehen. Er wußte selbst, daß er nicht mehr alles mitbekam, was um ihn herum vorging, hatte diesen Mangel aber stets durch Konzentration und Aufmerksamkeit auszugleichen versucht. Virchow stellte bei Schliemann schwere Knochenauftreibungen in beiden Ohren fest.

»Und was bedeutet das?« fragte Schliemann vorsichtig.

»Du mußt operiert werden, Heinrich, und ich will dir nicht verheimlichen, daß es sich dabei um keine leichte Operation handelt.«

»Operation?« Schliemann wurde laut: »Aber mir geht es doch gut. Noch nie ist es mir so gutgegangen. Wozu Operation? Es ist doch nur gut, wenn man nicht alles zu hören bekommt, was die Leute reden.«

»Ich würde dir auch nicht raten, diese Operation hier oder in Athen durchführen zu lassen. Das muß in Deutschland gemacht werden. Ich könnte dir da . . .«

»Gut, gut«, beendete Schliemann die Diskussion, »bei meinem nächsten Deutschlandbesuch können wir darüber reden. Nicht eher!«

»Du willst also trotzdem auf den Ida?«

»Keine Frage«, antwortete Heinrich Schliemann, »Pferde und Packtiere sind gesattelt, ich habe fünf Begleiter ausgewählt, morgen in aller Frühe brechen wir auf.«

Der Termin war günstig; denn am griechischen Osterfest ruhten die Grabungen für eine Woche. Also zog die kleine Karawane los, erreichte Beiramitsch, schließlich Evjilar, von dort waren noch zwei Stunden zum Sarikis-Gipfel des Idagebirges. Schliemann wickelte einen dicken Schal um die Ohren, zum Schutz vor dem Sturm, der, bisweilen mit Regen vermischt, um die Bergkuppe tobte.

»Schaffst du es?« rief Virchow gegen den Wind. Schliemann machte eine verharmlosende Handbewegung: Halb so schlimm, das alles!

Aber je höher sie kamen, desto stärker wurde der Sturm. So banden sie Pferde und Lasttiere fest und legten die letzten Meter halb kriechend zurück, sich vorsichtig von einem Felsvorsprung zum anderen bewegend, um nicht fortgeweht zu werden. Schwarze Wolken stießen auf den Berg zu und schleuderten ihnen beinahe waagerecht dicke Regentropfen ins Gesicht. Doch so schnell eine der dunklen dichten Wolken auf sie zukam, so schnell wurde sie auch wieder fortgerissen, und dann tauchte vor ihnen goldbeschienen wie durch ein Kirchfenster das Meer auf, der Hellespont im Norden, im Westen vor ihnen die Ägäis, die Inseln Samothrake, Lemnos und Tenedos und beinahe senkrecht zu ihren Füßen der Golf von Edremit, Mitylene und die lange Wasserstraße bis Chios und Smyrna. Die lange Kette des Ida lag vor ihnen bis zum Vorgebirge Lekton reichend, die Berge um das mittlere Skamandros-Tal und die Ebene von Troja. Dieser Blick war Lohn genug für die Strapazen des Aufstiegs.

Virchow kehrte nach Berlin zurück, und Schliemann widmete sich der Säuberung der sogenannten zweiten Stadt, der zweitältesten Schicht in Hissarlik. Eine weitere Grabung außerhalb sollte die spätere Geschichte des Ortes und eine Unterstadt feststellen. Wilhelm Dörpfeld verfügte bereits über soviel archäologische Kenntnisse, daß der sonst so störrische Schliemann alte Theorien bedenkenlos aufgab, wenn sein Assistent einsichtig argumentierte. Es war keine Frage, schon 1890 hieß der Chef in Troja Dörpfeld.

Der Bauforscher, dem kein Detail zu diffizil erschien, um es nicht zu zeichnen und in verschiedene Plänekombinationen einzubringen, machte eine wichtige Entdeckung. Die Herrscher der zweitältesten Anlage, fortan Troja II genannt, hatten ihre Burg dreimal vergrößert, die Außenmauern jedesmal weiter zur Unterstadt hin vorgeschoben. Troja II bestand aus drei Perioden. Und darüber türmten sich sieben weitere, jüngere Schichten.

Heinrich Schliemann, immer davon angetrieben, neue großartige Entdeckungen zu machen, wäre es nie gelungen, ein System in diese vielen Schichten zu bringen. Er fand nun in Wilhelm Dörpfeld eine ideale Ergänzung. Sein Interesse galt weniger sensationellen neuen Entdeckungen, als der exakten wissenschaftlichen Auswertung und historischen Einordnung der gemachten Funde.

Troja stellte sich ihnen jetzt wie folgt dar: Die Schichten I-V gehörten der westkleinasiatischen Kultur der frühen Bronzezeit an, deren Ende um 2000 v. Chr. zu datieren ist. Troja I stammte also aus dem dritten vorchristlichen Jahrtausend. In Troja II siedelten Dörpfeld und Schliemann das homerische Geschehen an. Nach der Zerstörung dieser Stadt blieb Troja in den Schichten III-V unbefestigt, und in der Schicht VI erfolgte eine neue Blüte, die ein Erdbeben jäh unterbrach. Aber die Herrscher von Troja bauten ihre Burg neu auf, ihre Reste bezeichneten die Ausgräber als Troja VII A. Scherbenfunde deuteten an, daß diese Kulturschicht von mykenischen Griechen, den Achäern, zerstört worden war. Danach wurde Troja mehrfach erneuert. VII B und VIII erwiesen sich als unbedeutend, IX zeigte hellenistische und römische Spuren.

Aber Dörpfelds Zweifel wurden um so größer, je mehr er ins Detail ging, und auch Schliemann wollte nicht mehr mit letzter Bestimmtheit sagen, daß in der II. Schicht das homerische Troja zu finden sei. Schliemann hatte außerhalb des Mauerkreises der II. Schicht vor dem Südwest-Tor nach Königsgräbern gesucht. Nach den Erfahrungen von Mykene erschien es wahrscheinlich, daß die Bewohner Trojas ihre Toten nahe dem Tor bestattet hatten. Mit dieser Grabung wollte er aber auch noch einmal alle Schichten über der II. Schicht untersuchen. Die Gegenprobe ging auf; auch hier kamen sieben übereinanderliegende Schichten zum Vorschein. Doch die mittlere, vom Felsboden gerechnet die VI., schien von besonderem Interesse. Diese Schicht zeigte die Reste von zwei großen Gebäuden, die sich in ihren Ausmaßen und der Mauerstärke von allen anderen unterschieden. Verstärkt wurde die Bedeutung dieser Fundamente dadurch, daß Schliemann und Dörpfeld in ihrem Inneren, aber auch außerhalb, auf Funde stießen, die deutlich auf die mykenische Zeit hinwiesen. Neben einfarbiger, meist grauer Töpferware, Schliemann bezeichnete sie als lydisch, gab der Schutt der Jahrtausende mehrere Vasen und Gefäßfragmente mykenischer Art frei. Derartige Vasen hatte er in keiner der unteren Schichten entdecken können. Also, schloß Dörpfeld, stammten jene stattlichen Bauwerke aus einer Zeit, als die mykenische Töpferware noch üblich war. Dörpfeld ließ eigens einen Vasenexperten des Deutschen Archäologischen Instituts in Athen kommen, der seine Annahme bestätigte.

Diese unerwartete Entdeckung brachte im Sommer des Jahres 1890 das ganze historische Gebäude, das Schliemann vom alten Troja errichtet hatte, ins Wanken.

Nächtelang diskutierten Schliemann und Dörpfeld alle denkbaren Theorien. Gnadenlose Hitze, die auch nachts keine Abkühlung erlaubte, raubte ihnen den Schlaf. »Hatten wir«, notierte Dörpfeld, »hatten wir hier etwa einen oder gar zwei Tempel gefunden, die nach der Zerstörung der homerischen Burg Troja noch in vorhistorischer Zeit über den Ruinen der II. Schicht errichtet waren? Oder konnten die beiden gefundenen stattlichen Gebäude die Innenbauten einer größeren Burg sein, deren Ringmauer weiter nach außen lag und bisher noch nicht gefunden war? Sollte etwa eine der früher entdeckten, bisher für griechisch gehaltenen Mauern die Burgmauer dieser VI. oder mykenischen Schicht bilden? Und wenn dies der Fall war, mußte dann nicht die II. Schicht viel älter sein als der trojanische Krieg, und mußte sie nicht die Ehre, das Troja Homers zu sein, an die VI. Schicht abtreten?«Fragen über Fragen. Fragen von großer Tragweite.

»Das Geheimnis von Troja ist noch lange nicht gelüftet!« meinte Dörpfeld, und Schliemann, eine Hand an das linke Ohr gepreßt, nickte zustimmend.

»Sie sollten sich endlich operieren lassen, Doktor!« Dörpfeld gebrauchte immer diese Anrede, weil er wußte, daß Schliemann sie gerne hörte.

»Wird mir wohl nichts anderes übrigbleiben«, knurrte der Alte gequält.

»Das Thermometer zeigt 40 Grad. Wir sollten Schluß machen!«

Schliemann, der in diesen Wochen oft wie geistesabwesend schien, nickte.

»Und wann, Doktor?«

»Wann? Wenn Sie wollen, morgen.« Das war am 30. Juli 1890; darauf wurden die Arbeiten eingestellt.

Drei Monate später reiste Heinrich Schliemann nach Halle an der Saale, wo Virchow einen Spezialisten für ihn ausfindig gemacht hatte. Virchow, der um den schlechten Allgemeinzustand seines Freundes wußte, hatte jetzt Bedenken gegen eine Operation. Aber Professor Schwartze von der Klinik in Halle erkannte die akute Knochenwucherungen und riet dringend zur Operation am folgenden Tage, dem 13. November.

Die Klinik war ein alter, beklemmender Bau mit endlosen finsteren Gängen. Schliemann sah noch das gräßliche, mit weißem Wachstuch bezogene Gestell, auf dem man ihn festschnallte. Dann tötete das Chloroform alle Gedanken und Gefühle. Er wurde bewußtlos.

Professor Schwartze entfernte die Wucherungen aus beiden Ohren. Er hatte die bis dahin unbekannte Operation wenige Wochen vorher zum ersten Mal mit Erfolg durchgeführt und Schliemann eine dreiwöchige Taubheit während der Rekonvaleszenz in Aussicht gestellt. 105 Minuten dauerte der Eingriff, wobei es nötig war, zur Entfernung der besonders starken Knochenwucherungen das linke Ohr abzuschneiden und nach erfolgtem Eingriff wieder anzunähen.

Drei Wochen Grabesstille, der Kopf umwickelt wie eine Mumie, stürzten Schliemann in tiefe Depressionen. Hören konnte er nicht, aber sehen und schreiben. Also schrieb er, zuerst an Virchow, an seinen Verleger Brockhaus in Leipzig, an Sophia, an Dörpfeld in Athen. Hektische Unruhe befiel ihn, die Schmerzen wurden unerträglich. Professor Schwartze war ratlos.

Schliemann, von Panik und Todesahnungen getrieben, wollte heraus aus dieser Klinik. Doch der Arzt warnte dringend. Auch Sophia versuchte in einem Brief, ihren Mann zur Vernunft zu bringen. Heinrich antwortete: »An die klügste aller Frauen, Sophia Schliemann. Mit feuchten Augen habe ich gelesen, daß es Dir gut geht«, und reiste ab.

Der erste Besuch galt dem Verleger in Leipzig, der zweite Virchow in Berlin in der Schellingstraße, dazwischen Gespräche mit dem Verwalter seines Mietshauses in der Potsdamer Straße. 14. Dezember: 1 Uhr Abfahrt vom Potsdamer Bahnhof nach Paris. Er hörte kaum etwas. Virchow rief ihm beim Abschied am Bahnhof nach: »Unsere nächste Reise nach den Kanarischen Inseln!« Ein verständlicher Wunsch bei Temperaturen zwischen zehn und zwanzig Grad minus.

Paris, 18 Grad Kälte, 15. Dezember 1890. Brief an Sophia: »Ich hab deine sechs Briefe erhalten, freue mich, daß es Dir gut geht. Diese wichtigste Nachricht erregte den tiefsten Eindruck. Endlich bist Du wohl, hast einen gesunden Körper, kannst richtig laufen, ohne zu ermüden. Andromache soll Dich jede Woche wiegen. Es ist mir unmöglich, Dir das große Tischtuch mitzubringen, ich hab keinen Platz, wir kaufen es zusammen einmal hier in Paris. Das rechte Ohr, das ganz geheilt war, hat sich bei der Abreise aus Halle erkältet, weil ich vergaß, es durch Watte zu schützen. Darum bin ich neuerdings taub und werde deshalb morgen zum Arzt gehen. Ich bin sicher, daß es nichts Schlimmes ist, und daß ich Mittwoch abend abreisen kann. Ich will zwei Tage in Neapel bleiben (Museum).«

Heinrich Schliemann stieg im Grand-Hôtel ab, das seinem alten Bekannten Hauser gehörte. Die Schmerzen waren kaum noch auszuhalten, und Hauser empfahl ihm Dr. Cozzolino. Der Doktor riet ab, in diesem Zustand die Heimreise anzutreten. Obwohl Weihnachten bevorstand, gehorchte Schliemann und besuchte mit Cozzolino die Ausgrabungen von Pompeji. Darauf verschlechterte sich der Zustand des Patienten noch mehr: Der Arzt diagnostizierte Bronchitis, eine halbseitige Lähmung trat ein.

Am Weihnachtsabend saß einsam, allein, geistesabwesend ein Mann im Foyer des Hotels und starrte vor sich hin. Es schien, als warte er auf niemand anderen als auf den Tod. Wer weiß, was in ihm während dieser Stunden vorging! Am folgenden Tag verließ Schliemann vormittags das Hotel, um Dr. Cozzolino aufzusuchen. In der Nähe der Piazza della Carità brach er bewußtlos zusammen. Als er zu sich kam, konnte er nicht mehr sprechen.

Polizisten brachten ihn ins Krankenhaus, wo man seine Aufnahme verweigerte, da er weder Ausweispapiere noch Geld bei sich trug. Schliemann muß das alles wahrgenommen haben, die Ablehnung der Aufnahme, die Identitätssuche, wie man seine Taschen durchwühlte. Ein Rezept Dottore Cozzolinos gab schließlich einen Hinweis.

Cozzolino identifizierte den stummen Unbekannten als den berühmten Doktor Schliemann. Ein Wagen brachte ihn ins

Hotel. Dort kam ein deutscher Arzt, Professor Schrön, hinzu. Bei einer Untersuchung stellte er fest, daß eine eitrige Entzündung bereits auf das Gehirn übergegriffen hatte. Der Patient ließ das alles apathisch über sich ergehen, zeitweise bei Bewußtsein. Trepanation schien die einzige Rettung, Schädelöffnung. Weitere Ärzte wurden hinzugezogen. Am nächsten Tag wollten sie entscheiden.

Dazu kam es nicht mehr. Während acht Ärzte im Grand-Hôtel berieten, starb Heinrich Schliemann einsam und allein im Nebenzimmer . Es war der 26. Dezember 1890.

Sophia Schliemann war mit 38 Jahren Witwe geworden. Andromache war neunzehn, Agamemnon zwölf. Wilhelm Dörpfeld besorgte mit Sophias ältestem Bruder Panagios die Überführung. Am 4. Januar 1891 fand in seinem Palast »Iliou Melathron« die Trauerfeier statt. König Georg I. und der gesamte Ministerrat erwiesen Schliemann die letzte Ehre. Dörpfeld sprach den Nachruf. Von Virchow lag ein Kranz am Sarg, ebenso vom deutschen Kaiser und der Stadt Berlin, die ihrem Ehrenbürger Lebewohl sagte. Bestattet wurde Schliemann in Athen. Friedhof und Grabmal hatte er sich zu Lebzeiten selbst ausgesucht. Ziller, sein Hausarchitekt, hatte es im altgriechischen Stil errichtet – mit Blick auf die Akropolis.

In Berlin gedachte man des Ehrenbürgers in einer Feierstunde im Rathaus. Von der Galerie klang Beethovens Marsch aus den »Ruinen von Athen«, und erlauchte Herren sprachen erhabene Worte. Unter ihnen Professor Rudolf Virchow, der den Lebensweg seines Freundes nachzeichnete, und der fast 75jährige Professor Ernst Curtius.

Sein Haar war weiß und dünn. Es fiel ihm schwer, das Manuskript zu lesen. Obwohl er noch immer nicht von Schliemanns Troja-Theorie überzeugt war, versuchte er nun, nach zwanzig Jahren wissenschaftlicher Rivalität, versöhnliche Worte zu finden:

»Man hat«, sagte Curtius, »nicht selten sagen hören, daß die Fachgelehrten sich den Arbeiten eines unzünftigen Mannes gegenüber vornehm ablehnend verhalten. Aber die Professoren, denen es im Herzen um die Wahrheit zu tun ist, sollen und wollen keine abgeschlossene Kaste bilden; ihre höchste Freude ist es, wenn sie sich mit dem ganzen Volk der Gebildeten im Zusammenhang fühlen, wenn sie sich sagen können, daß die Ergebnisse mühsamer und einsamer Forschung in weiten Kreisen Anklang finden und daß sie nur solchen Aufgaben nachgehen, welche eine allgemein menschliche Bedeutung haben. Es gab eine Zeit der Büchergelehrsamkeit, welche sich im Studierzimmer abschloß, namentlich in Fragen der Altertumskunde. Aber das ist gerade das hohe Verdienst unseres Schliemann, daß er wesentlich dazu beigetragen hat, den Bann zu lösen. Man hört jetzt so häufig, das lebendige Interesse für das klassische Altertum, welches die Zeiten von Lessing, Winckelmann, Herder und Goethe beseelt hat, sei erloschen. Aber mit welcher Spannung ist die ganze gebildete Welt diesseits und jenseits des Ozeans den Schritten von Schliemann gefolgt! Haben wir nicht erlebt, daß, wenn in der ›Times‹ ein Resultat seiner Entdeckungen angezweifelt wurde, ein Meeting in London anberaumt worden ist, um sofort in großer Versammlung die betreffende Frage zu verhandeln, als wenn es sich um eine brennende Frage der Tagespolitik handelte? Die Zahl der Jahrhunderte, welche zwischen uns und der Vergangenheit liegen, ist nicht maßgebend für die Bedeutung derselben in bezug auf unser geistiges Leben. Das Fernste kann uns das Nächste, Wichtigste, geistig Verwandteste sein.

Unser Verhältnis zu Homer ist ein Stück menschlicher Kulturgeschichte . . .

Schliemann selbst ist mit seinen Arbeiten von Jahr zu Jahr gewachsen, und die Ergebnisse seiner Arbeiten überragen bei weitem alles, was er selbst im Auge gehabt hat.

Wenn er der großen Menge des Publikums wie ein Zauberer erschien, der mit einer Wünschelrute umherging und die Plätze zu finden wußte, wo in dunkler Tiefe die Goldschätze ruhten, so haben die Männer der Wissenschaft ihm etwas zu danken, was über alle Einzelfunde weit hinausgeht und in unsere gesamte Geschichtserkenntnis tief eingreift . . .

Viele Rätsel bleiben zu lösen. Troja selbst bleibt noch heute ein Schauplatz ernster Kontroversen; aber der Weg ist gebahnt, der Vorhang gelüftet, der Schleier hinweggezogen, der den Boden der homerischen Welt bedeckte.

Das verdanken wir Heinrich Schliemann. Darum ist sein Wirken ein epochemachendes auf dem Gebiete der Geisteswissenschaft, und dankbar ehren wir heute und immerdar sein Andenken.

Unser Dank ist um so wärmer und lebendiger, weil er, der Weltenbürger, ein Deutscher geblieben ist. Im Anschluß an deutsche Gelehrte hat er das Beste zustande gebracht. An sein Vaterland dachte er stets an erster Stelle. Für unsere öffentlichen Kunstsammlungen hat er einen in seiner Art einzigen Schatz gestiftet, und als Beamter des Museums bin ich beauftragt, ihm dafür in dieser Feierstunde den Dank des Vaterlandes auszusprechen!«

Seinen Nachlaß hatte Schliemann in einem Testament vom 10. Januar 1889 geregelt: Sophia bekam »Iliou Melathron« und Häuser in Athen, Berlin und Paris, die sie aller Zukunftssorgen enthoben. Agamemnon und Andromache und Sergius aus der ersten Ehe wurden mit Grundstücken und Wertpapieren abgefunden. Die Freunde Virchow und Dörpfeld bedachte er mit wertvollen Geschenken.

Für Minna, die er zeit seines Lebens nicht zu lieben aufgehört hatte, fand er auch in seinem Testament nicht den richtigen Ton. Ein Notar schickte ihr einen beglaubigten Testamentsauszug — und fünftausend Francs in bar.

VIII. Das andere Gesicht der Antike

Man denkt an Apoll, man denkt an Dionysos, aber an ihre
Bilder aus Stein und Erz denkt man in dieser Umgebung
nicht: eher wiederum an gewisse Idole, die uralten Holzbil-
der, deren keines leider auf uns gekommen ist. Man sieht die
Götter da und dort, leuchtend unmaterialisch, visionär,
hauptsächlich aber empfindet man sie in der Kraft ihrer
Wirkung. Hier bleiben die Götter das, was unsichtbar ge-
genwärtig ist: und so bevölkern sie, bevölkern unsichtbare
Dämonen die Natur.

Gerhard Hauptmann,
»Griechischer Frühling«

Vier Nationen unterhielten in Athen ein Archäologisches
Institut, Amerika, Deutschland, England und Frankreich;
aber gerade die École Française d'Athènes, seit 1846 etabliert
und damit am ältesten von allen, machte am wenigsten von
sich reden. Das mag am chronischen Geldmangel dieser Ein-
richtung gelegen haben oder an ihren Mitgliedern. Jedenfalls
erforschte sie seit fast zwanzig Jahren die Kykladeninsel Delos
beinahe unter Ausschluß der Öffentlichkeit. 1890 bekam das
französische Institut einen neuen Direktor, Théophile
Homolle, 42 Jahre alt und seit sechs Jahren Professor am
Collège de France.
Homolle besann sich der alten Ausgräbertradition der Franzosen und der Worte des großen Gustave Flaubert, der gesagt
hatte: »Delphi ist einer der schönsten Orte Griechenlands,
voller Geheimnis, Größe und religiöser Schrecken« – und er
bewarb sich um eine Grabungslizenz für das versunkene Heiligtum zu Füßen des Parnaß, ein – wie es schien – aussichtslo-
ses Unterfangen.
Aussichtslos deshalb, weil sich bereits Amerikaner um die
vielverheißende Stätte beworben hatten. Am liebsten hätte die

277

griechische Altertumsverwaltung Delphi selbst ausgegraben, aber das Unternehmen war nicht zu finanzieren. Auf drei Millionen veranschlagte man die Grabungen in Athen; eine österreichische Bank hatte vorgeschlagen, das Geld mit Hilfe einer Lotterie aufzubringen, aber nicht einmal auf diese Weise war die Summe aufzutreiben.

Die Deutschen hatten es abgelehnt, Delphi auszugraben, angeblich, weil man Frankreich die älteren Rechte zugestand, doch haben bei dieser Entscheidung zweifellos die hohen Kosten eine Rolle gespielt. Blieben nur noch Frankreich und die Vereinigten Staaten im Rennen. Die »American School of Classical Studies« schien in der Tat die einzige Organisation, die die notwendigen Mittel aufzubringen in der Lage war. Das rief Théophile Homolle auf den Plan.

Der dynamische Franzose verstand es mit viel Geschick, bei seiner Regierung eine halbe Million Francs lockerzumachen, die später sogar auf 750 000 aufgestockt wurden, und mit diesem Zugeständnis in der Tasche ertrotzte er beim griechischen Kultusminister eine Grabungslizenz für zehn Jahre. Am 25. April 1891 unterzeichnete König Georg I. den Vertrag.

Damit waren Streit und Gezänk vergessen, die von den Franzosen bei der Entdeckung der »Venus von Milo« ausgelöst worden waren. Das lag gut siebzig Jahre zurück. Eine französische Expedition erforschte die Insel Melos, stieß dabei auf die Aphrodite-Statue und brachte sie nach Paris.

Aber der Erfolg hat viele Väter, nur der Mißerfolg ist ein Waisenkind, und während sich mehrere Franzosen den Ruhm streitig machten, die kostbare Skulptur nach Frankreich gebracht zu haben, gingen möglicherweise die Arme der Aphrodite verloren. Der Französische Konsularagent auf der Kykladeninsel, Monsieur Brest, behauptete, er habe die Statue Ende 1819 von dem griechischen Inselbauern Theodoros Kendrotas gekauft. 600 Piaster sei der Preis gewesen, zuzüglich eines Anzuges im Wert von 18 Piastern, insgesamt 618 Piaster also, was in etwa der gleichen Summe Francs gleichkam. Aus dem Stall des Bauern Kendrotas habe er die Aphrodite in sein

Haus gebracht, wo sie eines Nachts gestohlen und mit einem Schiff abtransportiert wurde. Aber mit Hilfe der Besatzung des französischen Schoners »Estafette« habe er das kostbare Stück zurückerobert. Arme habe die Venus nie gehabt.

Zu dieser Zeit stand die halbnackte Venus jedoch noch im Stall von Theodoros Kendrotas. Jedenfalls behauptete das der Fähnrich zur See Dumont d'Urville, der die Expedition begleitete, und – noch verblüffender – die Statue hatte Arme! Hier sein Bericht: »Am 19. April 1820 sah ich mir einige antike Stücke an, die man wenige Tage vor unserer Ankunft in Milo entdeckt hatte. Ungefähr drei Wochen vor unserer Ankunft war ein griechischer Bauer, der sein über dem antiken Melos gelegenes Feld umgrub, auf behauene Steine gestoßen. Solche Steine werden von den Inselbewohnern zum Hausbau verwendet und sind nicht ohne Wert, und das veranlaßte ihn weiterzugraben. Dabei legte der Bauer eine unterirdische Nische frei, in der er eine Mamorstatue, zwei Hermessäulen und Marmorbruchstücke fand. Die Statue bestand aus zwei Stücken, die durch zwei starke eiserne Zapfen miteinander verbunden waren. Da der Bauer befürchtete, um die Früchte seiner Mühen zu kommen, ließ er den oberen Teil und die beiden Hermen in seinen Stall bringen; der andere verblieb in der Nische. Ich habe alles aufmerksam besichtigt; und diese verschiedenen Stücke schienen mir einen guten Stil zu haben, wenigstens soweit mir meine geringen Kenntnisse in den Künsten ein Urteil darüber erlaubten. Die Statue, deren beide Teile ich getrennt ausmaß, hatte eine Höhe von fast sechs Fuß; sie stellte eine nackte Frau dar, deren erhobene linke Hand einen Apfel hielt, während die rechte ein gefällig drapiertes und nachlässig von Hüften bis zu den Füßen fallendes Gewand faßte; übrigens waren sie beide verstümmelt und sind jetzt vom Körper abgetrennt. Der einzige noch vorhandene Fuß ist bloß; die Ohren waren durchbohrt und hätten Anhänger tragen sollen. Alle diese Attribute scheinen gut zu der Venus aus dem Urteil des Paris zu passen; aber wo wären dann Juno, Minerva und der schöne Hirte? Man hat zwar gleichzeitig einen mit einem Kothurn bekleideten Fuß und eine dritte Hand gefunden; aber andererseits hat der Name der Insel Melos die größte Ähnlichkeit mit dem Wort melon, das Apfel bedeutet. Wird nicht ein solcher Vergleich der Wörter durch das Hauptattribut der Statue herausgefordert? Die beiden Hermen, die ihr in der Nische Gesellschaft leisteten, haben nichts Bemerkenswertes an sich; die eine wird von einem Frauen- oder Kinderkopf gekrönt, die andere trägt die Gestalt eines Greises mit einem langen Bart. Der Eingang der Nische wurde von einem Marmorblock von viereinhalb Fuß Länge und sechs bis acht Zoll Breite überragt. Er trug eine Inschrift, von der nur die erste Hälfte die Zeit überstanden hat; die andere ist ganz verwittert. Dieser Verlust ist unschätzbar: vielleicht wäre von hier einiges Licht in das Dunkel der Geschichte dieser Insel gekommen, die allem Anschein nach früher in hoher Blüte stand und deren Schicksal nach der Invasion der Athener, also seit mehr als 22 Jahrhunderten, uns vollständig unbekannt ist. Zum mindesten hätten wir erfahren, bei welcher Gelegenheit und durch wen diese Statuen geweiht worden sind. Ich habe diese Inschrift kopiert. Der Sockel einer der Hermen muß auch eine Inschrift gehabt haben, aber ihre Buchstaben sind so beschädigt, daß es mir unmöglich war, sie zu entziffern. Als wir nach Konstantinopel fuhren, befragte mich der Herr Gesandte über diese Statue, und ich sagte ihm, was ich darüber dachte. M. de Marcellus schickte ich eine Kopie des vorliegenden Berichtes. Bei meiner Rückkehr ließ mich M. de Rivière wissen, daß er die Statue für das Museum habe kaufen lassen.

Inzwischen habe ich erfahren, daß M. de Rivière gerade in dem Augenblick in Milo ankam, wo die Statue nach einem anderen Bestimmungsort eingeschifft werden sollte; aber nach der Überwindung einiger Hindernisse gelang es diesem Kunstfreund, Frankreich diese kostbare Hinterlassenschaft der Antike zu retten.«

Auch Kapitän Marcellus vom französischen Schoner »Estafette« nahm gewisse Verdienste für sich in Anspruch. Er behauptete, ein Grieche namens Yorgos habe im Februar 1820 eine Felsnische entdeckt und einen fünf Fuß tiefen Keller. Dort fand er zunächst die Büste der Statue und zwei Wochen später den Unterleib. Das Haar sei abgebrochen gewesen und ein beschrifteter Sockel auf der Insel zurückgeblieben.

»Bände von lobenden Abhandlungen«, meinte Marcellus, »sind über die Venus erschienen; darunter die an Kunstverstand und gelehrtem Wissen reichen Schriften von Quatremère de Quincy, von Clarac und Saint-Victor. Einige Zeichnungen der ursprünglichen Haltung, die man herauszufinden suchte, wurden dem König vorgelegt; man hatte sogar versucht, an die Schultern der Statue zwei Arme und eine einen Apfel haltende Hand anzufügen, die ich gleichfalls mitgebracht hatte; aber man erkannte unschwer, daß diese unförmigen Arme der Venus nur bei einem ersten unbeholfenen Restaurationsversuch, der den Christen des 8. Jahrhunderts zugeschrieben wird, angehört haben können. Es wurde bewiesen, daß die mit Kleidern, goldenen Ketten und Ohrgehängen versehene Statue in der kleinen griechischen Kirche, deren Ruinen ich in Milo gesehen habe, die Heilige Jungfrau dargestellt habe.«

Wie kam ein Laie wie Marcellus zu der Feststellung, die Arme seien eine spätere Zutat? Vor allem aber: Wo sind sie geblieben?

Behauptete nicht Brest, die Venus von Milo habe keine Arme gehabt? Wie konnte dann d'Urville einen Apfel in der Linken der Göttin sehen? Tatsächlich fanden die Museumsdiener im Keller des Louvre das Fragment eines Armes und einer Hand. Doch ob dies ein Arm der Venus von Milo ist, scheint fraglich. Auf der Suche nach den Armen der Liebesgöttin grub man sogar den Kellerboden des Louvre auf – vergeblich.

Auch über Delphi stand von Anfang an ein großes Fragezeichen. Zwar hatte schon Ludwig Roß, als er 1834 mit dem jungen König Otto die alte Stätte besuchte, bemerkt: »Der Ort verspricht für Ausgrabungen reiche Beute!«, aber allein die Tatsache, daß das Orakelheiligtum nun, beinahe sechzig Jahre später, noch immer unter Schutt und Geröll verborgen lag, mag als Beweis gelten, wie vage die Vermutungen und wie aufwendig schwierig Grabungen hier waren.

»Über Delphi wird viel Verschiedenes erzählt«, stöhnte schon Pausanias bei seinen Reisen im 2. Jahrhundert, und er fuhr fort: »Das Heiligtum scheint schon von Anfang an von sehr vielen Menschen heimgesucht worden zu sein. So griff es ein Königssohn aus Euböa an und Jahre später das Volk der Phlegyer, ferner Pyrrhos, der Sohn Achilles', und ein Teil des Heeres des Xerxes und diejenigen, die sich die längste Zeit und am meisten an den Geldern des Gottes vergriffen, die Machthaber in Phokis, und das Heer der Gallier. Auch von Neros Rücksichtslosigkeit gegen alles sollte es nicht unberührt bleiben, der dem Apoll 500 Bronzestatuen von Göttern und Menschen fortnahm.«

Delphis wechselvolle Geschichte hat den Ort sehr verändert. Schon zu Pausanias' Zeiten strahlte das Orakel nicht mehr jenen Glanz aus, der es einst weltberühmt gemacht hatte. Pausanias klagte: »Kommt man in die Stadt hinein, liegen dort nacheinander Tempel, der erste von ihnen in Trümmern, der folgende leer von Kultstatuen und anderen Standbildern, und der dritte besaß ein paar Standbilder früherer römischer Kaiser, der vierte war der Athena Pronaia geweiht.« Delphi – schon damals eine Geisterstadt?

Dabei war das Orakel zu dieser Zeit noch in Betrieb, kamen noch tausende Klienten aus aller Welt, um von der Pythia die Zukunft zu erfahren. Aber die Fragen waren bescheidener geworden, sie bezogen sich in der Hauptsache auf Geschäft und Privatleben. Nur noch selten kam eine Staatsdelegation wie die des Lyderkönigs Kroisos, der den delphischen Apoll für seine Ratschläge mit Gold überhäufte, oder jene des Themistokles, der den Rat, sich hinter hölzernen Mauern zu verteidigen, geschickt für seine Zwecke umzumünzen verstand. Die Pythia antwortete nur noch mit ja oder nein, wohlgesetzte Verse gehörten der Vergangenheit an.

Aber trotz Kriegen und Raubzügen – Weihgeschenke, Denkmäler und Statuen waren zu Pausanias' Zeiten noch genug zu sehen. So berichtete er von einem riesigen bronzenen Stier gleich am Eingang des Heiligtums und rechts daran anschließend auf einer neuneinhalb Meter langen Basis von 38 Bronzestatuen, Weihgeschenken der Spartaner aus Anlaß ihres Sieges über die attische Flotte. Auf der anderen Seite der Heiligen Straße ein Trojanisches Pferd, eine Votivgabe der Bewohner von Argos. Davor, auf langem Sockel, ein Werk des großen Bildhauers Phidias: Miltiades, der Feldherr, mit den Göttern Athene und Apollon, von sieben Heroen eingerahmt, eine Spende der Athener nach der Schlacht bei Marathon. Neben dem Pferd noch weitere Statuen aus Argos. Nicht weit entfernt Bronzepferde und gefangene Frauen, errichtet nach dem Sieg der Tarentiner über die benachbarten Messapier. Und dahinter das Schatzhaus der Sikyonier, korinthischer Nachbarn. Insgesamt acht solcher Schatzhäuser gab es, laut Pausanias, in dem heiligen Bezirk, sie dienten zur Aufnahme meist kleinerer, dafür jedoch um so wertvollerer Votivgaben. »Aber«, schrieb er in seinem Reisebericht, »Schätze sieht man weder hier noch in einem anderen der Schatzhäuser.«

Gleich daneben hatten die Bewohner der Liparischen Inseln ein Denkmal errichtet, das an ihren Sieg über die Etrusker erinnerte. Auch ein Sphinx war zu sehen, von den Naxiern gespendet, und daneben die Halle der Athener, wo man noch armdicke Seile und die Schnäbel der Schiffe zeigte, mit denen der Perserkönig Xerxes die Schiffsbrücke über den Hellespont gebaut hatte. Und immer wieder Dankesgaben: der Kopf eines Wisents von einem Paionenkönig, eine Statue von der Insel Andros, aus Phokis Apollon, Athene und Artemis und der ägyptische Gott Amun auf einem Streitwagen, aus dem libyschen Kyrene hierher gesandt.

Zu Hunderten türmten sich Denkmäler und Votivgaben um den Apollon-Tempel herum, in dem die Pythia auf Befragen weissagte. Darunter ein bronzener Wolf, von den Delphern selbst gestiftet, nachdem ein Wolf sie auf die Spuren eines Tempelräubers geführt hatte. Und daneben auf hoher Säule eine vergoldete Statue einer halbnackten Frau, der Hetäre

Phryne, der Geliebten des Bildhauers Praxiteles, die, der Gottlosigkeit angeklagt und nach Zurschaustellung ihres Busens freigesprochen, dem Apollon mit dieser Statue dankte.

Dutzendweise standen Apollon-Statuen herum, gestiftet von den Epidauriern, den Megarern, den Herakleoten am Schwarzen Meer und den Amphiktyonen, die sich den Schutz des Heiligtums zum Ziel gesetzt hatten. Letztere 35 Ellen hoch. Eine vergoldete Athene auf einer bronzenen Palme war, wie immer das ausgesehen haben mag, die Stiftung des Feldherrn Kimon nach der Schlacht gegen die Perser am Eurymedon, und ein paar Schritte weiter erkannte Pausanias das eiserne Gestell, auf dem einst ein silberner Mischkessel von König Alyattes gestanden hatte; aber der war von irgendwelchen »Dieben und Verbrechern« geraubt.

Pausanias fand also in Delphi noch eine schier endlose Menagerie von Standbildern und Denkmälern vor, Panoptikum menschlicher Prahlsucht, legendärer Überlieferung und religiöser Naivität. Doch seither waren 1700 Jahre vergangen. Mochten Tempel, Weihestätten und Theater verfallen sein, was war von diesen unzähligen Denkmälern übriggeblieben?

Delphi – nicht einmal der Name des Ortes existierte noch. Über dem ehemals reichsten Heiligtum der Antike erhob sich ein Dorf mit Namen Kastri, zweihundert Häuser, ein paar Kirchen, eine Moschee, etwa tausend Parzellen Land, Eigentum von dreihundert Grundbesitzern.

Nach der Schließung des Orakels im Jahre 398 schien Delphi für ein ganzes Jahrtausend aus dem Gedächtnis der Völker gestrichen. Erst zur Zeit der Renaissance, als die antiken Schriftsteller wieder gelesen wurden, besann man sich der großen Bedeutung der Orakelstätte, ohne jedoch zu wissen, wo sie zu suchen sei. Cyriacus von Ancona, der Mitte des 15. Jahrhunderts druch Griechenland streifte, fand am Parnaß Inschriften, die auf das Orakel hindeuteten. So recht ins Bewußtsein gerückt wurde Delhi jedoch erst zweihundert Jahre später, als der englische Forschungreisende George Wheeler und sein französischer Kollege Jacques Spon in der Bucht von

Itea landeten. Dort hausten finstere Gesellen, die den beiden je einen Taler Wegzoll abknöpften, sie dann aber ziehen ließen. Nach Delphi? Delphi kannten sie nicht.

Es gab keine Karte und keine Wegweiser, und alle Orte trugen nie gehörte Namen. Amphissa hieß damals Salona. Pausanias' Griechenland-Beschreibung und die Sonne waren ihre einzigen Orientierungshilfen.

Der Wirt einer Herberge verriet den Fremden, daß oben in den Bergen bei dem Dorf Kastri ein paar Ruinen zu sehen seien, fünf Stunden von hier. Schließlich fanden sich sechs bewaffnete Begleiter, die sich bereit erkärten, mit ihnen den Gebirgssattel im Südosten zu erklimmen.

Kastri, das ärmliche Dorf auf den rauhen Hängen des Parnaß, zeigte sich abweisend. Von den Bewohnern hatte keiner hier je einen Fremden erblickt, und als Wheeler und Spon gar noch damit begannen, an Mauern und Hauswänden nach alten Steinen und Inschriften zu forschen, schien ihr Argwohn bestätigt: Spione!

Mißtrauische Blicke verfolgten jeden ihrer Schritte. Bei Apollon, dem delphischen Gott, sollte hier an diesem Ort einst das Orakel über Krieg und Frieden, über Glück und Unglück entschieden haben? Hier, in dieser Einöde, in der nicht einmal Spuren einer ruhmreichen Vergangenheit zu finden waren?

Nach tagelangem Suchen ein unverhoffter Wink Apollons. Im Kirchlein eines Klosters entdeckten die Forschers Bodenplatten mit alten griechischen Schriftzeichen, verwittert, gesprengt, abgetreten, kaum leserlich. Durch die kleinen schmalen Fenster fiel kaum Licht. Wheeler rutschte auf den Knien.

»Hier!« rief er plötzlich und wischte mit dem Ärmel über den staubigen Boden.

Spon kam hinzu und blickte auf das Pflaster: Eine Inschrift, kaum zu entziffern. Wheeler pustete den Staub weg.

»Da!« sagte er aufgeregt und zeigte auf ein kleines Dreieck. »Lies!«

»Delta«, sagte Spon, und Wheeler wies auf das Schriftzeichen

daneben: »Epsilon.« – » Lambda.« – »Phi.« – »Omikron.«
»Jota«, lasen sie abwechselnd und schließlich im Duett: »Delphoi! Delphoi! Delphoi!«
Die Männer schlugen sich abwechselnd auf die Schultern, und ein heimlicher Beobachter in der Ecke zog sich kopfschüttelnd zurück.

»Kastri oder Delphoi«, schrieb Wheeler in sein Reisetagebuch, »liegt auf der Südseite des Parnaßgebirges, ein wenig nach Westen hin, nicht auf dem Gipfel, aber auch nicht am Fuß des Berges, denn es hat ziemlichen Abstand zur Ebene von Krissos unten, noch mehr Gebirge aber über sich. Die über der Stadt sichtbaren hohen Felsen scheinen in zwei Spitzen zu enden, und sie sind das, wie ich glaube, was die Alten Biceps Parnassus nannten. Er hat nämlich noch viele andre und viel höhere Gipfel als diese, da er ein recht großes Gebirge ist; doch diese beiden Spitzen verbergen, von Delphos aus gesehen, alles übrige. Zwischen ihnen fällt nach Regen und Schneefall das Wasser in großer Menge herab und hat sie fast auseinander gerissen. Auch tritt aus den Felsen gerade unterhalb der Spalte eine Quelle mit ständig starker Wasserführung. Nach den hinabführenden Mamorstufen und den Statuennischen im Fels darüber zu schließen, müßte dies die Kastalische Quelle sein, die die antiken Poeten inspirierte ... In dieser Spalte ist in neun oder zehn Meter Höhe eine Öffnung. Wir warfen Steine hinein und stellten fest, daß Wasser darin war. Rechter Hand bemerkte ich in den Fels gehauene Stufen, die dort hinauf führten, doch waren sie so verwittert, daß man sie nicht benutzen konnte. Wir hielten dies für die Korykische Höhle oder die Grotte der Nymphen, wie die Poeten sie nannten.«
Die beiden Forscher suchten weiter und entdeckten noch andere Inschriften, die ihre Annahme bestätigten, sie hatten wirklich Delphi gefunden. Aber wo lag das Heiligtum, der Apollon-Tempel, das Gymnasion, das Theater und das Stadion, von denen Pausanias so begeistert berichtet hatte?
Ein Verdacht drängte sich auf: Daß Kastri *aus* oder *auf* den Ruinen von Delphi erbaut worden war. Wheeler konnte nur

Vermutungen anstellen, die sich aus den Grundrissen der Häuser ergaben. Richtig war seine Feststellung, das Kloster sei auf den Resten des Gymnasions errichtet. Doch die Vermutung, der Apollon-Tempel, in dem einst die Pythia weissagte, sei unter der Kirche St. Helios verborgen, erwies sich als falsch.

Und wieder breitete sich Vergessen über Delphi, 130 Jahre lang, da fand Lord Byron, der rastlose Philhellene, den steilen, unbefestigten Weg zum Parnaß. »Das Dorf Kastri«, schrieb er 1812, »steht zum Teil auf dem Plan Delphis. Den Gebirgspfad entlang, der von Krissos herführt, erblickt man Überreste von Gräbern, die in und aus dem Felsen gehauen sind. Das eine, behauptet der Führer, sei das eines Königs, der sich auf der Jagd den Hals gebrochen habe. Seine Majestät hatte ohne Zweifel den passenden Ort für eine solche Verrichtung gewählt. Etwas oberhalb von Kastri liegt eine Höhle von großer Tiefe, welche als die der Pythia gilt. Der obere Teil ist jetzt gepflastert und ein Kuhstall. Auf der anderen Seite von Kastri stand ein griechisches Kloster; etwas weiter oben ist eine Felsspalte mit mehreren schwer ersteigbaren Höhlen, die offenbar in das Innere des Gebirges führt, vermutlich nach der von Pausanias erwähnten Korykischen Höhle. Von dort herab fließt die Kastalische Quelle.«

Wieder ein paar Jahre später kam der damals 24jährige Ernst Curtius in Begleitung eines Dresdener Architekten und eines Schweizer Malers nach Delphi. Der Weg führte sie über Arachowa, das alte Anemoria, die Perle aller griechischen Dörfer, hinauf zum Parnaß, wo sie Blitze und Donner und strömender Regen empfing wie weiland Brennus und seine Gallier. Der Dorfschulze gewährte ihnen Unterschlupf, und der junge Curtius verliebte sich so sehr in dessen älteste Tochter Maia, daß er ernsthaft überlegte, das Dorfschreiberamt zu übernehmen, weil mit diesem Amt gemeinhin die Hand der Demarchentochter verbunden war.

Curtius entdeckte Stufen des Apollon-Tempels zwischen den ärmlichen Häusern, kenntlich am hellen pentelischen Marmor, und ein Stück Theaterrundung. Vier Tage hielten sich die drei in Delphi auf. Man kann, bemerkte Curtius, die Welt vergessen in diesem Felsenwinkel.

Zwei Jahre später kehrte Curtius in Begleitung seines Lehrers Karl Otfried Müller und zweier Helfer namens Reise und Schöll zurück, um in Delphi erste Grabungen zu beginnen. Müller wirkte müde und abgespannt und überließ dem jungen Curtius jedwede Initiative. Dort, wo Curtius den Tempel des Apollon vermutete, begannen die Ausgrabungen, und der Erfolg zeigte sich schon in den ersten Tagen. In drei Meter Tiefe stießen die Deutschen auf Gewölbegänge, die sie damals noch für Schatzkammern hielten. Wichtiger noch: Insgesamt viezig Inschriften verwiesen auf die wechselvolle Geschichte des Heiligtums. Müller erkannte eine gewaltige Stützmauer und ortete die Entdeckung als Unterbau der großen Tempelterrasse. Der Eckstein dieser Anlage war mit Schriftzeichen übersät. Gebückt, kauernd und liegend versuchte Karl Otfried Müller die Inschriften zu kopieren. Müller zitterte am ganzen Leib, das Skizzenbuch fiel ihm aus der Hand, er suchte Halt. Das Sumpffieber hatte ihn befallen.

Zudem machte der gefürchtete Dorftyrann Franco Schwierigkeiten. Daß vernünftige Menschen nach alten Steinen gruben, hielt Kapitän Franco — so wünschte er angeredet zu werden — für eine glatte Lüge. Vielmehr, meinte er, suchten die Fremden nach Schätzen, und wenn es wirklich solche gäbe, gehörten sie ihm und den Bewohnern von Kastri. Als Franco dann auch noch nachdrücklich forderte, sie sollten verschwinden, wenn ihnen ihr Leben lieb sei, und weil Müllers Zustand sich nicht besserte, zogen die Ausgräber sich zurück.

Müller hatte Schwierigkeiten, auf dem Pferd zu sitzen, sackte in völliger Apathie abwechselnd nach links und rechts, und während der Nacht, die sie in einem Gasthaus in Platää verbrachten, begann der 42jährige zu phantasieren, er sehe eine Inschrift, zu der er gehen müsse. Curtius forderte aus Athen ein Pferdegespann, doch als er in der Hauptstadt ankam, schien Müller schon todgeweiht. Am 31. Juli 1840 um zehn vor vier starb Karl Otfried Müller.

Beinahe zwei Jahrzehnte blieb Delphi daraufhin von Ausgräbern verschont.

Erst Paul Foucart, Archäologe und Leiter der École Française d'Athènes, wagte sich wieder hinauf nach Kastri und plante sogar großangelegte Grabungen. Aber dem standen wiederum Kastri, das Dorf über den Ruinen von Delphi, und seine Bewohner entgegen. Die Delpher, klagte Foucart, seien die rücksichtslosesten Menschen auf dieser Welt.

Dennoch stellte er bei der Regierung in Athen den Antrag, 30 Häuser einzureißen und die Bewohner von Kastri mit zusammen 100 000 Francs zu entschädigen. Aber die Verhandlungen gestalteten sich mühsam und wenig Erfolg versprechend. Foucart grub inzwischen auch ohne Erlaubnis an verschiedenen Stellen, brach Mauern und Weidezäune ab, riß Fußböden in Häusern auf und klopfte alle Hauswände auf Hohlräume ab.

In Erzählungen und Legenden waren die von den Deutschen entdeckten Gewölbe inzwischen zu reichen Schatzkammern geworden, und Foucart verstand es sogar, die französische Regierung für das Projekt zu interessieren. 1862 machten die Franzosen das ernsthafte Angebot, Griechenland das Gebiet um das alte Delphi abzukaufen, und Napoleon III. beorderte, um den Bemühungen Nachdruck zu verleihen, eine Kriegsflotte in die Bucht von Itea. Vermutlich wäre der Coup sogar gelungen, doch da wurde Ministerpräsident Koumoundourous gestürzt, und die neue griechische Regierung zeigte sich taub gegenüber derlei Geschäften.

Sporadisch gruben die Franzosen weiter. Haussoulier fand mitten im Dorf unter einem verfallenen Bauernhof ionische Säulentrommeln, forschte nach und stieß auf die Fundamente der legendären Säulenhalle der Athener. Sie lag unterhalb der Stützmauer des Apollon-Tempels, und eine Inschrift auf einer Stufe verwies auf ihren rühmlichen Ursprung: »Diese Halle haben die Athener gestiftet und mit Waffen und Beute ausgestattet, die sie ihren Feinden auf See abnahmen.« Mit den

Feinden auf See waren die Perser gemeint, und zur Beute gehörten unter anderem die armdicken Taue von Xerxes' Schiffsbrücke zwischen Asien und Europa.

Dem neuen Direktor der École d'Athènes, Théophile Homolle, war es schließlich gelungen mit Geldern seiner Regierung ganz Kastri aufzukaufen. Homolle zahlte nicht schlecht, und die Aussicht, ein Anziehungspunkt für Touristen zu werden, überzeugte die meisten Dorfbewohner, daß es gewiß nicht zu ihrem Nachteil gereichen würde, zwei Kilometer entfernt ein neues Dorf zu errichten.

Zehn Jahre verblieben Homolle nun, um Delphi auszugraben. In zehn Jahren hatte Schliemann Troja, Mykene, Tiryns und Orchomenos ausgegraben, und die Aufdeckung Olympias hatte nicht viel länger als die Hälfte dieser Zeit in Anspruch genommen; aber Delphi das Heiligtum an den steilen Felshängen des Parnaß, fernab befestigter Straßen, in langen Wintermonaten von Schnee und Eis heimgesucht, unterlag ganz anderen Bedingungen.

10. Oktober 1892. Théophile Homolle begann seine Arbeit unter militärischer Bewachung. Er fürchtete Übergriffe der Bevölkerung beim Abriß der alten Häuser. Aber das war nun einmal die Voraussetzung für fundierte Grabungen. Geleise wurden gelegt, um zunächst das Baumaterial der eingerissenen Häuser und später die drei Meter hohe Schuttschicht über dem Heiligtum fortzuschaffen, ein kompliziertes Unternehmen, weil Homolle an Ort und Stelle zu entscheiden hatte, ob ein Steinquader vielleicht Bestandteil eines antiken Bauwerks und unter Umständen von großer Wichtigkeit für die Rekonstruktion einer Anlage sein könnte.

Die Häuser von Kastri waren abgetragen, da zeichneten sich bereits Grundrisse und Umrisse ab, vor allem vor den hohen Felswänden im Norden deutlich erkennbar. Und als der laue Frühlingswind den harten Winterstürmen folgte, begann Homolle mit den eigentlichen Grabungen. Nur einen Steinwurf entfernt von der Säulenhalle der Athener deckten die Franzosen Mauersteine aus Marmor auf, Baumaterial genug, um

(9) Die Akropolis von Pergamon. Von hier stammten die Platten des Pergamon-Frieses.

(10) Der von Humann ausgegrabene Pergamon-Altar in Ost-Berlin.

(11) Nordzugang mit Pfeilerhalle und Säulenhochbau im Palast von Knossos.

daraus einen Tempel oder ein Schatzhaus zu rekonstruieren. Aber worum handelte es sich bei den Marmorblöcken wirklich?

Ein Statuensockel vor der südlichen Grundmauer lieferte den entscheidenden Hinweis. Er trug eine Inschrift, die Homolle ohne Schwierigkeiten entzifferte: »Die Athener weihen Apollon diesen Bau zur Erinnerung an ihren Sieg über die Perser in der Schlacht bei Marathon« – das Schatzhaus der Athener. Erst zehn Jahre später ließ es sich die Stadt Athen zur Ehre gereichen, dieses Schatzhaus aus seinen alten Bauteilen zu rekonstruieren.

Nun begann die Wiedergeburt des delphischen Orakelheiligtums. Kein Tag, an dem nicht irgendwo ein aufregender Fund entdeckt wurde. 10. Mai. Große Aufregung, als unterhalb des Apollon-Tempels eine überlebensgroße Marmorstatue zum Vorschein kam. Der Marmor schien grob und ziemlich verwittert. Ein archaischer Apollon, vermutete Homolle zunächst, 600 Jahre vor der Zeitenwende entstanden. Man hatte die Statue in byzantinischer Zeit als Stützpfeiler vermauert, nun mußte sie erst von Mörtelresten befreit werden. Noch während dieser Arbeit stießen Homolles Männer auf den Sockel der Statue. Er trug schwer erkennbare griechische Schriftzeichen, aber ein Name war zu lesen: Polymedes.

Polymedes zählte zu den bedeutendsten Bildhauern der argivischen Schule, und mit diesen Erkenntnissen hätte Homolle eigentlich zufrieden sein können, wäre die gleiche Statue nicht noch einmal gefunden worden. Zunächst herrschte tiefe Ratlosigkeit: Original und Kopie? Zwei Kopien? Zwei Originale?

Théophile Homolle stellte verschiedene Kombinationen an. Schließlich zog er die alten Schriftsteller zu Rate, und dabei stieß er auf ein Brüderpaar namens Kleobis und Biton. Ihre Standbilder, berichtete Herodot, seien von den Argivern in Delphi aufgestellt worden, weil sie für die glücklichsten Männer gehalten wurden. Sie waren weder arm noch dumm und schwach. In vielen sportlichen Wettkämpfen hatten die beiden den Lorbeer errungen. Aber eines Tages mußte ihre Mutter, die das Amt einer Hera-Priesterin versah, zu einem Opferfest. Die Rinder, die ihren Wagen ziehen sollten, weideten jedoch noch auf den grünen Wiesen um Argos. Kleobis und Biton überlegten nicht lange, nahmen das Joch auf ihren Nacken und zogen den Wagen 45 Stadien zum Tempel. Die Argiver jubelten, als die beiden Brüder mit ihrer Mutter atemlos vor dem Hera-Tempel eintrafen. Sie lobten die Leistung der jungen Männer und priesen die Mutter wegen ihrer Söhne. Die Hera-Priesterin aber betete zu der Göttin, sie möge Kleobis und Biton das Allerbeste zuteil werden lassen. Als sie den Tempel verließ, fand sie ihre Söhne leblos auf den Stufen des Tempels; denn — so Herodot — für einen Menschen sei es besser, tot zu sein, als zu leben. Zum Gedenken an diesen Vorfall gaben die Argiver bei Polymedes jene zwei Statuen in Auftrag und stellten sie im delphischen Heiligtum auf.

Wie zwanzig Jahre zuvor über Olympia sprach nun alle Welt über Delphi. Ein Heiligtum, seine Tempelanlagen und Denkmäler tauchten aus dem Schutt der Vergangenheit auf. Von Monat zu Monat erweiterte Homolle die Grabungen, er engagierte immer mehr Arbeitskräfte und Spezialisten. Bis zu hundert Inschriften mußte der Schriftexperte E. Bourguet am Tag kopieren, wichtige und unwichtige; aber zusammen gestalteten sie allmählich jenes Bild, das wir uns heute von der Orakelstätte machen, bestätigten sie die Überlieferungen der alten Schriftsteller Herodot, Plutarch, Strabon und Pausanias.

Am Ende der zweiten Grabungssaison hatten die Franzosen die gesamte Terrasse mit dem Apollon-Tempel freigelegt, und im Mai des folgenden Jahres grub Homolle bereits am südlichen Rand des Heiligtums, wo das Schatzhaus der Siphnier zum Vorschein kam. In Konturen wurde die Heilige Straße sichtbar, von Hunderten Denkmälern gesäumt, die mit engen Spitzkehren bergan stieg. Das ganze Heiligtum war, so berichtet Strabon, wie ein Theater angelegt. Felswände, im Norden die Phaidriaden, im Westen der Philomelos, rahmten Delphi ein, nach Süden sich öffnend, eine Terrasse über der anderen. 150 bis 200 Meter betrug die Höhendifferenz zwischen der Südgrenze des Ortes und der nördlichen Felsumrahmung.

Die Phaidriadenschlucht, Abschluß der Kastalischen Quelle, in der die Phythia nackt zu baden pflegte, bevor sie zum Wahrsagen in den Tempel ging, teilte die Stätte in zwei Hälften. Stege und Brücken verbanden sie, machten Delphi aber nicht gerade zu einer bequemen Stadt für Fremde, zumal zahlreiche Steintreppen verwinkelt auf und ab führten.

Im vierten Jahr der Ausgrabungen. Dienstag, 28. April 1896: Seit Tagen regnete es ununterbrochen, und ein neues Problem tat sich auf: Das Regenwasser versickerte nicht mehr wie bisher im Schutt, sondern sammelte sich auf den freigelegten Bodenplatten der einzelnen Terrassen und ergoß sich in Sturzbächen zu Tal, häßliche Gräben ausschwemmend. Einer dieser Sturzbäche hatte den Weg durch die Trümmer des ehemaligen Hauses Kounoupis', knapp unterhalb des Theaters genommen, und als die Arbeiter am Morgen damit beginnen wollten, den Schaden zu beseitigen, tat sich vor ihnen ein klaffendes Loch auf.

»Bronze!« meinte Théophile Homolle, »der erste Bronzefund in Delphi. Vorsichtig ausgraben!«

Homolle hätte an diesem kühlen Dienstag nicht im Traum daran gedacht, daß hier eine komplette Bronzeskulptur im Erdreich stecken könnte. Im Gegenteil, die Füße waren ein deutlicher Hinweis darauf, daß irgendwelche Metallräuber die Statue von ihrem Sockel geschlagen und nur die Füße zurückgelassen hatten. Dafür gab es genügend Beispiele. Aber diesmal schien es anders: Die Bronzebeine steckten in einem knöchellangen Gewand, dessen Falten den ionischen Kannelüren einer Säule ähnelten, so exakt waren sie drapiert. Die Spannung wuchs.

Am Nachmittag große Enttäuschung. 128 Zentimeter oberhalb der Fußsohlen war die Statue abgebrochen, das Oberteil fehlte. Ein weiterer Fund machte neuen Mut: Das Hinterbein eines Pferdes in Lebensgröße, Bronze, zweifellos zu jener Statuengruppe gehörig, der auch die gewandeten Beine zuzuordnen waren.

»Wir räumen den gesamten Grundriß des Hauses ab!« rief Homolle, »aber Vorsicht, keine Hacken!«

Freitag, 1. Mai. Die Ausgräber hatten einen Stein gefunden, vielleicht den Sockel jener Statue mit einer nur schwer zu entziffernden Inschrift, und zwei weitere Bronzefragmente, einen Stab und das von Zügeln umschlungene Ende eines Jochs. Gegen Abend hallten laute Rufe durch das Felsental. Arbeiter und Archäologen ließen Schaufeln und Werkzeuge fallen und hasteten hinauf zum Haus des Kounoupis, wo Homolle zehn Meter entfernt von der ersten Fundstelle am Boden kniete. Vor ihm im Geröll lag der armlose Oberkörper eines jungen Mannes, in der Taille gegürtet und der Kopf nahezu unbeschädigt, das geringelte Haar mit einem silbernen Stirnreif gebändigt, die Augen geöffnet, lebensecht, eingelegt mit weißem Email und je einem Onyx als Pupille.

Tags darauf fanden die Ausgräber den rechten Unterarm. Die Finger hielten noch die zerrissenen Zügel. Das zweite Hinterbein des Pferdes wurde ebenfalls entdeckt und wenig später der Schweif. Homolle war sicher, auch den linken Arm und Teile des Pferdeleibes zu finden. »Wir suchen weiter, und wenn wir zehn Meter tief graben müssen.«

Zunächst schien Homolle recht zu behalten. 7. Mai: Vorderbein eines Pferdes, Restteil des Jochs. 8. Mai: Fehlanzeige. 9. Mai: ein dreieckiges Kissen aus Bronze. 10. Mai: Sonntag. 11. Mai: Fehlanzeige. 12. Mai: ebenso. Das Haus des Kounoupis war bis tief unter die Fundamente abgeräumt.

Nun gingen Théophile Homolle daran, sich mit dem Gefundenen zu beschäftigen. Das Zusammensetzen der überlebensgroßen Statue bereitete kaum Probleme. Nur – wer war dieser Mann?

Die Bronze des Kunstwerkes schimmerte blaugrün. Weder Spuren von Korrosion noch ernsthafte Beschädigungen oder Verformungen waren sichtbar. Nur der linke Arm blieb unauffindbar. Ein Telegramm nach Paris meldete die außerordentliche Entdeckung. Tags darauf schrieb Homolle einen Brief an die Akademie, in dem er seinen Fund erstmals als »Wagenlenker von Delphi« bezeichnete und »Anfang des zweiten Viertels des 5. Jahrhunderts« datierte.

Wenngleich die Pferdefragmente im Vergleich zur Statur des Wagenlenkers zu klein geraten schienen, so zweifelte Homolle nicht, daß dieser Wagenlenker auf einem Streitwagen stand und vier Rösser zügelte. Die verwitterte Inschrift des Steinsockels nannte einen Polyzalos als Stifter, den jüngeren Bruder der Tyrannen Gelon und Hieron von Syrakus: »Polyzalos m' anéteken – Polyzalos hat mich aufgestellt.« Hatte ein Sieg beim Wagenrennen dieses Polyzalos veranlaßt, die kostbare Statuengruppe nach Delphi zu stiften? Oder hat Polyzalos dies Denkmal nach dem Tode seines älteren Bruders aufstellen lassen? Wer war dieser Wagenlenker? Polyzalos oder Gelon? Vielleicht Hieron?

Nicht gerade leichter wurde die Beantwortung dieser Fragen, als Homolles Schriftexperte die Sockelinschrift genauer untersuchte und feststellte, daß der Sockel unter Polyzalos' Namen einst einen anderen trug, daß hier also aus unbekannten Gründen retuschiert worden war. Ein weiterer Fund, dem bisher keine Beachtung geschenkt worden war, gewann damit Bedeutung: Inmitten der Fragmente des Pferdegespanns hatten die Ausgräber einen kleinen, vielleicht weiblichen oder einen Kinderarm gefunden, der, so meinten sie an Ort und Stelle, nach den Proportionen unmöglich zu dieser Gruppe gehören konnten. Nun aber überlegten die Archäologen, ob die Pferde einzig und allein von diesem Wagenlenker begleitet wurden. Vielleicht stand neben ihm auf dem Wagen sein Herr, der eigentliche Sieger. Die leicht zur Seite gewendete Haltung des Wagenlenkers könnte darauf hinweisen. Denkbar wäre aber auch, daß eine kleine Nike-Figur den Sieger krönte. Oder gehörte der ausgestreckte Arm zu einem Knaben, der die Pferde führte? Oder fiel dieser Arm bei der Zerstörung der Anlage wirklich nur zufällig hierher und sorgt seitdem für Verwirrung?

Bis heute kann keine dieser Fragen beantwortet werden.

Die Ausgrabungen in Delphi gingen weiter. 1896 hatten sie bereits das Stadion über dem Theater erreicht. Herodes Atticus, ein kunstsinniger, wohlhabender Athener, hatte es in römischer Zeit unter hohem Aufwand restaurieren lassen. Man fand auch eine Inschrift, die es bei sechs Drachmen Strafe verbot, Wein in das Stadion mitzubringen. Zwei Jahre später brachen die Franzosen das orthodoxe Kloster ab, in dem die Erforschung der antiken Stätte ihren Anfang genommen hatte, und aus dem Schutt schälten sie das alte Gymnasion. Und wieder ein paar Jahre später folgten der kleine Rundtempel, Tholos genannt, mit so vielen Einzelheiten, daß keine Rekonstruktion möglich wurde, und das nahe Heiligtum der Athener Pronaia, der Tempelwächterin, die als eine der Schutzgottheiten von Delphi verehrt wurde.

Zehn Jahre waren viel zu kurz, um die heiligen Stätten von Delphi ganz ausgraben zu können. Eine besondere Schwierigkeit erwuchs daraus, daß alle Häuser, Mauern und Ruinen am Fuße des Parnaß nur aus Relikten des alten Heiligtums errichtet worden waren. Jeder Stein hatte also einen ursprünglichen Platz. Manche lagen noch an eben diesem Platz herum, andere hatte man ein paar hundert Meter weit gekarrt. Dies anhand von Abmessungen, Gesteinsart oder typischer Bearbeitung zu erkennen, wurde zu einem beinahe unlösbaren Puzzle.

Der lange Dörpfeld stand auf der Mauer, hielt die Liste seiner Arbeiter in der Hand und rief Namen gegen den lauen Frühlingswind.

»Agamemnon!«

»Chier!« kam die Antwort aus der Menge der etwa hundert Arbeiter zu seinen Füßen.

»Odysseus!«

»Chier!«

»Achilleus!«

»Chier!«

Die Arbeiter, in der Mehrzahl Griechen, amüsierten sich königlich über ihre hehren Namen und ihre eigenen deutschen Sprachkenntnisse, nicht anders als früher bei Doktor Schliemann.

Sophia Schliemann hatte den Wunsch geäußert, Wilhelm Dörpfeld möge endgültig die Frage klären, welche der neun verschiedenen Kulturschichten des Berges von Hissarlik nun das homerische Troja sei. Alle Kosten wolle sie tragen. Und Dörpfeld ließ alles beim alten: die Arbeiter mit ihren Namen aus der »Ilias«, Schliemanns Aufseher Geogios Paraskevopoulos und Konstantin Kaludis, die bewährten Werkzeuge und die Feldbahn, welche inzwischen über ein weitverzweigtes Streckennetz verfügte. Vom Königlich Preußischen Kultusministerium wurden dem Ausgräber ein Archäologe, ein Prähistoriker und ein Architekt zugeteilt.

Dörpfelds Interesse galt der VI. Schicht, in der 1890 noch zusammen mit Schliemann Gefäße mykenischen Stils und zwei mächtige Bauwerke gefunden hatte. Damals hegte er erste Zweifel, ob Schliemann, der die Burg des Priamos in der II. Schicht vermutete, auf der richtige Fährte sei. Nun entdeckte Dörpfeld noch andere große Gebäude und zahlreiche Gegenstände, die *seine* Theorie erhärteten.

Seltsam, daß Schliemann die staatlichen Bauwerke der VI. Schicht nicht gefunden oder an den beiden Stellen, wo er zufällig auf sie gestoßen war, ihre Bedeutung nicht erkannt hatte. In Wirklichkeit hatte Schliemann eine ältere Burg ausgegraben und dabei eine jüngere, darüberliegende Anlage übersehen.

Wenn sie abends zusammensaßen, gingen die Gespräche der Archäologen um das Thema, wie Schliemann das passieren konnte.

»Ich glaube«, sagte Dörpfeld, »es gibt zwei Gründe.«

»Und die wären?« erkundigte sich Weigel, der stets hüstelnde Prähistoriker.

»Zum einen war es eine Folge der eigentümlichen Terrainverhältnisse, zum anderen ist Schliemanns Grabungsmethode dafür verantwortlich.«

Brückner, der Archäologe, und Wilberg, der Architekt, stimmten zu.

»Schauen Sie«, fuhr Dörpfeld fort und zog einen Plan von Troja hervor, »an der Nordseite des Burghügels, wo die Ringmauer der VI. Schicht schon im Altertum ganz zerstört worden war, hatte Schliemann tiefe Einschnitte in den Abhang gemacht. Wären die Burgmauer und die Innenhäuser der VI. Schicht hier noch vorhanden gewesen, so würde er sie nicht nur gefunden und bewundert, sondern vermutlich auch als homerische Bauwerke erkannt haben. An der Südseite des Hügels reichten seine Gräben leider nicht tief genug hinab, um die Burgmauer zu finden und als solche zu erkennen. Was er hier von der Ringmauer sah, war nur der sehr zerstörte und umgebaute Oberbau; er war zu unbedeutend, um Schliemann auf den Gedanken zu bringen, daß hier der Rest einer besonders stattlichen Burg vorliege. Eine Ecke des Innengebäudes war sogar ganz zutage getreten und hatte Schliemanns Bewunderung erregt; aber wegen ihrer guten Bauart war die Mauer der historischen Zeit zugeschrieben worden. Auch in dem Nordost-Graben war der Oberteil der Burgmauer der VI. Schicht durchschnitten worden, aber der Graben war so schmal, daß ein sicheres Urteil über Alter, Bestimmung und Ausdehnung der Mauer nicht zu gewinnen war.«

Die Männer nickten stumm. Schließlich meinte Brückner: »Der Zufall ist der größte Verbündete der Archäologie, zugleich aber auch ihr härtester Widersacher.«

»Hätte Schliemann«, fuhr Dörpfeld fort, »sich nicht beinahe ausschließlich auf den Kern des Hügels beschränkt, weil dort zuerst die kleine prähistorische Burg entdeckt und die Schätze gefunden worden waren, alles wäre anders verlaufen. In der Mitte des Hügels waren aber fast keine Reste der VI. Schicht erhalten, und die äußeren Teile und die Abhänge des Hügels, unter denen die Bauwerke der viel größeren mykenischen Burg begraben lagen, waren bei seinen Grabungen fast unberührt geblieben.«

Was Heinrich Schliemann für das homerische Troja gehalten

hatte, die Burg der II. Schicht, war viel, viel älter. Nicht weniger als drei verschiedene Kulturschichten trennten es von der mykenischen Zeit. Verlor sie an Bedeutung dadurch, daß sie nun nicht mehr als die von Homer besungene Burg des Priamos galt, so gewann sie dadurch, daß sie jetzt als prähistorisches Troja angesehen wurde und einer entlegenen Zeit zugeschrieben werden mußte, die in Europa oder Kleinasien kaum Ruinen hinterlassen hat.

Dörpfeld widerlegte auch Schliemanns Annahme, daß in der Nordostecke des Hügels in historischer Zeit ein Apollon-Tempel und an der Südseite ein Athene-Tempel gestanden habe. In Wirklichkeit war schon seit römischer Zeit die ganze Osthälfte vom heiligen Bezirk der Athene überdeckt.

Nach dreimonatigen Grabungen hatte Dörpfeld den Etat aufgebraucht, und Sophia Schliemann gab zu erkennen, daß sie nicht bereit sei, eine weitere Saison zu finanzieren. Dörpfelds fundierte Forschungen fanden jedoch große Beachtung, und Kaiser Wilhelm II. empfing den Ausgräber im August 1893 im Potsdamer Schloß. Um die Jahreswende erhielt Dörpfeld ein Schreiben des deutschen Reichskanzlers, das ihm für neue Grabungen in Troja 30 000 Mark in Aussicht stellte. Gleichzeitig wurde der Firman um ein Jahr verlängert. Am 27. April 1894 begann Wilhelm Dörpfeld mit neuerlichen, den letzten Grabungen in Troja, mit dem Ziel, Licht ins Dunkel der VI., der homerischen Schicht zu bringen. Zwar hatte Dörpfeld mehrere Innenbauten gefunden und das Vorhandensein einer starken Burgmauer im Osten, Süden und Westen festgestellt, aber ihr exakter Verlauf und die vielbesungenen Tore und Türme waren unbekannt.

Dörpfeld stellte einen Arbeitsplan von zwölf Wochen auf und beschränkte seine Grabungen nicht nur auf den Burghügel, er setzte den Spaten auch in der Umgebung der späten historischen Stadt Ilion an, um festzustellen, ob in mykenischer Zeit unterhalb der Akropolis eine Unterstadt bestanden habe.

Zuerst kam die gewaltige Ringmauer ans Tageslicht, starke Türme und breite Tore, es folgten weitere Innenbauten, allesamt sehr zerstört, aber mit wohlgefügten Unterbauten. »Angesichts dieser stattlichen Ruinen«, schrieb Dörpfeld in seinem Grabungsbericht, »namentlich der schönen Stützmauern und der mächtigen Burgmauer, ist kein Zweifel mehr möglich: Das waren die von Homer besungenen Mauern und Türme, hier war die Burg des Priamos.«

Neben der Schicht VI nahm Dörpfeld noch einmal alle anderen Siedlungen unter die Lupe, und nach Abschluß der Grabungen im Jahre 1894 stellte sich das vielschichtige Troja wie folgt dar: Die oberste, IX. Schicht stammte aus römischer Zeit. Es konnten ein Tempel, mehrere Theater und Säulenhallen und ein Torgebäude lokalisiert werden, zerstört bis auf die Fundamente. Mamor aus der Römerzeit wurde zum Teil in Hissarlik gefunden, zum anderen Teil auf türkischen Friedhöfen der Umgebung. Aus altgriechischer Zeit stammten die beiden folgenden Kulturschichten, meist einfache Wohngebäude, deren Mauern hier und da noch einige Meter aufrecht standen, weil man sie bei der Anlage der römischen Akropolis zugeschüttet hatte. Darunter lag die VI. Schicht aus der Zeit des trojanischen Krieges. Sie deckte drei weitere Schichten ärmlicher Ansiedlungen, deren Reste vor allem in der Mitte des Hügels hervorgetreten waren, und unter diesen prähistorischen Dorfanlagen befand sich jene Schicht II, deren kleine Burg Heinrich Schliemann zunächst für die des Priamos gehalten hatte. Die prähistorische Schicht I konnte nur in winzigen Bauresten, aber vielen Gebrauchsgegenständen nachgewiesen werden.

Dörpfeld hatte sein Ziel erreicht, er hatte das homerische Troja gefunden – jedenfalls glaubte er daran. Und wenn Schliemann die Phantasie der Zeitgenossen mehr beschäftigte, Ernst Curtius die akademische Gelehrsamkeit eindrucksvoller repräsentierte und Carl Humann deutschen Museumsbesuchern einprägsamere Überlieferungen der Antike beschert hat: Vom Standpunkt der Wissenschaft war Wilhelm Dörpfeld vielleicht der Bedeutendste von ihnen. Nicht nur, weil Dörpfeld der einzige war, der an allen Brennpunkten des versunkenen Hellas geforscht und gegraben hat – er arbeitete mit Curtius, Schliemann und Humann −, sondern nicht zuletzt deshalb, weil ihm die Erforschung mehr bedeutete als die Entdeckung. So endete sein Troja-Grabungsbericht im Jahre 1894 höchst seltsam. »Es scheint mir unsere Pflicht zu sein«, schrieb Dörpfeld, »einige Stellen des eigenartigen und für die Altertumswissenschaft so überaus wichtigen Hügels von Troja vorläufig unberührt liegen zu lassen, damit spätere Generationen, welche sicherlich in der Technik des Ausgrabens noch sorgfältiger sein werden als wir, durch neue Grabungen unsere Arbeiten kontrollieren und eventuell verbessern können. Wird jetzt der ganze Hügel ausgegraben, und bleiben an keiner Stelle die verschiedenen Schichten ungestört übereinander liegen, so ist jede spätere Erforschung der Ruinenstätte und jede Kontrolle unserer Beobachtungen für alle Zeiten unmöglich gemacht.« Prophetische Worte eines Forschers.

IX. Verblaßter Ruhm

Das Herz darbt in Griechenland, während Geist und Verstand reiche, grüne Weiden findet.

Ernst Curtius

Clara! Clara! Mein Gott, wo bist du, Clara!«
Curtius saß hinter seinem verschnörkelten Schreibtisch, der mit losen Blättern übersät war, und tastete mit beiden Händen über die Platte.

Die Frau stürzte ins Zimmer, sah den starren Blick ihres Mannes, seine tolpatschigen Bewegungen, und Tränen schossen in ihre Augen. »Ja, Ernst«, sagte sie zaghaft.

Curtius blickte an ihr vorbei, seine Bewegungen wurden hektischer: »Clara«, stammelte er, »wo ist die Lampe. Mein Gott hier auf dem Tisch vor mir stand doch eben noch die Lampe!« Clara betrachtete das unruhige Flackern der Schreibtischlampe. Hier ist sie doch, wollte sie sagen; aber dann würgte sie die Antwort hinunter, öffnete den Mund, um ihr leises Schluchzen zu unterdücken, und umarmte ihren Gatten, wortlos, stumm. Das war Antwort genug. Curtius stellte keine Frage mehr.

Die Ärzte hatten angekündigt, es könne sehr schnell gehen, aber nach einer Kur in Bad Gastein hatte Curtius Hoffnung geschöpft, das Augenlicht könne ihm noch einige Zeit erhalten bleiben. Sein rechtes Auge war schon längere Zeit starblind, dem linken drohte Netzhautablösung.

»Schweigger wird dich operieren, es wird alles wieder gut!«
sagte Clara und faßte Curtius an den Schultern.

Der schüttelte nur den Kopf. »Dann mußt du mir eben vorlesen, Clara.«

»Ich werde nach deinen Assistenten schicken, sie haben ihre Hilfe angeboten. Du kannst ihnen diktieren, soviel du willst!«

»Ich bin ein alter Mann, aber für meine Geschichte Olympias könnten mir die Götter schon noch Zeit lassen.«

In schlaflosen Nächten hatte Clara Curtius sich herumgewälzt und nachgedacht, wie das wohl sein würde, wenn ihr Mann eines Tages sein Augenlicht verlöre. Und nun, da es plötzlich eingetroffen war, schien es anders, als sie es sich in ihren Befürchtungen ausgemalt hatte. Curtius zeigte keinerlei Anzeichen von Resignation.

Alfred Hillert und Hans Wachtler, die beiden Assistenten aus der Universität, wo er noch bis zuletzt Vorlesungen gehalten hatte, standen dem Professor rührend zur Seite. »Du kannst dir denken«, diktierte er in einem Brief an die Schwägerin Anna Reichhelm, »daß mir, dem Bewegung, Tätigkeit und freie Luft ein solches Lebensbedürfnis sind, die dunkle, wochenlange Haft schwer vor Augen steht, doch wird Gott mir Kraft geben, stille auszuharren und die Prüfung in Geduld zu bestehen. Du wirst mir darin gewiß Recht geben, daß ich alles tun muß, um aus dem Zustand einer sehr peinlichen Unbeholfenheit mich zu befreien.«

Professor Schweigger wagte eine Operation. Wenigstens das stargeschädigte Auge sollte gerettet werden. Der Eingriff Mitte März glückte. Curtius konnte auf einem Auge wieder sehen. Ende März an den Sohn Friedrich: »Ich stehe noch immer unter der Aufsicht meiner Kliniker und darf das neu sehende Auge noch nicht zum Schreiben und Lesen gebrauchen. Aber der erste Versuch mit der Brille zeigte schon den besten Erfolg. Ich kann mich wieder an den grünen Bäumen erfreuen und habe für die zweite Maiwoche meine Vorlesungen angekündigt.«

Curtius fühlte sich, als sei ihm ein neues Leben geschenkt.

Lesen fiel ihm schwer, das Augenlicht reichte nur für die Ferne. Doch dann, eines Tages, setzte er sich an den Schreibtisch und schrieb mit eigener Hand einen Brief an Sohn Friedrich und Tochter Louise, große ungelenke Buchstaben, kaum leserlich, verschwommen, aber von eigener Hand.

Louise weinte, als sie die mühsamen Zeilen des Vaters in Händen hielt, sie bedankte sich mit begeisterten Worten, mahnte aber zur Zurückhaltung. Darauf Curtius am 2. Juni 1894: »Herzlichen Dank, meine geliebten Kinder, für Eure Briefe, in denen sich die Freude über den neuen Anblick der väterlichen Handschrift so rührend ausspricht. Ja, Gott sei Dank, ich bewege mich wieder frei und schaue die Wunder des Frühlings an, die niemals schöner waren als in diesem Jahr. ›Ihre Augen sind nicht zum Studieren!‹, mit diesen Worten entließ mich Schweigger. Mein Fernblick läßt nichts zu wünschen übrig. Doch betrachte ich demütig das neue Lebensglück nur als ein geliehenes. Das Übel, das unversehens mein linkes Auge betroffen hat, kann auch das rechte befallen. Die Ärzte sagen, es sei kein Grund vorhanden, dies anzunehmen. Also wäre es Schwäche, sich darüber Sorgen zu machen.«

Der weißhaarige Mann mit den vorsichtigen, beinahe tastenden Bewegungen kannte nur noch zwei Interessen. Kein Tag verging, ohne daß ihm aus der Bibel vorgelesen werden mußte, und dann war da Olympia! »Immer neue Gesichtspunkte tauchen auf«, schrieb er Anfang 1895 seinem Sohn Friedrich, »sie machen den Gegenstand mir immer lieber, ein guter Abschluß meiner literarischen Tätigkeit. Gott gebe, daß ich ihn noch fertig bringe!«

Sein Sehvermögen hatte sich inzwischen wieder so sehr verschlechtert, daß er im winterlichen Berlin unter einen Pferdeschlitten geriet und überfahren wurde. Von nun an litt er unter Lähmungserscheinungen und Schlaflosigkeit. Doch die Schlaflosigkeit hatte auch ihr Gutes. Die Geschichte Olympias kam schneller voran als erwartet. »Denn«, meinte Curtius, »ein alter Professor nimmt es mit dem zähesten Droschkengaul auf.«

Mit äußerster Kraftanstrengung und höchster Konzentration

begann Ernst Curtius wieder zu schreiben: Belangloses wie Fundiertes, oft nur abgerissene Sätze und − in Erinnerung an seinen Freund Emanuel Geibel − Gedichte. Geibel war schon über zehn Jahre tot.

Sein letzter Brief, datiert vom 28. Juni 1896, galt dem geliebten Sohn Friedrich: »Ihr könnt Euch denken«, schrieb Curtius mühsam, »daß ich bei meinem siechen Körper und bei dieser Hitze viel zu leiden habe. Der Zustand ändert sich nicht, nach den Ärzten bessert er sich sogar, doch wird es in der Hauptsache nicht anders. Ich werde nie wieder ein freier Mann werden und mit Kindern und Enkeln herumschwärmen können. Ich muß still und ernst auf das Ende schauen und meine irdischen Aufgaben abzuschließen suchen.«

Als Curtius am 11. Juli 1896 starb, fand man unter seinem Kopfkissen einen Zettel, darauf gekritzelt acht Zeilen:

Wie der Vogel auf dem Baum,
Der sich müd' am Tage sang,
Nur noch zwitschert leis' im Traum,
Daß es in die Nacht verklang −

Also werden meine Lieder
Leiser gegen meine Nacht,
Und die lauten sing' ich wieder,
Wenn mein neuer Tag erwacht.

Tränen rannen über Claras Wangen, und ihre Gedanken gingen zwanzig Jahre zurück. Sie dachte an ihren 46. Geburtstag, an die kleine Taverne am Fuße der Akropolis, wo wilder Wein über den Holztischen hing, und das Geburtstagsgedicht, das Curtius ihr um Mitternacht über den Tisch geschoben hatte, Entschuldigungen stammelnd, weil er kein Geschenk für sie besorgt hatte. Und sie hörte sich sagen, so, als sei es gestern gewesen: »Ernst, vielleicht findet sich noch einmal in unserem Leben ein Anlaß, mir ein Gedicht zu schenken . . .«

Am 16. Juni 1894 trafen sich im Pariser Palais de la Sorbonne ein paar Dutzend honorige und wohlhabende Herren zu einem Athletenkongreß. Sport hieß ein neues Zauberwort, etwas völlig Nutzloses, eine Bewegung, die aus England kam. Fürst Pückler-Muskau hatte das Wort überhaupt erst nach Deutschland gebracht, und nun gewann es, vor allem in gehobenen Kreisen, immer mehr an Faszination.

Curtius' Ausgrabungen in Olympia hatten — in Fernost war gerade der Japanisch-Chinesische Krieg zu Ende gegangen, Italien hatte gegen Äthiopien eine Niederlage hinnehmen müssen — wieder den friedlichen Wettstreit der Völker ins Bewußtsein gerückt. Olympische Spiele in neuer Zeit? Der Geschichtsforscher Jakob Philipp Fallmerayer war schon 1852 mit einem ähnlichen Vorschlag hervorgetreten, und der griechische Geschäftsmann Evangelis Zappas unternahm sogar auf eigene Kosten einen Versuch, solche Spiele zu organisieren. Der Wettstreit scheiterte jedoch kläglich an totaler Desorganisation. Es gab nicht einmal ein Stadion.

»Deutschland hat das ausgegraben, was von dem alten Olympia noch vorhanden war, warum sollte Frankreich nicht die alte Herrlichkeit wiederherstellen?« fragte 1894 der französische Baron Pierre de Coubertin, der in der vornehmen Rue Oudinot 20 residierte, und verwandte sein umfangreiches Vermögen darauf, die Olympischen Spiele wieder einzuführen.

Der Athletenkongreß in Paris endete mit der Gründung eines Internationalen Olympischen Komitees, dem auf deutscher Seite der Arzt Dr. Willibald Karl August Gebhardt angehörte. In Athen stiftete der in Alexandria lebende griechische Millionär Giorgios Averoff 900 000 Golddrachmen für den Wiederaufbau jenes Stadions, das Lykurgos erbaut und Herodes Atticus 131 n. Chr. erneuert hatte. Die Spiele waren in greifbare Nähe gerückt.

Coubertin hatte das Jahr 1900 und Paris als Austragungsort der ersten Olympischen Spiele ins Auge gefaßt; aber Demetrios Bikelas, der griechische Komiteepräsident, bestand auf

Athen als erstem Austragungsort, und so einigte man sich, eine Olympiade zuvor, im Jahre 1896 zu beginnen.

Am 25. März 1896 eröffnete der griechische König in der Uniform eines Generals der Infanterie, begleitet von der Königin in schlichtem langem weißen Kleid, gefolgt von Prinzessin Maria mit ihrem Verlobten, dem Großfürsten Georg Michailowitsch, Kronprinz Konstantin und Prinz Georg, die Spiele. Die Marmorsessel der Ehrenloge waren mit Purpur ausgeschlagen. Zur Rechten hatten die Mitglieder des Olympischen Komitees, der heiligen Synode und allerlei Geistlichkeit Platz genommen, zur Linken das Diplomatische Korps und königliches Gefolge. Abgeordnete, Offiziere, Offizielle und erstmals sogar Presseleute saßen in eigenen Abteilungen. Die Herren trugen Cut, die Damen elegante Kleider und breite Hüte. »All that is your work!« raunte Gebhardt Baron de Coubertin zu.

»Es lebe die Nation! Es lebe das griechische Volk!« rief der König, und die Spiele konnten beginnen. Zehn Militärkapellen gleichzeitig spielten die von Spiro Samara komponierte Olympische Hymne, und die Zuhörer waren so ergriffen, daß sie mit nicht endenwollendem Applaus die Wiederholung der Musik forderten und erreichten.

Ein Fanfarenstoß — und aus dem Tunnel des Stadions traten 21 Läufer hervor. Sie starteten in drei Gruppen, von denen der Erste und Zweite vier Tage später den Endlauf bestritten, der Amerikaner Burke, der spätere Sieger, im viel belächelten Tiefstart.

Der erste Olympiasieger der Neuzeit war ein Amerikaner. James B. Conolly siegte im Dreisprung. Beinahe hätte er den Start verpaßt. Da er nicht wußte, daß in Griechenland noch der Julianische Kalender galt, war er ahnungslos erst am Vormittag in Piräus angekommen. Auf der Harvard-Universität hatte man den Studenten hinausgeworfen. Die würdigen Professoren hielten Olympische Spiele für Humbug. Conolly erhielt als Sieger eine Silbermedaille, dem Zweiten wurde eine Kupfermedaille überreicht, der dritte Platz fand nur Anerkennung.

Den größten Ruhm jedoch erntete der Bauernsohn Spiridon Louis aus Amarousion. Er trat mit 24 Läufern zum Marathonlauf an. Louis war Rekrut und hatte noch nie in seinem Leben die Distanz von 42 Kilometern auf einmal zurückgelegt; aber darin unterschied er sich nicht von den übrigen Teilnehmern, die zwar zum größten Teil geübte Läufer waren, aber nur auf der Mittelstrecke.

Beim Start gegen 14 Uhr herrschte brütende Hitze über der Ebene von Marathon. Ein Franzose setzte sich sofort an die Spitze, gefolgt von einem Australier und einem Amerikaner. Radfahrer, berittene Offiziere und Soldaten bildeten den Troß. Ein fanatischer Pope, der sich nach halber Distanz auf den noch immer führenden Franzosen stürzen wollte, konnte von den Zuschauern nur mit Mühe zurückgehalten werden. Inzwischen erreichte Louis das Dorf Pikermi. Im dortigen Wirtshaus bestellte er ein Glas Wein, erkundigte sich nach dem Stand des Rennens und beruhigte aufgebrachte Zuschauer, er werde alle seine Konkurrenten überholen. Dann rannte er weiter. Und tatsächlich – der Australier stürzte, der Franzose gab auf, ebenso der Amerikaner.

Ein Kanonenschuß verkündete die Ankunft des griechischen Läufers in Athen. Das Stadion am Ende der Herodes-Atticus-Allee tobte. Kronprinz Konstantin und Prinz Georg gaben dem Sieger auf den letzten hundert Metern laufend das Geleit, und selbst König Georg vergaß seine Würde und schwenkte die Marinemütze. 2 Stunden, 58 Minuten und 50 Sekunden war die Zeit des Siegers.

Die Olympischen Spiele in Athen verschafften dem jungen Griechenland weltweite Beachtung. Als sie nach zehn Tagen mit theatralischen Inszenierungen zu Ende gingen, mit großen Reden und altgriechischen Oden, da war nicht ein einziges Mal der Name jenes Mannes gefallen, der mit seinen Forschungen die Voraussetzungen für das Spektakel geschaffen hatte: Ernst Curtius.

»Ihr Mann«, schrieb Louise Humann ihrer Patentante Sophie, »interessiert sich gewiß dafür, wenn ich Ihnen sage, daß Ephesus ausgegraben wird. Aber es ist nicht Preußen, sondern Österreich, welches in Ephesus ausgegraben wird. Aber mein Mann wird die ersten fünf Monate die Ausgrabungen leiten, da Österreich vorläufig nicht die notwendigen Leute hat, die mindestens Neugriechisch und Türkisch verstehen müssen.

So schön, wie es sich auf dem Papier liest, sind die Ausgrabungen nun freilich nicht, sondern sehr mühsam, sehr ermüdend und erfordern immer den ganzen Menschen: von 6 Uhr morgens bis 12 ½ Uhr mittags und dann wieder von 2 ½ Uhr oder 3 Uhr bis zum Sonnenuntergang auf dem Arbeitsfeld sein und abends nach dem Essen die nötigen Notizen machen und die Dispositionen für den anderen Tag treffen, und so vier Monate hindurch, jeden Tag, bevor eine längere Arbeitspause eintritt; das ist nicht immer schön. Auch ist das Klima im Sommer dermaßen, daß neu angekommene Europäer (Archäologen und Architekten) gewöhnlich krank werden und mit Fieber nach Deutschland zurückkreisen.«

Zwischen 1863 und 1874 hatte der Engländer J. T. Wood in Ephesus gegraben und war auf kärgliche Überreste des Artemis-Tempels gestoßen, eines der sieben Weltwunder der Antike. Der legendäre König Kroisos hatte das monumentale Bauwerk gestiftet, und ein Geisteskranker namens Herostratos hatte es 356 in Brand gesteckt, um — wie er sagte — in die Geschichte einzugehen. Man baute das Artemision jedoch sofort und in der alten Pracht und Größe wieder auf, und Plinius nannte geradezu unglaubliche Ausmaße: 220 mal 425 Fuß, 127 Säulen, wovon 36 mit Bildwerk geschmückt waren. Das bedeutete eine Länge von knapp 150 Metern bei einer Breite von 77 Metern und erschien als geradezu unglaublich, bis Wood mit seinen Grabungen nachwies, daß Plinius keineswegs übertrieben hatte. Die Engländer fanden Reste des Unterbaues, Stümpfe der verbrannten Säulen und ummantelte Mauerreste, die nach der Brandkatastrophe als Fundamente für den Neubau benutzt worden waren. Aufgrund des steigenden

Grundwassers, das der Kaystros-Fluß mit ständig neu herange-
schobenem Schwemmland verursachte, hatten die Epheser die
alte Baustelle mit einer höheren Terrasse überbaut. Für ihre
Grabungen hatten die Engländer das ganze Tempelterrain
gekauft.

Aber das alte Ephesus bestand nicht aus dem Artemis-Tempel
allein, Ephesus war eine Großstadt, zu Zeiten sogar eine
Weltstadt, Mitglied des Attischen Seebundes, im Peloponnesischen Krieg jedoch auf spartanischer Seite, später den Persern
tributpflichtig, bis Alexander der Große nach seinem Sieg am
Granikos die Selbstständigkeit wiederherstellte. Im Hellenismus stand Ephesus in höchster Blüte. Gegen Rom mit Antiochos III. verbündet, fiel die Stadt 190 v. Chr. an den König von
Pergamon und nach dem Tod Attalos' III. an Rom. Dann
wurde es Hauptstadt der neuen Provinz Asien. Und von alldem
sollte nichts übriggeblieben sein?

Daß das Österreichische Archäologische Institut ausgerecht
Humann zu Hilfe rief, war kein Zufall. Carl Humann war der
ungekrönte König in Kleinasien, keiner kannte die Geschichte
des Landes und die Schauplätze seiner Geschichte besser als
er. Außerdem war er österreichischer Ordensträger, seit Kaiser
Franz Joseph ihm 1882 in Bad Ischl den Orden der eisernen
Krone III. Klasse verliehen hatte – »über Anregung der Gesellschaft für archäologische Erforschung Kleinasiens und über
Befürworten des Ministeriums für Cultus und Unterricht, für
Verdienste um das Zustandekommen der im vorigen Jahre
stattgehabten österreichischen Expedition nach Kleinasien«.

Die Initiative für das Unternehmen ging von Prof. Otto Benndorf aus, der seit 1877 in Wien Archäologie lehrte. In einer
zweiwöchigen Vorinspektion setzte Humann 200 Nivellie-
rungspunkte zwischen dem alten Hafen und den Ruinen des
Theaters. Er skizzierte oberflächlich das Gelände und vermutete am Hafen einen Marktplatz und zwei Hallen, weiter landeinwärts einen großen, soweit erkennbar, römischen Zentral-
bau und anschließend einen Festplatz von den Ausmaßen 240
mal 210 Meter, dessen Mittelpunkt ein dekoratives Bassin

gebildet haben mußte. An der Längsseite ortete er ein weiteres Gebäude, vermutlich ebenfalls römisch, und weit entfernt das Theater.

Nach englischem Vorbild erwarb Humann zunächst einmal 6000 Quadratmeter Grund zum Preis von 51 türkischen Pfund. Im Sturzfeld der gigantischen Tempelsäulen vermutete er einen Tempelfries. Außerdem suchte er weiter westlich nach einem Altar, dessen Skulpturen von der Hand des Praxiteles geschaffen sein sollten. »Aber«, stöhnte Humann, »sechs Meter Alluvium und noch sechs Meter Schutt von Mister Wood darauf!

Zunächst zogen hundert Arbeiter an der Nordseite zwei 20 Meter lange Gräben quer zum Tempel. In sechs bis sieben Meter Tiefe stieß man auf Grund. Aber kein Stück Marmor, nur Schutt und unförmige Mauerreste. Ein Schacht, 30 Meter vor der Westfront, brachte mehr Erfolg, einen Apollon-Kopf, hellenistisch, etwa zwei Meter unter der Oberfläche. Vom Altar aber keine Spur.

Humann in einem Grabungsbericht: »Nun dachten wir, daß der Altar vielleicht weiter abgelegen habe, und warfen eine Grube auf, 20 zu 20 Meter in einem Abstand von 65 bis 85 Metern vom Tempel, sieben Meter tief. Eine heillose Arbeit, die uns die besten Wochen kostete und nicht einen Stein ergab: nichts als Alluvium und ganz unten eine feste Schicht, die einst das Pflaster getragen hatte. Damit war dann auch der gewissenhaften Forschung Genüge getan und gezeigt, daß die Umgebung des Tempels inklusive Altar ganz gründlich abgeräumt ist. Nach uns wird sich wohl schwerlich jemand daranmachen, sieben Meter Alluvium abzukarren, um unten einen leeren Estrich zu finden.«

Aus diesen Worten sprach Enttäuschung; denn Humann hatte sein Augenmerk von Anfang an auf die Agora gerichtet, während Benndorf das Tempelfeld favorisierte. Für Humann war es deshalb eine Genugtuung, als er zwei Suchgräben durch die Agora zog und in zwei Meter Tiefe auf byzantinische Mosaiken stieß und in der Mitte des Platzes auf ein aus sechs mächtigen

Tempelfriesblöcken zusammengefügtes Bassin. Die Blöcke waren mit Stierköpfen und Girlanden verziert und stammten von einem Claudius-Tempel. In einem anderen Graben kamen hellenistische Pfeiler mit feingearbeiteten Sockeln zum Vorschein, doch die Freude über die Entdeckung wurde jäh getrübt.

»Humann! Kommen Sie schnell!« Benndorfs Stimme hallte über den Platz.

Humann, den seit Wochen ein schmerzhaftes Rheuma plagte, kam angehumpelt.

»Sehen Sie nur, Humann!« sagte Benndorf und zeigte in den Graben.

Dort brach in zweieinhalb Meter Tiefe Wasser ein.

»Wo kommt bloß das verdammte Wasser her?« rief Benndorf verzweifelt.

Humann forderte ein Nivelliergerät an.

Ein Arbeiter brachte es heran, Humann postierte Meßlatten, vermaß und notierte Winkel, und bald darauf kam er mutlos zu Benndorf zurück: »Grundwasser.«

»Grundwasser?«

»Ja. In zwei Meter Tiefe sind wir mit dem Wasserspiegel im Hafen auf gleichem Niveau. Ableiten ist zwecklos, es fließt immer wieder nach.«

»Und abpumpen?«

»Ebenfalls zwecklos. Der Zufluß durch den lockeren Schutt ist so stark, daß wir gar nicht schnell genug pumpen können.«

»Das bedeutet also: Arbeiten einstellen?«

Humann hob die Schultern. Einen Augenblick zweifelte er, ob man unter diesen Bedingungen Ausgrabungen durchführen könnte; dann aber erinnerte er sich daran, daß er schon viel schwierige Probleme gelöst hatte als diese. »Dann graben wir eben im Wasser weiter«, meinte Humann, »das kühlt ab!«

Benndorf wollte zunächst nicht glauben, daß unter diesen Bedingungen an eine Fortsetzung der Arbeiten zu denken war; aber Humann ließ einen fünf bis sechs Meter langen Graben ziehen. Natürlich brach auch hier sofort Wasser ein, aber aus

Verschollenes Weltwunder: Der Artemis-Tempel von Ephesus.

dieser schmutzigbraunen Brühe zog Humann am 20. Juni einen unbeschädigten Athene-Kopf in Überlebensgröße aus dem 3. Jahrhundert, einen römischen Frauenkopf und nicht weniger als zwölf Statuen.

Zwei Monate war Humann in Ephesus tätig, und dabei wurden allein 2000 Skulpturen und -fragmente gefunden, darunter ein Hermes-Kopf aus dem 4. Jahrhundert, ein Satyr mit einem Stück Querpfeife an der Unterlippe, Hände und Unterarme folgten später.

»Die Hauptsache aber«, schrieb Humann in einem abschließenden Bericht, »ist ein technisches Resultat: Die Stadt Ephesus ist offenbar auf dem Gipfel ihres Glanzes, wahrscheinlich zugleich mit dem Tempel (262) von Barbaren zerstört und verbrannt worden; die Hallen, die die Agora in verschiedener Gestaltung umgaben, hatten natürlich Holzdächer, die im Sturze alles unter sich begruben. Als sich dann – wer weiß wann – wieder Menschen dort ansiedelten, hat man die Trümmer oberflächlich planiert und byzantinische Hütten nach Belieben richtungslos darüber gebaut, etwa in zwei bis drei Meter Höhe über dem alten Boden. Auch die sind zerfallen, und es deckt sie ein bis zwei Meter Schutt. Während der Tempel und seine Umgebung von Byzantinern und Türken bis auf den Erdboden abgeräumt ist, auch in der Stadt alle aus dem Schutt noch hervorragende Mauern verschwunden sind, ist die gestürzte Trümmerwelt des hellenistischen und römischen Stadtzentrums wohlverwahrt unter den späten Wohnungen, deren Schutt und dem Wasser. Nun kam die technische Frage: Wie das ausgraben? Ich nivellierte vom Meere ab und fand, daß der Kaystros auf den letzten fünf Kilometer seines Laufes breit und tief stagniert und mit dem Meere auf gleichem Niveau steht; er bringt uns also das Meeresniveau fünf Kilometer weit entgegen. Hier mündet der Ausfluß des Hafens, 1300 Meter lang, durch Rohr und Schlamm verstopft. Der Spiegel des Hafens liegt heute 1,69 Meter über dem Meere. Ein Graben, durch das lose Alluvium gezogen, läßt das Hafenwasser sofort auf das Meeresniveau sinken, und damit verschwindet zugleich das Grundwasser unter den Trümmern. Das kostet kaum 3000 Francs. Dann legt man vom Hafenkai eine Feldeisenbahn in die Stadt hinein und fährt allen Schutt in den Hafen. An den Tempel wird sich wohl niemand mehr wagen. Das ist in Wien genehmigt, und Benndorf hat, halb aus privaten, halb aus Staatsmitteln die Zusicherung, daß er im Frühjahr mit Volldampf beginnen kann.«

Humann war rastlos. Er schien zu ahnen, daß seine Tage gezählt waren, und deshalb artete seine Arbeit auf einmal in Hektik aus. »Niemand von uns«, gestand Ehefrau Louise später, »ahnte, daß er bereits gefährlich krank war.« Im Jahre zuvor hatte Humann mit seinem Kawaß Jussuf auf dem Rückweg von Milet einen Abstecher in das abgelegene Priene gemacht und dort Ruinen von großem Reichtum und beachtenswerter Kunstfertigkeit gefunden. Priene lag ursprünglich gegenüber von Milet am Latmischen Meerbusen, wurde aber später durch das Schwemmland des Mäander vom Meer getrennt und um die Mitte des 4. Jahrhundert v. Chr. an einem 375 Meter hohen Burgberg neu gegründet.

Eine Provinzstadt, mehr war Priene nicht; aber gerade das reizte Humann, und er ging von Ephesus direkt nach Priene, um noch im September mit den Grabungen zu beginnen. Am 29. August 1895 schrieb er an den neuen Direktor der Berliner Antikenabteilung, Prof. Reinhard Kekulé von Stradonitz: »Sofort bei Ihrer Ankunft können wir die Ausgrabung beginnen. Die Konzession ist, vom Sultan genehmigt, an den Großwesir zurückgekommen, der teilt das dem Unterrichtsministerium mit, und die Ausfüllung des Formulars kann dann in einer Stunde geschehen. Das Haus ist, bis Sie kommen, vollkommen trocken und behaglich. Leider kostet es mehr als 3000 Mark, doch können wir es ohne Verlust wieder verkaufen, hoffe ich.« Kekulé kam am 16. September, und Humann begann am westlichen Stadttor, das heißt dort, wo er das Stadttor vermutete, und schon in den ersten Tagen kamen die Grundmauern kleinerer Wohnhäuser und zahlreiche Kleinfunde zutage, ein kleinasiatisches Pompeji. Man hatte Humann einen Assistenten versprochen; doch der traf erst Ende September ein: Theodor Wiegand, 31 Jahre alt, ein unbeschriebenes Blatt. Wiegand kam vom Deutschen Archäologischen Institut in Athen. Er hatte als Zweiundzwanzigjähriger mit Ach und Krach das Abitur bestanden, nachdem ihn sein Direktor lange genug als »Pestbeule der Anstalt« und »Schande des Instituts« bezeichnet hatte. Dafür spielte keiner besser Fußball als er. Ein Besuch der Münchner Glyptothek, wo die Giebelfiguren des Aphaia-Tempels von Ägina, der »Barberinische Faun«, »Apoll von Tenea« und das rätselhafte Bildnis Homers gezeigt wurden, veränderte sein Leben. Wiegand beschloß, Archäologie zu studieren. Inzwischen 26 Jahre alt, fuhr er nach Athen und studierte dort bei Männern, die zum Teil jünger waren als er. Zurück in Deutschland, besuchte er – bei ihm dauerte alles etwas länger – die Universitäten in Berlin und Freiburg, und mit neunundzwanzig legte er schließlich sein Examen ab, noch ein Jahr später erlangte er nach 16 Semestern den Doktorgrad. Natürlich fand Wiegand keine Anstellung; aber seine Eltern waren nicht arm und meinten es gut mit ihrem Sohn, und so reiste der frischgebackene Doktor wieder nach Athen, wo ihn Wilhelm Dörpfeld, der Leiter des Archäologischen Institus, bei Grabungen am Westhang der Akropolis einsetzte. Und weil gerade Not am Mann war, schickte Dörpfeld den Neuen nach Smyrna zu Humann.

Das Dampfschiff erreichte Smyrna im Morgengrauen. Spiegelglatt lag der lange, scherenartige Meerbusen, an der Küste weiße Dörfer und Windmühlen. Endlich tauchte wie aus Silberschleiern das Ziel der Reise auf, flach am Ufer hingestreckt, dahinter dunkle Trachytberge, gründlich schimmernd. Im Hafen lautes Geschrei, aufgeregte Menschen mit roten, gelben und grünen Turbanen, Ausrufer, Kameltreiber, Lastenträger.

Wo Geheimrat Humann wohne, erkundigte sich Wiegand bei einem Droschkenkutscher. Über das Gesicht des Alten huschte ein Leuchten, als habe der Fremde sich nach dem Palast des Sultans erkundigt. »Chumann Pascha«, sagte der Kutscher, zog die Augenbrauen hoch und verstaute das Gepäck, ohne eine Antwort zu geben, auf seiner hohen Equipage.

Lärm aus Tausendundeiner Nacht erfüllte die erwachende Stadt. Die Warenlager der Basare türmten sich bis unter die Decken, dazwischen zypressenreiche Friedhöfe. Humanns Frau Louise empfing den Assistenten freundlich und brachte ihn am nächsten Tag zum Zug nach Baladschik – so hieß die Station, wo Wiegand in die Kleinbahn nach Sokia umsteigen mußte. Dort erwartete Kekulé von Stradonitz den Neuen.

»Humann ist sehr krank«, meinte der Direktor am Bahnhof, »Sie sollten ihn entlasten, wo es nur geht.« Und dann fuhr die hochgeräderte Kutsche los mit dem alten Kawaß Mustafa auf dem Kutschbock – drei Stunden über holprige Fahrwege nach Priene.

Zwei Mädchen empfingen sie im Grabungshaus, Maria, Humanns Tochter, und deren Freundin. Wiegand erschrak, als er den Geheimrat sah. Er kannte nur die strahlende weiße Marmorbüste im Berliner Museum, das markante Gesicht mit dem breiten, hochgezwirbelten Schnurrbart, die kleinen stechenden Augen.

»Aha, ein Philologe«, spottete Humann bei der Begrüßung. Der einst so dynamische, vielbewunderte Mann war entsetzlich gealtert. Der kecke Schnurrbart war einem wuchernden Vollbart gewichen, die Augen eingefallen mit dicken Tränensäcken, sein Leib wirkte aufgequollen, und er schien große Schmerzen zu haben, denn er preßte ständig eine Hand gegen den Bauch. Humann und Wiegand verstanden sich vom ersten Augenblick. Der Geheimrat brauchte den jungen Archäologen, denn mehrmals am Tag unterbrach er seine Arbeit, um sich auf sein Zimmer zurückzuziehen; aber er mochte auch Wiegands unkonventionelle, direkte Art, und je mehr er von sich und seinem nicht eben geradlinigen Leben erzählte, desto mehr schätzte er ihn. Bald wußte Humann, dieser Wiegand sollte einmal sein Erbe übernehmen.

Vier bis sechs Kampagnen, meinte der Geheimrat, würde man in Priene verbringen müssen. Und da kein Soll an Funden oder Erfolgsmeldungen erfüllt werden mußte, gingen die Ausgräber vom Westtor aus systematisch vor, legten eine breite Hauptstraße frei, die zu einem Marktplatz führte, und erreichten südlich davon die alte Stadtmauer. Längs der Straße tauchten die Grundrisse von Häusern und Wohnungen auf.

Bronzen, Münzen und Terrakotten versprachen reiche Ausbeute, und schon nach wenigen Tagen lag vor ihnen eine tadellos erhaltene Marmor-Herme im Schutt, und kurz darauf stießen ihre Schaufeln auf eine Alexander-Büste aus dem vierten Jahrhundert.

4. Oktober 1895. Humann saß abseits auf einem Steinblock, starr wie eine Statue.

»Herr Geheimrat«, rief Wiegand, »können Sie mal kommen?«
Humann rührte sich nicht. Da ging Wiegand auf Humann zu:
»Was ist Ihnen, Herr Geheimrat?«
Der blieb starr, nur seine Lippen bewegten sich: »Wiegand, ich
glaube, ich bin gelähmt.«
Am nächsten Tag brachte Tochter Maria den Vater zurück
nach Smyrna, und der junge Wiegand übernahm die Leitung
der Ausgrabungen. Humann verfolgte die Berichte vom Kran-
kenbett aus. Aber nur ein paar Tage. Am 10. Oktober kehrte
der Geheimrat schon wieder zurück an die Grabungsstätte,
mußte jedoch nach zwei Tagen eingestehen, daß er nicht in der
Lage war mitzuarbeiten. Enttäuscht reiste er nach Smyrna
zurück. »Ein guter Mann, dieser Wiegand!« meinte er zu seiner
Frau Louise. »Mit ihm werde ich Milet, Didyma und Lamos
ausgraben.«
Nicht nur das Rheuma, das er sich wohl auf den zugigen
Feldern von Bergama geholt hatte, auch Humanns Leberhyper-
trophie verschlimmerte sich zusehends, und die Ärzte zapften
ihm zehn Liter Wasser aus der Bauchhöhle ab. Am 10. November erschien Humann erneut in Priene.
»Fassen Sie es nicht als Mißtrauen auf, mein lieber Wiegand,
Sie machen Ihre Sache tadellos, aber ich halte es einfach nicht
aus, im Bett zu liegen wie ein alter Mann.« Humann war
sechsundfünfzig. Zwei Tage später mußte der Geheimrat
erneut zurück. Es schien, als ahnte Humann, daß dies seine
letzte Grabung sein würde, und er verwandte alle Energie
darauf, um sie korrekt zu Ende zu bringen.
Für Wiegand freilich war diese seine erste Aufgabe eine Lust.
Er lebte in einem komfortablen Haus, das Humann für 7000
Mark gekauft hatte. Im Parterre gab es Küche, Bedientenzim-
mer, Depot und Magazin, im ersten Stock ein großes Eß- und
Wohnzimmer und vier geräumige Schlafzimmer. Sogar ein
Badezimmer war vorhanden, damals eine Seltenheit. Und um
das ganze Haus lief eine holzgedeckte Veranda.
Es war das typische Bild einer antiken griechischen Provinz-
stadt von etwa 5000 Einwohnern, das die Ausgrabungen von

Priene so faszinierend machte. Da gab es einen Marktplatz, Buleuterion und Prytaneion, Gymnasion und Athene-Heiligtum, und all das kam ohne großes Suchen zum Vorschein, so wie Humann es in seinen Grabungsplänen erwartet hatte.

Mitte Dezember begann der große Regen, und Wiegand bat Humann telegraphisch, die Arbeiten einstellen zu dürfen. Statt einer Antwort kam Carl Humann selbst. »Es ist für mich«, schrieb Wiegand später, »die wehmütigste Erinnerung aus der ganzen prienischen Ausgrabungszeit, wie er am 16. Dezember noch einmal herbeieilte, um persönlich die Ausgrabung zu schließen. Es war ein trüber Regenabend. Mühsam schleppte er sich, von uns unterstützt, den steilen Weg zur Agora hinauf, freute sich der rasch vorgeschrittenen Arbeit − die südliche Westtor-Straße war mit allen Quartieren freigelegt worden, dazu das westliche Drittel des Marktes − und sagte dann todesahnend, nach sichtlich schwerem Abschied von dem Arbeitsplatz: ›Diejenigen, die es erleben, werden noch viel Freude an dieser Ausgrabung haben.‹«

Dann ging der Geheimrat zu jedem einzelnen Arbeiter, schüttelte ihm die Hand und sagte ein paar freundliche Worte.

»Wiegand!« hielt er plötzlich inne und deutete in den Schutt, wo soeben noch gegraben worden war, »Wiegand, was ist denn das?«

Jetzt sah es auch Wiegand: Marmorsimse und Gesteinsblöcke wie von einem Altar. Humann bückte sich, er mußte gestützt werden, und man sah, daß es ihm schwerfiel. Mit bloßen Händen reinigte er einzelne Fragmente vom Schmutz. Auf einem wurden drei griechische Buchstaben sichtbar: Eta, Rho, Omega − ERO. Das heißt: Dem Heros. Ein Gruß, wie es schien, aus jener Zeit, für die Carl Humann ein Leben lang gearbeitet hatte.

X. Versunkene Paläste

> Die mythologische Betrachtung sah im Labyrinth von Knossos eine Schöpfung aus Glaube und Phantasie, ein Bild des gestirnten Himmels mit seinen unendlichen, verworrenen Pfaden, auf denen dennoch Sonne und Mond sicher ihren Weg finden. Wir werden sehen, daß der Spaten eine einfache Erklärung zu bringen vermochte.
>
> *Arthur Evans*

Im Gegensatz zu Schliemann war der Engländer Arthur Evans aus Nash Mills (Hertfordshire) nicht reich *geworden*, Evans war reich *geboren*, und das erleichterte vieles. Sein Vater, ein vermögender Papiermagnat und Kunstmäzen, hatte nichts dagegen, daß Arthur zunächst in Harrow, Oxford und Göttingen Anthropologie studierte, dann aber als Korrespondent des »Manchester Guardian« auf den Balkan ging und, weil ihm auch das nicht so recht zusagte, schließlich noch einmal die Universität besuchte mit dem Ziel, Archäologe zu werden. Und dabei blieb er dann auch: Arthur Evans wurde Konservator am Ashmolean Museum in Oxford.

Schliemann, den Evans bei Grabungen in Mykene kennen- und schätzengelernt hatte, hatte zwar in dem eigenwilligen Engländer die Liebe zur Archäologie geweckt, aber homerische Texte, die dem Ausgräber Trojas stets munter von den Lippen kamen, langweilten Evans eher, er war ein Realist und Pragmatiker und keinesfalls ein Ausgräber, der Beweise für irgendwelche Theorien suchte. Nein, sein Hauptinteresse galt der Schrift, und hier speziell der vorgriechischen Schrift.

Kannte man in vorhomerischer Zeit überhaupt die Schrift? Im vorigen Jahrhundert hieß die Antwort nein. Heinrich Schlie-

mann hatte weder in Troja noch in Mykene oder Tiryns Schrifttafeln gefunden – ein paar rätselhafte Zeichen zwar; aber
konnte man diese als Schrift bezeichnen?

Ein Zufallsfund, ein vierseitiger Siegelstein, den Evans bei
einem Antiquitätenhändler in Athen entdeckte, erregte das
Interesse des Wissenschaftlers. Er stammte aus Kreta, und
Arthur Evans reiste auf die Insel, um nach ähnlichen Ver-
gleichsstücken zu suchen. Evans wurde auch fündig, und schon
1893 präsentierte er der Hellenic Society seine Forschungser-
gebnisse. Kreta, meinte er, sei eine Kulturbrücke zwischen
Ägypten und Europa, die kretischen Schriftzeichen wiesen eine
gewisse Verwandtschaft mit ägyptischen Hieroglyphen auf.
Griechenlands Kultur komme also über die Insel Kreta aus
dem Vorderen Orient.

Für Evans stand fest, das Geheimnis der kretischen Schrift
konnte nur mit Hilfe einer zweisprachigen Inschrift gelüftet
werden, vielleicht sogar mit einem Drei-Sprachen-Stein, wie
ihn Champollion zur Entschlüsselung der ägyptischen Hieroglyphen benutzt hatte. Jahr für Jahr kam Evans nach Kreta,
1899 mit dem Vorsatz, dort weiterzugraben, wo Minos Kalokairinos den Palast von Knossos entdeckt haben wollte. Der
Palast selbst interessierte den Engländer zunächst wenig, er
suchte nur Inschriften. Und anders als Schliemann, der noch
um jeden Quadratmeter feilschte, legte Evans 50 000 Francs
auf den Tisch und kaufte das gesamte Areal. Damals ahnte er
noch nicht, daß ihm Knossos bis an sein Lebensende zur
zweiten Heimat werden würde.

Knossos lag eingebettet in eine Sagenwelt – noch weit phanta-
stischer als alle Mythen um Troja. Es fiel schwer, auch nur
einen Funken Realität in jenen Sagen zu entdecken, die sich um
Knossos und seinen versunkenen Palast rankten.

Der kretische König Minos galt als Sohn des Zeus und der
Europa und herrschte noch vor dem Trojanischen Krieg, wobei
das größte Verdienst in seiner Gesetzgebung lag – bis dahin
kannten die Griechen keine Gesetze. Doch das unvermeidliche
Unheil nahm seinen Lauf, als Zeus oder Poseidon – man weiß

es nicht – einen weißglänzenden Stier nach Kreta schickte, in den sich die schöne Königin Pasiphae verliebte. Die sittenwidrige Liaison fand ihren Höhepunkt in einer Kuhattrappe, die Hofarchitekt Daidalos im Auftrag der Königin aus Holz und Fell gefertigt hatte. In ihr bot sich Pasiphae dem Stier dar, und die Folge war eine entsetzliche Mißgeburt, halb Stier, halb Mensch, Minotauros genannt.

Minos wollte die Schande nicht auf sich nehmen, er beauftragte nun seinerseits den Hofarchitekten Daidalos mit dem Bau eines labyrinthartigen Verstecks, aus dem niemand, der sein Geheimnis entdeckt hatte, je wieder herausfand.

Das Ungeheuer wuchs in diesem Labyrinth heran und verlangte nach Nahrung, am liebsten Menschenfleisch. Da traf es sich gut, daß der mächtige Minos aus Rache für den Mord an seinem Sohn Androgeos gegen Athen gezogen war und die Stadt besiegt hatte. Er befahl den Athenern, »alle neun Jahre sieben Mädchen und sieben Jünglinge als Kriegstribut zu liefern«. Und so geschah es, bis Theseus am rettenden Faden der bezaubernden Ariadne in das Labyrinth eindrang, den Minotauros tötete, den Faden auf ein Knäuel wickelte und so den Ausgang fand, womit fürs erste alle Probleme gelöst schienen.

Zunächst suchte sich Evans eine Mannschaft zusammen, er engagierte den bulligen Kreter Herakles als »Führer, Philosoph und Maultiertreiber« und Duncan Mackenzie, der schon für die British School of Archeology auf der Insel Melos gegraben hatte, als Assistenten, dazu achtzig bis hundert Arbeiter. Die Suche nach der kretischen Schrift konnte beginnen.

23. März 1900. Schon am ersten Tag gab die Erde nur wenige Spatenstiche tief eine Menge Gipssteinblöcke mit seltsamen symbolischen Zeichen frei, wurden Gebäudegrundrisse sichtbar, eine Wunderwelt tat sich auf, die zu entdecken Evans nie angestrebt hatte. Dies war zweifellos ein weiträumiger Palast, um einen rechteckigen Mittelhof, von zahlreichen Kammern umgeben. Und überall kamen Spuren einer gewaltigen Feuersbrunst zutage, verbrannte Balken, verkohlte Holzsäulen, geschwärztes Gestein.

Der Gedanke faszinierte Evans: Dieser Palast von Knossos war nicht allmählich verfallen, sondern eine plötzliche Katastrophe hatte ihn von einem Tag auf den anderen in Schutt und Asche gelegt, und niemand hatte den Versuch unternommen, die Anlage wieder aufzubauen. 3000 Jahre Wind, Sand und Vegetation hatten Knossos zugedeckt und dadurch gleichzeitig erhalten.

Wurde die glanzvolle Epoche durch ein Erdbeben beendet, war es der Ausbruch eines Inselvulkans, dessen Lava auf Knossos niederregnete, oder hatten dorische Eindringlinge die Insel überrannt? Fragen, die Evans nur dann beantworten konnte, wenn er die gesamte Palastanlage ausgrub.

»Wir machen weiter!« verkündete Arthur Evans, und schon nach einer Woche stießen die Augräber auf Spuren einer alten Schrift: ein handtellergroßes Täfelchen, an einer Seite gebrochen, aber mit Schriftzeichen versehen. Innerhalb weniger Tage wurden hundert solcher Tafeln gefunden, und bis zum Ende der Saison waren es sogar mehr als tausend, und stolz teilte Evans der »Times« mit, er habe einen Schatz gefunden, einen Schatz schriftlicher Aufzeichnungen in einer fremden Sprache, die ältesten Dokumente vor der Haustüre Europas.

Evans war stark kurzsichtig, und er nutzte ein Phänomen, das viele Brillenträger kennen: Ohne Sehhilfe werden Gegenstände bei naher Betrachtung vergrößert, was damit zusammenhängt, daß das von der Brille naturgemäß verkleinerte Bild vom Gehirn auf normalen Maßstab vergrößert wird. Evans hielt die manchmal bis zu zwanzig Zentimeter langen Schrifttafeln ganz nahe an das Auge, um zu erkennen, wie diese Schriftzeichen aufgebracht worden waren, und dabei bemerkte er, daß die Schreiber der Vorzeit Hilfslinien benutzt hatten. Linear nannte Arthur Evans deshalb die fremde Schrift, und weil er bei näherer Betrachtung zwei verschiedene Schriftcharaktere feststellte, bezeichnete der Ausgräber sie einfach als Linear A und Linear B.

Eines Morgens, Anfang April, hallte ein Schrei über das Grabungsfeld. Evans rannte zu dem Arbeiter, um zu sehen, was geschehen war. Seit Tagen herrschte eine gespannte Atmosphäre. Die Ausgräber fürchteten sich vor Gespenstern. Der alte Vorarbeiter Manolis gestand freimütig, er könne keinen Schlaf mehr finden vor lauter Alpträumen, denn, so meinte er, in den geheimnisvollen Kammern, die sie ausgruben, spuke es. »Was ist los?« erkundigte sich Evans. Der Arbeiter zeigte entsetzt in das Loch vor ihm: »Da sehen Sie doch, Mister!« Der Kopf einer Frau blickte ihnen entgegen, lebensecht und in schönsten Fresko-Farben gemalt.

Eintrag in Arthur Evans' Tagebuch: »5. April. Ein großer Tag! Am frühen Morgen kamen zwei Teile eines mykenischen Freskos zum Vorschein. Eines stellt den Kopf, das andere die Taille und Teile des Gewandes einer weiblichen Figur dar, die ein langes mykenisches Spendengefäß in der Hand trägt. Die Figur war lebensgroß, die Fleischfarbe dunkelrot wie die Figuren in etruskischen Gräbern oder auf ägyptischen Gemälden. Das Gesichtsprofil von vornehmer Art: volle Lippen, die Unterlippe eigentümlich nach unten gezogen. Das Auge dunkel und mandelförmig. Vor dem Ohr ist eine Art Schmuck zu sehen, außerdem eine Halskette und Armband. Die Arme schön gezeichnet. Die Taille unglaublich schmal. Die weitaus bemerkenswerteste menschliche Figur mykenischer Kunst, die bisher ans Licht kam . . .«

Verwitterte Alabasterstufen, die in die Tiefe führten, verleiteten Evans dazu, tiefer zu graben als bisher erforderlich. So stieß er auf einen versunkenen Raum mit einem Bassin in der Mitte, einem halben Dutzend Alabastergefäßen und einem großen umgestürzten Ölkrug. Auf drei Steinsockeln standen offensichtlich einmal hölzerne Säulen, die inzwischen verfallen waren, in alter Zeit aber eine Galerie trugen. Und darüber lag ein Raum mit rotbemalten Wänden und Fabelwesen zwischen Lilien, eine Sitzbank lief an der Wand entlang und in der Mitte ein steinerner Thronsessel, »der älteste Thron in Europa« — wie Evans bemerkte.

Der Thron erschien Evans als Beweis, daß er nicht ein geheimnisvolles Labyrinth entdeckt hatte, sondern einen Palast, den

Palast von Knossos, in dem einst der legendäre König Minos residierte, eine Kultur, älter als das klassische Griechenland, älter als Troja und Mykene, aber besser erhalten.

Mr. Evans' Entdeckungen, schrieb die Londoner »Times« am 10. August, seien mindestens ebenso bedeutsam wie Schliemanns Ausgrabungen in Mykene und Tiryns. Und die »New York Times« stellte die faszinierende Frage: »Müssen wir zu Beginn des 20. Jahrhunderts erkennen, daß eine uralte Sagengestalt auf einmal Wirklichtkeit wird?«

Diese unerwartete Wende bestärkte Evans in dem Entschluß, nicht allein nach der vergessenen Schrift zu forschen, jetzt wollte er den gesamten Palast von Knossos ausgraben. Evans stellte noch weitere Arbeitskräfte ein, auch Frauen, und jeweils am Wochenende wurden Sonderprämien bezahlt für die interessanten Funde. Das erschien notwendig, weil Aristides, der erste Vorarbeiter, Schrifttäfelchen aus Knossos auf eigene Rechnung verkauft hatte.

Evans übergab die Grabungsaufsicht seinem Assistenten Duncan Mackenzie, einem Kerl von 1,90 Meter Größe mit rötlich schimmerndem Haar und verwegenem Schnauzbart, wie ihn Schotten zu tragen pflegen. Er genoß bei den rauhen Landleuten aus den Bergen weit mehr Respekt als der nur 158 Zentimeter große, meist vornehm sportlich weiß gekleidete Arthur Evans, der immer etwas über den Wolken zu schweben schien und nur selten mit den Leuten ins Gespräch kam. Mackenzie dagegen, leutselig und ein Sprachgenie, redete nicht nur in der Landessprache, er beherrschte sogar den kretischen Dialekt, und schon bald fand keine Feier ohne den schwergewichtigen Schotten statt, der, wenn es sein mußte, jeden Kreter mit Raki unter den Tisch trank, ein Gesöff, das Evans verachtete.

Zusammen waren die beiden jedoch ein ideales Gespann, und da er nun eine systematische Ausgrabung von Knossos für unerläßlich hielt, rief Evans einen Architekten von der British School of Archeology in Athen zu Hilfe, Theodore Fyfe, und einen Schweizer Maler, Émile Gilléron, der bereits beim Französischen Institut in Athen Erfahrungen gesammelt hatte.

Je mehr von dem versunkenen Palast sichtbar wurde, desto klarer wurde Evans, wie die Sage vom Labyrinth des Daidalos entstanden sein mochte. Überall leuchtete den Ausgräbern das Zeichen des Labrys entgegen, eine Doppelaxt, die als Symbol einer kretischen Muttergottheit galt. Jedenfalls wurden ausschließlich Göttinnen zusammen mit der zweischneidigen Labrys dargestellt. Labyrinth – Haus der Labrys, war das die Antwort auf unzählige Fragen? Vielleicht hatte sich die Sage um den Irrgarten von Knossos aber auch erst nach der Zerstörung des riesigen Palastes gebildet, dessen verwirrende Räumlichkeiten den Alten ein Rätsel waren.

Theodore Fyfe hatte bereits den ersten Übersichtsplan der gesamten Palastanlage gezeichnet, als die Malariagefahr wuchs. Evans stellte die Grabungen am 2. Juni aber auch noch aus einem anderen Grund ein. Das Haus, das die Ausgräber von einem alten türkischen Bey in der Nähe gemietet hatten, war nicht nur baufällig; aus Ritzen und Verstecken drang allerlei Ungeziefer, so daß sich Evans zu einer Desinfizierung entschlossen hatte, deren Gestank noch wochenlang nachwirkte. Was dieses Haus von allen anderen der Umgebung unterschied: Es hatte »fließendes Wasser«. Ein kleiner Aquädukt lief durch das Haus, und im größten Raum plätscherte sogar ein Springbrunnen. Doch der nahe Kairatos-Bach, der die Hitze des Südhanges angenehm kühlte, war auch ein Herd für Fliegen.

Zu dieser Zeit begannen auch anderorts auf Kreta Ausgrabungen. Frederico Halbherr entdeckte für das neugegründete Italienische Institut von Athen in der im Süden gelegenen Messara-Ebene Spuren von zwei übereinander errichteten Palästen, den Palast von Phaistos. Im Nordosten der Insel hatte der Kreter J. Hazzidakis bereits den kleineren Palast von Mallia geortet, der später von Franzosen vollständig ausgegraben wurde. Und eines Tages begann die junge Kunststudentin Harriet Boyd, die in Begleitung ihrer Mutter auf einem Maultier die Insel bereiste, das alte Gournia auszugraben, eine Handwerkerstadt mitten in der Provinz, wo, nach den Funden zu schließen, einst Steinmetze, Töpfer, Bronzeschmiede und Weber ihrer Arbeit nachgingen.

Am 3. Juni 1900 gab Athur Evans vor den Palastruinen von Knossos ein großes Fest. Der Duft von Hammel am Spieß zog über den weiten Hang, Fässer mit rotem Wein wurden aufgebockt, und weiße Flaschen mit Raki machten die Runde. Die Arbeiter sangen und tanzten, sie hatten gutes Geld verdient, und das in einer Gegend, in der es kaum Arbeit gab. Und sie wußten, daß die Engländer im nächsten Jahr wiederkamen.

Kreta, jahrzehntelang Zankapfel zwischen Griechen und Türken, war autonom geworden. Dafür garantierten die Großmächte England, Rußland, Italien und Frankreich, die die Insel seit 1897 besetzt hielten.

»Mackenzie!«

»Sir!«

Evans erschien wie ein Zwerg vor dem Schotten. »Heute in einem Jahr haben wir ganz Knossos ausgegraben!«

»Wenn Sie meinen, Sir!«

»Ich bin ganz sicher, Mackenzie.«

Der Riese zwirbelte genüßlich seinen Bart. »Und die Linearschrift, Sir?«

»Das kann länger dauern«, antwortete Evans.

Im ersten Fall irrte Evans: Die Grabungen in Knossos dauerten bis 1906 und nach längeren Unterbrechungen noch weitere 25 Jahre. Im zweiten Fall sollte er recht behalten.

Als Evans merkte, daß das Projekt nicht nur ein paar Jahre, sondern ein ganzes Leben in Anspruch nehmen würde, ließ er sich am Rande des Grabungsfeldes ein komfortables Haus errichten, das er »Villa Ariadne« nannte, und holte seine Frau Margaret nach Kreta. Sommers hier, winters in Youlbury, verbrachte er sein Leben mit der Enttabuisierung des Labyrinths. Sein privater Aufwand wird auf fünf Millionen Goldmark geschätzt, und der britische König erhob ihn in den Adelsstand.

Sir Arthurs Leistung fand in Fachkreisen herbe Kritik. Seine These, die kretische Kunst und Kultur, die er zunächst mykenisch, später minoisch nannte, sei auf der Insel selbst entstanden, wurde heftig bekämpft. Aber das ist ein alter Streit: Schon Homer berichtete, fünf verschiedene Völker hätten die Insel bevölkert. Thukydides meinte, Minos sei ein Grieche gewesen, während Herodot behauptete, der König von Knossos war keinesfalls ein Grieche. Wilhelm Dörpfeld sah Phönizien als Ursprung der kretischen Kultur an.

Ein Erdbeben, das Evans am 26. Juni 1926 nachts im Bett überraschte, bestärkte ihn in der Ansicht, daß Knossos von heftigen Erdstößen zerstört worden war. Die leichte, nicht selten in mehreren Stockwerken übereinandergetürmte Architektur war einst wie ein Kartenhaus zusammengefallen, und da zudem die sich nach unten verjüngenden Säulen aus Holz gefertigt waren, hatte keine von ihnen die Jahrtausende überdauert.

Gerade diese Säulen und die übereinanderliegenden Stockwerke schienen jedoch als typisch für die minoische Architektur, so daß Evans umfangreiche Rekonstruktionen unternahm und zum Entsetzen — vieler Fachleute — sogar Spannbeton verwandte, was den österreichischen Archäologen Camillo Praschniker zu der Bemerkung veranlaßte, man sehe vor lauter Neuem kaum noch einen alten Stein und wandere durch Eisenbeton gewordene, aber deshalb nicht weniger schwankende Hypothesen.

So freigebig Sir Arthur mit seinen architektonischen Forschungsergebnissen umging — der veröffentlichte Grabungsbericht umfaßte 3000 Seiten —, alle Schriftenfunde, zuletzt 1800, hielt er im Magazin des Museums von Heraklion unter Verschluß. Er hatte die Hoffnung nicht aufgegeben, die Linearschrift doch noch zu entschlüsseln. Fünf Jahre vor seinen Tod hielt Arthur Evans im Londoner Burlington House einen Vortrag über seine Ausgrabungen und die rätselhafte minoische Schrift. Der jüngste Zuhörer war erst vierzehn. Sein Name: Michael Ventris. Damals, im Jahre 1936, dachte niemand in der erlauchten Zuhörerschar, daß es ausgerechnet diesem Jungen gelingen könnte, die Linear B zu entziffern.

Arthur Evans, der Entdecker der minoischen Kultur, in seinem Arbeitszimmer.

Als Evans am 11. Juli 1941, drei Tage nach seinem 90. Geburtstag, in Youlbury starb, war dieser Ventris gerade neunzehn. Evans' »Villa Ariadne« wurde von einem deutschen

General besetzt, und der junge Ventris dechiffrierte feindliche Codes. Zu seinem Privatvergnügen versuchte er sich später an der Entschlüsselung der Linearschrift, und im Juli 1952 konnte er bereits mit Gewißheit sagen, daß Linear B die griechische Sprache wiedergab. Zusammen mit dem Gräzisten John Chadwick knackte Ventris den kretischen Schriftcode B, das Frühgriechische. Das minoische Linear A dagegen blieb umstritten. Ob es eine vorindogermanische, dem Altkleinasiatischen nahestehende Sprache ist, bleibt fraglich. Seither geht alle paar Jahre eine neue Erfolgsmeldung um die Welt, Linear A sei entziffert, doch bisher erwiesen sich alle Veröffentlichungen als Seifenblasen.

Fest steht: Die prähellenische Linear B wurde nicht nur in Knossos, Mykene und Pylos benutzt, sie weist nur so geringe Unterschiede auf, daß man nicht einmal von verschiedenen Dialekten auf der Insel und dem Festland sprechen kann. Linear A hingegen ist überall auf Kreta anzutreffen — aber auch *nur* in Kreta, nirgends auf dem Festland. Die minoische Kultur hat offensichtlich asiatische und ägyptische Einflüsse aufgesogen und, mit eigenen Akzenten verändert, Jahrtausende später auf das europäische Festland abgegeben. Ob Linear A Licht ins Dunkel dieses Abenteuers zu bringen vermag?

Epilog

Ein Geheimnis bleibt immer

Archäologie ist ein immerwährendes Forschen, das keinen Stillstand kennt; denn jede neue Entdeckung wirft zwei neue Fragen auf: *Ein* Geheimnis bleibt immer. Gewiß, das versunkene Hellas war um die Jahrhundertwende wiederentdeckt, aber natürlich gingen die Grabungen weiter. Und natürlich wurde während des in diesem Buch beschriebenen Zeitabschnittes auch an anderen Stellen geforscht und gegraben. Im Abstand von beinahe hundert Jahren gruben Deutsche auf der Insel Ägina, Österreicher legten die Prachtbauten auf der nördlichen Ägäisinsel Samothrake und das antike Ephesus frei, Delos, die kahle Kykladeninsel, auf der Apollon geboren sein soll, sah französische Archäologen, und Amerikanern verdanken wir die Freilegung der antiken Stadt Korinth – um nur einige Orte zu nennen.

Männer wie Curtius, Schliemann, Humann und Dörpfeld legten jedoch den Grundstock zur archäologischen Forschung in Griechenland, auf dem alles andere aufbaut, in den sich alles andere einfügen läßt. Spätere Ausgrabungen korrigierten nicht selten, was den Pionieren noch als unumstößlich schien, andere setzten die Grabungen fort mit dem Ziel, letzte Geheimnisse zu lüften.

Wilhelm Dörpfeld arbeitete 1906-1909, 1921-1923 und 1927-1929 in Olympia. Die Olympischen Spiele in Berlin waren für das Deutsche Reich Anlaß, 1936 neue großangelegte Grabungen aufzunehmen. Dabei hat man das Stadion wiederhergestellt, die Ostthermen, die Südhalle und das Leonidaion aufgedeckt.

Ernst Curtius wurde auf dem Berliner Matthäikirchhof beigesetzt, in Olympia unter einer Stele ruht das Herz eines anderen, des Pierre de Coubertin. Der Romanist Ernst Robert Curtius war ein Enkel des Ausgräbers von Olympia. Sein Urenkel Dr. Carl Friedrich Curtius ist Kanzler der Universität Düsseldorf.

Auch in Delphi gingen die Archäologen weiter. Wohlhabende athenische Bürger ließen sich zwischen 1903 und 1906 das Schatzhaus der Athener rekonstruieren. Von der Insel Chios wurde 1920 der von ihren Vorfahren gestiftete Altar vor dem Tempel erneuert. 1938 stellten Franzosen drei Säulen und Architrav des Tholos, des malerischen Rundtempels, wieder auf, und erst seit 1941 hat der Apollon-Tempel mit seinen sechs dorischen Säulenresten sein heutiges Aussehen.

Carl Humann, der Entdecker des Weltwunders von Pergamon, starb vier Monate nach seinem letzten Besuch in Priene. Theodor Wiegand setzte die Grabungen bis 1899 fort und übernahm Humanns archäologisches Erbe: Er wurde Direktor des Deutschen Archäologischen Instituts in Konstantinopel, von 1911 bis 1931 war er Direktor der Antikenabteilung der Museen in Berlin und von 1932 bis 1936 Präsident des Deutschen Archäologischen Instituts.

Humann wurde in Smyrna beigesetzt. Seine sterblichen Überreste wurden 1964 exhumiert und nach Bergama überführt. Dort ruhen sie heute am Fuße der Akropolis in einem schlichten Sarkophag.

Das Unternehmen Pergamon kostete inklusive Transportkosten nach Berlin 150 000 Mark, ein nahezu lächerlicher Betrag im Vergleich zum Wert. Weil Carl Humann erst seit 1884 in Staatsdiensten stand, war die Versorgung seiner Familie miserabel. Louise Humann bekam für sich und die beiden Kinder

200 Mark Hinterbliebenen Geld. Das erschien selbst für damalige Verhältnisse so gering, daß der Witwe eine einmalige Beihilfe aus der kaiserlichen Schatulle zugedacht wurde: 10 000 Mark. Louise Humann war darüber so enttäuscht, daß sie es ablehnte, sich für dieses Almosen zu bedanken.

Humanns Pergamon-Altar wurde 1902-1908 in einem kleinen Berliner Museumsbau gezeigt. Die spätere, abweichende Rekonstruktion der Westfront konnte zum ersten Mal im Jahre 1930 präsentiert werden, als dank der Initiative Wiegands das neue Pergamon-Museum eingeweiht wurde.

Troja erwies sich als eine Aufgabe, die noch Generationen in Atem hielt. Wurde Schliemann von Dörpfeld revidiert, so fand Dörpfeld Korrekturen durch amerikanische Ausgrabungen unter C. W. Blegen, die von 1932 bis 1938 stattfanden. Blegen unterteilte Dörpfelds neun Troja-Schichten in über 40 zeitlich gegeneinander abgesetzte Niveaus und ordnete das homerische Troja der Schicht VIIa zu.

Sophia Schliemann wurde 80 Jahre alt. Sie starb 1932 in Athen. Die Tochter Andromache heiratete einen Athener Rechtsanwalt und starb 1962. Sohn Agamemnon wurde 76 Jahre alt und war als Diplomat in Athen und Paris tätig. Seine Ehe blieb kinderlos. Sergius, der Sohn aus Schliemanns erster Ehe, wurde Rechtsanwalt. Er starb 1940 im Alter von 85 Jahren.

1912 tauchte ein gewisser Paul Schliemann auf, der behauptete, Heinrich Schliemanns Enkel zu sein, und verkündete, sein Großvater habe einen Tag vor seinem Tod ein mysteriöses Testament gemacht, das er, Paul, auf Grund einer ererbten Vase gefunden habe. Darin sollte der Finder jenes Testamentes schwören, sein Leben der Entdeckung von Atlantis zu widmen. Der angebliche Schliemann-Enkel wollte auf dem Grund der Vase Zeichen atlantischer Könige gefunden haben, die das Geheimnis von Atlantis verrieten. Entsprechende Berichte erschienen in mehreren Zeitschriften. Weder Sophia Schliemann noch deren Kinder wußten jedoch etwas von einem Enkel bzw. Sohn Paul. Seither ist der seltsame Schliemann-Nachkomme verschollen.

Minna, Schliemanns erste Liebe, starb am 15. Mai 1910 und wurde in Friedland, wo sie ihr Leben zugebracht hatte, bestattet.

Die mykenischen Goldfunde, Waffen, Schmuck, Gefäße und jene Maske, die Heinrich Schliemann euphorisch als die des Agamemnon bezeichnet hatte, sind im Nationalmuseum von Athen zu bewundern.

Schliemanns Keramikfunde schaffte man während des Zweiten Weltkrieges in die Schlösser Schönebeck an der Elbe, Petruschen bei Breslau und Lebus bei Frankfurt an der Oder. Alle drei Schlösser wurden im Krieg zerstört oder geplündert. Nach dem Krieg gebrauchten die Einwohner von Lebus Schüsseln und Krüge aus mykenischer Zeit. Eine Kiste trojanischer Keramik ging bei einem Polterabend zu Bruch.

Das Gold, das Heinrich Schliemann als den »Schatz des Priamos« bezeichnet hatte, stammte nach neueren wissenschaftlichen Erkenntnissen nicht aus der Zeit des Trojanischen Krieges, es war rund tausend Jahre älter. Dunkel wie die Zeit, aus der er kam, ist auch sein Ende. Vor den Bomben des Zweiten Weltkrieges sollte der »Schatz des Priamos« zunächst in der Preußischen Staatsbank geschützt werden; als sich die Lage zuspitzte, brachte man ihn in den Luftschutzbunker am Berliner Zoo. In den Trümmern dieses Bunkers verliert sich 1945 seine Spur.

Es scheint, als habe sich die Vergangenheit der Gegenwart entzogen, als sollten Europas Ursprünge ein Mythos bleiben.

Quellenverzeichnis

I. Kapitel: Rivalen

Die Schilderung von Curtius' »blauer Stube« nach der einzigen noch existierenden Fotografie, die dem Verfasser dankenswerterweise vom Urenkel Dr. Carl Friedrich Curtius zur Verfügung gestellt wurde. Die Beschreibung von Schliemanns erstem Grabungsversuch in der Ebene von Troja ist beinahe wörtlich einem Schliemann-Bericht entnommen, den dieser exklusiv in der *Augsburger Allgemeinen Zeitung* Nr. 144 vom 21 Mai 1870 veröffentlichte. Die Schilderung aus Schliemanns Kindheit: H. S., *Selbstbiographie,* Wiesbaden 1955. Carl Humanns Brief an die Eltern aus: Eduard Schulte, *Carl Humann. Der Entdecker des Weltwunders von Pergamon,* Dortmund 1971. Curtius' Beschreibung von Istanbul: Friedrich Curtius, *Ernst Curtius, Ein Lebensbild in Briefen,* Berlin 1903. Die Reise von Smyrna nach Pergamon schildert Friedrich Adler in der *Deutschen Bauzeitung,* Berlin, »Reiseskizzen aus dem Orient«. Die Briefe Schliemanns an Botschafter Brown in englischer Sprache in H. S., *Briefwechsel,* Berlin 1953. Der Briefwechsel Heinrich-Sophia Schliemann – Anna Rutenick: Heinrich Schliemann, *Selbstbiographie,* Berlin 1953. Zitat *Augsburger Allgemeine Zeitung* siehe dort Nr. 331, 1871. Der Brief Schliemanns an Curtius mit der Bitte um seine

Meinung datiert vom 3. Ferbruar 1872: H. S., *Briefwechsel,* Berlin 1953. Das Skäische Tor in dere Ilias, III. Gesang, 141-157, Homer, *Ilias,* übertragen von Johann Heinrich Voß, München o. J. Über die Umtaufung Trojas berichtet Schliemann in seinem Grabungsbericht *Trojanische Altertümer,* Leipzig 1874, unter dem 4. August 1872. Der Brief mit Todesahnungen an Curtius in H. S., *Briefwechsel,* Berlin 1953, Nr. 188, ist in gekürzter Form wiedergegeben. Humann über Humann in: *Chronik der Ausgrabungen von Pergamon 1871-1886,* Dortmund 1963, aus einem Brief vom 12. Dezember 1871 an Schwager und Schwester Kellinghaus. Zu Curtius' »professoralem Gelehrtenhochmut« gegenüber Schliemann Dr. Carl Friedrich Curtius, Urenkel von Ernst Curtius, in einem Brief an den Autor vom 25. 1. 1984: »Meine Vermutung geht dahin, daß für die Einsstellung von E. C. zu Schliemann gewisse Züge professoralen Gelehrtenhochmuts gegenüber dem Außenseiter nicht ausgeschlossen werden können.« Die Schliemann-Zitate im Frühjahr 1873 aus seinem Grabungsbericht: H. S., *Trojanische Altertümer,* Leipzig 1874. Schliemanns Trostbrief zum Tode ihres Vaters: H. S., *Briefwechsel,* Berlin 1953,Nr. 206.

II. Kapitel: Griechische Tragödie

Schliemanns Bericht über Niederhöffers Ilias-Rezitierung in H. S., *Ilios,* o. O., o. J., Montfousond-Zitat: Adolf Boetticher, *Olympia. Das Fest und seine Stätte,* Berlin 1883. Über Leake: *Brief memoir the life and writings of the late Lieutenant-Colonel William Martin Leake,* London 1864. Pausanias-Hinweis auf schwarzen Boden: Paus. V, 11, 10. Curtius-Zitat: »Was dort in der Tiefe liegt« . . . aus Vortrag an der Singakademie vom 10. 1. 1852. Curtius' Grabungspläne: Berthold Fellmann, *100 Jahre Deutsche Ausgrabungen in Olympia,* München 1972. Die Schilderung von Schliemanns Hamburger Erlebnissen ist einem Brief an die älteren Schwestern Doris und Wilhelmine vom 20. Februar 1842 entnommen. H. S.,

Briefwechsel, Berlin 1953. Die Erzählung von Schneider Wöllert: H.S., *Selbstbiographie,* Wiesbaden 1955. Die Reflexionen H.S.s über den Verlust Minnas aus: H. S., *Selbstbiographie,* Wiesbaden 1955.

III. Kapitel: Die ungeliebten Helden

Die Stellungnahme des Direktors der Universitätsbibliothek nach: Emil Ludwig, *Schliemann,* Berlin 1932, S. 189/190. Zitat Conze-Brief: H. S., *Briefwechsel,* Nr. 221, Berlin 1953. Die Unterhaltung Curtius-Adler in Olympia besteht zum größten Teil aus dem Wortlaut einer Denkschrift, die Curtius dem Deutschen Reichstag im Herbst 1874 vorlegte. Aus Adolf Boetticher, *Olympia,* Berlin 1883. A. Diamandopulos im Kammerausschuß am 30. Oktober 1875, nach Adolf Boetticher, *Olympia,* Berlin 1883. Die Schilderung des Humannschen Hausstandes in Smyrna nach zwei Briefen Louise H.s an ihre Kusinen: Eduard Schulte, *Carl Humann. Der Entdecker des Weltwunders von Pergamon,* Dortmund 1971, Nr. 52, 53. Brief Conze an Humann, Nr. 34 vom 26. Februar 1878: *Chronik der Ausgrabung von Pergamon,* Dortmund 1963. Die Bestandsaufnahme nach Schliemanns Troja-Grabungen stammt von seinem späteren wissenschaftlichen Kompagnon Wilhelm Dörpfeld, *Troja und Ilion,* Athen 1902. Brief des Kultusministers an den Eparchos von Argolis nach Emil Ludwig, *Schliemann,* Berlin 1932, Seite 199. Schliemanns Brief an König Georg I.: H. S., *Briefwechsel,* Berlin 1953, Nr. 247. Schliemanns Brief an Ministerpräsident Kumunduros Nr. 274 stammt vom 1. Dezember 1875, nach H. S., *Briefwechsel,* Berlin 1953.

IV. Kapitel: Olympischer Marmor, mykenisches Gold

Einleitung nach Gedanken aus Ernst Curtius' Olympia-Vortrag bzw. -Aufsatz in *Alterthum und Gegenwart* II, Berlin 1889/ 1895. Die Xerxes-Episode nach Herodot, *Historien* 8. Buch, 26, München 1961. Pausanias' Schilderung des Tempel-Giebels: Pausanias, *Beschreibung Griechenlands,* V, 10, 6-7, übersetzt und herausgegeben von Ernst Meyer, München 1972. Pausanias' Beschreibung der Nike: Pausanias, V, 26, 1. Curtius-Brief an den Bruder aus E. C., *Ein Lebensbild in Briefen,* Berlin 1903, vom 29. Dezember 1875. Die Dialoge von Heinrich und Sophia Schliemann mit dem Ephoros Stamatakis und der anschließende Briefwechsel mit dem Kultusminister berichtet Emil Ludwig, *Schliemann,* Berlin 1932, der, nach eigener Aussage, Einsicht in die Originale hatte. Edward Dodwell bereiste Griechenland in den Jahren 1801, 1805 und 1806 und veröffentlichte seine Eindrücke in *A classisal and topographical tour through Greece,* 1819. Schliemann über die Wachtfeuer in Mykene in: H. S., *Mykene,* Neuausgabe, Darmstadt 1966. Bei der Numerierung der mykenischen Königsgräber herrscht große Verwirrung, denn Schliemanns Numerierung wurde von der Wissenschaft abgeändert. Beibehalten wurden die Nummern III und IV. Schliemanns Grab I wird als V, II als I und V als II bezeichnet. Die Telegramme Schliemann-Georg I. und die Rückantwort im frz. Wortlaut bei: H. S., *Mykene,* Darmstadt 1966. Schliemanns Tagebucheintrag vom 20. und 21. November 1876 nach der Fotokopie des Originals. Über die Leichenverbrennung bei Homer: *Ilias,* VII, 331-335. Pausanias' Beschreibung der Zeus-Statue des Phidias: Buch V, 11, 1-2. Pausanias über das Herion: Buch V, 16,1. Pausanias über den Hermes des Praxiteles: Buch V, 17,3.

V. Kapitel: Das Weltwunder

Conzes eindringlicher Brief an Carl Humann stammt vom 28. April 1878 und ist zu finden in: *Chronik der Ausgrabung von Pergamon 1871-18886,* Dortmund 1963, 38 D. Schönes Brief an den Kronprinzen: Nr. 41 M in der eben zitierten Publikation. Ebenso Conzes Brief an Humann vom 1. Juli 1878. Humanns Brief an Conze: *Chronik der Ausgrabung von Pergamon,* Dortmund 1963. Der Briefwechsel Virchow-Schliemann und Schliemann-Virchow nach: Emil Ludwig, *Schliemann,* Berlin 1932. Der Brief Schliemanns an Sophia in Virchows Gepäck: s.o. Virchow-Antwort auf Schliemann-Briefe aus Paris und Neapel: s. o. »Pergamon ist jetzt in aller Munde«: Brief von Curtius an Bruder Georg v. 31. Dezember 1879 in E. C., *Ein Lebensbild in Briefen,* Berlin 1903. Curtius über den Zweck der Grabungen in der Altis: E. C., »Das vierte Jahr der Ausgrabungen von Olympia«, Zeitschrift *Hermes,* Berlin 1880. Curtius über die Ausgrabungen des Stadions am 22. April 1880 an Clara in: E. C., *Ein Lebensbild in Briefen,* Berlin 1903. Curtius über das Ergebnis der Ausgrabungen von Olympia in seinem Aufsatz »Ein Rückblick auf Olympia« in der Zeitschrift *Altertum und Gegenwart,* Berlin o. J.

VI. Kapitel: Für Ehre und Vaterland

Die Bewerbung Dörpfelds an Schliemann nach: Emil Ludwig, *Schliemann,* Berlin 1932. Dörpfelds erster Troja-Bericht an Georg Treu: Ernst Meyer, *Heinrich Schliemann,* Göttingen 1969. Wilhelm Dörpfeld, *Troja und Ilion,* Athen 1902. Homer über Kreta, *Odyssee* 19. Gesang, 172-179. »Meine Tage sind gezählt . . .« Brief an Virchow vom 30. Dezember 1883. Virchows Antworten an Schliemann auf dessen Ehrenbürgerrecht- und Ordensforderungen: Emil Ludwig, *Schliemann,* Berlin 1932. Der Wortlaut von Virchows Rede zur Verleihung der Ehrenbürgerschaft an Heinrich Schliemann in: *Zeitschrift für Ethnologie,* 23. Jahrgang, in Berlin 1891, Anhang. Louise Humann an die Kusine: Eduard Schulte, *Carl Humann. Der Entdecker des Weltwunders von Pergamon,* Dortmund 1971,60b. Die Ehrendoktor-Begründungen für Humann nach Schulte s.o., 59. Humanns Dankadresse an die Universität Greifswald s.o., 59a.

VII. Die Einsamkeit des Ausgräbers

Dörpfelds Brief an Friedrich Adler stammt vom 9. April 1884 und ist entnommen: Ernst Meyer, *Heinrich Schliemann,* Göttingen 1969. Die Freundschaft Schliemanns mit Virchow sowie die Rückantwort s. o. Dorpfelds Kontakt mit dem griechischen Kultusminister nach Georg Kawerau, *The Excavation of the Athenian Akropolis 1882-1890,* Kopenhagen 1974. Sobiewolskys Augenzeugenbericht über die Beschießung des Parthenons: Adolf Boetticher, *Die Akropolis von Athen,* Berlin 1888. Der Firman für den Abbau der Elgin-Marbles: *The Trustees of the British Museum, Historical Guide to the Sculptures of the Parthenon,* London 1962. Der Bericht über die Akropolis im Jahre 1833 nach Adolf Boetticher, *Die Akropolis von Athen,* Berlin 1888. Schliemanns Tagebuch-Notiz über die Nilreise 1886/87: Heinrich Schliemann, *Selbstbiographie,* Wiesbaden 1955. Humann über seine Expedition nach Sendschirli: Eduard Schulte, *Carl Humann. Der Entdecker des Weltwunders von Pergamon,* Dortmund 1971. Humann aus Sendschirli an Conze: s. o. Telegramm nach Berlin und Louise Humann an Marie Pöppinghaus in Buer: s. o. Briefwechsel Schliemann-Humann-Schliemann nach Ernst Meyer, *Heinrich Schliemann, Briefwechsel,* Band II, Göttingen 1958. Das Streitgespräch zwischen Dörpfeld, Schliemann und Hauptmann Boetticher ergibt sich aus einem Brief Dörpfelds an Friedrich Adler vom 9. Dezember 1889. Die Schliemann-Charakterisierung von Radowitz und Gescher nach Eduard Schulte, *Carl Humann. Der Entdecker des Weltwunders von*

Pergamon, Dortmund 1971, 260 D und 247 Li. Dörpfelds Zweifel über die II. Troja-Schicht: Wilhelm Dörpfeld, *Troja und Ilion,* Athen 1902. Schliemanns Briefe aus Halle und Paris an Sophia: Emil Ludwig, *Schliemann,* Berlin 1932. Curtius' Gedenkrede auf Heinrich Schliemann: *Zeitschrift für Ethnologie,* 23. Jahrgang, Berlin 1891.

VIII. Kapitel: Das andere Gesicht der Antike

Die Berichte über die Venus von Milo: Claudius Tarral, »Die Entdeckung der Venus von Milo«, *Revue Archéologique,* Ser. 4, Vol. VII, Paris 1906, nach C. W. Ceram, *Ruhmestaten der Archäologie,* Hamburg 1965. Pausanias' Delphi-Beschreibung: P., *Beschreibung Griechenlands,* herausgegeben von Ernst Meyer, München 1975, Buch X; 5,5 und 8,6. Pausanias Weihegeschenke-Beschreibung: X., 9ff. Wheelers Delphi-Beschreibung: Sir George Wheeler, *Journeys,* London 1682. Lord Byron über Delphi: Anmerkung zum 1. Gesang des Child Harold, nach Peter Doyle, *Delphi und sein Orakel,* Wiesbaden 1968. Herodots Geschichte von Kleobis und Biton in *Historien* I, 31. Wilhelm Dörpfelds Erklärung von Schliemanns Irrtümern in Troja ist nachzulesen in seinem Bericht *Troja und Ilion,* Athen 1902.

IX. Kapitel: Verblaßter Ruhm. Versunkene Paläste

Der erblindete Curtius an Anna Reichhelm: Brief vom 8. März 1894 in Ernst Curtius, *Ein Lebensbild in Briefen,* Berlin 1903. Brief an den Sohn und die Tochter s. o. Die Eröffnungsrede Kronprinz Konstantins zu den Olympischen Spielen in Athen: Carl-Diem-Institut, *Die Olympischen Spiele* 1896, o. O., 1971. Louise Humann an die Patentante Sophie: Eduard Schulte, *Carl Humann. Der Entdecker des Weltwunders von Pergamon,* Dortmund 1971, 327 Wat. Humanns Ephesus-Bericht an Kern und Hiller: Nr. 332 Ch A in s. o. Der abschließende Ephesos-Bericht Humanns: 332 Ch A, s. o. Humann an Kekulé Nr. 343D, s. o. Wiegand über Humanns Priene-Abschied: Nr. 350 Li, s. o. Arthur Evans' Tagebuch-Eintragungen nach dem Lebensbericht seiner Stiefschwester Joan Evans, *Time and Chance,* Westport o.J.

Register

Bildquellennachweis

Schwarzweißfotos:
Archiv für Kunst und Geschichte, Berlin: Seite 329
Bildarchiv Preußischer Kulturbesitz, Berlin: Seite 17, 192
Adolf Böhm, München: Seite 39
Wilhelm Dörpfeld, *Troja und Ilion:* Seite 215
Wilhelm Dörpfeld, *Festschrift zum 80. Geburtstag:* Seite 313

Farbfotos:
Archiv für Kunst und Geschichte, Berlin: 1
Bildarchiv Preußischer Kulturbesitz, Berlin: 4 (U. Hoffmann),
   7 (I. Liepe), 10
Länderpress, Düsseldorf: 6 (E. Lessing)
ZEFA, Düsseldorf: 2, 3 (K. Kerth), 5 (F. Breig), 8, 9 (K. Helbig), 11 (Starfoto)